金沢象嵌職人の生活世界

―都市旧中間層にみる〈民衆的近代〉―

発行　特定非営利活動法人社会理論・動態研究所
発売　株式会社 大学教育出版

米澤弘安肖像（故米澤信子所蔵）

上段：鉄打込模様金象嵌香盒（故米澤信子所蔵）
　　　第19回日本伝統工芸展出品作品

下段：宝珠頭金銀象嵌鉄火箸（故米澤信子所蔵）
　　　第14回日本伝統工芸展出品作品

金沢象嵌職人の生活世界

―都市旧中間層にみる〈民衆的近代〉―

序　文

日記との遭遇

　現代の人間の問題を分析し、問題解決の方途を模索するには、現代を生んだ近代に遡り、そこで生きた人びと（民衆）の世界に分け入り、その「精神構造」（丸山眞男の語に依る）と行動を分析することが必要になる。近代は過去ではなく、私たち自身の時代である。「（アジア太平洋戦争の～引用者）敗戦とともになされたという価値転換という神話が、『近代』をめぐる認識視点の連続を覆い隠している」（子安 2003: 187）。近代民衆には、自由民権運動や米騒動など、闘って近代を切り拓いた（一部の）先駆的な民衆と、闘わず（闘うことができず）、恐る恐る近代に同化していった（無数の）普通の民衆がいた。日本近代史は、これまでおもに「闘う」民衆の像を描いてきた。では、「闘わない」民衆はどこにいたのか。「闘わない」民衆の多くは、声を上げず、字をもたない人びとであった。ゆえにその所在は、少数の研究や伝記などを除いて、薄暗い闇のなかにあった。それらの民衆こそ、歴史の基底にあって、近代を担い、その内実をつくった多数派であった。

　本書は、「近代と民衆」への関心を共有する5人の学徒が、『米澤弘安日記』を材料として、それぞれの切り口から「都市民衆の近代」を読み解くものである。米澤弘安は、「闘わない」民衆の一人であった。ゆえに問題はこうなる。「闘わない」民衆における、「闘わない」民衆にとっての近代とは、どのようなものだったのか。本書は、この問いに5人5様に挑んだものである。

　『米澤弘安日記』は、「最後の加賀象嵌職人」（今日の観光向けの工芸品を作る象嵌職人とは異なる）と称された故米澤弘安が書き綴った日記である。それは、加賀百万石の旧城下町の金沢（市）に、1887（明治20）年に生れた弘安が、激動の明治・大正・昭和を生き、そのなかで、1906（明治39）年の19歳から72（昭和47）年に85歳で没するまでの66年間（途中、中断する時期はあったが）にわたって、書き綴った日記である。

　時は、伝統的職人が、資本主義の激流に呑まれ、顧客を失い、没落して、階層丸ごと崩壊していく時代であった。米澤弘安の父弘正（清左衛門）は、秀でた才能をもち、作品制作の機会を得て、作家的職人に止まった一人であった。次男の弘安は、高等小学校時代の12歳頃から仕事場の父の横に座り、象嵌細工の手ほどきを受けた。そして後年、弘安も、展覧会などで数々の賞を貰う名工作家になった。とはいえ、金融恐慌や戦時経済などの経済変動のなか、象嵌仕事が激減し、生活は困窮した。とくに昭和期に入り、

仕事はほとんどなく、家長弘安は、米澤家の家計を支えられず、妻の裁縫収入に頼って、悶々とした日々を過ごした。他方で弘安は、平時・戦時に、模範的な住民・臣民の一人として近隣に奉仕した。しかし戦争末期には、一人息子の戦死の報に接して、悲嘆のあまり仕事も手につかない状態に陥った。戦後、弘安は、ようやく作家として復活し、作品の制作を再開して、展覧会で数々の入選を果たした。その輝かしい業績に対して、弘安は、1968（昭和43）年に金沢市文化賞を授与される、1969（昭和44）年に石川県無形文化財に認定される、1972（昭和47）年に文化庁から無形文化財に選定されるなど、「最後の加賀象嵌職人」の名に相応しい評価を受けた。とはいえ弘安は、輝かしい名誉よりも、こつこつと作品の制作に励む、生粋の職人であった。

　著者たちの『米澤弘安日記』との出会いは、弘安の死後、1975（昭和50）年に、故古屋野正伍東京都立大学教授（当時）が、金沢市内でコミュニティ調査を行った際に、日本（近世・近代）史家の故田中喜男金沢経済大学教授（当時）から、日記の紹介を受けたことに始まる。田中教授は、その前年に、弘安に関わる諸資料（『米澤弘安日記』を含む）を基に、また生前の弘安に面接を行って、著書『加賀象嵌職人——米沢弘安の人と作品』（北國出版社）を著していた。

　古屋野常磐大学教授（当時）を中心に、日記研究のチームが組まれ、生活史法を軸とする日記の分析が始まった。研究の成果は、国内での学会報告や論文発表はもとより、太平洋社会学会大会（アメリカ）や日独学会大会において報告し、論文も英語訳、ドイツ語訳などで海外に紹介された。その後、1997（平成9）年に、古屋野教授を中心に、新たなメンバーによる第二期の米澤弘安日記研究会が発足した。この時期に、2000（平成12）年から04年にわたり、日記が『米澤弘安日記』（4巻）として金沢市教育委員会から刊行された（印刷は大学教育出版が担当した。現在は金沢市立図書館蔵）。刊行には、古屋野教授が（金沢市の）米澤弘安日記編纂委員会委員長として、倉沢進首都大学東京教授（当時）が副委員長として関わり、日記の入力と編集の作業は、米澤弘安日記研究会のメンバーが所属する都市社会学研究所（現在の特定非営利活動法人社会理論・動態研究所）が担当した。

　古屋野教授が米澤弘安日記研究会を退いた後、2004（平成16）年に、青木秀男、近藤敏夫、坪田典子、水越紀子による第三期の米澤弘安日記研究会が発足した。翌年には、近藤により膨大な量の米澤弘安日記のデータベース化が行われた。2007（平成19）年〜10（平成22）年には、文部科学省科学研究費助成（基盤研究B）によるプロジェクトとして、「加賀象嵌職人の日記による近代都市の職人生活史の社会学的研究」（研究代表近藤敏夫）が行われ、『米澤弘安日記』を資料とする「都市民衆の近代」の研究が進められた。

　本書は、このプロジェクトによる研究成果をもとに、シンポジウムなどでの議論を経て、既発表の論文を推敲・補充し、書下しの論文を加え、さらに第二期の米澤日記研究

会のメンバーであった山下暁美（特定非営利活動法人社会理論・動態研究所）の執筆参加を得て、編まれたものである。本書に収められた論文の多くは、最初から出版を目的として書かれたものではない。ゆえに、事実の紹介や日記の引用において、重複する箇所が少なからず生じた。その点を断っておく。本書の各章において、著者5人が、それぞれの関心を切り口に、一人の民衆の世界に顕現した日本近代の諸相を描写している。本書が、「都市民衆の近代」に光を当て、日本近代のいまだ不鮮明な（一つの）「民衆と近代」像を描き、そのリアルな理解に資することができるなら、幸甚である。

　米澤弘安日記研究会における研究に際し、また、『米澤弘安日記』の刊行に際し、米澤弘安のおつれあいの故芳野様には、その晩年に、弘安と歩んだ人生について話を伺った。また、米澤家の家督を継がれた三女の故信子様には、多年にわたり話を伺うことができた。そして、日記の解釈に資する、また日記を補填する多くの情報・助言・教示をいただいた。ここに著者一同、心よりお礼を申し上げたい。

　本書の刊行への道を拓いていただき、また、温かい激励をいただいた大学教育出版の佐藤守社長に、心よりお礼を申し上げたい。『米澤弘安日記』が大学教育出版より刊行されてから10余年の歳月を経て、ふたたび佐藤社長にお世話いただき、本書刊行の運びになったことに、著者一同、深い感慨を抱いている。

　本書を
　本書の刊行を心待ちにされながら他界されていった米澤芳野様と信子様
　本研究を長年にわたり先導していただいた故古屋野正伍先生の
　ご霊前に捧げたい

　　　2018年10月

　　　　　　　　　　　　　著　者　一　同

目　次

序　文　日記との遭遇 ……………………………………… 3

序　章　民衆と近代 ………………………………………… 7

第1章　日記分析の方法 …………………………………… 25

第2章　日記の言語使用 …………………………………… 43
　　　　　── 敬語・表記・語彙の生涯変化 ──
　　第1節　言語使用の背景と実態 …………………………… 44
　　第2節　表現・文体・表記・語彙 ………………………… 72

第3章　職人弘安の労働世界 ……………………………… 91
　　第1節　理念と倫理 ………………………………………… 92
　　第2節　民衆的自立の構造 ………………………………… 114

第4章　家長弘安の家族関係 ……………………………… 133
　　第1節　職人と家父長制 …………………………………… 134
　　第2節　家の運営と妻 ……………………………………… 155

第5章　住民弘安の近隣関係 ……………………………… 175
　　　　　── 明治・大正期にみる伝統工芸職人の役割 ──
　　第1節　人間関係と地域社会 ……………………………… 176
　　第2節　地域社会の集団の閉鎖性 ………………………… 186

第6章　国民弘安の政治意識 ……………………………… 215
　　第1節　デモクラシー運動と米澤弘安 …………………… 216
　　第2節　帝国植民地意識 …………………………………… 239

参照文献 ……………………………………………………… 260

米澤弘安略年表 ……………………………………………… 272

索引項目 ……………………………………………………… 278

　執筆分担
　　序　文　執筆者一同
　　序　章　青木秀男
　　第1章　1～5　青木秀男、6　近藤敏夫
　　第2章　山下暁美
　　第3章　青木秀男
　　第4章　水越紀子
　　第5章　近藤敏夫
　　第6章　坪田典子

序　章　民衆と近代

本書の目的は、金沢の象嵌職人・米澤弘安が近代（明治・大正・昭和）を生きた姿を、彼が書いた日記を材料に分析し、もって日本の〈民衆的近代〉（民衆における、民衆にとっての近代）の１つの像を示すことにある。ここで〈民衆的近代〉の語は、色川大吉に依る。「明治維新は、維新前から始まっていた民衆的近代への内発的な発展を大いに促した」（傍点は引用者）（色川1991: 138）。主題に沿ってこの語を展開し、もって日本の近代化研究、民衆研究の鍵概念に育てあげたい。これが本書の願いである。まず、民衆とはだれなのか。民衆とは一般に、国家や社会を構成し、そのなかで統治・統制される側にある人びとの全体をいう。そのかぎりで、民衆は共通の利害をもち、共通の社会的地位にある人びとである。他方で、民衆はそれ自身、（新・旧の）中間層から底辺層に及ぶ階層構造をなす。そしてそのなかで、たがいに包摂し、排除しあう関係にある。豊かな民衆もいれば、貧しい民衆もいる。統治権力に寄り添う民衆もいれば、抵抗する民衆もいる。「民衆の中には対立もあれば争いもあれば、裏切りもあれば差別もある、抑圧する者も抑圧される者もいる」（色川1991: 12）。本書は、民衆を、被統治の側にありながら、たがいに異なる境遇にある人びとを含む、重層的な階層概念として捉える。そしてそのなかの、都市旧中間層に属する職人に焦点を当て、その生活と精神構造について考察する。

1. 近代の理解

(1) 本書の近代観

　近代とはなにか。マックス・ウェーバー（Max Weber）は、西欧近代を、「自由で自律的な主体」、つまり、「目的合理性を考慮し、合理的（理性的）に判断する能力をもち、一定の価値基準を精神の中心に据え、そしてその基準に準拠しつつ、恒常的に一貫した振舞を成しうる」（橋本2000: 126）人間が現れた時代とした。それは、日本ではどうだったのか。その問題に進む前に、近代の理解をめぐって留意すべき２つの事柄に触れておく。一つ、大塚久雄らは、ウェーバーの近代的人間像を鏡として、日本における近代的自我の未成熟を説いた。丸山眞男は、近代的自我の未成熟が、日本のファシズムを生んだとした。「日本のナショナリズムの精神構造において、国家は自我がその中に埋没しているような第一次的グループ（家族や部落）の直接的延長として表象される傾向が強く、祖国愛はすぐれて環境愛としての郷土愛として発現するということである」（丸括弧と傍点は原文）（丸山1951: 67）。このような近代理解は、日本近代に前近代の

残滓、つまり「封建遺制」をみる講座派マルクス主義の人びとも同じであった。そこでは、前近代・封建制が近代化の阻害要因とされた。しかしそこでは、近代自体に孕まれる問題が問われることはなかった。「『近代』主義は、そもそも『近代』そのものを問い、告発する視角をもたない」（子安 2003: 244-245）。これに対して、ウェーバーは、近代人の精神構造の結末に悲観的であった。近代は、人間の精神を幽閉する「鉄の檻」になり、近代人は、「一種の異常な尊大さで粉飾された機械的化石」の「精神のない専門人、心情のない享楽人」（Weber, 1920=2010: 366）になる、人間は、その歴史の宿命を避けることができない。その意味で、ウェーバーには近代を対象化し、その「意図せざる結果」を批判する視点があった。後年、マックス・ホルクハイマー（Max Horkheimer）とテオドール・アドルノ（Theodor Adorno）は、近代を批判し、「何故に、人類は、真に人間的な状態に踏み入っていく代りに、一種の新しい野蛮状態に落ち込んでいくのか」（Horkheimer und Adorno, 1947=90: ix）と問うた。そして、ドイツでは近代的理性こそがナチズムの母であったとした。彼らは、近代自体に、合理的理性が非合理的な「道具的理性」に転じる必然をみた。本書は、このような近代批判の視点を共有する。

　二つ、日本近代の民衆は、おおむね、権威主義的「集団主義」[1]を行動原理とした。丸山は、日本のファシズム・イデオロギーの特徴として「家族主義的傾向」を挙げた。「家族主義というものがとくに国家構成の原理として高唱されているということ。日本の国家構造の根本的特質が常に家族の延長体として、つまり具体的には家長としての、国民の『総本家』としての皇室とその『赤子』によつて構成された家族国家として表象される」（丸山 1948: 273）。ここで、権威主義的集団主義とは、このような擬似家族主義的で、集団とその統率者の権威に従順な、日本人の全般的な生活態度を指す。本書は、その実際の様態を、一人の職人を事例に、そのイデオロギーと生活態度の分析を通して描写する。しかし権威主義的集団主義は、日本人の近代的自我が未成熟であったことを意味しない。それは、イデオロギーの起源を前近代にもちながら、そのたんなる残滓ではない。それは、近代に再構築され、日本社会の統合に積極的に機能した生活態度である。「近代性一般というようなものは存在しない。複数の国民国家があり、それぞれの国民国家が、それぞれ独自のやり方で近代的社会に変化するものである」（Jeffrey Harf）（子安 2003: 219）。普遍的な歴史過程（近代化）は、個別（日本）の歴史的（前近代的）条件を介し、またそれを再構築して、みずからを実現する。近代と「伝統」は、断絶ではなく連続している。近代は、「伝統」と葛藤し、絡みあってみずからを創造する。近代とは、そのような矛盾と捩れを内包する漸次的な歴史過程を指す。こうして一方で、近代的な合理主義が浸透し、他方で、伝統の装いを纏った権威主義的集団主義が構築される。権威主義的集団主義は、近代の産物である。これが、本書のもう一つの近代理解である。

(2) 2つの問題系

　本書は、日本の近代（化）をめぐる議論の本流に注ぐ一本の細流である。本書の主題は、2つの問題系からなる。一つ、（日本の）近代（化）の理解をめぐる問題系である。ウェーバーによれば、近代の中核に、資本主義の〈精神〉がある。資本主義の〈精神〉の中核に、労働のエートスがある。労働のエートスの中核に、〈勤勉〉〈質素〉などの倫理がある。では、日本の近代民衆は、どのように勤勉で、質素であったのか。彼らは、どのような労働のエートスをもったのか。それは、どのように日本資本主義の〈精神〉へと結晶したのか。そして米澤弘安の場合、それらはどうであったのか。本書の主題は、これらの問題群である。二つ、都市旧中間層の理解をめぐる問題系である。職人弘安は、都市民衆の一人であった。また、旧中間層の一人であった。では、都市旧中間層とは、どのような人びとであったのか。彼らは、どのような経済状態にあったのか。彼らは、地域において、どのような役割を担ったのか。国家に対して、どのような態度を取ったのか。そして、米澤弘安の場合、それらはどうであったのか。もう一つの主題は、これらの問題群である。本節では、まずこれらの問題群をめぐる中心概念について、必要な範囲で考察する。つぎに、そのうえで本書の主題〈民衆的近代の研究〉の位置取りを行う。そして、本書が抱く問題意識と仮説（的構想）を提示し、第2章以下における、日記分析による実証に繋げる。

2．日本資本主義の〈精神〉

　日本資本主義の〈精神〉をめぐる研究は、ウェーバー研究やマルクス主義的研究が交錯し、たがいに関連しあう2つの論点をめぐって行われてきた。まず、日本の近代化は「未成熟」だったとし、その原因をめぐる議論である。その問いはこうなる。いかなる文化的・構造的要因が、日本の近代化を阻んだのか。つぎに、日本資本主義の〈精神〉をめぐる議論である。その問いはこうなる。日本には資本主義の〈精神〉はあったのか。あったとして、それはどのようなものだったのか。それらの研究は、以下のように一瞥される。

(1)〈精神〉の「欠如論」

　まず、日本には資本主義の〈精神〉を生じる歴史的条件がなかったという「欠如論」についてである。それは、さらに2つの主張からなる。まず、日本には西欧資本主義の流入に抵抗する宗教的・思想的主体がなく、そのことが、日本資本主義の形成に結果したという主張である。日本は、アジア諸国に先んじて（近代）資本主義の道を歩んだ。ウェーバーは、「宗教と社会」の観点から、「西欧の近代化」と「非西欧の非近代化」に

ついて論じたが、その彼もこの事実に着目した。そしてつぎのように書いた (Weber, 1921a=71, Chap.6; 1921b=83, Part 3, Chap.4)。日本の神道も儒教も、超越的な神と、来世で人間を救済するという思想をもたなかった。仏教は救済思想をもったが、その仏も、人間を支配する存在(「神の道具」)ではなく、人間が近づくことのできる存在(「神の器」)であった。ゆえに、救済思想が、人間に脅迫的に世俗内禁欲を強いることはなかった。また日本の宗教は、呪術的・救拯論的な救世者の威信を備えた階層をもたなかった。ゆえに日本には、資本主義の到来に強力に抵抗する階層がなかった。その結果、「日本は資本主義の精神をみずから作り出すことが出来なかったとしても、比較的容易に資本主義を外からの完成品として受け取ることが出来た」(Weber, 1921b= 83: 377)。丸山や小笠原真も、これと同じ論理を展開した。「絶対者がなく独自な仕方で世界を論理的規範的に整除する『道』が形成されなかったからこそ、それ(神道〜引用者)は外来イデオロギーの感染に対して無装備だった」(丸山 1957: 207)。丸山は、日本の伝統思想は、「諸々の新しい思想を内面から整序し、あるいは異質的な思想と断乎として対決するような原理として機能しなかった」(丸山 1957: 198)とし、その無構造な継承のあり方を指摘した。また小笠原真は、日本の宗教は、時代や権力を超克する力と影響力をもつことはなかった、それは、たとえば仏教が、「維新政府の『神仏判然』令と廃仏毀釈運動にみるべき抵抗ができなかった」(小笠原 1994: 76-77)ことに示されるとした。

　つぎに、ウェーバーによる日本近代化の理解に準拠し、日本では西欧のような資本主義の〈精神〉が未成熟だったとして、日本の歴史的条件の消極的な側面を強調する主張である。そして、資本主義の〈精神〉の未成熟の原因、つまり、日本社会の前近代性・(半)封建性が分析され、近代の成熟・封建性を克服するための条件が模索された。これが、日本近代(化)研究の中心をなす。川島武宜は、日本の家制度にみる家父長制とそれを支える、儒教道徳に発する「家族制度イデオロギー」について分析した(川島 1957)。神島二郎は、伝統的な自然村(ムラ)の秩序原理が拡大再生産されてできた擬似自然村〈第二のムラ〉について分析した(神島 1961)。丸山は、「抑圧の委譲」(丸山 1946: 32)や「無責任の体系」(丸山 1949: 140)として表出する、近代的自我が埋没した知的支配層の精神構造について分析した。そして彼らは、家族制度イデオロギー、第二のムラ、没我的な精神構造が、日本人の「自由で自律的な」自我の形成を妨げ、日本資本主義の自由な発展の桎梏となったこと、それでも急速に膨張する資本主義が生み出す社会矛盾が、家族主義的な国家的秩序に解消されていく過程を明らかにした。

　また、日本資本主義の形成を促す宗教的・精神的な条件の存否は、その経済的・階層的な基盤の存否に照応する。ウェーバーは、自律的な資本主義的経済発展が日本で発展しなかった理由に、日本の宗教の特徴を挙げると同時に、日本の封建制が、外国との政治的・経済的な交流を遮断する鎖国政策を取ったこと、市民階級を形成する自

由都市が、堺などの一部の都市を除いて形成されなかったことを挙げた（Schwent-ker,1998＝2013: 34）。日本には、封建制およびその残滓「封建遺制」の経済的・階層的基盤をめぐる数々の研究がある。たとえば（野呂榮太郎・服部之総・羽仁五郎・平野義太郎・山田盛太郎他 1932-33）。これらの研究については、議論を別の機会に譲りたい。ここで一点だけ触れるならば、日本資本主義の形成を促した経済的基盤の分析においても、先述した本書の近代（化）理解が妥当する。封建遺制は、世界帝国主義段階の後発資本主義において再構築され、新たな機能を課せられた「遺制」、つまり資本主義の産物である。

(2)〈精神〉の「特殊論」

つぎに、日本にも資本主義の〈精神〉を育む宗教や思想があったとし、西欧の近代資本主義の〈神〉の「機能的な等価物」を求める、日本資本主義の「特殊論」である。これは、ウェーバーの日本近代化論と途中から袂を分かつ方向である。ウェーバーと同じ問題関心から出発しながら、ウェーバーとは反対の方向で答えが見出される。それは、ウェーバーの「非西欧世界の非近代化」仮説に挑み、反証するものである。それは、さらに2つの方向を取った。一つ、日本の諸宗教にプロテスタンティズムの職業倫理の機能的な等価物をみる方向である。そこでは、神道や仏教、儒教、幕末の新興宗教の倫理徳目（勤勉、質素など）が、人びとを禁欲的に労働に駆って、日本の近代化の動因となったと主張された。神島は神道に（神島、1961）、内藤莞爾や黒崎征佑は浄土真宗に（内藤1941）（黒崎2005）、中村元や山本七平は禅宗に（中村1965）（山本1979）、戸谷敏之は儒教に（戸谷1948）、安丸良夫は近世末期の新興宗教（黒住教、金光教、天理教、丸山教）に（安丸1974）、そしてロバート・ベラー（Robert Bellah）は徳川時代の宗教に（Bellah,1957＝66）、ひたすら質素に努め、営利活動に励む、資本主義の〈精神〉に適合的なエートスをみた。禅宗については、とくに江戸初期に生きた鈴木正三の、「職業は即仏行なり」、つまり、人間は労働によって仏に救済されるとする『万民徳用』の思想が注目された（鈴木1962: 68-71）。新興宗教については、安丸の、民衆を労働へ駆るエートスを分析した「通俗道徳」論が注目された。安丸の所論については、第3章で詳述される。こうして、それらの研究において、つぎのように主張された。日本の諸宗教の生活倫理が精神的動因となって、人びとが営利活動に励んだ。その結果、商品経済が発展し、富が蓄積することとなった。江戸時代末期には、「資本主義的な経済システムを形成する構造的な前提はすでに出来ていた」（Schwentker, 1998＝2013: 44）。

二つ、日本の〈家〉の制度とイデオロギーに、プロテスタンティズムの職業倫理の機能的な等価物をみる方向である。そこでは、家業は〈家〉とともにあること、一子相続により家産の分散を防ぎ、それが資本として機能したこと、有能であれば非血縁者であっても〈家〉の継承者にしたこと、経営と家計を分離したことなど、日本の〈家〉本来

の経営合理性が指摘され、〈家〉と資本主義との親和性が強調された (村上・公文・佐藤 1979) (三戸 1994) (平山 1995) [2]。またこれとは別に、速水融は、労働集約的な日本農業が、農民の「勤勉革命」を生み、それが日本の近代化を導いた、日本の近代化は、宗教でなくとも説明が可能であると主張した (速水 1979: 10-13)。

(3) 批判と方法

　日本資本主義の〈精神〉の「欠如論」「特殊論」のいずれも、批判に晒されてきた。たとえば小笠原は、日本の宗教に資本主義への動因を求める諸説を批判して、日本では、宗教はつねに政治権力に屈服してきた、宗教は世俗世界を支配する力をもたず、日本の近代化に決定的な役割を演じることはなかったと主張した (小笠原 1994: 82-83)。ウォルフガング・シュヴェントカー (Wolfgang Schwentker) は、内藤による、浄土真宗と近江商人の経済倫理の適合性論を批判して、近江地方の事例をどこまで日本全体に一般化できるのか疑問があると主張した (Schwentker,1998＝2013: 334)。山崎正和は、〈家〉の制度とイデオロギーに資本主義への動因を求める研究を批判して、近世農村の単婚小家族や都市の小商人家族には、〈家〉の観念もシステムもなかった、ゆえに、社会構成原理としての〈家〉論は、日本社会の半分に妥当するにすぎないと主張した (山崎 1990: 76)。

　日本資本主義の〈精神〉の「欠如論」「特殊論」のいずれにも、説得的な部分と、そうでない部分がある。それらは、それぞれのやり方で、日本を資本主義へ駆る誘因を説明しており、その限りで、それらの主張は説得的である。逆に、「欠如論」「特殊論」に対する批判も、それぞれ説得的である。では、日本資本主義の〈精神〉や近代化をめぐるこれらの議論から、どのように統一的な〈精神〉論や近代化論へ至ることができるだろうか。それは容易でない道程であるが、そのために必要な条件は、2つあると思われる。一つ、なにか単一の要因によって統一的な日本資本主義の〈精神〉や近代化を導くことは叶わないということ。その説明は、複数の要因の関係性のなかで可能になる。そのためには、要因相互の因果連関を説明するための枠組みが必要になる。たとえば富永健一は、タルコット・パーソンズ (Talcott Parsons) の AGIL 図式を用いて、日本近代化論を展開した (富永 1990: 31-32)。そこでは、4つの要因を分離したうえで繋ぎ合わせる、日本近代化の機能主義的な説明が行われた。シュヴェントカーは、「日本社会における近代的・合理的な要素と伝統的・非合理的な要素」の共存を指摘し、日本の近代化は、「ある一つの社会において非常に近代的でない構造と平行して比較的近代的な社会形態の制度化へと至る社会変動のプロセス」、つまり「部分的近代化の特殊なケース」であるとした (Schwentker,1998＝2013: 353)。しかし本書は、このような機能主義的な近代化論に与しない。ともあれ、資本主義の〈精神〉や近代化を分析するためには、要因相互の因果連関を特定し、それを一つひとつ積み上げて、因果連関の全体像 (部分の集積ではなく)

に至らなければならない。図0-1をみられたい。それは、ウェーバーの宗教と社会の観点から、歴史の動態を生じる諸要因の因果関連の統一的な説明へ至る一つの枠組みである。これを日本的現実に沿って具体化するにせよ、または別の枠組みを構築するにせよ、日本資本主義の〈精神〉と日本の近代化を統一的に説明する枠組みが構想されなければならない。

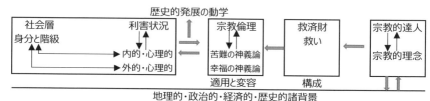

図0-1 宗教と社会と歴史の動学

（内田 1968）の図を作り変える

二つ、日本資本主義の〈精神〉や近代化の個性を明らかにするには、西欧のそれらとの比較が不可欠になるということ。そして比較のためには、日本資本主義の〈精神〉や近代化の類型的な理解が必要になる。日本資本主義の〈精神〉の「欠如論」と「特殊論」を類型的に対照させたうえで、双方を超えることの必要を説いた研究者はいる。中村則弘は、地域経済の内発的発展論の立場から、日本における資本主義の〈精神〉の未成熟を説く「欠如論」を「西欧的オリエンタリズム」（中村2005: 8）と呼び、日本の宗教にプロテスタンティズムの倫理の「機能的な等価物」を求める「特殊論」を「日本的オリエンタリズム」（中村2005: 16）と呼んだ。そして、これら2つの方向を「脱オリエンタリズム」の方向で克服すべきであると主張した（中村2005: 16-17）。折原浩は、ウェーバーの方法的類型論に則って、「欠如論」を、西洋近代文化に対して「過同調」する「西欧派」（折原2005: 203-204）と呼び、「特殊論」を、日本資本主義の〈精神〉の特殊性を強調する「自文化中心主義」の「国粋派」（折原2005: 203-204）と呼んだ。そしてそれらの対立を、ヴェーバーの「巨視的比較宗教社会学」の類型論的な方法で克服しなければならないと主張した（折原2005: 208）。「欠如論」と「特殊論」の対立を克服するには、たんにそれらを対照させるに止まらず、日本資本主義の〈精神〉の類型の構成に至らなければならない。「『西洋文化圏』（とくに「西洋近代」）と『日本』（とくに『幕末このかたの日本』）とを、ひとまず相異なる『文化類型』として指定し、比較によって双方の異同を問い、相互に特質づける」（折原2005: 203-204）。ここで類型とは、資本主義の〈精神〉をなす主要な要因を中心に構成された、諸要因の関係の型をいう。こうして、日本資本主義の〈精神〉の類型を構成するには、3つの手続きが必要となる。一つ、西欧の資本主義の

〈精神〉と日本のそれとの類似性と差異性を特定すること。また、前者が後者に与えたインパクトを特定すること。二つ、それらの類似点と差異点が、西欧の資本主義の〈精神〉と日本のそれの全体において占める位置、つまり、全体のなかでもつ意味を特定すること。三つ、類似点と差異点を中心に、西欧の資本主義の〈精神〉と日本のそれのそれぞれを構成する中心的な諸要因を抽出し、それらの間の因果連関を特定すること。このような手続きを経て、類型の構成が可能になる。そのような類型の比較を通して、日本資本主義の〈精神〉の個性の特定が可能になる。

　本書は、このような、日本資本主義の〈精神〉とその類型構成の方法に留意しつつ、一方で、本書の主題がそれらの問題群にどのように架橋されるかを意識し、他方で、日本近代化の促進／阻害要因を解明するという課題を抱きつつ、「近代」「日本」の「民衆」の労働と生活のエートスを、一人の職人を事例として分析する。これが、本書が抱く理論的な関心と、それへの道程における本書の位置である。

3．都市旧中間層

(1) 職人の階層

　幕藩期に身分的な特権をもった都市の上級職人（藩の御用職人）は、明治期に入り、藩の庇護と顧客（武士）を失い、資本主義の競争市場に放り出された。彼らは、「明治中期以後はその大量の存在、過度の競争、生産力の停滞、巨大資本による苛酷な利用と収奪のうちに高い開廃率を示しながら」（寿里 1962: 79）辛うじて生き延びた。その過程で、職人は、劇的な階層分化と再編成を被った（隅谷 1955: 37-41）。図0-2をみられたい。

旧職人の多くは、生活の基盤を失い、転職と廃業をよぎなくされた。ある者は、(問屋制)家内工業や(マニュファクチュア制の)手工場の職工 (artisan)[3] になった。ある者は、機械制工場の職工（熟練労働者）(worker) になった。旧職人の一部は、生活用具や奢侈

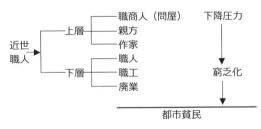

図0-2 近世職人の階層分化

品を製作する工芸職人 (craftsman) になった。洋服の仕立て職人や靴職人など、時代の需要に応じる新たな職人も現れた。これらの職人は、職商人（しょくあきんど）(craft-trader) や問屋の注文を受けて生活用具を製作した。技術や資金がある者は、美術工芸品を制作する作家 (artist) になった。「（展覧会の）入選回数の多い職人は『作家』と呼称され、定着すると

かつての職人仲間を蔑視し、職人でないことを誇った」(田中 1992a: 112)。また、親方や職商人になる者もいた。反対に、ある者は、すべての機会を失って窮民の列に加わった。これらの階層の間には、さまざまな中間層がいた。近代的工場には職人的職工がいた。親方の元で働く職人には、賃稼ぎ人や窮民に近い者がいた。工芸作家の多くは、生活用具の修繕や製作を行う職人であった (弘安がその一人であった)。このような階層分化は、明治期に旧藩の庇護と顧客を一挙に失った旧武具職人の場合、いっそう劇的であった [4]。職人に留まることができた者は、ごく一部であった。作家になれた者は、さらに少数であった。「職人が賃銀や手間賃をえる位置から、大げさにいえば美を創造する作家としてその創造に見合う代価が作品に支払われる位置に進むためには、資産があるか、パトロンをえるか、もしくは家族から別途の収入があるかに関わっていた。いかにすぐれた素質があろうとも、職人から作家への道はほとんど閉ざされていたといってよかった」(田中 1992a: 82)。

　旧中間層とは、(多くの場合) 資本主義の成立以前からある伝統的な生産基盤のうえで、形式的には独立していながら、零細な資本を元手に仕事を行い、実質的には問屋や企業に従属した人びとをいう [5]。丸山眞男は、(戦前の) 旧中間層を、「小工場主、町工場の親方、土建請負業者、小売商店の店主、大工棟梁、小地主、乃至自作農上層、学校教員、殊に小学校・青年学校の教員、村役場の吏員・役員、その他一般の下級官吏、僧侶、神官、というような社会層」(丸山 1948: 296-297) とした。このうち都市に仕事の基盤を置く人びとが、都市旧中間層である。職人でいえば、自営業主の人びと、つまり上記の職人や作家、親方、職商人が、都市旧中間層に入る。彼らは、さらに階層化される。その下層には、破産寸前の人びとがいる。破産すれば、雇用者になるしかない。それが叶わなければ、窮民になるしかない。上層には、潤沢な資本と仕事の基盤をもって、企業家(資本家)に迫る人びとがいる。「旧中間層にも相当の内部の階層 (たとえば企業規模による) の分化が認められ、心的構造にも共通な部分も認められるが、むしろその経済的安定・不安定による異質化傾向に注目すべきだ」(寿里 1962: 84)。都市旧中間層は、全体として、仕事の基盤が脆弱で、問屋や企業に従属し、つねに破産の危機にある不安定階層であった。

(2) 状況牽引型

　都市旧中間層は、「(『経営者』の名と乖離した〜引用者) 鬼火のような独立自営というイメージにしがみつき、矛盾した意識構造をもつ」(寿里 1962: 74) 人びとであった。彼らは、「経済的不安乃至窮乏、地位低下に対する不満」や「危機階層意識」(寿里 1962: 75) を抱いた。そこには、経済環境を生き抜く必死の生活戦略があった。彼らにとって〈勤勉〉は、不可欠の倫理徳目であった。彼らは仕事に励んだ。技術に対しては革新的であった。「市場の動きに敏感に対応し、技術革新の成果をいち早く取り入れるなど、さ

まざまな経営努力を行った」（鄭 2000: 81）。他方で、彼らは「和」の人であった。生き残るためには、仕事関係や近隣の人びとと和し、生産と販売を確実なものにしなければならなかった。また、都市旧中間層の仕事は、（たいていは）家業経営としてあった。ゆえに、家族の労働力は不可欠であった。経営の責任者は、家長であった。家長と家族には、家父長的な支配関係があった。「その生活実態は安易どころか超人的労働と消費節約がなければ維持されず、努力と報酬という素朴な刻苦勉励主義、服従と保護という家父長的労使関係という生活倫理に支えられていた」（寿里 1962: 12）[6]。

　このような階級的基盤にあった都市旧中間層は、さらに2つのグループに区分される。一つ、旧中間層の上層にあって、一方で、地域において行政の施策を代行し、他方で、地域の利害を行政に突きつける、地域のエリート的指導層である。二つ、その指導層のもとで、一方で、行政の施策を地域住民とともに受容し、他方で、地域の調和のために奔走する、地域の大衆的指導層である。これらのグループに、2つの人間類型として構成される、対称的な社会的性格が照応する。まず、旧中間層の上層の一部に典型的な社会的性格である。それは、先行研究において描かれた旧中間層の人間像に、ほぼ照応する。その人間類型を、本書では〈状況牽引型〉と呼ぶ。〈状況牽引型〉とは、状況が孕む矛盾や危機を積極的に乗り越えようとする人びとを指す。つまりそれは、不安定な階級的基盤にあって危機意識を募らせ、みずからがある生活状況に対抗し、危機を打破しようと行動する人間類型である。換言すれば、それは状況と「闘う」人びとである。その人びとの精神には、3つの特徴が刻まれた。一つ、経済的境遇に対する大きな不安と不満である。その不安と不満は、大資本や官僚に対する旺盛な批判意識を生んだ。二つ、階級的地位の固守に対する強い使命感である。彼らは、必死の努力により、ようやく自営業の地位に留まることができた。そのような生活条件は、保守的な秩序意識を生んだ。三つ、地位の動揺と喪失に対する焦燥感である。それは、彼らを脅迫的な行動に駆り立てた。そして、地域の活動的な政治的主体となった。

　彼らは、地域（近隣）の活動に熱心な人びとであった（鄭 2002: 42）。彼らは、昼も夜も地域にいて仕事をした。地域の住民は、仕事の顧客であった。地域の消長は、彼らの運命を決した。ゆえに彼らは、地域の出来事に旺盛な関心を抱いた。彼らは、地域を組織し、統制し、指導する「擬似インテリゲンチャ、乃至は亜インテリゲンチャ」（丸山 1964: 64）であった。「彼ら自身ではいっぱしインテリのつもりでいること、断片的ではあるが、耳学問などによつて地方の物知りであり、とくに、政治社会経済百般のことについて一応オピニオンを持っている」（丸山 1948: 297）。そして、「地域に根ざした利益団体を基盤としてみずからの職業利益を追求しながら同時に地域活動」（鄭 2002: 40）を担った。彼らは、進んで町内会長や方面委員になった[7]。そのような地位と役割は、その危機意識と結びついて、保守的な大衆運動を生んだ。彼らは、資本の横暴と官僚の腐敗を糾弾した。そして、国家の危急を激しく訴える政治家の運動の共鳴盤となっ

た。丸山らは、そのような都市旧中間層を、戦前期「ファシズムの社会的担い手」（丸山 1948: 296）とみなした。「その不満の吐け口は官僚的支配の末端機構に加わることによって社会的地位の上昇を計るか、あるいは危機における急進的ファシズムに参加するかの方向をとり、一方、下層大衆の組織化への圧迫者となる。ここでもまた旧中間層は、被害者であり加害者で」（寿里 1961: 69-70）あった。

こうして、この人びとは、激しい危機意識を抱き、みずからの階級状況に積極的に応答し、状況の打破に向けて近隣住民を牽引する人間類型であった。それは、変動する政治状況の草の根にあり、行政機構の末端にあって、地域の政治を牽引する少数のリーダー層の社会的性格としてあった。このような〈状況牽引型〉の中心的な精神的項目は、〈批判〉と〈変革〉であった。

(3) 状況順応型

つぎに、旧中間層の中・下層に典型的な社会的性格である。それは、先行研究においてあまり描かれてこなかった旧中間層像である。その社会的性格をもつ人間類型を、本書では〈状況順応型〉と呼ぶ。〈状況順応型〉とは、状況が孕む矛盾や危機に耐え、知恵と創意をもってそれらを凌ぐまたはやり過ごす人びとを指す。それは、不安定な階級的基盤にあって危機意識を抱くものの、それを行動的に打破するというより、みずからがある生活状況に適応し、危機に忍従し、危機をやり過ごそうとする、受動的な人間類型である。換言すれば、それは、状況と主体的に「闘わない」人びとである。その人びとの精神には、つぎのような3つの特徴が刻まれた。一つ、経済的境遇に対する大きな不安と不満である。その不安と不満は、大資本や官僚に対する批判意識を生んだ。しかし、その批判意識は抑制的であり、関心の中心は、危機をどう凌ぐかということにあった。二つ、階級的地位の固守に対する使命感である。彼らは、必死の努力により、ようやく自営業の地位に留まることができた。しかし、そのような生活条件が、過度に保守的な秩序意識を生むことはなかった。つまり、生活状況に調和的な域を越え出ることはなかった。三つ、地位の動揺と喪失に対する危機感である。しかし、それが彼らを脅迫的な行動に駆り立てることはなかった。それより、所与の生活条件のなかで、創意と工夫により状況を馴致することに専念した。こうして、彼らのイデオロギーは保守的で、その行動は、地域の和を基本とし、行政の思惑に従順で、先導的な政治的主体に追随するものに留まった。

この人びとは、地域（近隣）の活動に熱心な住民であった。彼らも、〈状況牽引型〉の人びとと同様、地域の出来事に関心を抱き、地域を悉知して、近隣住民に知識を授ける「擬似インテリゲンチャ」であった。しかし彼らが、みずから町内会長や方面委員を買って出ることはなかった。町内会長や方面委員を依頼されると、彼らは、その役割に専心し、仕事をしっかりこなした。そのような社会的性格は、その危機意識と結びつい

て、保守的な大衆運動の後衛たる賛同者になった。彼らは、資本の横暴と官僚の腐敗に批判的であった。しかし彼らは、国家の危急を激しく訴える政治家の運動の傍観者的な共鳴者になるに留まった。彼らは、丸山らのいう「ファシズムの社会的担い手」の、その追随者であった。このような〈状況順応型〉の中心的な精神的項目は、〈責任〉と〈調和〉であった。それは、都市旧中間層の多数を占める人びととのものであった。彼らは、不安定な存在基盤を勤勉と労働により支えた。激しい状況の変化は、彼らの存在基盤を崩壊の危機に曝した。ゆえに彼らは、いかなるかたちであれ、大きな変化に警戒的で、防衛的で、すでにある秩序を固守することに専念した。地域での活躍も、地域の平安を保ちたいという一念に基づくものであった。

(4) 〈状況牽引型〉と〈状況順応型〉

　ここで、留意すべきことがある。このような〈状況牽引型〉と〈状況順応型〉は、それぞれ、旧中間層の上層と下層の人びとを主要な担い手とする2つの社会的性格を、彼らの態度類型として構成するものである。「闘う」と「闘わない」は、そこから導かれる行為の型としてある。ゆえに、それらはいずれも、実際の旧中間層の人びとを純粋かつ完全に区分するものではない。実際の人びとは、〈状況牽引型〉と〈状況順応型〉のいずれに偏ろうと、それらの類型の中間にあった。〈状況牽引型〉の人びとが、最初から、またつねに「闘う」人びとだったわけではない。彼らは、置かれた境遇と生活のなかで、徐々に、つまり、状況の一歩前に出ることに逡巡しながら、またはなにかの出来事をきっかけに、突然に〈状況牽引型〉になった人びとである。また彼らは、行為においては、「闘う」／「闘わない」の間で揺れた人びとである。そしてその態度と行為が、最後は、徐々にまたは激しく「闘って」状況を牽引する方向へ押し出されていった。これに対して、〈状況順応型〉の人びとは、つねに状況に従順な「闘わない」人びとだったわけではない。彼らは、みずからの仕事と生活を危機に陥れる経済や政治に対して憤っていた。そして、状況を変革することの必要を痛感していた。ゆえに彼らは、「闘う」／「闘わない」の間で揺れた。私的世界にあって、その憤りが、態度や行為に表出することもあった。しかし、その態度と行為は、最後は、諦めて、または積極的に選択して、「闘わないで」状況に順応する方向へ回収されていった。さらにある人は、〈状況順応型〉から〈状況牽引型〉へ移行した。ある人は、その逆の過程を辿った。ある人は、2つの態度を往復した。状況牽引と状況順応の過程と様態は、無限に多様であった。このように、〈状況牽引型〉と〈状況順応型〉は、実際の人びとが、態度と行為においてさまざまに揺れたという事実を認識したうえで、それぞれが、その社会的性格の中心部分を抽出して、類型として構成される。本書の意図は、このような分析手順に則って、類型としての〈状況順応型〉に焦点を当て、それを尺度に、米澤弘安の生活史を分析し、かつそのことを通して、〈状況順応型〉の中身を豊かに描こうというものである。

4．射程と構成

（1）旧中間層・弘安

　以上、日本資本主義の〈精神〉と労働のエートス、都市旧中間層をめぐる先行研究の議論を概観し、若干の展開を試みた。議論の要点は、つぎのように整理される。日本の宗教は、民衆に〈勤勉〉〈質素〉を説く職業倫理をもった。労働は、民衆が世俗的な幸福を得るための手段であった。日本の〈家〉は、資本主義に適合的な制度とイデオロギーをもった。都市旧中間層（の多く）は、自営業者であり、資本に服従し、つねに破産の危機にある不安定階層であった。その仕事は、家族の労働力に依存する家業としてあった。彼らは、地域の世話役であり、地域を統轄するリーダーであった。彼らは、統治権力を草の根で支える政治の主体であった。そのうえで、都市旧中間層の社会的性格として、〈状況牽引型〉と〈状況順応型〉が区分された。そのうち〈状況順応型〉が、旧中間層の多くの人間類型であった。

　本書は、地方中核都市・金沢に生きた職人米澤弘安を事例に、〈民衆的近代〉の精神構造（エートスの内的編成）と過程（近代化の受容の紆余曲折）について分析する。弘安は、都市旧中間層の一人であった。彼の仕事は家業であり、その基盤は不安定であった。そして、生活はしばしば困窮した。彼は仕事熱心な人であった。彼は家長であり、家族の平安に責任を負った。彼は、地域の世話に奔走した。また、政治に旺盛な関心を抱いた。このような弘安像は、おおむね先行研究が描く都市旧中間層の像に符合する。しかし、すべて重なるわけではない。弘安は、家にあって権威を誇示するタイプの家長ではなかった。律儀な弘安は、家督を兄弟に三等分した。仕事は不安定であったが、職商人や問屋に完全に従属することはなかった。彼は、息子に家業を継がせなかった。彼は、象嵌仕事の将来を危惧して、息子に別の道を歩ませることに躊躇しなかった。さらに弘安は、〈状況順応型〉の人であった。弘安は、地域の世話に奔走したが、指導者というより善意の世話人であった。弘安は、政治に関心をもったが、危機感に煽られることも、激しい政治活動を行うこともなかった。

　このような弘安の人間像は、先行研究が描く〈状況牽引型〉の都市旧中間層像と一部重なり、一部ずれている。問題は、そのずれである。弘安の人間像を描き、そのずれの意味を問うこと。これが本書の関心である。それにより、都市旧中間層としての〈民衆的近代〉の差異的な姿、つまり、〈状況牽引型〉の民衆像と対照される〈状況順応型〉のそれが浮かびあがる。そこに、日本近代（化）を担った人びとの多様な断面の一つをみる。そして、〈状況順応型〉こそ、日本近代（化）を担った民衆の主要な人間類型であった事情の一端をみる。

　〈状況順応型〉の都市旧中間層の一人・弘安には、つぎのような〈民衆的近代〉像が重なる。民衆は、いつも時代の潮流や統治権力の恣意に驚き、右往左往し、最後はそれら

を受容する客体としてあった。民衆にとって、明治以降の近代化は、そのような衝撃の連続であった。こうして民衆は、「上からの近代化」の受け皿となった。民衆にとって、近代化は、「把捉された」外発的な強制力であった。逆に、時代や統治権力の方は、民衆に受容されることなくして、その意図を実現することはなかった。

　民衆は、他方で、「上からの近代化」に驚き、躊躇し、開き直り、抗って、ついにはそれを自分の利害関心に合わせて修正していった。そして、そのような無数の民衆が集まり、時代の潮流や統治権力の意図を変更して、近代化の方向を転轍する主体にさえなった。そこでは民衆は、「下からの近代化」の推進者であった。それは、民衆が「把捉した」近代化であり、民衆にとって内発的な近代化であった。

　歴史に把捉される民衆から、歴史を把捉する民衆へ。しかしその過程は、紆余曲折のものであった。民衆は、近代化を受容した。でなければ、民衆は、新たな時代を生きることはできなかった。しかし民衆は、「伝統的な」価値をしっかり抱き、恐る恐る、慎重に近代的な価値を受容した。そして、それを徐々に生活の指針に取り込んでいった。古い衣を、一枚ずつ新しい衣に着替えていく。それが、民衆の近代化受容の過程であった。その用心深さこそ、民衆の生き抜き戦略の真髄であった。「民衆はみずからの生活の論理にしたがって、変化から自己をまもり、あるいは変化に自己を適応させ（両者はかさなりあうが）、そうしてそのなかでも自己をつらぬいて幸福を追求してゆこうとしたにちがいない」（鹿野 1968: 51）。このような表現さえ、すっきりし過ぎている。民衆には、「自己をつらぬいて幸福を追求して」いくことは、容易なことではなかった。〈民衆的近代〉の精神は、いわば、2つのベクトルが交差する地点にあった。「一方のベクトルに歴史の発展法則があり、他方のベクトルに『人間の主体的営為』がある。歴史はその二つのベクトルの合力によって決まる」（大門 2001: 5）。

　最後に、本書は、研究成果に不相応な野心を抱くものではない。それは、日本近代（化）論の本流に注ぐ支流の、そのまた細流にすぎない。本流には、多くの支流・細流が注ぎ込んでいる。その全体に言及することは、本書の範囲を超える。（現代）日本の民衆は、どれほど権威主義的な集団主義を脱して、「自由で自律的な人間」たりえているのか。その権威主義的な集団主義は、「伝統的な」（前近代的な）秩序意識のどのような近現代版としてあるのか。また、日本のどのような近代精神の具体的な顕現としてあるのか。本書は、それらの答えの手掛かりを一人の職人のなかに追究する。これが、本書の初発の問題意識であった。

（2）本書の構成

　本書は、つぎのような構成をなす。序章で、本書の主題を提示した。本書の目的は、日本の〈民衆的近代〉の内実を明らかにし、それを民衆における、民衆にとっての近代の分析の重要概念として練ることである。その前提として、「近代」「資本主義の〈精神〉」

「都市旧中間層」など、主題に関わる先行研究の議論を一瞥した。この後、第1章で、本書が資料とする日記の分析方法について考察する。まず、質的分析に関わる問題、つまり日記の意味世界の分析方法について考察する。つぎに、量的分析に関わる問題、つまり日記の統計処理について考察する。具体的に、その基本をなすデータベース化について考察する。つぎに第2章で、日記に使用されている言語の分析を行う。そこでは、とくに敬語(尊敬語、謙譲語、丁寧語、呼称)について分析される。敬語の分析により、書き手の社会的な状況と位置、そこでの他者との関係認識が知られる。それは、続く弘安の生活世界を分析する土俵となる。つぎに、3章以降は、弘安における〈民衆的近代〉の諸相とその展開過程について明らかにする。つまり日記を資料に、弘安の生活世界を構成する4つの断面(労働、家族、近隣、政治)に焦点を当て、分析する。図0-3をみられたい。

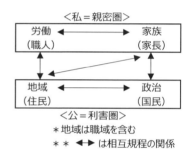

図0-3 弘安の生活世界

まず本書は、「私」の領域(親密圏)において、弘安が、どのように近代に把捉され、また、どのように近代を把捉したかについて分析する。第3章において、弘安の労働について分析する。「職人」弘安は、どのような経済環境のもとで仕事をし、どのような労働のエートスを育んだのか。そして、外環境の市場にどのように適応したのか。そのなかで、どのように自己実現を図ったのか。ここでは、これらの問いが追究される。第4章において、〈家〉と家族関係について分析する。「家長」弘安は、夫・父・子として、どのような家族関係を築いたのか。そこで弘安は、どの程度に家父長的であったのか。その〈家〉意識は、どのようなものであったのか。ここでは、これらの問いが追究される。つぎに本書は、民衆の「公」の領域(利害圏)において、弘安が、どのように近代に把捉され、また、どのように近代を把捉したかについて分析する。第5章において、弘安と地域(と職域)の関わりについて分析する。「住民」弘安は、地域(と職域)において、どのような人間関係を築いたのか。そして、どのような行動を取ったのか。そのとき弘安は、どれほどに権威主義的に集団主義的な志向をもつ住民であったのか。そこに、個人主義に基礎を置く集団主義、つまり、社会的合理性に貫かれた集団主義が成立する条件はあったのか。ここでは、これらの問いが追究される。第6章において、弘安と権力(国家と地方)の政治の関わりについて分析する。「国民」弘安は、どのような政治意識をもって国家に向き合ったのか。どのような行動を取った(取らなかった)のか。そのとき弘安は、どれほど国家が期待する「臣民」であったのか。逆に、どれほど国家から自由な市民であったのか。ここでは、これらの問いが追究される。

これら4つの分析場面には、2つの弘安像が通底している。一つ、いずれの場面にお

いても、弘安は、「伝統を基盤とした近代の受容」という、「伝統的」価値と近代的価値の狭間で揺れながら、あるときは喜び勇んで、あるときはしぶしぶ、近代を受容したという事実である。二つ、いずれの場面においても、弘安は、生活の表層において近代に対して積極的で、深層において消極的だったという事実である。弘安は日記のなかで、生活の態度と行為について、あるときは饒舌に語り（詳細に書き）、あるときは沈黙した（書かなかった）。弘安は、価値葛藤を抱えて躊躇しつつ、生活世界を少しずつ近代へずらしていった。そのような弘安の自己撞着的な態度に、現代の民衆に至る〈状況順応型〉の近代民衆の典型（の一つ）をみることができる。無数の民衆が、歴史の本流に流され、激しい葛藤を経ながら、その結果、歴史の流れを転轍していく。弘安もその一人であった。これが本書における、権力エリートとも、すんなり歴史に抗った民衆とも異なる、〈民衆的近代〉の基本的なイメージである。

［注］

1) 本書の第5章第2節において、社会的合理性を備えた集団主義（社会合理的集団主義）について論じられる。それに対して、権威主義的集団主義とは、集団とその統率者の権威（威光と権力）を拠り所に行動する生活態度をいう。とくに断らない限り、本書でいう集団主義は、後者を指す。

2) 戦後、日本経済の高度成長を背景に、企業の日本型経営（集団主義を基礎に、終身雇用制、年功序列制、企業内組合、企業内訓練、企業内福利厚生）の経営合理性が称揚された。これも、日本資本主義の〈精神〉の「特殊論」の延長にあるものといえよう。

3) 職人と職工は、労働手段を所有する／しない、代替可能性が大きい／小さい、技術の習得が身体化されている／いない、仕事の自主裁量権がある／ないなどの特徴により区別される（尾高 1993: 17-21）。

4) 藩の御用職人は、扶持を受け、屋敷地を宛がわれ、提灯や通箱、暖簾には「御用」と大書された（田中 1992a: 3）。武具職人は、名字帯刀も許された。明治期に入り、彼らは、このすべてを失った。「帯刀廃止令出ツルヤ、刀剣装飾ノ技工ニ従ヒタル者一朝ニシテ其ノ職ヲ失ヒ、惨状ヲ極メタ」（石川県 1919『実業功績者事績調』）（田中 1992a: 27-28）。

5) 米澤弘安がそうであった。（自宅で注文を受け、仕事をする）居職の場合も、工房や問屋に依存し、その経営は資本に左右された。「お金を取りに行けば、そこでまた値切られる。盆と暮におつかいもの（贈答）をし、品物の仕上り近くには『もう仕上りますから、また仕事をお願いします』と頼んだものだった。なんといっていいか、惨めの一語につきた（中略）金沢の商人は『仕事をさせてやる』『生活させてやっている』といったのが職人に対する態度でした」（金沢の蒔絵職人の言葉）（田中 1992b: 149）。

6) 職人家族の場合、家父長的な関係は、その仕事の性格（仕事における人格的な自律性や完結性）のゆえに、比較的弱かった。「職人の場合には、農民や商人と異なり、家意識も薄い事も手

伝って、仕事上の集団主義も発達しにくかった」(間 1987: 163)。そのことは、後にみるように、弘安についても指摘される。

7) 町内会は、「保守権力の地域細胞とか、公行政の補充、税外負担の吸上装置」であり、「地縁的な互助的・親睦・祭礼などの私的機能と、地区内の清掃・衛生等の仕事や各級行政に対する協力という公的機能」(奥田 1964: 9-10) をもった。町内会は、「典型的旧中間層である業主層 (自営業主、中企業主、小企業主)」(奥田 1964: 10) により運営された。弘安も、町内会活動に熱心であった。その様子は、第5章において詳述される。

※ 本書では、たとえば大正3年7月27日に書かれた日記を [大 3.7.27] のように表記する。同じく明治は明、昭和は昭と略記する。『米澤弘安日記』において、当て字、略字、脱字、用語、表現 (とくに方言) などは、すべて原文のママとする。誤字は、明らかに間違いの箇所は訂正し、そのほかは原文のママとする。判読不明の字は□と記す。日記の引用中の丸括弧は、引用者の補足である。傍点は、すべて引用者のものである。

第1章　日記分析の方法

1. 『米澤弘安日記』

ウィリアム・タマス（William Thomas）とフローリアン・ズナニエッキ（Florian Znanicki）は、手紙や自伝などを材料に、ポーランド農民（の移民）の生活史を分析した（Thomas and Znanicki, 1918-20）。それは、人間文書（human document）を用いた最初の生活史（life history）研究であった。その後、生活史法は、質的データの分析方法として洗練されていった。人間文書には日記も含まれる。しかし、日記を用いた生活史研究は、多くはない。ゆえに、日記分析の方法については未開拓な部分が多い。日記は、書き手や目的によって分類される。権力者が書いた日記もあれば、民衆が書いた日記もある。他人に読まれることを想定して書かれた日記もあれば、自分だけのために書かれた日記もある。調査者が調査対象者に書かせた日記もある（Plummer, 1983=91: 28-33）。記録や日誌のような日記もあれば、文学作品のような日記もある。このような日記の種類や性格により、日記の資料としての特性も異なる。また日記と記憶、日記と解釈、日記世界の（再）構成など、日記分析に関わる理論的な課題も多い。これらについての議論は、まだまだ必要である。

本書は、米澤弘安の日記と、彼の妻と娘らに対する日記面接（diary interview）で得られたデータを、弘安の生活世界の分析材料とする。弘安は故人で、日記は完結したデータ群としてある。また日記は、弘安が自分のために書いた日記である[1]。「僕は『学生』（雑誌）昨年の分を一通り見た　其中で帝国圖書館長の日記の書方を再読す　大人物は他人が書いて呉れるか吾々の歴史は自分でつけねばならぬ　後年、参考ニなる事この上なしとあり　猶々継續して記さんと決す」[大 3.1.6]。ゆえにそこには、弘安の飾りない生活世界が、記述されている。本章の目的は２つある。一つ、日記分析の方法について考察すること。日記の資料特性はどのようなものか。日記分析はどのように可能か。これらの問いに関わる諸問題である。二つ、日記と本書の主題（民衆的近代の分析）について考察すること。日記のなかに、「個人と歴史」はどのように解読されるのか。それにはどのような方法があるのか。これらの問いに関わる諸問題である。

『米澤弘安日記』は、日記帳や大学ノートに鉛筆やペンで書かれた[2]。書かれた期間は、1906（明治39）年から72（昭和47）年である。記述は、1912（大正元）年から25（大正14）年の大正年間（弘安25歳～38歳）に集中する。1934（昭和9）年から57（昭和32）年の24年間は、中断された。そして1958（昭和33）年に再開され、弘安の没年まで書かれた。ただし、再開以降の記述は少ない[3]。日記の分量は、日記帳やノートで、「生活」日記（『米澤弘安日記』に収められた分）が31冊（400字詰原稿用紙で4,336枚分）、「仕事」日記が27冊、「旅行」日記が11冊の計69冊である。そのうち「生活」日記の年別記述量は、表1-1にみるとおりである。

著者らの日記研究の経緯は、本書の序文にあるとおりである。著者らは、日記分析の

かたわら、米澤宅において、1991年よりほぼ年に一度、妻芳野（1898年生れ）に対して、芳野の没（1998年）後もほぼ年に一度、三女信子（1929年生れ）に対して、時おり長女喜代（1919年生れ）、次女登代（1925年生れ）に対して聞き取りを行った。彼女らが語る生前の弘安像は、日記分析の重要な

表1-1『米澤弘安日記』の年別記述量（文字数）

明治39年	5,683	大正5年	85,865	大正14年	36,275
41	6,088	6	92,569	15	9,168
42	45,692	7	104,772	昭和2年	8,169
43	56,100	8	96,200	3	24,579
44	79,784	9	82,500	4	15,779
45	71,029	10	81,206	5	12,168
大正2年	87,887	11	62,622	6	6,753
3	88,481	12	62,886	7	705
4	106,699	13	42,770	8	11,509

大正15年の1月〜4月の日記は紛失の可能性がある。昭和5・6・7年は『米澤弘安日記』に未収録である。（近藤がデータベース化したものから水越が作成）

補填資料になった[4]。また、小冊子のものながら、芳野が書いた手記がある。象嵌職人弘安についての歴史学からの伝記と研究もある（田中1968; 1974）（丸山1992）。それらも、日記分析の重要な補填資料となった。日本近世・近代史家の田中喜男は、生前の弘安に面接して、その語りを著書に掲載した。本書では、それら弘安の語りも進んで引用する。

2．日記と階層

「北國ノ冬期には希有の好天気なりし大晦日に引替へ明けて芽出度き　昨日ハ、朝よりチラホラ白きもの降だし、本日も尚止まず　早五寸計も積りぬ　初賣に出デし我々ハ、片町へと歩をはこべは、各戸には、軒堤灯美しく釣られ、人出非常ニ多く、昨年の不景気には比すべくもあらざりしこそ、平和の春の贈物なれ」[明39.1.2]。これは、『米澤弘安日記』の冒頭で、弱冠19歳の弘安が書いた文である。簡潔で軽快な美文である。これが弘安の教養であり、文章力であった。

　人は、日記を書くことで生活を対象化する。民衆が書く日記の主役は、日々を懸命に生きる生活者である。しかし民衆の場合、だれもが日記を書けたわけではない。明治・大正期の学校教育では、国語の読み書き能力が重視された。その一つとして、日記を書くことが勧められた[5]。そして、日々の出来事を日記に書くという習慣をもつことを期待された。とはいえ、弘安の時代（おもに大正期）にはまだ非識字者が多く、日記は、一般の習慣とはいえなかった。当時の民衆にとって、日記を書く行為は、特別の営みであった。ゆえに、日記を書く人は、民衆のなかでも（知識・教養の点で）上層にある人であった。『米澤弘安日記』は、半ば文語調で、カタカナ（とくに日記を書き始めた頃）と

ひらがなで書かれた。両親や親族、友人、知人には敬語や丁寧語が使われ、妻や弟、若年者には普通語が使われた。漢字の当て字や誤字が多い。これは、弘安の漢字力が不足していたことや、彼が正確な表記に拘らなかったことを示す。また当時は、言葉によっては、漢字の表記法（「この字にこの漢字を充てる」）が定まっていなかった事情もあると思われる。

　弘安が日記を書き始めたのは、19歳（明治39年）の青年期である。ほぼ毎日欠かさず書かれたのは、明治期末から大正期前半にかけてであり、それは、仕事を精力的にこなした時期でもある。1917（大正6）年、弘安は、結婚とほぼ同時に家督を相続した。その頃は、仕事においても充実した日々を過ごしている。文字数で、日記の75.1パーセントが、大正年間に書かれている。日記を書く間もないほど仕事が多忙であるにもかかわらず、一定量の文字を綴り、書けなかった日は、後日思い出して出来事をまとめ書きしている。仕事がもっとも多忙であった1918（大正7）年から20（大正9）年にかけての日記は、分量がもっとも多く、1日平均260文字である。日記は、仕事が少なくなる大正期末以降は記述量が少なくなり、月単位で欠落することが多くなる。1925（大正14）年から29（昭和4）年の5年間は少なく、1日平均50文字である。昭和のアジア太平洋戦争を挟んだ時期は、空白である。それは、仕事が激減した時期でもある。このように日記の分量は、仕事の状態とともに増減した[6]。仕事の充実は、生活の充実をもたらした。その活力が、日記を書く行為に及んだ。その意味で、日記は、生きる活力の表出としてあった。「二十五日より三十一日迄は、毎夜二時或は三時、又は終夜仕事をなせし故、日記を書く暇とてもなく、只記憶ニ存するもののみを書き置く仕だいなり」[大7.12.24]。弘安には、つぎのような日記を書き続けることが可能な条件があった。

1、読み書き能力があった。弘安は、尋常小学校、高等小学校を優秀な成績で修了し、その後、帝国中学会（通信教育）に入った[7]。教科書や新聞記事の文章の筆写にも励んだ。そのため、日記に誤字、脱字、当て字が散見されるものの、弘安の語彙力、表現力は豊かであった。書きたいことが要約され、簡明な文体がリズミカルに綴られた。

2、文字を書くことのバリアが低かった。弘安は、新聞（『北國新聞』『報知新聞』）を購読し、記事を切り抜き、ストックした。「夜は新聞の整理なとした」[大3.5.18]。雑誌（『学生』）の定期購読をした。手紙をよく書いた。知人の手紙の代読・代筆をした。「八田様御出あり　新舞鶴の外男より二円送って来た　其手紙を讀んで呉れ、又返事の手紙を書いて呉れとの頼にて、昼休ニ書いて居いた」[大6.2.3]。また、図書館へよく通った（1912年に石川縣立圖書館ができた）。エクセルによる日記のワード検索によれば、日記に登場するワードの頻度は、「新聞」438回、「手紙」735回、「図書館」180回、「本」5,101回であった。図書館や本屋に行く行為は、たとえば1913（大正2）年に34回であった。1914（大正3）年16回、1915（大正4）年15回、

1916 (大正5) 年20回で、その後多忙となったためか漸次減り、年に数回になる。1916 (大正5) 年の秋には「仕事が多忙になったから暫く行けない」[大5.9.7] とある。日記以外にも、弘安の生活は文字とともにあった。

3、日記が書ける生活の条件があった。弘安は居職の職人で、いつも自宅で仕事をした。ゆえに、生活時間の自己管理が可能で、生活のリズムは規則的であった。日記を書くことも、生活のリズムのうちであった。弘安にとって朝に冷水摩擦を行い、就寝前に日記を書くことは、一日の始まりと終わりを画す儀礼的な行為であった。「色々話して帰りしは、十一時半　此日記をつけて寝たのが十二時」[大2.6.27]。

4、日記を書く動機があった。弘安の生活態度は、禁欲的で規律的であった。その態度が、日記の必要を生んだ。「正月中讀ンダ書物中ニ、日記ノ必用ノ事ヲ書テアッタガ、今日カラ稽古旁々書イテ見ヤウ　ドコ迄續クカ　續クトコロ迄」[明41.1.□]。弘安は、生活を自省するために、日記を書いた。「昼休ニ曾國藩ノ略傳ヲ讀ム (学生) 國藩ガ自ハ戒律ヲ造リテ実行シタ　而シテ其二十年間四十冊ノ日記ヲ続タ事ニハ感腹極リナカリシ　僕モ三年計リ日記ヲヤッテ居ルガ改良シテ書ネバナラヌ」[明45.5.23]。また日記に、生活上の覚えを書き留めた。日記は、覚えを記録しておく用具であった。「コノ事件 (借りてもいない本を返せと言われたこと) ニ付キ感セシ事ハ、人ノ迷惑セヌ様再思熟考ノ後、正直ニ云フ事　借物ハ直接渡ス事　日誌ハ一層明細ニ記ス事ナリ」[明44.1.31]。

5、日記を続ける意志があった。旅行に出たときや仕事が忙しいとき、日記は、後日にまとめ書きされた。「僕ハ七月廿八日午前五時汽車にて出発　東京へ行く　八月九日夜帰宅す　其間の日記ハ別ニ記す」[大3.7.27]。「二十五日より三十一日迄は、毎夜二時或は三時、又は終夜仕事をなせし故、日記を書く暇とてもなく、只記憶ニ存するもののみを書き置く仕だいなり」[大7.12.24]。日記が中断されても、再開された。「次ハ『二月ノ日記』一月ノ日記モ大変ツケ落ガ出来タ　二月ハシッカリ書タイモノダ」[明42.1.31]。

こうして弘安は、日記を書く外的条件 (読み書き能力、生活条件、生活のリズム) と内的条件 (禁欲的態度、生活の活力、日記を書き続ける意志) を合わせ持った。このように、日記を書く条件は、書き手の相応の階層的地位と生活様式、生活指針を前提とする[8]。これまで研究資料とされた日記には、上層 (権力者)・知識人・豊かな民衆層 (商家、庄屋・地主など) が書いた日記が多い。大方の民衆には、日記を書く条件がなかった。弘安は、上層・豊かな民衆層ではなく、また、極端に窮乏した下層民でもなかった。その意味で、『米澤弘安日記』は、「日記階層」の下層の、非日記階層との境界域にあった[9]。

3．日記の「事実」

　日記には、書き手が取捨選択した「事実」が書かれる。「書きたい」事実が書かれ、「書きたくない」事実が捨象される。また、「書いていい」事実が書かれ、「書いてはいけない」事実が捨象される。そして、「書きたい」「書いていい」事実が、ときには強調され、脚色されて書かれる。このような事情は、自分のために書かれた日記においても、同じである[10]。また日記は、書き手の自己呈示、つまり、自己との対話の産物である。書き手は、「書く私」(I-1)であり、「書かれる私」(Me-1)であり、日記を「読む私」(I-2)であり、「読まれる私」(Me-2)である。「読む私」は、「書く私」でも「書かれる私」でもない。書き手は、読みながら書く。日記は、これら4つの「私」が対話しあい、生活世界を紡ぎあう。また日記には、「その日」の出来事が書かれる。出来事は、書き手のなかに生きている。「今」はまだ「その日」である。日記は、「今」から遡及される身近な未完の過去、いわば半過去の記録である。書き手の過去は、「今」の関心に沿って再構成される。こうして日記には、「本当の」事実とともに、誤認され、捨象され、誇張され、創造（捏造）された「事実」が含まれる。それらすべて、書き手にとっては「真実」であり、「リアリティ」である。また日記は、（原則として）一日単位で書かれる。後日まとめ書きされる場合も、出来事が一日ずつ思い出される。「僕は七月廿八日午前五時汽車にて出発　東京へ行く　八月九日夜帰宅す　其間の日記ハ別ニ記す」[大3.7.27]。そこで、日々の物語が反復されて、完結する。物語の一部分が捨象され、他の部分が強調される。また日記には、中断と再開がある。その理由が、読む者に分かる場合も、分からない場合もある。さらに書き手は、日々の出来事を「気がつく」まま、「気になる」まま書き留める。その日々の反復行為のなかで、書き手が無意識のうちに、記述の構成ができあがる。つまり日記は、範型化され、日々反復される物語であり、その記述は、起承転結のスタイルをとる。たとえば『米澤弘安日記』は、つぎのような項目からなった。
　1）人間関係（家族・親族、仕事仲間・顧客、近隣、友人、知人など）
　2）生活場面（仕事の進捗、寺社の参拝、映画や芝居、謡や茶道など）
　3）出来事（結婚、離婚、出産、財産相続、住居増築、病気、死亡など）
　4）社会の事件（天皇・皇族、政治・軍事、経済、犯罪、事故、災害、催しなど）
　もっとも多いのは、家業に関する記述である。顧客のだれが、いつ、どのような用件で訪ねてきたか、自分はいつ、どのような用件で、だれを訪ねたかなどの行為や、展覧会出品の作品制作や出品準備の様子が、丹念に書かれている。仕事上の付き合いである役員会や懇親会への出席も、多く書かれている（展覧会の打ち合わせを含めると多い年で20回、少ない年で数回）。家族についても、だれが、いつ、どのような用件でどこへ行き、いつ帰ってきたかなど、家族成員の行為をほぼ把握できる内容となっている。新聞で報道された社会的事件では、記事の内容が、そのまま転記されている。それに、簡

単な感想が加えられることもある。しかし、弘安の日記には、個人的な意見や感情は、ほとんど書かれていない。年頭にあたって旧年の反省と新年の抱負が書かれることはある。しかし日常的には、一日の出来事や行為が淡々と書き綴られている。記述のスタイルは、家業の隆盛期はもとより、衰退期も一貫している。日記は、弘安自身を含めて顧客・友人・家族たちの行為の記述をおもな内容とするため、それらの行為を通して、書き手の生活世界を分析することが可能となる。また、書き手と他者の関係についても、継続して記述を追うことが可能となる。

　『米澤弘安日記』の記述は、典型的には、つぎのような展開をとっている。はじめに月日、曜日、天候、気温、起床・就寝時間が書かれた。つぎに、天候・時候について一言書かれた。つぎに、その日の出来事が、だれが、何時頃、なにをしたという具合に書かれた。出来事に対する弘安の感想や意見は、極力抑制された。出来事は、仕事の事柄を中心とし、家族・親族・友人・近隣・顧客の行為（網羅的なようで、しっかり取捨選択されている）、結婚・葬儀・催し・旅行どの特別の事柄（詳細に書かれた）である。最後に、文の頭に◎印が付され、新聞記事が抜粋されて、その日の政治・社会の出来事（政治・軍事・皇族・犯罪・事故など）が書き写されている。弘安は、時代や社会に旺盛な関心を抱いていた。しかしここでも、感想や意見は、極力抑制されている。たとえば、つぎのようにである。「歐州戦乱（第一次世界大戦）も終結して平和の新年を迎ふる事となつた　我日本は幸にも幸福の位置ニ立つて戦争のお陰で産業、貿易の発展を来たしたが休戦と同時ニ諸外国は一勢ニ殖産工業ニ従事するが故ニ今後の戦争は商工業であるから實業家たる者褌をメて掛らねばならぬ　物價も漸次下落するであらう」[大8.1.1]。「褌をメて掛らねばならぬ」の語に、弘安の心情が吐露されている。

4．日記面接

　日記の生活史研究において、しばしば、書き手やその周辺の人びとに対して面接調査（日記面接）が行われる。そして、日記の中身が補填され、検証される。この場合、語り手（第三者）により日記の間違い（書き手の記憶違いや作為）が指摘されたとしても、それも「事実」である。間違いだから日記に書かれた事柄を訂正するのは、誤りである。間違い自体に意味がある。『米澤弘安日記』でも、日記面接が行われた。弘安の妻は、日記における重要な他者であった。つまり彼女は、

　　1) 1917年に弘安と結婚して1972年に死別するまで、55年間、弘安と生活をともにした[11]。
　　2) 女・妻・母・祖母としての生活史をもった。
　　3) 弘安の作品のアドバイザー、資金工面者としての生活史をもった[12]。

妻と同様、娘らも重要な他者であった。とりわけ父母（弘安と芳野）と同居し、父母の最後を看取った三女の語りは、重要である。これら妻や娘の語りは、多元的な構成をなしている。まず、そこでは、彼女らによって脚色されたそれぞれの弘安像が語られる。そのとき、語り手の数だけ、異なる弘安像が現れる。つぎに、家族内における彼女らの地位と役割に照応する生活史が語られる。それらは、弘安の生活史の背景についての豊かな情報を提供する。

　日記面接は、書かれた「過去」を現前（今あるように再現）する。妻や娘は、他者（弘安）の「過去」を現前する[13]。語りの中身は、面接場面により異なる。語り手は、語りの「状況に応じた自己提示」（小林1992: 101）を行う。語り手がなにを語るかは、まず、彼女らが「今」想起する「過去」に規定される（what to say）。つぎにそれは、聞き手に対する語り手の定義（状況の認知）に規定される（whom to say）。さらにそれは、面接場面における語り手と聞き手の相互作用に規定される（how to say）[14]。このような語り手の作為のなかで、過去の事実群から「事実」（fact）が選択され、修正される。また、新たな「事実」が加えられる。

　日記分析において、妻や娘は、二重の意味で「重要な他者」（important others）である。まず、彼女らは、夫・父の生活史の共同生成者として、日記の書き手にとっての「重要な他者」である。つぎに、彼女らは、日記世界の再現の補助者として、語りの聞き手にとって「重要な他者」である。日記の書き手、語り手（妻や娘）、聞き手（日記分析者）の三者の間に成立する「経験」「関心」「解釈」の関係を図示すると、図1-1のようになる。

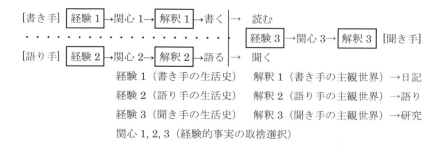

図1-1　三者関係と解釈過程

図は、つぎのように説明される。
1) 書き手は、自己の「過去の」経験（経験1）を、「今」（日記を書く時点）の関心（関心1）に引き寄せて想起し（解釈1）、日記に書く。
2) 語り手は、書き手と共有する「過去の」経験（経験2）を、「今」（面接で語る時点）の関心（関心2）に引き寄せて想起し（解釈2）、聞き手に語る。

3) 聞き手は、日記を読み、話を聞き（経験3）、それを主題に引き寄せて（関心3）、解釈する（解釈3）。
4) 調査者（聞き手）は、日記の書き手の経験に対する三重の解釈を経て、換言すれば、三重の記憶を介して書かれ、語られた事柄を「事実」とみなす[15]。

5．生活史と歴史

（1）個人と歴史

　本書の主題は、〈民衆的近代〉の分析にある。それは、2つの問題を提起する。一つ、個人と歴史は、どのように関わり合うのか。二つ、その関係を、日記のなかにどのように読みとるのか。これらである。前者は、個人の生活史（個人史）の、歴史（全体史）への脈絡化に関わる問題である。弘安は、ある年の元旦に、つぎのような決意を書いた。「非常時の日本の新年、世界監視の中にある日本は、大に胆玉を据えて活ヤクせねばならぬ年だ」[昭8.1.1]。ここで、個人の決意が、全体史に引き寄せられている。個人史と全体史は直結されている。しかし、生活史は個人史である。一般に、全体史が直接に（個人の経験と関係なく）日記に登場することは、少ない。ゆえに、個人史をいくつ重ねても、全体史には至らない。前者に後者を読み取るには、そのための方法が必要となる。
　人間にとって、歴史は所与である。同時に、人間は歴史を変える。そのことなくして、歴史は変らない。歴史にとって人間は客体であり、主体である。生活史は、人間と歴史が絡みあう場所である。生活史分析は、個人史の〈事実〉を分析し、〈事実〉の意味連関を分析する。そこに、全体史の刻印・端緒・断片を読み取る。そして、その意味を解釈する。一方で、それは、個人（史）を典型化する作業としてある[16]。そこから、全体史を担う人間の典型像が導き出される。他方で、個人（史）を個性化する作業としてある。典型像に照らしつつ、個人（史）の特徴が抽出される。これら2つの作業により、個人史に埋め込まれた全体史が読み取られ、解釈され、構成される[17]。

（2）日記と歴史

　日記と歴史の関係は、多次元的である。日記は、5つの次元で歴史に関わる。一つ、日記を書くことが、歴史的行為である。二つ、日記帳や筆・ペン・鉛筆が、歴史の産物である。三つ、日記に記録される歴史である。四つ、日記に表現される歴史である。五つ、日記に解読される歴史である。こうして日記も、日記帳も、筆やペンも、日記に書かれた「事実」も、表現される「事実」も、解読される「事実」も、直接・間接に歴史（の意味）を伝える。日記は、丸ごと歴史の産物である。ここでは、そのうち三～五について説明を加える。

1）日記に記録される歴史

　これは、日記に書かれた〈歴史的事件〉である。書き手は、〈歴史的事件〉に直接関わろうと関わるまいと、それを書くことで、個人史を歴史に位置づける。〈歴史的事件〉は、ときには個人史を直接に把捉する。そのとき個人は、〈歴史的事件〉が与える衝撃を避けることはできない。個人は、望もうと望まなかろうと、歴史との対峙をよぎなくされる。〈歴史的事件〉は、個人史を転轍する。

　『米澤弘安日記』は、1906（明治39）年元旦から始まる。その冒頭には、「乙巳去りて丙午来る　日露戦争終りをつげ、光栄なる平和の新年を向ひたる　元旦は、門二戸二松飾いやが上二常磐の色濃く、新藁の注連ハ神代以来皇國の古き語り　日章旗ハ軒頭高く翻れり」とある。こうして日記は、歴史の記述から始まった。日記には、その日に世界や日本で起きた事件が書かれる。政治・軍事に関わる事件、皇室・皇族に関わる事件、社会的事件、災害・事故、行事・催しなどである。たとえば、つぎのような記述がある。「藤掛喜作様より御手紙来る（中略）朝鮮今回の暴動にて入獄せしもの八千二及び公州監獄でさえ四百名も入り大多忙なりと」［大8.5.24］。朝鮮で警察官をする叔父の手紙は、三・一独立運動における朝鮮人弾圧の様子を伝えている。このような記述は、日記が個人の生活記録であることを超える。ときには、書き手の生活の平穏無事が、歴史を介して確認される。ときには、書き手の生活が、歴史に撹乱され、解体される。米価の高騰、関東大震災、第一次世界大戦などなど。それらの事件は、弘安の生活を直接に巻き込んだ。「夕、東京の小川静子様より手紙が来た　四十万（姉かのの嫁ぎ先）の母と輝子か来て居て地震のときも心強かったと　家は花枝方と同しく壁か少し落ちた位だと　前の日二三越へ行ったが、一日の日だと大変であったと　横須賀より兄が艦で来て、話には横須賀は東京より地震か強く自分の家も倒れたが、逃る間もなかったが、神棚の後の屋根か二ツ二割れて光がさしたのでそこから一同這い出て命か助かったと、皆が無事で何より結構であった」［大12.9.16］。弘安は、関東大震災に遭遇した親戚の無事を知り、安堵している。地震が起きて半月後のことである。それまで弘安は、親戚の安否が心配でならなかった。

2）日記に表現される歴史

　日記は、個人の感受・思考・行為を介して、歴史を表現する。それは、2つのことを意味する。一つ、個人の感受・思考・行為に表現される歴史である。そこには、歴史に把捉された個人がいる。個人は、歴史の大海を漂流する小舟である。個人は、歴史が諭すまま感じ、思い、行為する。そこに、〈民衆的近代〉の「上からの近代化」に流される個人がいる。日記は、そのような個人の生活実践を記録する。

　『米澤弘安日記』が描くのは、一人の民衆が生きた世界である。そこに、天皇を崇拝し、国威の発揚を希求し、国家的儀礼に喜んで参加する弘安がいる。「新兵の自殺早や

三、四人を出す　死ぬと思はゝどんな苦労にも堪へらるゝ筈、去とては腑甲斐なし」[明41.2.2]。弘安は、不甲斐ない兵士の自殺を嘆いている。そのとき弘安は、帝国のまなざしで兵士を見ている。民衆弘安には、そのことを拒絶できない。それどころか、弘安は、そのことを幸せに思っている。「斯如く度々の侮辱、帝国の威厳を傷く、今ニ於テ彼を、解決せずんば、益々増長せん。此際強硬手段ニ出づ可き必要を認む」[大2.9.6][18]。ここで弘安は、「敵」の「増長」に怒り、武力を用いて「敵」を制裁すべしと書いている。1932（昭和7）年には、弘安は、金沢市から、「満洲事變」出征軍人の遺族慰問金募集協力の感謝状を貰っている。弘安は、模範的な臣民であった。また日記には、信仰・趣味・娯楽や、金沢の風俗・習慣が多く登場する。そこに、険しい軍事・政治・経済の時代に、あたかも別世界にいるような、「平常の」民衆生活が浮かびあがる。このような「戦争と平和」「非常と日常」の鋭い対照のうちに、近代民衆の危うさと脆さがある。平和・日常は、あっという間に崩れ去る。日記は、そのことを教えている。

　二つ、個人は、歴史を自覚しようとしまいと、歴史が課す運命を積極的に把捉することがある。そして個人は、日常世界を懐疑し、生活価値を洗い出す。そのとき個人は、歴史の主体となる。そのような個人の営為の総和が、歴史を転轍する。そこに、〈民衆的近代〉の「下からの近代化」を担う個人がいる。日記は、そのような個人の生活＝歴史の実践を記録する。「大状況を変えないでも小状況を変え、積極的に状況を変えていくことが困難であったとしても、彼の見出した状況の、受けとめ方を変えてみることまでは可能であって、少なくとも、そのようにして人は切りぬけ生き抜いてくることができたのです」（中野1981: 5）。

　『米澤弘安日記』が描くのは、衰退する象嵌業の世界で奮闘する職人の姿である。弘安は、家長であり、家業の責任者である。一方で、弘安は、生活用具の修繕・製作の注文をこなす。そして家計を支える。そこでは、弘安は「安定」を求める人である。弘安は、他方で、造形美の新たな創作世界を開拓する。そのため弘安は、技法やデザインの研鑽を重ねる。顧客や時代の感性を読み、取り込み、作品に摺り込み、作品化する。そして、新たな顧客を得る。そこでは弘安は、「革新」を求める人である。「安定」と「革新」は、同時に存在する。それら2つの道筋が、そのまま弘安の〈民衆的近代〉であり、弘安が歴史を把捉する過程である。「家業の繁昌なる事は近年稀なる程で書棚、文台等の金具の注文せられし者にても本年中の仕事は充分ある程にて、まだどのやうな仕事が来ぬとも知れない。指輪、かんざし類の仕事は断りしニ付、之より香炉、置物等の精巧なる技術を発揮して、新面目を現さねばならぬと決心した」[大9.1.1]。

3) 日記に解読される時代

　これは、日記の読み手が、書かれた行為や出来事の背後に解読する歴史である。人間の行為は、その基底において、感受と思考の型としての、歴史の〈集合心性〉に貫かれて

いる。それは、感受と思考の深層、つまり無意識に潜む歴史、いわば〈歴史の意味的表象〉である。日記の読み手は、この次元において、書き手の、一見歴史と「無縁な」行為や出来事の記述のなかに、歴史の心性構造を解読する。

　『米澤弘安日記』の世界も、〈歴史の意味的表象〉に満ちている。弘安は、〈家〉価値を行為の原則として、倫理的な生活態度を貫いた。そして一方で、伝統や慣習を大切に遵守した。他方で、あれこれ冒険を行い、生活や作品制作に新奇さを取り込んだ。弘安は、時代感覚に優れ、新しいものに目がなかった。作品制作においては、ときには、家計への圧迫さえ顧みなかった。このような弘安の矛盾した行為様式に、伝統と近代の価値葛藤のなか、それを自前の仕方で解決し、前へ進む民衆の姿をみることができる。伝統と近代の価値葛藤は、弘安が生きた時代にこそ、頂点に達したものである。そのなかで弘安は、一歩ずつ前へ進んだ（進むしかなかった）。それが、無数の民衆の生き方、つまり〈民衆的近代〉であった。弘安の存在丸ごと、歴史が創造した人間であった。

6．データベースの作成

(1) 弘安と日記

　『米澤弘安日記』は、1906年の元旦から1972年の晩年まで書かれた（400字詰原稿用紙で4,336枚に相当）。とくに1909（明治42）年から1925（大正14）年にかけて、ほぼ毎日、日記が書かれた。金沢市は、弘安の日記を復刻・刊行し、1906（明治39）年1月1日から1932（昭和8）年9月15日までの日記が、上・中・下・別巻の4冊（日記本文の計2,227頁）に収められた。米澤弘安日記編纂委員会の編集方針は、日記をできるだけ忠実に再現することであった。そのため、弘安の思い違いによる誤記や漢字の間違い等を訂正せず、また日記の一文一文の頭に付された4つの記号（「・」、「〇」、「◎」、「△」）も、弘安が書いたままの形式で出版された。

米澤弘安の日記原文

なお、米澤研究会では、日記を補足する資料として日記面接を実施した。ただし、日記の書き手（弘安）がすでに故人であったため、その妻と3人の娘に日記面接を行った。日記に記述されていないことが妻子の語りから明らかになり、それらの情報を背景として日記分析をすることが可能になった。

（2）弘安による文章の分類

　弘安は、日記記述の内容を4つの記号（「・」、「〇」、「◎」、「△」）で分類したと考えられる。米澤研究会では、弘安の記号を用いて日記をデータベース化した。

　記号「・」は、通常の日記記述の文頭に付けられ、日々の出来事が記述された。家族や友人、近所、仕事、神社や寺への参拝、旅行などの出来事が記述されている。「・」は、日記全体で25,340箇所登場する。

　記号「◎」は、新聞記事や見出しの抜き書きの文頭に付けられた。記事の内容は、政治、経済、社会、スポーツなど多岐にわたる。記事内容が要約されていることもある。「◎」は、日記全体で2,093箇所登場する。

　記号「〇」は、新聞その他の情報を要約した文章の文頭に付けられた。また、箴言や格言の文頭にも「〇」が付けられている。弘安は読書家であり、シェークスピアなど、出典が明記されたもの、世間で流通する人生訓などがある。「〇」は、日記全体で174箇所登場する。

　記号「△」は、日記執筆の初期に多くみられる。おおむね新聞で得られた情報が記載されている。「△」は、日記全体で340箇所に登場するが、そのうち300箇所が明治45年5月までに登場する。その後は、いくつかあるだけである。

　記号「◎」、「〇」、「△」については、たがいに明確な区別がみられず、一様に、記述の情報源が新聞や書籍などからなる。これに対して、弘安自身の文章には「・」の記号が付けられている。なお、日記刊行に際して、弘安が記号を付け忘れたり、付け間違えたりしていると思われる箇所は、編集されている。

　『米澤弘安日記』は、弘安自身が付した記号に基づき、2,227頁に及ぶ日記テクストをデータベース化することができた。エクセルを用いて日記の全テクストを34,980行に分割し、各行に日記が書かれた年月日と『米澤弘安日記』の巻数・頁数の情報を付し、エクセル形式でデータベース化した。

　表1-2をみられたい。エクセル画面で左辺の列が行番号、A列が日記の書かれた年月日とパラグラフの番号を示している。たとえば22453行目の「大正8年9月1205」は、大正8年9月12日の日記の第5番目のパラグラフであることを示す。同行B列「2415」は、『米澤弘安日記』の中巻（第2巻）の415頁に本文が掲載されていることを示す。同行C列「〇東京米相場六十五円の暴騰價となる」は、日記の記述である。D列以下は、日記記述を分析、解釈するときに使用することとした。たとえば、妻子への日記面接やそ

38 第1章 日記分析の方法

の他の補足資料の記入、コーディングの記入などの箇所として活用することができる。

表1-2 エクセル画面

	A	B	C	D
22448	大8年9月1200	2415	十二日　金　半晴	
22449	大8年9月1201	2415	・母は金子様と午前九時過野田桃雲寺の法會二参詣せられた　午后七時帰らる	
22450	大8年9月1202	2415	・土方の通治様、今朝一番列車にて谷の灸をしに行って来たとて十一時半頃一寸寄られあんころを貰った　身体中二三十計もすえたと	
22451	大8年9月1203	2415	・夜、川口君が指輪を持つて来て波二千鳥を彫つて呉れと十五日迄二と申され志が、出来ないと断つたが、それでは二十日迄二して呉れと	
22452	大8年9月1204	2415	◎森村市左衛門 (男爵) 十一日午前零時四十五分薨去せらる　信仰の厚き人なり	
22453	大8年9月1205	2415	○東京米相場六十五円の暴騰價となる	
22454	大8年9月1300	2415	十三日　土　曇り	
22455	大8年9月1301	2415	・水野様と山川様御出あり　共勵會の額の夕顔亭の圖二付協議をなし、決果今一度圖を書き直して貰ふ事二なし瓢庵の額と歌或ハ詩を象眼する事二定む (后一〜三)	
22456	大8年9月1302	2415	・母は午前張物をせられたが曇って午后止められた　芳野ハ二階の障子張をする	
22457	大8年9月1303	2415	・母は喜代子を負て宮市迄滋養糖を買ひ二行かれた (后三)	
22458	大8年9月1304	2415	・夜、芳野ハお里へ紐を持つて行く　掛物代を持つて行きしか取られざりき	
22459	大8年9月1400	2415	十四日　日　晴後曇り	
22460	大8年9月1401	2415	・今日より安江神社の祭礼なり　午后三時より能舞台二於て舞囃子、田村、六浦、船弁慶ありと　曇りて居るが降らず　夕頃パラパラ降りしか夜ハ降らさりき	
22461	大8年9月1402	2415	・土方鉦ちやん午前中遊二来た　少年世界を買って来た　午后三時頃芳野と安江神社へ行き、ハジキ鉄砲を買って来てポンポンやつて居た　夕帰らる	

(3) テクストの分割に関する留意事項

　『米澤弘安日記』のデータベース化は、偶然にも、弘安自身の分類を活用することができた。そのため、調査者によるバイアスがほとんどない。しかし、一般にテクストのデータベース化には、研究者のバイアスが反映される。

テクストは、ひとつの全体としてまとまっており、全体の文脈や背景を抜きには存在しない。ゆえに、質的研究においては、基本的に、つねにテクスト全体を参照する必要がある。しかし、膨大なテクストをそのまま分析の単位にすることは、事実上、困難である。テクストを分割してデータベース化することが、質的研究では不可欠である。

データベースの用い方には2通りがある。一つ目は、データベースを分析や解釈の補助道具として使用し、パソコン自体には分析させない方法である。この場合、『米澤弘安日記』の原本を座右に開いて読解することを基本とするが、日記が大部であることから、エクセル画面をメモ代わりに使って分析や解釈を行うことになる。エクセルを用いたデータベースの分析は、分析の効率化に資するが、新たな分析のための視点を生み出すものではない。

二つ目は、質的研究用のパソコン・ソフトに解析を行わせる方式である。ここで解析とは、テクストがもつ有意味な構造を発見する作業であると定義しておく。すでに質的研究用のパソコン・ソフトの開発が進み、量的研究とのトライアンギュレーションを視野に入れた質的データの解析が行われている (Kelle 2004, Flick and Steinke 2004: 379-380)。日本でも、数量化の技法を用いたパソコン・ソフトが開発されている。これらの解析ソフトを用いた質的研究が、今後盛んになるものと思われる (本書第2章を参照のこと)。

(4) エクセル・データベースからの分析箇所の抽出

研究者は、みずからの関心からテクストを通読し、分析テーマを選択する。日記分析の場合に問題となるのは、膨大なテクストからどのようなテーマを選ぶのか、また、そのテーマに即して日記のどの箇所をデータとして選択するのか、という問題である。選択するためには、日記のテクストにメモを付ける、コーディングするという作業が必要になる (佐藤 2002: 301-322)。以下、日記記述の抽出の方法と手順を示す。

第1段階では、日記に記述されたキーワードからテーマを選定する。まず日記を通読し、全体の文脈から研究者が重要と感じる事柄を選んで、メモに書き出す。第2段階で、エクセルの検索機能を使い、出来事に関わるキーワードをもとに、日記全体から当該箇所の記述を抽出する (出来事のデータ群)。第3段階で、出来事のデータ群にメモ書きやコーディングをしてデータベースを構築していく。

テクスト全体から特定の記述を抽出すると、全体の文脈を無視することになる。しかし、日記の場合は、特定の出来事に関する記述を抽出することにより、かえって月日を追った文脈を浮き彫りにすることもできる。日記のように、多くの事柄、人物、関心が平行して記述される場合、テーマごとに記述を抽出した方が、そのテーマの文脈を明示しやすくなる。

生活史のインタビュー調査の場合は、研究者が、テーマごとに語りの前後を入れ替

40 第1章 日記分析の方法

えて、語りを編集することがある。この作業は、日記分析にとっても欠かせない。日記分析の利点は、日付の順番から文脈をみることができることである。特定のテーマのなかで出来事の経過を追跡することが容易になる。『米澤弘安日記』のようにテクストが膨大になると、テーマに応じたデータ群を抽出することは、文脈の無視というよりも、テーマに応じて分析可能な文脈を見出すための手段になる[19]。

[注]

1) ピーター・マン (Peter Mann) は、「個人が後になって読むだけのために書いたような、本当に個人的な日記はまれである」(Mann,1968=82: 95) と書いた。しかし、民衆が自分のために書く日記は、たいてい「本当に個人的な」日記である。

2) 著者らは、日記原本を『米澤弘安日記』に復刻する作業を行った。その上巻には大正2年〜5年、中巻には大正6年〜9年、下巻には大正10年〜15年、別巻には明治39年〜44年、昭和2年〜8年の日記が収められた。復刻作業において、インクが褪せて文字が薄い、当て字・誤字・脱字がある、崩し書きがある、省略があるなどにより、日記の判読は容易ではなかった。

3) 再開後の日記は、日記刊行の編集上の都合により、『米澤弘安日記』には収録されていない。

4) 芳野への聞き取りは、古屋野教授を中心に行われた。著者(青木)も時どき参加した。芳野は、高齢のため、ベッド横での聞き取りとなった。高齢ながら、彼女の記憶力はよく、生前の弘安への追憶は鮮明であった。芳野の没 (1998年に100歳で死去) 後は、おもに三女信子に聞き取りを行った。

5) 明治・大正期は、「日記をつづる行為が集団の行為・社会的慣習として奨励された時代」(西川2009: 14) であった。日記は「国民教育装置」であり、「日記をつづる習慣を身につけることにより、個々人は生活時間を管理し、集団の規律を身につけることを期待された。いわゆるアイデンティティや主体意識を形成する手段でもあった」(西川2009: 17)。

6) 日本の日記には、「個人の日記というよりも、経営体としての『家』集団の記録という」(西川2009: 10) 性格があった。弘安の日記も、「家長日記」(西川2009: 27) の性格を合わせもった。

7) 弘安は、1898年に、市立西町尋常小学校を2番で卒業し、1902年に、市立小將町高等小学校を首席で卒業した (田中1992a: 128)。また1912年には、「帝國習字速成會」に入会した。弘安は達筆であった。近隣の葬儀の手伝いでは、よく記帳場を頼まれた。「隣家亀田様方には本日午后茂様の葬儀である　小生方を記帳場ニ頼まれしニ付、掃除其他の為準備をなせり」[大 10.5.15]。

8) 弘安は、日記をおもに大学ノートに書いたが、新聞広告の裏やその他の紙片にも書き留めた。日記帳は、明治中期には市販されていたが、彼が日記帳に書くことはなかった。日記がなにに書かれたかの分析、とくに日記帳の商品史の分析は、日記を通して日本の近代を考察する好材料になる。日記帳の分析も重要である (西川2009: 14)。同様に、大学ノートや新聞広告、その他の紙片も、日本の近代を考察する好材料になる。本書では、この分析は行わない。

9)　正岡子規主宰の俳句誌『ホトトギス』が、1900 (明治33) 〜 02 (明治35) 年に「募集日記」なる投稿欄を設けた。子規は、日記の選をした感想に、「一日記事の記者には小学校教員最多かりしが如し。其他学生、銀行員、会社員、税官吏、県会議員、商人、若旦那、婦女子、豪農、画工、技師等枚挙に暇あらず」(ホトトギス第4巻第6号、明治34年3月20日) と書いた (西川2009: 67)。日記を投稿した人には、ホワイトカラーや知識人など、社会的地位・知識において高い階層の人が多かった。これが、明治・大正初期の一般的傾向だったと思われる。日記の書き手の階層分析は、近代日本の国民形成の分析にとって、重要かつ有効である。

10)　自分のために書く日記であっても、そこには、「書く私」と「それを見る私」がいる。書き手は、「私を見る私」を意識して書く。人間 (I) は、対象化された自分 (Me) を意識しないで自分を書くことはできない。

11)　芳野は、手記に、弘安の最後をつぎのように記している。「｢(前日の夕食の) 食後は明日からある大和の人間国宝と巨匠新作展図録を二人で話合い乍ら丁寧に見て十時頃寝た　十二時、三時と部屋でトイレをして居られたのを私は知って居たし別に変った事も無く只足が痛いだけと云ってらした　私は三時から眠れず困ってた　五時少し前頃主人の何か苦しそうな息つかいにおどろきどうしたの苦しいのと尋ねたが、目も明けず何も云わ無いので信子へ医者へ電話する様に頼み、脈を見乍ら声をかけたが返事もなく脈も無く只苦しそうな息をしてるだけ、十分程で医者も来て下さったが引息の様な声を三回してから静かになってしまった　山田先生も心不全との事でお気毒だがと云われ、私も信子も只呆然としてしまった　十九日五時十五分であった」。弘安は、前日まで仕事をし、さっと死んでいった。芳野は、それを「あっけなく」見送った。弘安の生き方にふさわしい颯爽とした最後であった。

12)　芳野は、スモン病を患っていた。彼女は、スモン病患者訴訟の中心にいた。彼女にはもう一つ、闘病と裁判の生活史があった。

13)　日記の書き手に対する面接は、書かれた「過去」の本人による現前となる。他人であろうと本人であろうと、書かれた「過去」を現前する心的過程は同じである。

14)　桜井厚は、面接によるデータは、聞き手と語り手の相互行為に基づく共同作品であるとし、従来の客観的解釈主義と区別して、「対話的構築主義」と呼んだ (桜井2002: 9, 28)。

15)　事実は、解釈されて「事実」となる。「インフォーマントが起こったと信じていることもまた、『本当に』起こったことと同じように、本当のところ『事実 (彼あるいは彼女が信じている事実)』なのである」(Thompson,1978=2002: 278-279)。ここに、解釈の確かさ(authenticity)をめぐる問題が生じる。また、虚偽 (誤認、捏造、隠蔽) の「事実」も、歴史に埋め込まれた「非事実」としての「事実」である。想像や嘘には限度がある。その限りで、それらは「事実」である。また、関連する資料や文献によって、「事実」の真偽が確かめられる。このように、「事実」は、解釈的かつ実証的に検証される。

16)　典型的な人とは、時代の人間の特徴をもっとも鮮明に備えた人間をいう。ゆえにそれは、もっとも一般的かつ個性的な人間を指す。

17)　見田宗介は、質的データの分析における「特殊なものの普遍性」の発見の意義について論じた。「社会構造の実存的な意味を、N・Nはその平均値においてではなく、一つの極限値におい

て代表し体現している」(傍点は原文) (見田 1979: 9)。

18) この日の新聞で、「中支 (那)」派遣隊の西村少尉が中国軍に捕われ、理由もなく暴行され、軍服を脱がされるなどの侮辱を受けたとされる事件が (現地調査はなかた)、「奢れる中国人に鉄槌を」という調子で、扇情的に伝えられた。

19) 第5章2節の表5-2で、エクセルを使ったデータベースの構築の仕方を示そう。テーマは「恩師の建碑」である。まず、日記全体の書式は、エクセル画面の1行目で、A列「年月日文番号」、B列「頁」、C列「記述」である。

  作業①：日記記述からキーワードでデータを抽出する準備をする。簡易の抽出法 (「オートフィルタ」) を設定する。作業②：キーワード (たとえば「石碑」と「建碑」) が含まれる記述データを抽出する。作業③：抽出した記述データを『米澤弘安日記』と照らし合わせて非該当の文章番号をチェックする。作業④：「恩師の石碑建立」のサブテーマとなる「梅澤先生建碑」と「中越先生建碑」を区別し、それぞれのデータ群を抽出する。さらに、関連単語を抽出し、建碑に該当する文章を選択する。

  このように抽出したデータ群から、「恩師の石碑建立」のストーリーを読み取り、メモ書きやコーディングを加える。C列の日記記述のなかで重要と思われる箇所を赤字もしくは強調文字にする。最後に、D列に筆者のコーディングを記入して、「同窓生による恩師の石碑建立」のデータベースを作成した。

※本章の1〜5は、論文 (古屋野・青木1995) を、水越紀子作成のデータを加えてリライトしたものである。本章の6は、論文 (近藤2005) の一部をリライトしたものである。

第2章　日記の言語使用

― 敬語・表記・語彙の生涯変化 ―

44　第2章　日記の言語使用 ― 敬語・表記・語彙の生涯変化 ―

　　第2章では、日記文を通して弘安（米澤弘安は以下、弘安とする）の言
語使用について考察する。これまでの長期におよぶ言語変化の研究は、異
なった資料の異なった時代についての比較が多かった。一個人の生涯で
言語使用がどう変化したかについての研究はごくまれである。第1節では、
時代背景に照らし合わせて敬語使用の変化を明らかにする。具体的には、
弘安の時代の学校教育、言語的規範意識を背景に、敬語、呼称について分
析と考察を行う。第2節では、表現、文体、表記、語彙の変化について分析
と考察を行う。

第1節　言語使用の背景と実態

　第1節では、まず時代的背景と分析方法について述べ、その後結果を考察する。(1)
尊敬語では、弘安を取りまく社会の変化に応じた言語使用の変化が見える部分と、終
始一貫して変化しない部分に注目する。言語主体の言語的規範意識、アイデンティティ、
弘安自身の生き方という観点から分析と考察を行う。(2) 謙譲語の使用では、弘安の社
会人としての対人配慮の変化について考察する。弘安の言語使用、特に謙譲語は言語使
用の近代化の波を受けつつもすぐには切り替わらなかった。弘安の社会的な立ち位置
や、家族の中での弘安の役割、習得年齢などが関係していると考えられる。(3) 呼称で
は、弘安と敬泉の関係性の中で、弘安の生き方に注目して分析を試みる。両者の家庭内
の立場と社会的地位の変化が呼称に影響を与えていることを明らかにする。本章で取
りあげる『米澤弘安日記』は以下、弘安日記、あるいは、日記とする。

1．弘安の時代の学校教育

　江戸期から明治期に入るにあたって最も大きな社会的変化と言えば、大政奉還が行
われたことであろう。これにより、政権が幕府から天皇に移行した。武士階級が崩壊し、
天皇を頂点とする華族、士族、平民の社会になった。1872 (明治5) 年に政府は、教育の
国家的統制をするために学制を発布した。
　以下では、弘安が子どもの頃、どのような学校教育を受けたかなど、日記を書き始め
る前提となる教育環境の概要について述べることにする。
　弘安は、金沢市立西町尋常小学校 (4年制) に 1894 (明治27) 年入学、1898 (明治

31）年に同校を卒業、同年1898（明治31）年、金澤高等小学校に入学、4年後の1902（明治35）年に金沢市立小将町高等小学校（1900（明治33）年改称）を卒業した[1]。1900（明治33）年当時の小学校4年間の義務教育の就学率は81パーセントを超えている。背景には、1900（明治33）年に 第3次小学校令、市町村立小学校費国庫補助法無償制の確立による就学率の向上があった[2]。政府は、1907（明治40）年に尋常小学校6年間を義務教育と定めた（西田1998：281）ので、弘安は、義務教育化、無償化以前に尋常小学校に入学、卒業したことになる。

　弘安が在学した時期は、小学校令実施第2期にあたる。「明治25年4月1日より、23年10月6日發布せられたる小學校令を實施せり」とある（金沢市役所編1973：1023）。金沢市では、市制町村制に伴って1892（明治25）年に初等教育の再改正が行われ、従来の学区を廃止し、小学校を尋常小学校と高等小学校に分けている。弘安が在学した西町4番丁の市立尋常小学校は、弘安が入学する2年前の1892（明治25）年2月に設置された。市立尋常小学校は、当時全部で11校設置されていた。そして、高等小学校については、1900（明治33）年に校舎を新築した小将高等小学校と、長町高等小学校（金澤高等小学校を改称）の2校を設置した（同：1028-1029）。

　弘安が尋常小学校在学中に、日清戦争という大きな出来事があったこと、入学直前に小学校再改変が行われたことを考えると、当時落ち着いた学習環境が与えられていたとは考えにくい。小学校では、国家的行事による休校が非常に多く、「日清講和祝賀運動会で授業を3日休む、大元帥陛下宮城に還御により奉祝2日休む、皇太后陛下崩御謹慎で5日」など、ほかにも様々な理由によって学校は休校していた。授業料は、1892（明治25）年当時、尋常小学校10銭、高等小学校25銭であったが、1901（明治34）年には、尋常小学校20銭、高等小学校40銭と2倍近く高くなっている。授業料が引きあげられたのは、弘安が高等小学校を卒業する前年であり、子どもが多い家庭では負担が増えていたと考えられる。

　『稿本金澤市史・學事編第四』（金沢市役所編1973：1069）に収録されている「石川縣小學校教則」によれば、当時の尋常小学校の学科目は、修身、読書、作文、習字、算術、体操が基準とされた。また、高等小学校では、修身、読書、作文、習字、算術、日本地理、日本歴史、外国地理、理科、図画、唱歌、体操、裁縫であった。尋常小学校で使用されていた教科書について、県が改訂した教用図書を使用したと記録されている（同：1096）。

　1900（明治33）年は、小学校令改正および実施第3期とされる。第3期では、高等科に兵式体操が加えられているほか、銃の取り方、戸外運動、水泳を課している。1905（明治38）年に市内男児高等小学校教科目に商業科を加え、1906（明治39）年には、長町高等小学校と小将高等小学校に手工科を加設して実業の養成を試みている。

　弘安が学習した教科書については、後述する（第2節2参照）が、尋常小学校、高等小

学校教育を通して、読書の授業で漢字かな交じり文を学び、作文、習字の授業もあった。卒業時には日常的な書類の読み書きができる学力をじゅうぶん身につけていたと考えられる。また、弘安は、卒業時の成績も優秀で、その後も新聞の切り抜きをしてそれを日記に書き写したりしていることから、言語使用に偏りはなかったものと推測される[3]。

2. 弘安の言語的規範意識

　本章は日記文という書き言葉を対象とした研究で、発信元は、書き手からのみという限られた世界である。しかも、分析対象にする文章は公にすることを前提としていないことを考慮に入れておく必要があろう。

　　　正月中讀ンダ書物中ニ、日記ノ必用ノ事ヲ書テアッタガ、今日カラ稽古旁々書イテ見　ヤウドコ迄續クカ　續クトコロ迄、又北國新聞ニ出テ居ル北國ごよみモ面白イカラ書カウト思フ [明41.1.1]

　弘安は、上記のように日記の必要性を感じて、稽古だと思って日記を書き始めている。どこまで続けることができるか、続くところまで書くという決心を述べている。稽古だと思って書いてみるということは、すなわち「文章力の向上」も意識されていると考えられる。1909 (明治42) 年1月には、「翌月ヨリ仕事日記ハ別ニ作ラント思フ」と、仕事日記を別に作って生活日記と分けると記している。しかし、同年の1月について、「一月ノ日記モ大変ツケ落ガデキタ　二月ハシッカリカキタイモノダ」と、述べている。その後も出品のため書く暇がなかった、白山登山で疲れて日記を休んだなど、断り書きが多々見られる。しかし、多忙な中を何とか時間を見つけて書き続けている様子がわかる。
　ここで注目したいのは、弘安の日記に対する意識や姿勢が現れている部分である。

　　　昼休ニ層國藩 (ママ) ノ略傳ヲ讀ム (学生)　國藩ガ自ハ戒律ヲ造リテ実行シタ而シテ其二十年間四十冊ノ日記ヲ續タ事ニハ感腹極リナカリシ　僕モ三年計リ日記ヲヤツテ居ルガ改良シテ書ネバナラヌ [明45.5.23]

　「(学生) 」とあるのは、当時弘安が好んで読んでいた雑誌の名前であると考えられる。当時の『学生』を見てみると大日本青年中学会や帝国習字速成学会などの宣伝が数多く掲載されている。弘安が帝国中学会の通信教育を受けたのはおそらく『学生』など雑誌に掲載されていた広告に啓発されたものと思われる。中国の政治家、曽國藩の記事について「二十年間四十冊ノ日記ヲ續タ事ニハ感腹極リナカリシ　僕モ三年計リ日記ヲヤツ

テ居ルガ改良シテ書ネバナラヌ」［明45.5.23］と弘安は日記に記している。

この記事のおよそ3年後にも雑誌『学生』で読んだ帝国図書館長のことばに励まされて、自分の歴史を自分で綴ること、後年の参考のために日記を継続することを再び決心している。

　　僕は「学生」昨年の分を一通り見た　其中で帝国圖書館長の日記の書方を再読す
　　大人物は他人が書いて呉れるか吾々の歴史は自分でつけねばならぬ　後年、参考ニ
　　なる事この上なしとあり　猶々継続して記さんと決す［大3.1.6］

以上のように、弘安は漠然と日記をつけているのではなく、「継続したい」、「改良したい」という意識を明確に持っている。「継続したい」という気持ちは、日記を書く暇がないときは、記憶にあるものだけでも書いて続けるという姿勢からもうかがえる。「改良したい」ということは、言語使用に関する規範意識、すなわち「信念・期待」と解釈することができる。

ことばの現象について、真田（2008：87-88）は、人間とその活動の場である民俗社会や自然環境のあり方が形になって現れたものだと考えることができるとしている。そして、その社会で用いられることばには、その社会特有の人間関係や生活様式、規範意識、ものの見方といったものが反映していると述べている。

言語の規範意識について真田他（2005：114-116）では、以下のように5つの項目に分類している。説明文は、筆者が一部要約した。

(1) 言語そのものないし言語行動についての評価・感覚
　　具体的な表現形式についての評価・受容・認知のありかた。個別的な言語
　　形式や言語行動様式についての美醜・新旧・好悪などの判断
(2) 言語使用ないし言語行動についての現状認識
　　「見ることが出来る」という意味のことを「見られる」といい、「見れる」とは
　　言わない、地方出身者だが方言はあまり使わない、などの現状認識。「このよ
　　うにことばを使っているつもりである」という意識
(3) 言語使用ないし言語行動についての志向意識
　　自分自身（自分を含む集団）の言語使用や言語行動は「このようでありたい」、
　　「こうしたい」という志向や希望の意識
(4) 言語そのものないし言語行動についての信念・期待
　　敬語とか挨拶行動というものは人間の社会生活にとって潤滑油のように不
　　可欠なものであるとか、方言はその土地ごとの独特な心情や文化を担う重要
　　なものだから大切にすべきであるとかの信念。(1) 評価、(3) 志向意識という

48 第2章 日記の言語使用 — 敬語・表記・語彙の生涯変化 —

別項目の源泉・原因となることが多い。
(5) 言語そのものないし言語行動についての規範
　　母音にはさまれたガ行子音は [g] ではなく、[ŋ] であるべきだ、家庭の中でも
年長者に対しては尊敬表現を用いるべきだ、役所に提出する文書は鉛筆では
なく黒色のインクかボールペンで書くべきだなどのような言語変種や言語行
動様式の選択をめぐる規範意識。発音や文形式の生成ルール (語法・文法) か
ら言語生活上の習慣や規則に至るいろいろなレベルの規範があるが、それら
への遵守と逸脱の姿勢。正誤・正不正の判断意識も含まれる。

　さらに、ことばをめぐるアイデンティティという概念について、同著 (130-131) は、
以下のように2つの要素の相互関係が問題になるとしている。一つは、ことばの使い
方 (言語変種の選択) によって話し手や話し相手がどのような属性の人であるかの同定
(identification) が可能だと考える方向性である。例えば、性や年齢、職業や階層、出身
や成育の地域など、人に関する属性カテゴリーがその人の用いる (用いられる) 言語変
種を通してなんらかの程度特定できる。もう一つは、いわば逆の方向性を持ち、自分は
何者であるかという言語主体のアイデンティティ意識がその言語行動にどう関わるか
を問題にする。例えば、自分は「東京人である」、相手の「父親である」、「上司である」な
どと自己把握することが、方言や敬語、語彙・文体など言語変種の選択や談話・発話行
為など言語行動の選択に関与することは容易に想像できる。いろいろな社会集団 (専門
家・職業集団・同郷集団など) に属する (逆に属さない) ことを積極的に表現して自他
ともに確認するために、しかるべき集団語や社会方言を選択 (回避) する、という主体
的な姿勢である。言語意識というよりは、言語主体が自らの社会的なアイデンティティ
を確立し主張するために選ぶ能動的な言語行動そのものと言える、と述べている。以上
を参考にしながら弘安の言語使用について考察する。
　ところで、弘安の日記には、身内敬語を除けば、方言があまり使われていない。しか
し、田中 (1974:47-54) の談話をみると、日常生活の話し言葉では方言を多用している。
日常生活では地元に溶け込み方言で暮らす、日記の世界の書き言葉では、習った標準語
でできるだけ書く、新聞等の記事を引用したりして、弘安なりの規範意識によって当時
の書き方にならって書く、両親に対しては、日記の世界でも身内敬語を使用しつづける、
などは、弘安の言語行動における評価、受容の規範意識である。身内敬語については後
述するが、金沢の方言でもある (第1節4参照)。
　以下では、言語使用における規範意識に照らし合わせて弘安の日記文の特徴を分析
する。

3．研究目的と方法

　本章の目的は、弘安の意識や人間関係を言語使用に光を当てることによって明らかにしようというものである。そして、弘安の社会的貢献や家庭内の立場の変化にともなって、言語的規範意識にどのような変化が起こり、弘安にとって日本の近代化はどんな意味を持ったのかについて考察する。第1節では、弘安の日記文における言語使用の特徴について、特に敬語に注目して分析する。

　弘安の人生を、文字を通して分析的に明らかにすることにする。

（1）分析の方法

　近代の敬語は明治期に始まる。辻村（1974：12）によれば、敬語の成立は、第1期形成期（明治初年〜10年代）、第2期成立期（明治20年代〜30年代）、第3期完成期（明治40年代〜大正10年代）、第4期発展期（大正10年代〜昭和20年）、第5期転換期（昭和20年以降）と区分できる。

　ここで敬語使用を分析するにあたり、分類法について述べておく。敬語の分類について、文化審議会国語分科会は、2007年に「敬語の指針」の答申を提出した。その結果、敬語は、尊敬語、謙譲語、丁寧語の3分類であったが、謙譲語と丁寧語がそれぞれ細かく分けられ、尊敬語、謙譲語Ⅰ、謙譲語Ⅱ（丁重語）、丁寧語、美化語の5分類となった（甲斐2008：13）。本章では、基本的に答申以前の3分類にしたがって記述を進める。その理由の一つは、謙譲語Ⅱ（丁重語）は、「自分側の行為・ものごとなどを話や文章の相手に対して丁重に述べる」という機能を持つが、日記ではほとんど出現しないことによる。謙譲語Ⅱの例としてよく示されるのは、「まもなく電車が参ります」という例である。また、丁寧語の「です・ます」は、日記では新聞や雑誌記事の書き写しであったり、会話の引用の場合に出現したりするので、あえて丁寧語と美化語を分けないことにした。「です・ます」については、後述の文体（第2節2参照）で、「お・御」については、語彙（第2節4参照）で扱う。

　弘安日記は、1906（明治39）年の元旦から1972（昭和47）年、弘安85歳の晩年まで書かれた日記である。1955（昭和30）年から1957（昭和32）年までと1969（昭和44）年から1971（昭和46）年までは、『加賀象嵌職人』（田中喜男著・1974）に抜粋されている。特に、1909（明治42）年から1925（大正14）年にかけては弘安が仕事と生活の両面で充実した時期でもあり、ほぼ毎日のように日記を書いていた[4]。

　戦前、戦後から高度経済成長期へと、金工職人を取りまく環境は大きく変化した。弘安の生活は、血縁、地縁が強く結束力を発揮しつつも、顧客や職人仲間などとの社会人としてのつきあいは年齢を重ねるにしたがって、さまざまに変化した。

　分析にあたって、文章として意味があいまいな部分があったり、表記上の誤りがあっ

たりして、理解困難な部分については、統計処理から除外した。単なる表記上の誤りについてはそのまま原文（米澤弘安日記編纂委員会編『米澤弘安日記』2000-2003年）を用いることにした。

　また、統計処理をするうえで、以下のように、いくつか例外的な扱いをした場合がある。

　　　　卯辰神社横へ出て、高畠様へ行くと、四、五人来て居られて、陳列會の招待状を書く　水野、高畠、川辺、向田、赤井、山尾、能、才田、柿畠様等寄られた。[大11.12.1]

　　　　社中の人達ハ通夜ニ来て居られた　能関様、越村様、平安堂様、奈良様其他[大11.12.2]

　文章の中で、上記の例のように、出席者名の羅列や、倒置文等で主語があいまいな場合は、分析の範囲に含めないことにした。統計処理には統計ソフト「R」を使用した。

　日記は、データベース化されているので、量的に弘安の日記における言語使用のいくつかの側面を分析することが可能である。以下では、分析に用いた主な方法と、その妥当性について述べることにする。

（2）年代区分とその意義

　本章では、弘安の言語使用を年代によって区分するため、『米澤弘安日記』（別巻2003：574-575）を参照して、便宜上第Ⅰ期から第Ⅳ期という区分を設けた（表2-1参照）。そして、それぞれの年代について意味づけをし、弘安の意識と言語使用の変化を明らかにする。4つの区分と年代の意味づけは、日記の文字の量を参考にしつつ、言語分析をするため便宜上設定した区分であり、弘安の一生の言語使用の分析を目的としている。ただし、第Ⅰ期については、ほかの年代に比べて文字数が少ない。

　弘安は、12歳の頃から父の傍らに座り、仕事を手伝いながら技術を習い始めた（田中1974：4）。小学校と高等科合わせて8年の教育を受けたが、成績は優秀で向学心が強かった。このことは、17歳のとき、帝国中学会に入り、通信教育の中学講義録によって学力向上の努力を続けたことなどからもわかる。日記を書き始めたのは、19歳の1906（明治39）年（米澤弘安日記編纂委員会編 2003：574）で、帝国中学会での1年を修了して間もない頃である。

　第Ⅰ期は、弟の清二とともに父清左衛門の手伝いをしていた、いわば青年・見習い期と言える。父、清左衛門は、後継者たる2人の息子に家業の金工技術を教えた。この頃の弘安の人物交流は、家族、親戚、近所が多く、家業の関係で日記に登場する顧客は清

表2-1 日記の年代区分

年代区分	年代の意味づけ (ライフステージ)	年 (元号)	年齢 (歳)	日記量 (枚) (原稿用紙 400 字詰め 換算枚数)
第Ⅰ期	青年・見習い期	1906 (明 39) ～ 1909 (明 42)	(歳) 19～22	(枚) 144
第Ⅱ期	修行・成長期	1913 (大 2)	26	220
第Ⅲ期	自立・壮年期	1922 (大 11)	35	157
第Ⅳ期	熟年期	1927 (昭 2) ～ 1930 (昭 5)	40～43	152

左衛門の仕事上の関係者が主であると考えられる。届いた新聞の切り抜きが日記に登場するが、受身的にそのまま書き写していることが多い。

　第Ⅱ期では、弘安は自分の名刺を作っている。その改まった緊張感は、「僕は始めて名刺を注文した」［大2.11.14］と表現されている。短い文章ではあるが、職人として期待される未来への自覚と、自らの職人としての自立の決意が感じられる。技術の研鑽を意識したことであろう。また、「僕の名のゴム印は昨日出来せり」［大2.12.3］でわかるように、名刺に続き、弘安の名のゴム印も作り、いよいよ父の後継者として自己紹介や連絡先を伝えるのに必要な身辺の小道具が整えられていく。

　　　本日「共勵」第一号を陳列館より郵送し来る　表紙は菊にて半ば記事半ば廣告の
　　　雑誌　なり　何分廣告ニよりて発行せるなればなり　僕の廣告も出て居る　廣告
　　　するのは始めだ　坂知事の「共同と競争」か重なる記事た［大2.11.4］。

「僕の廣告も出て居る　廣告するのは始めだ」と、このように一職人としての地位の確立へコマを進めることへの緊張感を示す一つの例が示されている。

　第Ⅱ期に見られるもう一つの特徴は、昼夜問わず図書館通いを頻繁にしているということである。丸山（2013：32）によれば、1912（明治45・大正元）年に石川県立図書館が拡充して新築開館した。弘安は、『錬金術』、『金工術』などの金工関係、『工芸の美』、『圖案講義』、『ロダンの芸術観』をはじめ、各種画集など美術関係、『冷水養生法』、『家庭医学』などの医学関係、『桂月文集』、『小説』など文藝書、地図・地誌と、その時の関心に応じて様々な分野の図書を利用している。

　新聞についても、地元の北國新聞（1893年創刊～現在）と中央紙の報知新聞を購読していた。雑誌は、1906（明治39）年から1912（大正元）年にかけて毎月多種多様な雑誌を購読しており、日記にも『冒険世界』、『実業青年』、『商業界』、『旅行案内』、『日本史蹟』、

『科学世界』、『グラヒック』、『中学世界』、『風俗画報』、『太平洋』、『学生』、『実業ノ日本』、『日曜画報』などといった雑誌名が記されている（丸山2013：30）。この時期は、展覧会に出かけたり、講話を聞きに行ったりして、職人としての教養を高め、知識を習得するなど最も知的成長が見られた時期だと考えられる。以下は、1913（大正2）年、元旦の日記である。

　　　僕は六時に起きて冷水浴をやる　掃除をして北國新聞を見る　二十数頁にて北野恒富筆の美麗なる「小児に張子牛」の繪附録があった　お雑煮を祝ひ一同の健康を喜ふ　昼迄は、新聞を讀む　午后父は職用繪形の切張をせられた　僕も新聞の切張をやる　僕は「学生」主筆の大町桂月氏、第四高校教授八波其月先生の信仰者で両氏の文は、喜んで讀む　其月先生は時々北國新聞に演説を載らるので僕は一々、貯て置いた　今日は、夜、十一時迄張った［大2.1.1］

　自分は、大町桂月氏、八波其月先生[5]の信仰者であると言い切り、弘安が両氏の文を積極的に読んでいる様子がうかがえる。
　以上から弘安日記における言語使用は、主に活字を通して学ばれたということができる。ラジオ放送は1925（大14）年に開始される。西田（1998：284）によると、ラジオが全国に普及したのは、昭和初期であったから、ここでとりあげる第Ⅳ期である。弘安日記にラジオが初出するのは、1930（昭和5）年で、JOJK金沢放送局が初の放送をして祝賀会を行ったという記事である。金沢において、ラジオなどのメディアを通して言語が共通語化するのはもう少し後の頃のことである。
　第Ⅲ期において、弘安は、1917（大正6）年土方松平の長女、芳野と結婚し、家督を相続する。1919（大正8）年には、長女喜代が生まれ、1922（大正11）年に長男弘正が誕生する。また、1920（大正9）年に弟の清二が分家をする。このように弘安を取りまく環境はこの時期に大きく変化する。

　　　明れは大正十一年だ　吾等壮年期ニ入れる者は、最も活動せねばならぬ　自分も三十六と云えど、獨立し得るや否や自分ながら、あやぶみ居れ共、周囲を眺むれば、両親は老境ニ入られ共、楽ニ居くあたわず　妻子も満足を、与へ得ぬ　自分の不甲斐なさは吾ながら、情なくなる仕だいなれ共、自分の全力を尽して至らぬは、又止むを得ぬ事とするより外なし　一年の計事は元旦ニありと云へるが、本年やりたき事は、清二の分家届をする事と其約束の金四百円を渡す事、其金は今手元ニはなき事故、農工銀行より借入れ、五年にて還す計畫なるも、当分清二より其半分を借りて之を利用して金を得ねばなるまい　其間五年は無利子たる事　又清二と金を出し合ひて、文鎮の製造販賣をやりたい　象眼等は白山君方へ依頼する積な

り　特別会計として利益は配当する　其他ニ展覧會、博覧會ニは務めて出品する
事　県の奨勵會もありせねばならぬ様ニなるだろう　それから、昨年東京三越の
陳列會の不景気の例もあれば、注文品を良とする事等、其他ニ心を配る必要あり
努力を要す［大11.1.1］

　弘安と同業で友人関係にあった白山忠次に自分の主たる職域である象嵌などを依頼
すると記している。最も自信を持っているはずの象嵌の仕事を白山に依頼するという
のは、家計を支えるためにほかならない。陳列会で「東京三越陳列會の状況面白からず、
本日迄ニ出品の内、熨斗押（小鼓ニ謡本）及菊香合か賣れた」［大10.11.18］と、売れ行
きが芳しくなかったことを記している。その結果、注文品を中心に家計を支えることや、
文鎮の製造販売をやりたいと新たな収入増の手段を考えている。しかし、作家として展
覧会に出品することをあきらめたわけではなかった。
　第IV期は、帝展の初入選、皇太子御成婚記念二曲屏風装飾金具依頼制作など技術が認
められるようになった時期である。弘安は、金沢市金属工芸同業組合の副組長に就任し、
社会的に活躍するようになり、熟年期に入る。第10回帝展では、図案を描いてもらっ
たり、相談したりしていた玉井敬泉とともに入選を果たす。

　　珍しく四、五日の快晴で割合暖だ　京都市長土岐嘉平名義で、第十回帝展の挨拶
　　状が来た　名古屋の兄上より手紙来る　九日ニ京都へ帝展を見ニ行った　小生の
　　箱も柔く波の如き感かあつた　石崎光瑤氏方で夜十二時まで話し、玉井敬泉氏の
　　作画も光瑤氏ハ賞して居られたと　夜行で帰つたと［昭4.12.12］

　名古屋に住まう日本画家の兄光雪が、帝展に行ったときの様子を弘安に知らせている。
「柔く波の如き感があった」と兄は弘安に賛辞を送っている。また、玉井敬泉の作品につ
いても評価が高かったことを知らせている。
　この時期は、社会的な活躍が認められる一方で、両親が他界し、三女の信子が誕生す
るなど家族構成に変化があった。日記では社会的なことがあまり述べられなくなり、家
庭や親族のことが多く書かれるようになった。子どもへのもらい物、学校の成績、子ど
もたちを連れて神社へ参詣、家族の病気、親戚づきあいなど、家長としての役割を果た
し、家庭を維持した時期でもある。
　以上のように、日記を第I期から第IV期に区分し、「敬語は実に人々相推譲する意を
表明する一の方法なり」（大石1983：3）という理論、および言語的規範意識という視
点から、実生活と言語生活を関連づけつつ、弘安の言語行動の変化について敬語を中心
に分析することにする。

（3）対応分析

　弘安の日記文における言語使用の特徴について分析をするにあたり、対応分析（correspondence analysis）の手法を用いることにする。

　Sten-Erik Clausen（2015：7）によれば、対応分析は、Karl Peason（1857-1936）の研究によって開発されたとされる。同書は、その後、この手法は、Harold Hotelling（1895-1973）の主成分分析やR. A. Fisher（1890-1962）、L.Guttman（1916-1987）に受け継がれ、Fisherの2変数解析やGuttmanの多変数解析は同じ流れをくむものであるとしている。

　テキスト分析では、主成分分析と並んで対応分析が多く用いられる。本質的に同一でありながら、対応分析は、異なる名称で呼ばれ、近年になってその成果が再評価された。この分析法について、最初の提唱は1960年代にフランスのベンゼクリ（Benzécri）によってなされたという説もある（金 2009：54）。

　金（2010：87）は、日本では1950年代に林知己夫によって提案された数量化Ⅲ類、1980年代に西里静彦によって考案された双対尺度法（dual scaling）などがあるが、数量化Ⅲ類は、数理的に対応分析であることが証明されていると述べている。

　対応分析の第1の目的は、元データの重要な情報を失うことなく、より単純なデータ行列に変換することによって、複雑なデータ行列の構造を明らかにすることにある。このことは「ノイズ」つまり冗長な情報を除去するということを意味している。対応分析の2つ目の目的は、処理結果を視覚的に提示することである。空間にポイントが配置され、それが構造の解釈を提供する（Sten-Erik Clausen2015：3-4）。

　弘安の日記文は、中断された期間があるものの、1906（明治39）年から1972（昭和47）年の長きにわたって書かれた。その量は、原稿用紙400字詰めで4336枚分に相当する（第1章1　参照）。対応分析は、このような膨大なテキストを類似度によって単純化し、グループ分けを行い、それぞれのグループに意味づけをするという手法である。

　テキストのグループ分けは、データの類似度に基づいて行われ、データ間の類似の度合いは、何らかの類似度や非類似測度で計算される。

　以上のような理由から、日記の大量のテキストデータを用いて、弘安を取りまく血縁、地縁、職縁等における人間関係を明らかにするための分析手段として、対応分析は、適当であると考える。

　ほかに、必要に応じて、クロス集計等を併用する。

４．分析結果と考察

（１）尊敬語

　ここでは、人間関係の広がりや社会的立場の変化と、言語の規範意識を関連づけながら、弘安の言語使用について考察することにする。尊敬語（主語）と年代の対応分析（図2-1）では、父の世代から引き継がれた身近な人々との交流から発展し、弘安の成長に合わせて人間関係が広がる。それに伴って尊敬語の使用が上下関係から親疎関係へと民主化する様子が示されている。また、尊敬語（動詞）と年代の対応分析（図2-2）では、年代を追うにしたがって文語から口語への近代化が見られる。

　図2-1は、第Ⅰ期から第Ⅳ期について誰に対して、尊敬語が用いられたかに焦点をあてて分析した結果である。同一人物がさまざまな呼称で登場しているので、人物名をできるだけ統一し、頻度5以上の人物について分析を試みた。そのほかに前述の条件（第1節3参照）のもとに除外した部分もあることを断っておく。皇族関連について「崩御」、「行幸」、「御成」、「御還幸」などは漢語の意味そのものに敬意が含まれているので、そのような場合は含めていない。また、頻度数が低い語彙や個人の中で習慣化あるいは固定化した表現は、異常値として正確な位置に示されない場合があるので例外と考え、全体を通して大まかな傾向を把握するにとどめる。

　最初の図2-1によって、いつの時期に誰に対してどのように接していたかがわかる。同一人物の呼び方が多様な場合は、統一して頻度5以上、異なり数98とした。図2-1は、弘安の人間関係の年代による変化と敬語使用が上下関係から親疎関係へ変化したことを示す。横軸は、尊敬語使用における民主化の度合いを示すものと考えられる。縦軸は、伝統的な人間関係から広がる人間関係の変化を示す。目上、目下の関係は、従来日本語の敬語の使い分けの最も大きな基準とされてきた（井上1999：88）。

　第Ⅰ期では、血縁、地縁を中心とした人々、父の顧客など、青年・見習い期の人間関係が示されている[6]。「父」、「母」、「父母」などは、生涯にわたって身内敬語によって上下関係が保持されたので、図の右側に示されている。第Ⅱ期は、第Ⅰ期に登場した人物との関係を保ちながら、修行・成長期に弘安が関心を寄せた人物、また、新たに加わった弘安の顧客など、交流の発展が示されている。第Ⅲ期から第Ⅳ期では、結婚などによる親戚づきあいの広がり、家族関係の中で新たに登場した人物が加わっている。また、仕事上、付き合いが盛んになった人物も分布している。第Ⅱ期から第Ⅲ期の尊敬語使用について変化を概観すると、父の時代に築かれた上下の人間関係から弘安の時代の左右関係、すなわち親疎関係へと変化を見せる。第Ⅲ期は、第Ⅳ期の家長としての地位を不動のものにするまでの過程であり、橋渡し期でもある。

　第Ⅳ期が第Ⅰ期に類似した下降を示すのは、第Ⅳ期が新しい人物との交流の発展とい

うより、血縁と地縁というこれまでの上下関係の伝統的なつながりを取り戻しつつ、横の親疎関係をも重視した人間関係に落ち着いていく様子ととらえることができる。その中には、親族として新たに加わった土方若内儀、清二の細君なども含まれている。

　父のもとでの青年・見習い期から比べて、図 2-1 の最も左に存在する第Ⅳ期熟年期は、弘安自身の新しい次世代との付き合いが見える。親疎関係を大切にした弘安の生き方が反映した結果と考えることができる。弘安の意識の中での人間関係の民主化が図 2-1 で示されたと考えられる。

図 2-1 尊敬語（主語）と年代の対応分析　（名前の統一後、頻度 5 以上・名前の異なり数：98）

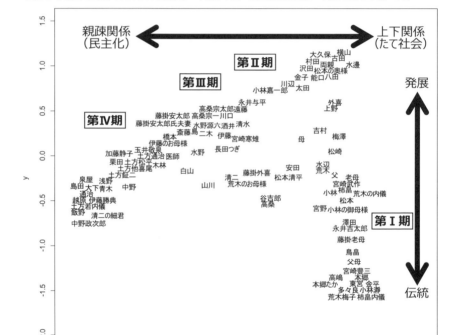

　弘安の生涯の中で第Ⅳ期の敬語は、戦後を待たず、前述のように階級・上下敬語の色彩を残しつつも、各人の人格尊重の上に立った民主的な敬語使用が行われている。理由の一つとして、第Ⅳ期の頃、弘安は、会社勤めとは違って職場の上役・部下の関係はなかったし、弟子をとらなかったので師弟関係を配慮する必要がなく、一職人として、また、一作家として、同業者や、画家たちと非常に自由で対等な関係性の中で生きること

ができたということがあげられる。第2の理由として、第9回帝展入選、第10回帝展入選を果たし、社会的評価が確立したことによる気持ちのゆとりが周りの人々との民主的な関係を持ちやすい方向に向かわせたと考えられる。第Ⅳ期では、日本語の近代化の波の中にあって、弘安個人の言語使用にも年齢と社会的立場に応じた民主化への変化があったと言える。

　明治初年に始まった日本語の民主化の大きな第2波は、実は第Ⅳ期より少し後に訪れる。大石（1983：108）は、「明治初年に社会の変革に伴って敬語の使用基準が変わったこと、階級敬語がしだいに衰えたことなどは、すでに明らかにされているところである。日本の近代化はもちろん敗戦後に始まったものでなく、明治時代に大きく踏み出したものだから、敬語の近代化のスタートも当然そこにあった。敗戦をきっかけとして、また一段と活発な時代の脱皮が始まったから、敬語の近代化の動きもさらに激しくなった。」と述べている。

　戦後1952（昭和27）年に国語審議会から文部大臣に「これからの敬語」が建議される。第Ⅳ期からさらに20年待たなければならないが、国語審議会（1952）は、新時代の日本にふさわしい敬語のありかたを示している。その中で、「これまでの敬語は、主として上下関係に立って発達してきたが、これからの敬語は、各人の基本的人権を尊重する相互尊敬の上に立たなければならない」と戦前の規範としての敬語との相違点をはっきり示している（西田1998：343）。この敬語のガイドラインは、教育、公用語、新聞、放送、出版から国民生活にまで広く影響を及ぼし続けて今日に至っている。

　次に、図2-2によってさらに詳しく具体的に言語形式別に弘安の敬語使用を見ることにする。

　第Ⅰ期では、日記文全体に漢語が多く使われ、文語の色彩が非常に濃く、使用される動詞の表現形式が限定的で固定化している。つまり、第Ⅰ期の青年・見習い期の尊敬語は、使われる動詞の範囲が決まっていて、表現が単純であることが特徴である。さらに第Ⅰ期は、自由自在に尊敬語を使っているとは言いがたい。ただし、文字数が少ないのでそれを考慮に入れる必要がある。第Ⅰ期に比べると、第Ⅱ期については、修行・成長期であり、語彙も豊かになり、第Ⅰ期からの脱皮が見られる。第Ⅲ期の自立・壮年期と、第Ⅳ期熟年期は、尊敬語使用において言語形式の多様化が見られる。

　尊敬語の形式的な変化は、第Ⅰ期から第Ⅱ期に移行する時点で起きている場合が多い。最も大きな変化は、文語の「る・らる」から口語の「れる・られる」への変化である。例えば、「寄らる」、「来らる」、「行かる」、「帰らる」、「言わる」などにおいて第Ⅱ期以降では、「寄られる」、「来られる」、「行かれる」、「帰られる」、「言われる」などへの移行が見られ、年代を追うごとに文語から口語に近づいているのが見てとれる。つまり、現代語に近づいていると言える。

　「れる・られる」の勢力は、関西地方から日本海沿岸部へ北上した結果と言われる。東

図 2-2 尊敬語（動詞）と年代の対応分析（頻度 5 以上）

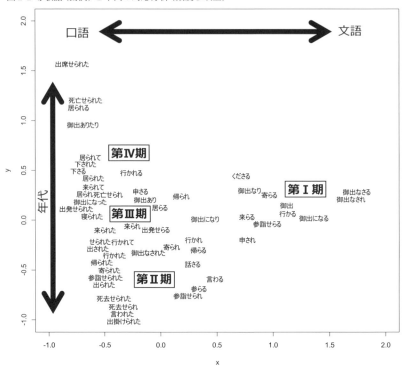

京方言の傾向とは異なる分布である。「北陸言語調査図」（飯豊 1984：45）によって敬語の鳥瞰的な分布状況を確認すると、石川県の南部から富山県にいたる帯状の地帯において「れる・られる」が強い勢力を示している。飯豊（1984：49-53）は、方言の敬語表現を調査の目的にしているので、敬語に多くの方言形式があることがわかる。「おいでになる」の代わりに「行かれる」、「お乗りになる」の代わりに「乗られる」など、金沢市を含む周辺地域では、敬語動詞が用いられず、「れる・られる」が使われていることが見てとれるのである。

　真田（1993：115）は、敬語の「れる・られる」の勢力は、富山県にも達している。1952（昭和 27）年の「国語審議会建議―これからの敬語―」のなかで「れる・られる」型は、すべての動詞に規則的につき、かつ簡単であるので、むしろ将来性があると認められるとしている。ところが、足元ともいうべき東京あたりではあまり人気がなく、逆に関西・北陸地方で盛んになりつつあることは皮肉な現象であると述べている。加賀地方の方言は、特に音韻・文法の面で西部方言のうちでも近畿方言に通じるものが多く、アクセントも京阪式に近い姿を示すことがわかっている（島田 1998：15）。

敬語動詞について、日記では、「なさる」、「いらっしゃる」、「おっしゃる」、「召し上がる」などが使用されてはいるものの、現代語の共通語に近いほかの表現形式はあまり使われていない。ただ、後述する（第2節1参照）が、例外的に、敬語動詞「くださる」は、よく使用されている。弘安日記では、「御出になる」について、口語が第Ⅰ期の早い時期から出現している。顧客や周囲の人々の訪問が多い環境で「くださる」、「御出になる」など、日常的な会話に登場する敬語動詞だけは、書き言葉が話し言葉との距離を縮め、日記に用いられたのではないかと考えられる。しかし、その一方で、「御出ありたり」、「御出あり」、「〜様、御出」などの文語的な形式も併用されている。「御話なさる」、「参詣なさる」、「言いなさる」、「お尋ねなさる」、「出発なさる」なども用いられているが、全体を通して頻度は高くない。

　敬語は、大まかに絶対敬語と相対敬語に分けられる。明治期に日本の国家体制は大きく変革する。明治末期に天皇中心の立憲君主制の徹底のために義務教育に明確な形で敬語コードが示され、国家的普及が図られた（西田1998：43）。これにより皇室に対する敬語は絶対敬語となった。敬語は、明治、大正期の学校教育において、作法の一部で「言語応対」として指導された。同書（307）は、「その第1は『皇室に関する談話には必ず敬語を用ふべし』であった。1910（明治43）年の小学校作法教授要項でも皇室用語には最上の敬語を用いることが定められている」としている。弘安の日記でも皇族には、最上級の尊敬語が用いられている。ただし、新聞記事等からの引用による皇族に関する敬語などがあるが、図2-2では、頻度数が低い語彙は、含まれていない。

　戦前において弘安が敬語使用にどの程度の「信念や志向」などの規範意識を持っていたかについては、本研究の分析結果によるほかないが、金沢という城下町に住む庶民にとって敬語は、かなり重要な役割を果たしてきたと考えられる。その代表的とも言える用例は、弘安の日記の全体を貫いている次にあげる例のような両親に対する身内敬語である。

　　　昼休ニ父は散髪ニ行かれた　喜代子は外で面白く遊んで居る［大11.3.14］
　　　母ハぜんそく及心臓が強くなり、困難せられ切角服薬せられて居る［昭2.3.10］

　学校の作文教育で全国で家族への身内敬語を使用すると教育した時代がかつてあった。「身内敬語用法」とは、他人に向かって自分の身内のことを話す場合に尊敬表現を用いることである。辻（2017：45）は、現在では、方言敬語の研究で、身内敬語は絶対敬語的使用の残存にあたるとして注目されていると述べている。加藤（1973：40）は、身内敬語について東日本海側では、少なくとも新潟までは分布しているとしている。そして、京都を中心とする西日本から日本海側の新潟にいたる一帯に身内敬語が現在もみられ、太平洋側では、滋賀県、三重県までは盛んであると述べている。弘安日記では、

他人に向かって身内のことを話しているわけではないし、両親に対して話しかける場面があるわけではない。しかし、弘安の意識の中に両親に対しては、敬語を使うべきであるという、言語そのものないし言語行動についての「評価・感覚」[7]があったと考えられる。また、身内敬語は、金沢市一帯を含む関西・北陸地方に見られる方言敬語の一つであるので日記の世界とはいえ、弘安にとっては「このようでありたい」、「こうしたい」という「志向意識」もあって、当然の用法であったと考えられる[8]。

次に「申す」についてであるが、「申す」には、「申さる」の尊敬用法が中世からある。「申す」は丁寧語としての用法も古くからあるとされる。さらに謙譲語の用法も中世の文に出現している（大石1983：313）。弘安日記における「申す」については、「申さる」、「申された」、「申されしが」などの形式が年代を問わず日記全体を通して用いられているので、このような場合、対応分析においては、尊敬語の全体的な流れとは異なる位置に現れる。他の敬語項目についても同様の現象が見られる。また、尊敬語と謙譲語の「申す」が混在することから言語形式のみでは他の敬語と同様に扱うことができない。日記文の中では、伝聞の意味で「申す」が「と申さる」、「と申された」、「と申されしが」などの表現によって慣用的に用いられている。弘安を取りまく社会の変化に応じて口語化の変化が見える部分と、終始一貫して変化しない言語が同居しているのである。このような言語使用は、弘安の規範意識、ひいては生き方を反映しているものと考えられる。

（2）謙譲語

図2-3は、第Ⅰ期から第Ⅳ期までの謙譲語の使用状況を対応分析した結果である。全体を通して言える一つの特徴は、謙譲語が非常に少ないということである。なかでも第Ⅰ期は特に少ない。理由の一つに、謙譲語は、話し手（日記では書き手）の行動について述べる場合に用いられるため、日記の中で自らの行動をへりくだる必要がなかったということがあげられる。もう一つの理由として、第Ⅰ期は青年・見習い期で、父親の影にあって、地縁、血縁、職縁にそれほど強い縛りを弘安が感じていなかったと考えられる。つまり、第Ⅰ期は、自らの社会的立ち位置が確立していなかった時期であったと言える。　それゆえ、人間関係の上下関係やうちそと関係の意識が弱く、尊敬語ほどには謙譲語を使用する必要を感じなかったと考えられる。

ほかに考えられる理由として、謙譲語の使用について習得がなされたのは、第Ⅲ期、第Ⅳ期で、弘安が35歳から45歳頃であるということが推測される。一般に、謙譲語の習得は尊敬語の習得より遅れるとされる。井上（1999：139）は、「聞く」と「伺う」を例にあげて特別の言い方を覚える必要のある難しい敬語を使いこなしているのは、高学歴の老人層であると述べている。このことは、時代を問わず弘安の場合にも当てはまるようである。

図2-3の縦軸は使用頻度を、横軸は、謙譲語の使用が固定的・単純であった時期から

図2-3 謙譲語と年代の対応分析（全データ）

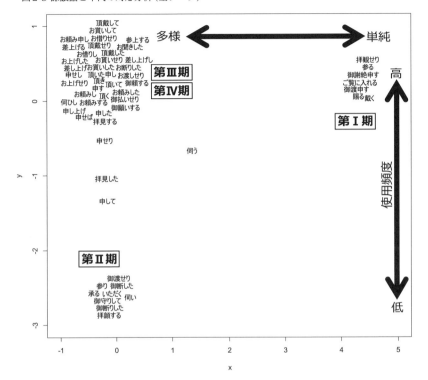

流動的・多様への変化を示していると考えられる。ここでいう流動的・多様とは、場面に応じて様々な表現形式を使い分けるという意味である。反対に固定的・単純というのは、どの場面においても誰に対しても同じ表現形式が用いられるということである。

第Ⅰ期は、ほかの第Ⅱ〜Ⅳ期と文章の書き方もかなり異なっている。第Ⅰ期の謙譲語の表現形式は非常に限られている。「御謝絶申す」、「拝観せり」、「戴く」、「賜わる」、「参る」、「御渡申す」、「ご覧に入れる」、「伺う」などが用いられているが、数や回数は多くない。第Ⅰ期では、例えば「御謝絶申す」など、強く直接的な印象を与える表現が用いられている。ほかにも、頼まれても応じない場合、ほとんどが「断る」と述べていて、固定的である。

「午后、鍛冶片原ノ長田ヨリ鉄印ヲシテ呉レヌカト来ラレシモ断ル」［明42.5.11］、「明日の八日市清太郎氏渡米送別會ノ出席ヲ断ル」［明42.5.16］のように対人配慮は見られない。

第Ⅱ期は移行期と考えてよい。第Ⅱ期になると、「御断りした」のように「お〜する」

形式が用いられ、人間関係を配慮した表現に変わっている。このような対人配慮の表現に弘安の社会人としての成長を見ることができる。謙譲語を用いて、発話態度が変わっている。「言語そのものないし言語行動についての規範」[9]の変化を見ることができる。ただし、「渡す」という動詞などは、「お渡し申す」(第Ⅰ期)、「御渡せり」(第Ⅱ期)、「お渡しせり」(第Ⅲ期)と表現や文字表記に変化が見られるが丁寧度に大きな変化が見られない表現もある。

　第Ⅲ期になると、「お～する」形式が急に増える。例えば、前述の「お断りした」のほか、「お借りした」、「お上げした」、「お聞きした」、「お頼みした」などである。第Ⅲ期、第Ⅳ期では、交流のある人物との相互関係が発展して、「頼み、頼まれる」関係が活発になり、弘安の言語行動に少なからず影響を及ぼす。第Ⅲ期では、「お～する」形式がある一方で、前にも述べたように「お～せり」、例えば「お借りせり」、「お渡しせり」、「お上げせり」も併用されている。第Ⅲ期以降は、長男弘正の誕生に続いて次女登代の誕生、第Ⅳ期では、帝展入選、祖母の死、組合の副組合長就任、三女信子の誕生と弘安の人生で大きな出来事が続く。

　第Ⅳ期では、弘安の仕事や社会的活動が評価されるようになった。そして、子どもたちや家族にさまざまな品物や、御土産などが届けられるようになると、謙譲語の「お貰いせり」、「頂戴した」、「頂いた」などが多用される 。井上(1999:140)は、「お～する」は、意外に新しく、明治中頃から使われはじめたとしている。弘安は、大正期に入って使いはじめているので、その頃には金沢でも一般化したのであろう。読み物からの影響も考えられる。第Ⅳ期になると、「お上げした」、「お上げせり」は「差し上げた」と謙譲動詞に変化し、より現代口語に近づく。同様に、第Ⅲ期で多用した「お貰いした」、「お貰いせり」は、第Ⅳ期ではすっかり姿を消し、「頂いた」に移行する。全体を通して、「お貰いした」、「頂いた」の頻出で示されるように弘安自身や両親、子どもたちに品々が届けられる場面が実に多い。顧客と思われる人々も米澤家に土産などを届けたりしていることから、謙譲語「頂く」は、弘安の日記に不可欠の語彙となっている。

(3) 呼称

　ここでとりあげる呼称とは、話題の登場人物についてどのように記述するかという意味である。自称の「僕」、「俺」や、玉井敬泉以外の登場人物の呼称については、ほかの機会に譲る。ここでは、弘安の同期生であり、また、仕事で図案を描いてもらったり、作品について意見を聞いたりした友人、玉井敬泉(以下、敬泉)との関係について呼称を通して分析する。

　結論を先に述べるならば、弘安は個人的、家庭的、社会的環境の変化に応じて敬泉と友人という左右関係を立場、身分による上下関係に変化させていったと言える。つまり、通常の流れや変化とは逆行している。人間関係において両者の距離が縮まれば、呼称は

青年期当時の「君」、あるいは、「敬泉」と敬称なしでもおかしくない。弘安にとって、敬泉は、2歳年下の同期生でありながら、年齢を重ねるにしたがって敬泉への呼称を「様」、「氏」、「画伯」など距離が遠くなる、あるいは、上下関係が明確に示される呼称へと変化させた。弘安自身が敬泉と同等の関係ではないことを言語によって示したと言える。

　敬泉は、本名を猪作といい、1889（明治22）年に染物業玉井甚助、菊の5男として金沢市下堤町に生まれた。下堤町界隈は、金沢の台所、近江町市場に近く、薬種店、陶磁器店、表具師など商いの家が多く非常に活気に満ちた町であった。家は紅屋という染物屋で、敬泉は、常日頃から絵に触れる環境にいた。幼少期に染物を覚え、一番上の姉が象嵌作家に嫁いだこともあって象嵌をたしなみ、垣内雲嶙を師とした一番上の兄で画家の紅嶙（本名勘次）の影響を受け、画家の道を進むことになった[10]。

　敬泉は、少年期より奇才で、尋常小学校入学の際に、就学年齢に達する前に入学した。その後、石川県立工業高校に進学しようとしたとき、年齢不足がばれて1年浪人させられた。弘安が敬泉についてはじめて記述したのは、弘安が23歳のときである。しかし、そのときも直接、敬泉本人に会ったわけではなかった。記述を見る限り、多くの画家の中の一画家として敬泉の作品を評価しているにすぎない。

　弘安は、1910（明治43）年11月4日午後、清二とともに金谷館で開かれている青々会展覧会に行く。10月28日にも訪れていて、2度目の訪問のようである。出品作品の数が増えていた。弘安は、上出来と本人が評価した作品と作家名を書き記している。その中に「秋霧の圖（猿）金沢　玉井敬泉　十五円」［明43.11.4］とある。敬泉の兄、玉井紅嶙は「水墨山水二十円」と記されている。このとき、敬泉は、兄紅嶙とともに3等賞を受賞している。次に敬泉について日記で述べられるのは、1912（明治45）年11月、初出から2年後で、弘安25歳であった。

　　　昼休に青々會展覧會が大手町元専門学校跡に開かるを見に行く　清二同伴にて一々評をなす　僕のよいと思つたのは第一が越田香秋の鶏で、其他の傑作ハ玉井紅隣の湖上の網打、京都松雲の晴着、京都木村光年の梅谷、玉井敬泉の夕日、東京藤村静村の寒山拾得て其他には残雪（敬泉）、妙義山（山田敬中）、不動、獅々、加茂女、銀杏等あり　…（以下略）［明45.11.13］

　敬泉のことは、弘安は知っていたと考えられるが、この頃、親しい交友関係があったようには書かれていない。2人が直接会って話した時の最初の記述は、1913（大2）年、弘安26歳のときである。この頃、敬泉は、上京して、農商務省東京工業試験場に勤務するかたわら、結城素明に師事して、絵画の道を歩んでいた。それ以前には、県立工業学校図案絵画科卒業（1907・明治40年）後、旧長町高等小学校（日記では、元長町高等小学校）で教職に就いていた時期があった（小阪2004：32）。

64　第2章　日記の言語使用 ― 敬語・表記・語彙の生涯変化 ―

表2-2 米澤弘安と玉井敬泉の交流史 [11]

西暦	元号	弘安の年齢	米澤弘安	玉井敬泉
1887	明治20	0	上新町に生まれる。二男。祖父は白銀屋 父は象嵌師で博覧会などでいろいろな賞を受賞	
1888	21	1		
1889	22	2	崇寂町3丁目（現玉川町）に引っ越す	下堤町62番地に生まれる。五男。家は紅屋という染物屋 長兄は日本画家垣内雲燐に絵を習う。幼少期に染物を覚える 一番上の姉は、象嵌作家に嫁ぎ、影響を受ける。本名猪作
1890	23	3		
1891	24	4		
1892	25	5		
1893	26	6		
1894	27	7	金沢市立西町尋常小学校入学	学齢未満で尋常小学校入学
1895	28	8		
1896	29	9		
1897	30	10		
1898	31	11	同尋常小学校卒業。金澤高等小学校入学	
1899	32	12	父より象嵌の手ほどきを受ける	
1900	33	13		
1901	34	14		
1902	35	15	小将町高等小学校卒業	就学年齢以前に入学したため1年浪人
1903	36	16		小将町高等小学校卒業。県立工業学校図案絵画科入学 山田敬中に日本画を習う
1904	37	17	帝国中学会に入会。1年修了	
1905	38	18		
1906	39	19	日記書き始め	
1907	40	20		県立工業学校図案絵画科卒業 長町高等小学校で教職に就く。本格的な画作活動に入る
1908	41	21		
1909	42	22		
1910	43	23		
1911	44	24		上京。結城素明に師事。農商務省東京工業試験場勤務
1912	45 大正元年	25		
1913	2	26	同窓会をきっかけに敬泉との交友が始まる	
1914	3	27		第8回2つの作品が文展入選
1915	4	28		
1916	5	29	中越先生の銅像の件で交流の機会が増える	
1917	6	30	表具師、土方松平長女芳野と結婚	
1918	7	31	茶、小習の免許取得	
1919	8	32	長女、喜代誕生	京都日本画無名展主席天賞受賞 チフスにかかり、金沢へ帰郷。図案、絵付け等指導
1920	9	33	清二分家	玉井敬泉作畫展覧会、商業会議所にて開催
1921	10	34	石川県工芸奨励会通常会員認定	白山観光振興会を立ち上げる
1922	11	35	玉井敬泉らと「光々社」結成 長男、弘正誕生	
1923	12	36	敬泉に図案の相談が多くなる 父、清左衛門死去	
1924	13	37	農商務省第11回工芸展入選	金城画壇創設会員となる。石川県工芸奨励会評議員 玉井画室を開く。小学校教諭本田咲野が弟子入り

西暦	元号	弘安の年齢	米澤弘安	玉井敬泉
1925	14	38	パリ万国現代装飾美術工芸展名誉賞受賞 二女、登代誕生	本田咲野と結婚。家庭的安穏と経済的安定を得る
1926	15 昭和元年	39		石川県商品陳列所委託石川県工業教育諮問員 石川県工芸奨励会名誉会員
1927	2	40		
1928	3	41	第9回帝展入選　母、きく死去 金沢市金属工芸同業組合副組合長	
1929	4	42	第10回帝展入選。三女、信子誕生	第10回帝展入選
1930	5	43	金沢市金属工芸同業組合評議員辞職	第11回帝展入選
1931	6	44		第12回帝展入選
1932	7	45		
1933	8	46		
1934	9	47		
1935	10	48		白耀社主宰、第1回展開く。金城画壇の重鎮。 著述出版
1936	11	49		
1937	12	50	石川県工芸奨励会名誉会員	石川県史蹟名称天然記念物調査委員。文化行政 活動が増える
1938	13	51		
1939	14	52		
1940	15	53		
1941	16	54		
1942	17	55		
1943	18	56		
1944	19	57	長男、弘正戦病死	
1945	20	58		
1946	21	59	兄佐吉（光雪）死去	
1947	22	60		石川県立工業学校教諭
1948	23	61	信子、結婚し家督相続	
1949	24	62	第5回現代美術展金沢商工会議所会頭賞	石川県観光審議会委員
1950	25	63		石川県美術館建設委員
1951	26	64		
1952	27	65		金沢市文化賞受賞。白山観光協会事務局長
1953	28	66		
1954	29	67		
1955	30	68		日本工芸会設立、理事
1956	31	69		
1957	32	70		
1958	33	71		
1959	34	72		石川県文化財専門委員。白山国立公園昇格に尽くす
1960	35	73		リウマチを患う。老人性結核のため死去。享年71歳
1961	36	74	第8回日本伝統工芸展入選	
1962	37	75	第9回日本伝統工芸展入選	第16回北国文化賞受賞
1963	38	76	第10回日本伝統工芸展入選 加賀金工振興会会長に選任される	
1964	39	77	日本工芸会正会員	
1965	40	78		
1966	41	79		
1967	42	80	第14回日本伝統工芸展入選	
1968	43	81	金沢市文化賞受賞	
1969	44	82	石川県指定無形文化財認定書授与される	
1970	45	83		
1971	46	84		
1972	47	85	文化庁から加賀象嵌の記録作成等の措置を講ず べき無形文化財選択書を授与される 勲四等瑞宝章授与される。死去。享年85歳 金沢市より「景仰の証」を贈られる	

　　　　午后三時、山尾の兄息子様御出になつた　琵琶の香合を見せられた　よく出来
　　　て居た　仕上前の品にて二三日中ニは出来となる由　處へ昨夜来たと云ふ玉井猪
　　　作君が元長町高等小学校の同窓會を十七日市會議事堂でやるのに出席、勧誘ニ来
　　　られて約一時間程話して行かれた　山尾君は玉井君が来られて程なく行かれた
　　　[大2.8.12]

　日記をみる限り、2人が直接会って話をしたのは、これがはじめてである。敬泉は、
「猪作」という本名で登場する。敬泉が弘安を同窓会に誘った際に1時間ほど話したと
いうことから、推測の範囲を出ないが、東京での暮しや作品のこと、敬泉の関係者の話
など、向学心の強い弘安には聞きたいことがいろいろあったのではないかと考えられる。
玉井敬泉の勧誘で、弘安と清二は、旧長町高等小学校の同窓会に出席した。

　　　　僕と清二は、市會議事堂で元長町高等小学校の同窓會ニ午后一時より出掛た
　　　今回は中越校長の叙勲祝賀會を兼たのだ (中略) 次ニ金城楼て祝賀宴會をすると云
　　　ふので我等の同期生の玉井君、安田君と共ニ行く　之も来會者五十名計り、先生達
　　　及同窓生等と舊情を温めた　十時頃散會で玉井君と升形来て別れ僕は、菊井方で
　　　孝次郎君等と、三十分計話して折しも降った雨の晴間ニ帰ると、外喜様が帰らる處、
　　　母は既ニ帰つて居られた　十一時前であつた [大2.8.17]

「先生達及同窓生等と舊情を温めた」と出席したことに意義があった様子を書いてい
る。
　日記文から同窓会に出席して以降、弘安と敬泉は急に親しくなったような印象を受
ける。約束をしてあったらしく同窓会のあと、2日後には、弘安は、敬泉の自宅を訪れ
ている。

　　　　僕は此間約束の仁随寺前の玉井猪作君の宅へ行く　二三名の来客あり　玉井君
　　　の教へた人々だと　文展ニ出品するのだらう　二枚折一隻ニ海辺？二名は知らぬ
　　　が丈長き草茂り少し風吹く心地　水邊ニケリ鳥二羽あり　水は小波を起せる模様
　　　化せる圖なり　安井君も約束の如く来た　又外村と云ふ荒町の陶器やる人、成田
　　　と云ふ繪かき人か来て雑談し十一時過ぎニなつた　驚いて帰る　家ニ入れは十一
　　　時半であった [大2.8.19]

　敬泉の家に行くと、敬泉の教え子や画家、陶器をやっている工芸家などとの出会いが
あった。8月17日の同窓会のあと、弘安は、19日、24日、29日 (不在) と敬泉の家を訪

れている。弘安が敬泉に会うことを楽しみにしている様子がうかがえる。24日には、敬泉の長兄の紅燐にも会って話をして、帰ったのは夜中の12時であったと書いている。また、8月30日に敬泉が東京へ帰るというので弘安は見送りにも行っている。それ以降は、2人の間で手紙のやりとりが始まる。敬泉から葉書や手紙がくると弘安は、すぐ返事を書き、敬泉が金沢に帰る日を知らせてくると必ず訪問している。以後、年下の敬泉主導で物事が運んでいくような印象を受ける。例えば、約束した日時に敬泉の自宅を訪れたときも、弘安が主賓であったことはないようである。同窓会の手伝いもそもそも敬泉が誘ったことであった。弘安は、敬泉に図案など依頼することが多いが、敬泉が弘安に絵について意見を聞くことはなかったようである。敬泉は、展覧の目録、東京地図などを弘安に送り、お礼に弘安は、郵便切手などを代金として送っている。弘安にとって東京で創作活動をしている敬泉からの情報は、図書からの知識とは異なり、新鮮で生きた情報であった。敬泉の大正博美術館出品が落選したときは、弘安は、審査員を罵倒した敬泉を書状でなぐさめている。その後も弘安は、敬泉の文展出品の絵を見せてもらったり、扇に絵を描いてもらったりしている。第8回文展に敬泉が入選すると弘安は以下のような賛辞を書き送っている。

　　光栄之ニ若かれ、小生ハ人事ならず喜んで居ます　是れ全く貴兄の勤勉の結晶、表現せしもの、今後益々奮闘努力以てこの光栄を幾度も重ねられん事を祈ルと書き送る [大3.10.13]

図2-4 玉井敬泉に対する呼称[12]

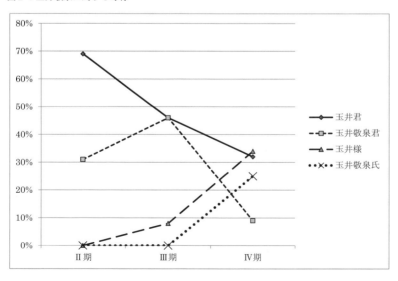

1913（大正2）年から1916（大正5）年までは、弘安も敬泉も独身でもあったせいか頻繁に行き来している。この時期は、日記の第Ⅱ期が含まれる。弘安は、第Ⅱ期では、敬泉を「玉井君」、「玉井敬泉君」、「玉井猪作君」、「敬泉君」と呼んでいた。つまり、呼称の用法から分析するかぎり、敬泉とは、同期生としての付き合い、同等の友人という左右関係であったと言える。ただし、第Ⅱ期は、1913（大正2）年に限定しているので前後の年も見る必要がある。写真は、1918（大正7）年5月9日付の手紙で、敬泉が中越先生の銅像の件で心配して弘安に経過を聞いている。

玉井敬泉から米澤弘安への手紙（金沢市立玉川図書館近世資料館蔵）

　呼称について、第Ⅲ期はどうかというと、「玉井君（方）」、「玉井敬泉君（方）」が圧倒的に多い。「玉井敬泉」と氏名を明記しているのは、兄紅燐と区別するためでもあったかもしれない。「玉井敬泉方」というのもあるが、留守であった場合などに使用されている。「玉井様」は、敬泉のみを指しているのか不明の場合もあるが使用されている。
　第Ⅳ期に大きな変化が現れる。「玉井（敬泉）君（方）」が減少し、代わりに「玉井（敬泉）様（方）」、「玉井（敬泉）氏（方）」が用いられるようになる。ほかに「画伯」という呼称も登場する。年表から明らかなように、弘安は40歳になっている。
　この時期、弘安には、長男、長女、次女、三女と4人の子どもがいた。第9回、第10回帝展入選を果たし、金沢市金属工芸同業組合副会長をつとめるなど社会的に認められた時期である。一方、敬泉も結婚して、息子が誕生し、第10回、第11回、第12回と連続3回の帝展入選を果たしている。敬泉は、強度の近眼で作品を描きあげるために1ヶ月くらいほとんど不眠不休で筆を執った（末吉1987：91）。弘安は、敬泉に帝展出品のための図案を描いてもらい、また、作品について相談するなど敬泉の存在が重要性を増していった。この時期は、2人が社会的地位を確立した時期と解釈できる。弘安は、敬

泉の社会的活躍に見合った呼称を様々な場面で使い分けている。家庭的にも、敬泉が一家をかまえ、息子が生まれた等の要因が「様」の使用に影響を与えたかもしれない。社会的には、敬泉の帝展入選、石川県商品陳列所委託石川県工業教育諮問員、石川県工芸奨励会名誉会員などが「様」、「氏」、「画伯」の使用など呼称の変化の要因になったと考えられる。社会的な活動範囲と個人的な言語使用の規範意識「信念・期待」[13] が呼称に変化をもたらしたと考えられる。

　弘安は、敬泉との関係性の変化のなかで、無意識的、意識的に呼称を多様化せざるを得なかったのである。本来であれば、2歳年下の敬泉に対して「様」、「氏」、「画伯」などの呼称を使う必要はなかったであろう。また、真に互いが友情関係で固く結ばれていたなら、生涯「君」、あるいは呼び捨ての「敬泉」でよかったと考えられる。しかし、弘安は、自分の作品のために図案を敬泉に描いてもらった。そして、作品ができるとそれについて敬泉に意見を聞くという関係を選択し、言語使用についても現状認識を改めた[14]。そのような状況に自らを置いたのは、弘安自身にほかならない。

　敬泉は、1960（昭和35）年、71歳で生涯を閉じる。一方、弘安は、敬泉の死後、さらに活躍をする。第8回から第10回日本伝統工芸展で連続入選を果たし、加賀金工振興会会長に選出され、日本伝統工芸会正会員となった。第14回日本伝統工芸展入選、金沢文化賞受賞、石川県指定無形文化財認定書授与等、敬泉の死後およそ10年間、85歳の生涯を閉じるまで弘安は作家活動を続けた。この時期は、弘安が自立的で安定した生活を送り、誰の意見にも左右されない自由な作家活動ができた時期だったと言える。

5．第1節のまとめ

　第1節を小括する。尊敬語では、弘安を取りまく社会の変化に応じた言語使用の変化が見える部分と、終始一貫して変化しない部分を明らかにした。つまり、状況に応じて順応できる言語使用と、うまく切り替わらない言語使用が同居していることがわかった。それは、すなわち言語主体のアイデンティティであり、弘安自身の生き方の反映であったと解釈できる。しかし、弘安の生涯の中で第Ⅳ期の尊敬語使用は、戦後を待たず、階級・上下関係の色彩を残しつつも、かなり各人の人格尊重の上に立った民主的な親疎関係を軸にしていることが明らかになった。第Ⅳ期は、一職人として周りに順応しながら、民主的な人間関係を構築した時期と考えられる。これについては、戦後の日記によってさらに明らかにされる必要がある[15]。

　謙譲語では、第Ⅰ期で「御謝絶申す」など強い表現の「謝絶」を用い、直接的な表現を用いていた弘安が、第Ⅱ期以降では、「御断りした」のように「お〜する」形式を用い、人間関係を配慮した表現に変えている。このような対人配慮の表現に弘安の社会人と

70　第2章　日記の言語使用 ― 敬語・表記・語彙の生涯変化 ―

しての成長を見ることができる。第Ⅲ期になると、「お〜する」形式が急に増える。しかし、第Ⅲ期では、「お〜する」形式がある一方で、文語的な表現の「お〜せり」、例えば「お借りせり」、「お渡しせり」、「お上げせり」も併用されている。このような併用傾向は、尊敬語にも散見され、切り替わるには、かなりの時間と努力を要したことが察せられる。弘安の言語使用は周りの状況に順応し変化しつつも、言語の近代化へはすぐには切り替わらなかった。

　呼称では、弘安と敬泉の関係性の中で、弘安の生き方に注目して分析を試みた。弘安にとって敬泉は、自分がかなえられなかった進学を果たし、東京で師について絵画の道に進んだ同期生であった。敬泉は、図書からでは得られない様々な情報を得ることができた存在であった。弘安は、敬泉の社会的活躍と家庭的立場に見合った呼称を様々な場面で使い分けていることが明らかになった。年齢的には、敬泉が2歳下であっても、敬泉は、図案を描いてもらう画家であり、意見を聞く相談相手であった。敬泉に「君」、「様」、「氏」、「画伯」などを使い分けている配慮は、弘安の状況順応型の生き方を象徴するようである。

　以上、尊敬語、謙譲語、呼称の使用分析から、弘安の生き方と言語的規範意識を関連づけて考察した。

［注］

1)　金澤高等小学校は1889（明治22）年に長町新校舎に移転し、1900（明治33）年に校舎が狭あい化したため、小将町に1校を新設している。弘安は1898（明治31）年に長町の高等小学校に入学し、1902（明治35）年に小将町の高等小学校を卒業した。日記には「舊長町高等小学校同窓會」もしくは「元長町高等小学校同窓會」と記載され、長町高等小学校の卒業生名簿を借りる件で小将町校の校長に依頼状が出されている [大5.10.1]。
現小将町中学校「本校母体の沿革」
http://cms.kanazawa-city.ed.jp/kosyoumachi-j/view_popup.php?pageId=1032&revision=0&blockId=3761&mode=0参照

2)　文部省学制百年史編集委員会「学制百年史」小学校の就学率
http://www.mext.go.jp/b_menu/hakusho/html/others/detail/1317552.htm 参照

3)　日記文に散見される当て字、表記の揺れ、送り仮名の脱落、誤字等は引用する場合、原文をそのまま用いることにする。

4)　近藤（2005：93）参照。1955（昭和30）年から1972（昭和47）年までの日記は、原本が見つかっていないため、『米澤弘安日記』では欠けている。また、長男弘正の戦病死の後や仕事で多忙な時期は書かれていない。

5)　大町桂月は、1869（明治2）年、高知市に元土佐藩士の息子として生まれる。1896（明治29）年、東京帝国大学国文科卒。1899（明治32）年、島根県で中学教師として奉職する

も、1900（明治33）年、乞われて博文館に入社。1906（明治39）年まで在籍。『文芸倶楽部』、『太陽』、『中學世界』などに随筆を書き美文家として知られた。韻文・随筆・紀行・評論・史伝・人生訓など多彩であった。大町芳章監修　大町桂月ウェブサイト http://keigetsu1869.la.coocan.jp/syoukai/syoukai.html 参照。丸山（2013：31）によれば、八波其月は、金沢の第四高等学校を経て、熊本の第五高等学校教授となった人物で、文部省の教科書編纂官や数多くの校歌の作詞、著書を残している。

6)　ここでいう第Ⅰ期から第Ⅳ期は、表2-1で示した年代区分を指す。第Ⅰ期は右下の第4象限に相当する部分を指す。第Ⅱ期は縦軸右上方の第1象限。第Ⅲ期と第Ⅳ期は、第2および第3象限の中央部分に示されている。

7)　真田他（2005：114-116）による言語の規範意識の5つの項目分類 (1)「言語そのものないし言語行動についての評価・感覚」、第2章第1節2参照

8)　真田他（2005：114-116）による言語の規範意識の5つの項目分類 (3)「言語使用ないし言語行動についての志向意識」、第2章第1節2参照

9)　真田他（2005：114-116）による言語の規範意識の5つの項目分類 (5)「言語そのものないし言語行動についての規範」第2章第1節2参照

10)　末吉（1987：89-93）, 小阪（2004：31-40）参照

11)　表2-2作成にあたり、米澤弘安日記編纂委員会編『米澤弘安日記』上巻（2001）、中巻（2002）、下巻（2000）、別巻（2003）、末吉（1987）、石川県人名事典（2005）、小阪（2004）、玉井敬泉展チラシ（1988）を参照した。田中（1992：128）により、弘安は1902年に市立小將町高等小学校卒とした。

12)　玉井敬泉に対する呼称について、ほかにも玉井猪作君、敬泉君、玉井敬泉方、玉井敬泉氏方、玉井画伯、玉井先生などいろいろな呼称が登場する。形式が異なれば丁寧度も異なるという理由で、それぞれ出現回数が多い形式についてカウントした。例えば、玉井君と玉井敬泉君では、玉井敬泉君のほうが丁寧度が高いとみなした。玉井敬泉について1910（明治43）年に作品の評価で名前のみが記述されているのが初出で、第Ⅰ期には登場しない。

13)　真田他（2005：114-116）による言語の規範意識の5つの項目分類 (4)「言語そのものないし言語行動についての信念・期待」第2章第1節2参照

14)　真田他（2005：114-116）による言語の規範意識の5つの項目分類 (2)「言語使用ないし言語行動についての現状認識」第2章第1節2参照

15)　弘安日記は、記述が途絶えた時期が何度かある。戦後、1955（昭和30）年から1958（昭和33）年までと、1969（昭和44）年から1971（昭和46）年までの日記は田中喜男著（1974）『加賀象嵌職人』に抜粋採録されている。

第2節　表現・文体・表記・語彙

　第2節では、日記に用いられた表現、文体、表記、語彙を通して、弘安の人物像と社会との関係を明らかにする。表現では特に「やりもらい表現」に注目する。日記では、品物のやりとりによって人間関係を確認するという場面が数多くある。「やりもらい表現」は、人間関係の上下、ウチソト、親疎、書き手の感情などが表出しやすい部分である。なかでも「～てもらう」は恩恵を被る気持ちが込められる。本節では、弘安をとりまく社会的な環境を「やりもらい表現」を中心に明らかにする。

　文体については、「です・ます」体の使用を通して、日記文の近代化を探る。また、表記では、文字種の変化を明らかにするため、カタカナ、ひらがな、漢字の文字種の割合から全体的な傾向を概観する。語彙については、丁寧語の「御」から「お」への変化を分析する。さらに、外来語の借入について社会的背景が日記の外来語使用にどう反映しているかについて述べる。表現、文体、表記、語彙の分析を通して、弘安の生き方と金沢の日常生活における近代文明の影響を明らかにする。

1．やりもらい表現

　「やりもらい表現」については、前述（第1節4参照）の謙譲語の記述と一部重なることを断っておく。分析した結果、3つのことが明らかになった。第1に弘安が年齢を重ねるにしたがって「頂く」という謙譲語を使用していることが明らかになった。第2に貰う相手によって弘安は表現を変化させていた。第3に「～てもらう」の分析によって、弘安は、主に弟清二、母きく、妻芳野の家族3人に支えられて家業を続けられたことが明確に示された。

　表2-3は「やりもらい表現」のいくつかの表現について出現回数を集計した結果である。「やりもらい表現」は、日常生活においてよく使われる動詞であるが、特に弘安の家庭は、兄弟、親戚や妻の芳野の実家、近所などからもらい物が多かった。したがって日常生活において「くれる」の尊敬語「くださる」の使用頻度は比較的高い。同時に敬語を使用しない「貰う」、「くれる」が多く使用されている。「頂く」の使用頻度は、次第に増加傾向を見せる。尊敬語「くださる」は、第Ⅰ期から出現し、他の尊敬語の使用より比較的早かった。

表 2-3 やりもらい表現[1]

やりもらい表現	I 期 1906-1909 (明 39-42)	II 期 1913 (大 2)	III 期 1922 (大 11)	IV 期 1927-1930 (昭 2-5)
あげる	2	8	10	4
お上げする	0	0	4	0
差し上げる	1	0	2	4
貰う	62	169	148	128
お貰いする	0	0	26	1
頂戴する	0	0	11	0
頂く	1	10	22	62
くれる	53	108	62	45
くださる	7	15	23	27

※やりもらい表現の見出し語は、現代表記を用いた。表内の数字は出現回数

　表 2-3 の「貰う」について、主語は僕（弘安）、父、母、両親、子どもなどが含まれる。「～て貰う」は、「（僕は）～て貰い（ひ）たい」を含む[2]。同様に「あげる」について「～てあげる」を含む。以下では、謙譲語のいくつかの例をあげながら、それぞれの傾向を見ることにする。第 I 期はほとんどが「貰う」で、「お貰いする」も「頂戴する」も用いられていない。「頂く」が 1 回のみ使用されている。第 II 期は、「貰う」に加えて「くださる」、「頂く」が少し増えている。

　第 III 期、1922（大 11）年に長男弘正が誕生すると、誕生祝いが親戚など方々から届けられる。弘安 35 歳、家長として、また、長男の誕生によって親としての責任を自覚した頃と考えられる。敬語の成人後採用は一般に謙譲表現に際立つ（井上 2017：46）が、一個人の日記の縦断的な変化の中でも観察された。

　第 III 期には、謙譲語「お貰いする」が多く使われるが、誰にもらったか、何をもらったか、高価な品かどうかなどの条件によって「お貰いする」と「貰う」を使い分けている。例えば、二格に芳野の里の土方のお母様、土方様、橋本様などが来る場合、動詞は、「お貰いする」が使われることが多い。つぎに二格に来る人物に多いのは、叔母にあたる藤掛外喜、年上の弘安の姉、仕事つながりの水野様、宮崎寒雉様などである。一方、二格が前述の人物以外で、貰った物が比較的日常生活で安価と考えられる品物であった場合に「金子様御出　返礼とかにて御菓子一袋を貰った」[大 2.2.9] のように、「貰った」で記されている。謙譲語使用の要因として強く作用するのは「誰に」貰ったかである。「お貰いする」は、長男弘正誕生という弘安の人生にとって非常に重要な出来事の時期に最も多く使用されている。弘安は、御馳走と頂き物についてはかなり几帳面に記録している。

第Ⅳ期になると、第Ⅲ期の「お貰いする」、「頂戴する」は、「もらう」の謙譲動詞「頂く」に集約されていく。「頂戴する」は、第Ⅲ期でのみ使用されているが「お貰いする」と同様第Ⅳ期で「頂く」に変わる。第Ⅲ期で多用されていた「お貰いする」、「頂戴する」が第Ⅳ期では使われなくなり、ニ格に来る人物の身分の上下に関係なく「頂く」に集約されて使用回数も増えている。つまり、謙譲語の使用において民主化が行われたということができる。

　以上は、物品や行為の受け手が弘安あるいは、その家族である。授受行為の仕手としての表現は「差し上げる」、「お上げする」、「あげる」などであるが、あまり使用されていない。ただし、事実上「あげる（または、上げると表記されている）」場合に、下記の例のように「あげる」に代わる「持って行く」、「送った」などの表現が使われている場合もあるので、さらに詳しく見る必要がある。

　　　夜、芳野ハ橋本様へ御礼ニ行き、羊羹を持って行く　清二方より火箸下地を取っ
　　て来て貰ふ［大 11.1.11］

　年代ごとの特徴は、以上のようであるが、ここで表現ごとの特徴について傾向を述べることにする。「～て貰う」は第Ⅱ期に初出する。弟の清二は「清二に～て貰う」のように登場する場合が多い。弘安は、様々な用事を清二に頼んでいる。清二は、兄弘安に常に協力していることがわかる。清二が手伝うのは、金工だけではなかった。ただし、清二は、兄弘安に分家等（第4章1参照）の件で心配をかけていたので母や妻芳野の献身的な支えとはやや異なる。

　　　清二ニ遠藤様へ桐香炉蓋を持て行きて貰ふ［大 2.7.6］

　　　清二ニ小森様より車を借って貰って、長田屋へ長火鉢及茶棚を取ニ行って貰ふ
　　　［大 11.2.25］

　　　夕清二が来たので夜食後、手傳て貰って前家根の雪下しをする［昭 3.1.7］

　弟、清二のほかにも弘安を身近で支えた人物がいる。第Ⅱ期、第Ⅲ期における弘安の母の貢献は大きい。母は「母に～て貰う」の表現で頻繁に登場する。母は、外回りの集金やでき上った品物を届けに行ったりしている。

　　　母は喜代子を連れて長土塀の小山様へコップを持って行かれ、又玉井様へ借っ
　　て来た　傘、高下駄を持って行って貰った［大 11.5.25］

母は、第Ⅳ期の1928（昭和3）年に亡くなっているのでそれ以降は登場しない。第Ⅲ期にはじめて妻、芳野が登場する。1917（大正6）年に弘安の妻となった芳野は第Ⅲ期に「芳野に～て貰う」の表現で登場する。

　　　午后、芳野ニ加州銀行へ地租税を持って行って貰ひ、羽二重八尺買って来て貰った　之を夜業して盃の包物ニ縫て貰ふ［大11.1.26］

　第Ⅳ期になると妻芳野は、子どもを連れてお里の手伝いに行ったり、吉駒などへ出かけていることが多く、「～て貰う」表現にはあまり登場しなくなる。家では羽織の仕立てなどをして家計を助けていたため弘安も頼めなかったのかもしれない。1929（昭和4）年に、三女信子が誕生するが、この頃になると、ときどき芳野は体の不調を訴えている。ほかに弘安の仕事を手伝っていた白山も「～て貰う」表現で登場している。「～て貰う」表現は恩恵の授受を表すが、この表現を分析することによって身近な家族や同業の友人の協力を得て、弘安が強く支えられていたことがわかる。

　社会的家庭的環境の変化が弘安の人間関係の認識を変化させた。そして、二格にどのような人物が来ても「～に（て）頂く」が用いられるようになった。社会階層の上下関係にとらわれないという規範意識によって弘安の言語行動は、民主化したと考えられる。

　最後に「くれる」について述べることにする。「くれる」は、「呉れる」と表記されているが、用法は他のやりもらい表現とやや異なる事例が多い。「～をくれた」、「～てくれた」のような形式ではあまり用いられていない。

　　　ポンプ屋の主人が飾屋の道具がいらぬかと問たから一應見せて呉れと云ふ［大2.3.7］

　　　午后四時なり　同時に柿畠様より松葉かんさしを彫て呉れと持て来られた［大2.3.31］

　　　太田様棚ニ蝶番を打つて呉れとて御出あり［大2.10.28］

　このように「くれる」は「～て呉れ」の表現形式で主に顧客や、近所、親戚とのやりとりで弘安が依頼される場面や、反対に依頼する場面に用いられている。「～て呉れ」は、第Ⅱ期の修行・成長期にもっとも多く、あちこちから様々な仕事や用事を頼まれる弘安像が浮かぶ。「至急して呉れ」、「もっと負けて呉れ（安くしてくれ）」と頼まれて多少困っても第Ⅰ期の青年・見習い期とは違って第Ⅱ期では、断ることはまれであった。

2．文体（文語と口語）

　先に要約すると、日記の文体は、文語文の日記ではじまり、1955（昭和30）年以降に口語文に変化したと言える[3]。

　弘安が学んでいた時期に金沢市では国語の教科書として1895（明治28）年から1899（明治32）年までは、『小學國文讀本』（山縣悌三郎編輯・全8巻・1893（明治26）年訂正發行）、高等小学校では、『高等讀本』（山県悌三郎編輯・全8巻・1893（明治26）年訂正發行）が一般的に使われていた。1900（明治33）年に県において教科書の変更があり、同年からは、『新撰帝國讀本』（學海指針社／編・全8巻・1899（明治32）年訂正再版發行）、高等小学校では、『新撰帝國讀本　高等科用』（學海指針社／編・全8巻・1900（明治33）年訂正再版發行）が使用された[4]。

　時を同じくして坪内逍遥によって編集された『國語讀本高等小學校用』（1900・明治33年発行）がある。この読本は、口語文による教材で、敬体から常体の口語に発展していて、国定教科書編纂に大きな影響を与えたとされる。1904（明治37）年からは、国定教科書が使用された[5]。塩田（1973：125）によると明治期には少年雑誌の小説なども文語体であったというから、教科書で口語文を習ったとしても日記で明治期に文語体を使用したことは自然なことであった。同著（128-129）によると、言文一致運動がおこって教科書にも低学年の読本に口語文が載るようになったと述べている。

　口語文採用の国定教科書について、辻村（1974：17）は、「言文一致の運動が本来文章語を口頭語に近づけることを目標にしたのに対して、逆に文章語が口頭語を変えてゆく働きを持ったものとして注目される。」と述べている。また、国定教科書の使用は、方言の使用禁止、標準語の普及を意味した。

　弘安が日記を書き始めたのは、1906（明治39）年である。教科書の文体が現代文に近づいた時期ということができる。日記に数か所、丁寧語の「です」が使用されている。「一商人嘆じて曰く、不景気ですなア」［明41.2.16］、「そうすれば債券を五分で買ひニ来られたのですねと云ふと、まあ左様なものですと」［大6.4.10］の2例で、引用文である。その後、「それから陳列所へ行つたのです」［昭3.12.21］、「花は満開にて公園及向山、伏見川も人出多いとの事です」［昭8.4.20］と2例見られるが、突如現れた「です」体の文章は、唐突で、こなれていないという印象を受ける。ここで日記文になぜ丁寧体「です」を用いたのかは不明である。本来、「です」は、話ことばで聞き手がいて用いられることが前提となるので日記に現れる「です」は限られる。

　「ます」の例は、「夜光雪様へ手紙を出す　箱の金具をしますと　又、石川県工藝會の事も委しく書いて送った」［大11.1.23］、「僕はこの仕事は僕には少し重過るので、全部やって貰へるなら僕は大ニ楽ニなるから、それなら一任しやうと申せば、引受けてやりますとの事であつたから安心する」［昭3.2.11］などに見られるが、発話の引用である

ので地の文として扱えない。

　弘安の文体の近代化は、もう少し時を待たねばならなかった。昭和初期においてもまだ文語文の傾向を強く帯びている。ところが、1955（昭和30）年代の日記文の抜粋（田中1974：190-209）をみると現代文にすっかり変わっている。

　1955（昭和30）年代の文章は、文末が漢語のときの「持参す」、「帰宅せり」、ほかに「来らる」、「針千本の日なり」、「写さる」など文語文の特徴が残っていること、助詞の一部にカタカナが用いられていること、歴史的仮名遣いが散見されることを除けば、ほぼ現代文に近く、弘安の書き言葉における近代化は、1955（昭和30）年以降に顕著に見られると言えよう。日本の高度経済成長期と弘安の書き言葉の文体の近代化はちょうど重なる。

3. 表記（カタカナ・ひらがな・漢字）

　以下ではカタカナ、ひらがな、漢字の使用における時代と表記の変化の関係について述べることにする。分析結果から見えてきたことは、まず、第Ⅰ期にカタカナが多いということである。これは、文章をカタカナと漢字で書いていたことが原因である。第Ⅱ期から第Ⅳ期にかけて助詞にカタカナを使用しなくなる傾向があるにもかかわらず、わずかながら徐々にカタカナが増加傾向を示すのは、外来語の増加によるものと考えられる。表記と語彙の分析から金沢市の西洋文明の導入を見ることができる。時代の変化は、弘安の言語使用の規範意識を変えていくのである。

　弘安が在学した当時の尋常小学校では、口語体（談話体）の教材も合わせて使用していたようで、入門では、読み書きを並行させること、カタカナをはじめに、ひらがなを後に出し、かな文字を教えてのち50音図を出すという順序を定めていた（金沢市役所編1973：1058）。

　弘安の日記も明治期の書き始めはカタカナ漢字交じり文である。尋常小学校では、カタカナ、平仮名、やさしい漢字交じりの短句、通常の人名、苗字、物名、地名等が到達目標であり、高等小学校においては、さらに日常適切の文字を増やし、日常的な書類を習うと到達目標が定められている。1904（明治37）年の第1回国定読本からは、小学校1年でカタカナ文を、2年でひらがな文を学ぶというしきたりが確定した（塩田1973：203）。同著によると、かな書きの方法論については、紆余曲折の歴史を経ている。戦後になってカタカナ交じり文が行われることが少なくなり、実情に合わないとして社会生活への適用を促すべく1947（昭和22）年の小学校教科書からカタカナは小学校2学年、あるいは3学年までに学習させることとなったとしている。

　「教科用圖書學年配當の表」（金沢市役所編1973：1098-1099）によれば、各学年の

配当巻冊は2巻ずつとなっている。1900（明治33）年に文部省は、「小學校令施行規則第3号表」で、漢字の数を1200字と定めている。同年、カタカナ、ひらがなの標準字体が示された。臨時国語調査会（1923・大正12年）において常用漢字表1963字を定めた（甲斐2010：23）。金沢市では、漢字の書体について、尋常小学校においては行書と楷書、高等小学校においては楷書、行書、草書と決めている（金沢市役所編1973：1059）。戦前は、漢字は旧字体、カタカナで、歴史的仮名遣いの時代であった。

　日記に使用された全体の文字種の変化を明らかにするためにグラフにしてみた（図2-5参照）。

図2-5 カタカナとひらがなの文字数の割合

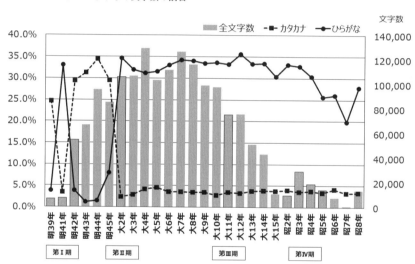

　1906（明治39）年、弘安が日記を書き始めたときは、基本的にカタカナ漢字交じりの表記であった。1908（明治41）年に日記の必要性について雑誌を読み、心を新たに日記を書き続ける決心をしている。ところがこの年の日記は1月と2月のみで、3月以降は欠落している。表記を見るとこの年の1月と2月についてはひらがな漢字交じりで書かれているが、1909（明治42）年からはまたカタカナ漢字交じりに戻っている。その後、ひらがな漢字交じりで書かれた日記は、1912（明治45・大正元）年11月からとなっている。それでも11月は、カタカナになったり、ひらがなになったりして揺れが見られる。しかし、次第にひらがな漢字文に落ち着いていく様子がわかる。

　日記の第Ⅰ期は、特にカタカナ漢字交じり表記を基調として綴られていて、例えば、「澤田様御出　棚天板ヲ持テ金具ハ直グ合セルカトノ事故、少シク暇入ル由申シカバ念

ノ為ニ一度漆ヲ掛ケテ明日来ル故申サレ御帰ニナル」[明42.2.17]、「北国新聞ノ月曜附録ニハ一休物語ヲ附セラル」[明42.11.1]のような表記である。

第Ⅰ期では、「貰ッタ」、「貰テ」、「貰ワネバ」、「貰ニ」、「貰ヒ」などの表現形式が見られる。「貰フ」と「貰ふ」のようにカタカナ表記とひらがな表記が混在する。助詞の「ニ」、「ハ」などについて、例えば、「手傳ニ行く」、「出生祝ニ5円」、「中陰ハ本日」などにカタカナが用いられている。

第Ⅱ期の1913(大正2)年元旦は、「先帝の死についていたわしく、さみしさを感じる」と気持ちを記している。

　　　涼闇中、大正貮年の新春を迎ふ　我が大君の第一年と思へば嬉しきが、又先帝の御遺徳を考ふる時は何となく神上らせ給ひし事の痛わしく、さみしさ感ず　市内は、門松、飾縄なく、年賀廻禮の人一人もなければ静かなることかな　寒風吹き時々雪降れり[大2.1.1]

時代が変わったことで、弘安は古き時代の表記法を離れ、新しい時代にふさわしいひらがなに切り替えたと考えるのは無謀であろうか。何らかの言語行動に関しての規範意識、例えば、弘安が読む書籍等の表記でひらがな漢字交じりが用いられていることに気づいたと考えるならば前述の規範意識(1節5項目の分類)で、言語使用ないし言語行動についての現状認識(2)が改められたと考えられる。そして、自分の言語使用ないし言語行動は「このようでありたい」という志向意識(3)が働いたと考えられる。

図2-5は、日記全体を通してみた文字種の変化であるが、図2-6によって第Ⅰ期から第Ⅳ期への変化をより明確に示すことができる。

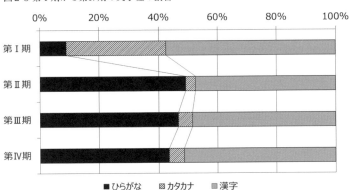

図2-6 第Ⅰ期から第Ⅳ期の文字種の割合

日記における漢字の割合は、第Ⅰ期を除いて、どの時期も40パーセント以上を保持している。第Ⅱ期の修行・成長期、第Ⅲ期の自立・壮年期にはひらがなが50パーセント近くを占め、割合が増えている。第Ⅰ期から第Ⅱ期にかけて、カタカナ表記からひらがな表記への転換が示されている。助詞や送り仮名のカタカナ表記が減少傾向を示しているにもかかわらず、カタカナが徐々に増加傾向を示しているのは、外来語の増加、すなわち近代文明の到来を示すものとして興味深い。

4．語彙（「お・御」）

以下では、名詞につく丁寧語「お・御」について語彙、語種の視点から分析する。

最初に大まかな傾向について述べると、「お・御」の使用については、時代を経るにしたがって漢語から和語の使用が増え現代表記に近づく様子がうかがえる。

第Ⅰ期は、グラフからもわかるように、ほとんどが「御」で表記されている。最も多いのは「御礼」、次に多いのは「御馳走」で「お話」が唯一ひらがな表記である。「御礼」は、「おんれい」、「おれい」のどちらで読むのかは判別できない。「御馳走」は「ごちそう」と読み漢語であり、「お魚」は「おさかな」と読み和語であるが、「お・御」によって和語、漢語を簡単に区別することができない場合もある。なぜなら、漢語だが「お」がつく、和語だが「ご」がつく、「御（ご）返事」、「お返事」など、どちらもつく場合があるからである。例外が多くて容易に和語、漢語と分類することができないが、図2-7から「御（ご・おん・お）」から「お」への移行の傾向が見てとれる。第Ⅰ期、第Ⅱ期では、「お」が非常に少ない。そして、この時期は、和語であっても表記に「御」を用いる場合が多い。

第Ⅱ期では、「お・御」のうち、「御」は、多い順に「御礼」、「御馳走」、「御悔」、「御経」、「御歳暮」、「御供養」、「御料理」などがある。「御礼」、「御馳走」の出現回数は、第Ⅰ期と変化がないが、第Ⅱ期は、比較的仏事に関する用語が多い。そして、仏事に関する用語は漢語が多い。全体的に漢語が多い中で、「お雑煮」、「お稚児」、「おてま」、「お召縮緬」などに「お〜」形が見られる。

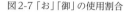
図2-7「お」「御」の使用割合

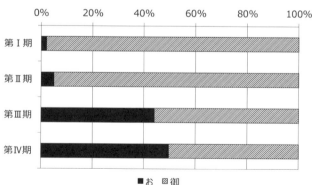

第Ⅲ期では、「御礼」、「御馳走」、「御料理」と頻度の高い語彙は、第Ⅱ期の傾向と変わらない。この時期に芳野と結婚したことから、「お里」は「お」のつく語彙で最も多い。「お菓子」、「お宮」、「お魚」、「お見舞い」、「お祭」、「お守り」、「お泊」など長女、長男の誕生があって子育て期を反映した「お〜」形が並ぶ。子どもに関連した語彙は、「お」がつく和語が多い。「お魚」、「お泊り」などに弘安が家庭人であり、子ども目線を持ち合わせていることがうかがえる。丁寧語が増加傾向を示すのは、良家から嫁いだ妻、芳野が米澤家に持ち込んだ文化かもしれない。「お魚」、「お泊り」など、丁寧な言い方が金沢の庶民の言葉として日常的に男女を問わず用いられていた可能性もあるが、これについては、今後の議論としたい。

第Ⅳ期では、多い順に「御馳走」、「御料理」が「御礼」をしのぎ、第Ⅲ期の頻度の順番は「御馳走」、「御料理」、「御礼」と逆転している。「お里」は第Ⅲ期に引き続き多く「お」のつく語彙の中で最多である。次いで「お経」も多く、第Ⅱ期と比較すると「御経」は第Ⅳ期で「お経」のように「御〜」から「お〜」形に移行している。「お悔み」は、第Ⅱ期で「お悔」であったが、第Ⅳ期では送り仮名も変化し、「お悔み」と表記されている。子どもの行事や散歩で、「お稚児」、「お宮」などの語彙が用いられている。第Ⅳ期で丁寧語（美化語）についての表記は「御所」など意味が変わってしまう場合を除いてひらがなで「お〜」と表記するという現代語の表記に近づくとともに、漢語が減り、和語が増加傾向を示している。

5. 語彙（外来語）

次に、外来語について述べる。語種の分類では、外来語の使用が日本の近代化を示すと考えられる。弘安が地方都市金沢で近代生活に傾倒する様子が浮き彫りになる。その一方で、伝統に包まれた日常生活も継続されている様子がよくわかる。日本の外来語の問題は、生活の西洋化、衣服の西洋化、建物の西洋化などがあるように、「言葉の西洋化」として外来語の移入、普及、定着を考えなければならない（米川 2012:65）。同著は、「日本モダニズム」について、時期を1920年代初め（大正中期）から1937（昭和10年代初め）と区分して、文化的には文化主義（明治期の文明開化思想が強調した物質主義から離れ、精神的価値を重く見る文化の主張）から生まれ、1930年代前半に全盛期を迎え、次第に衰退したと述べている。ヨーロッパ発祥の文化移入は、大正期になるとアメリカ文明への傾倒を見せる。後述する「イルミネーション」や「ローラースケート」はこのような大正期の文化移入を反映した語彙と考えられる。大正期は、庶民の生活を自由で近代的な都市生活へと導いたと言える。

語種は、一般的に、和語、漢語、外来語、混種語に分けられる。外来語は、「他の国か

ら輸入されて自国語に用いられる単語」と定義される（楳垣1943：4-5）。山田（2005：75-76）は、明治期の外来語は、「わからない奴はわからなくていい」式の知識人内部流通型とも言える特徴をもつ。これが、大正期になると徐々に変化していく。大正期において、外来語を紹介し定着させることに力があったのは、やはり知識人たちであった。明治期との違いは、大衆の積極的参加である。この時期になると、明治期の知識人内部流通型ではなく、外来語の流通範囲が大衆にまで広がり始める。大正期から昭和期にかけては、開放期ともいうべき外来語の大量流入が起こったと述べている。外来語は、日記全体を通じて散見されるが、後述のように表記はさまざまである。

　弘安の日記において、外来語の使用は、第Ⅳ期に近づくほど増加傾向にある。橋本（2010：218）によれば、「外来語は、大正期から昭和戦前にかけてはゆっくりと増加する。戦後、50年代後半から増加が急速に進み、70年代に停滞し、80年代以降は安定期に入って、緩やかに増加が進行する」と述べている。最初は緩やかに、半ばで急激に進み、最終局面で安定という変化は、他の分野でも共通してみられる現象で、S字カーブと呼ばれる現象である。日記に登場する外来語は、漸増期の外来語である。いうまでもないが、金工に関する専門用語「スカシ」、「ミガキ」などは、カタカナで書かれることが多いが和語である。以下では、外来語の説明には、吉沢・石綿（1979）の見出し項目の表記を用いることにする。例文の表記は弘安によるものである。

　外来語について、固有名詞を除いて注目してみると、第Ⅰ期、第Ⅱ期、第Ⅲ期を通じて弘安は「イルミネーション」について記述している[6]。

　　　萬歳ノ声天地ヲ動カス　夜、又停車場ニ行ク　凱旋門ハ「イルミネーション」ハ
　美觀ヲ呈ス [明39.1.20]

　　　驛前は、西側に櫻を建て、ボンボリをつけて電燈を點し別ニ赤青白の電燈のイルミネーションあり [大2.4.1]

　　　昨日時計のゼンマイが切れたから今夜停車場前の金田方へ持て行り　停車場前や構はイルミネーションの為美しい [大2.4.9]

　　　電車で尾張町へ行き、久保市へ行けば、祭礼の如く賑はし　尾張町にも両側ニ、イルミネーションが出来た [大11.7.14]

　　　喜代子ハ又歯痛するとて泣く故、是非なく、負って白銀町を廻ると寝てしまった凱旋門のイルミネーションが美しい [大11.9.10]

浅野川大橋を見る　立派ニなった　尾張町橋場町ハ門松ニ電燈を取付、森下町
　　ハ両側ニイルミネーションが出来て美しい [大11.12.15]

　初出のイルミネーションには、「イルミネーション」とかぎ括弧をつけている。金沢駅
前の停車場かと思われるが、「美観を呈す」、「美しい」とイルミネーションが点いた光景
を実に気に入っている様子が伝わってくる。イルミネーションは、弘安にとっても民衆
にとっても近代文明を象徴するものであったと考えられる。未知の世界への憧れが外
来語のイルミネーションによって象徴されているかのような印象を受ける。吉沢・石
綿（1979：59）によれば、イルミネーションは、日本では1903（明治36）年に大阪で
行われた第5回勧業博覧会ではじめて本格的に使われ一般化した。博覧会ではじめて本
格的に使われたイルミネーションは、3年後には金沢市の凱旋門を明るく照らしていた。
　次に注目するのは、「石黒ファーマシー」である。薬局、あるいは雑貨店を兼ねていた
薬屋であろうか、ネーミングが近代的で多目的ホールのような機能もあったようである。
石黒ファーマシーは昭和初期に日記に何度か登場する。吉沢・石綿（1979：493）によ
れば、ファーマシーが外来語として定着したのは現代で、語源は、中世英語 [farmacie]
とされる。もっとも、ファーマシーは、明治期にすでに「薬商」、「調合者」などの意味で
用いられていた。同著は、薬局の意味になったのは、1931（昭和6）年としている。金沢
市にファーマシーが1928（昭和3）年にすでにあったということは、全国に先駆けて外
来語のネーミングで開店したことになる。

　　帰路石黒ファマシー前にて高桑宗一君に逢ふ　宗一君ハ石黒店内の地下室、三
　　階□□等案内して見せて貰ひ、コーヒーの御馳走になって帰宅す [昭3.2.6]

　　午后四時石黒ファマシーニ於て、佛教美術展覧會開催ニ付見ニ行く　佛畫佛像
　　等あり、大した作物もなかった [昭3.4.15]

　　伊藤勝典方へ一寸寄り石黒ファーマシー階上ニ出口王仁三郎氏作品展覧會を見
　　る [昭4.4.3]

　　今日、黒田氏、田邊氏の歓迎會ありしか欠席する　夜石黒ファーマシーにて藝術
　　講演あり　九時過ぎ行きしが遅くて終る處なりき [昭4.12.11]

　石黒ファーマシー前で、高桑宗一君に会って、石黒店内を案内してもらったとき飲ん
だ「コーヒー」はほかでも登場する。

帰り清二と片町まで行き林屋でコーヒー一杯呑み帰宅 [昭3.12.23]

食堂でコーヒーを呑んでそれから公園の乃木展を見る [昭5.4.11]

　吉沢・石綿 (1979：193) では、「コーヒー」は江戸期 (1781・天明元年) にオランダ語の [kaffie] を語源として導入されたと説明している。最初のコーヒー店は、1886 (明治19) 年に東京日本橋にできた「洗愁亭」、2年後に上野に開店した「可否茶館」であった。弘安が「コーヒー」を飲んだのは、1928 (昭和3) 年であったから、日記から読み取れる範囲において、東京から金沢市 (一庶民の弘安) への「コーヒー」文化の伝播は、およそ40年かかっている。
　「イルミネーション」、「石黒ファーマシー」、「コーヒー」は、弘安の日常生活に必需品ではなかったが、昭和初期の金沢市の庶民の近代生活をうかがい知ることができるアクセサリーの役割を果たしている。
　第Ⅱ期の弘安は、余暇の時間を見つけて清二とよく遊びに出かけている。新しいものに興味を示す弘安の姿をうかがい知ることができる。その一つの例として「ローラースケート」があるが、1877 (明治10) 年に日本に伝来した (吉沢・石綿 1979：707)。伝来後のおよそ36年後に、金沢市に「ローラースケート場」があったことになる。荒川 (1970：505) では、「スケートはローラースケートとして 1895 (明治28) 年に渡来した (『オリムピック読本』)」とあるので、渡来時期の説には若干のずれがある。弘安は一貫して「ローラスケート」と表記している。

　犀川市場の花屋敷前へ行くと、ローラスケートの店がある　大勢やつて居る面白い僕もやつて見んと申込むと時間がないからと断る程なり　十時となり皆止めた　出やうとすると清二の下駄を誰か換へて行つた　仕方がないから皆出るのを待て残りしをはいて来る (神明境内に神明館が出来活動写真をやつて居た) [大2.5.15]

　純一は午前、喜三次と遊ぶ　馬車會社迄も行つて来たとやら　午后半日は向ひの泉屋へ行きて遊んで居た　夜は清二と停車場のローラスケートを見ニ行く [大2.8.2]

　夕食、清二純一と停車場のローラスケートを見ニ行き直ニ帰つた　帰つてトンボ返りをやつて大笑をした [大2.8.4]

　1913 (大正2) 年といえば、弘安は26歳になっていたから、ローラースケートの興味

は長くは続かなかったようである。しかし、清二と無邪気にローラースケートを楽しむ弘安の違った素顔が見えてくる。

　次の例は、楽器のバイオリンについてであるが、弘安の身辺にバイオリンを弾く人物がいた。弟の清二は、バイオリンを弾くことができた。旧長町高等小学校の同窓会での出し物でバイオリンが登場する。「バイオリン」は、日記の中で下記のように表記に揺れが見られる。

　　　　トランプは、ヴァイオリンの如く、歌かるたは琴の如く　花かるたは三味線に似たり　［明41.2.28］

　　　次ニ土谷、安田両君のバイウリンで鶴亀の合奏他［大2.8.17］

　　　芳齋町小学校の通俗講談會ニ行く　金沢の近勢？を説かれた　餘興にて池森氏のヴハイオリンの演奏あり［大2.11.20］

　　　浄安寺の辯天祭礼ハ本日にて、其餘興のバイオリンを頼まれて清二ハ午后行く［大11.5.12］

　山田（2005：85-87）は、「一般的に異なる言語を自言語に取り込む場合、まず直面する困難は、音声上の問題である。外国語を迎え入れる際の最初の緊張は、主として音声面が引き受ける」と述べている。同著で山田は、「明治から大正は、外国語が外来語として定着するための準備期間であった。そして、明治から大正にかけては、外来語の発音全体を転写しようとする努力がよく見られる」としている。楳垣（1943：193）は、「明治期は、文部省案（明治35）、大正期は、史學会案（大正3）、その後は文部省臨時國語調査會案（大正15）の表記法がその時代の表記を代表している」と述べている。これら3種の表記法で、「バイオリン」は、[v]＋母音の「バ」は、明治後期「バ」、大正3年頃は「ヴァ」、大正15年頃は、「バ」が主流であったことがわかる。同著（198）によれば、「ヴァ」行の表記の使用が始まったのは, 英學期（明治期）であった。「バイオリン」は、時代の変化を示し、表記の揺れが大きい典型的な例の一つと考えられる。弘安はどれを正しい表記とすべきか、迷ったに違いない。おそらく弘安が図書館で読んだ書籍や雑誌でも統一されてはいなかったのではないだろうか。バイオリン演奏の催し物を伝えるチラシでもさまざまに表記されていたことが推測される。弘安の生活の中でも、一般的な庶民の生活の中でも「バイオリン」は非日常的であった。音声的に表記するのが難しい語彙ではあるが、使用頻度が高い語彙であれば、外来語であってもそれほど表記の揺れは現れない。庶民の生活にとって「バイオリン」が、日常生活と距離があったことを

86 第2章 日記の言語使用 ─ 敬語・表記・語彙の生涯変化 ─

示す例と考えられる。

次に、民衆の催し物に「バザー」が登場する。

　　　　母は昼前ニ喜代子を連れて外喜様へ髪結ニ行かれたか、午后四時頃ニ漸く帰っ
　　　て来られた　帰りニ商業学校のバザーを見て来たとの事 [大11.10.16]

また、当時の服装に関連する語彙として、衣替えの季節で「ズボン」について記述が
ある。

　　　　今日より六月だ　大分暑くなつた　ズボンが白ニ換る [大2.6.1]

　　　　午前、母に夏ズボンを買って来て貰った [大2.6.16]

　金沢が大洪水で被害が大きかった日のことであった。弘安の服装は、わらじ (草鞋)
にズボンという出で立ちであった。

　　　　僕は草鞋をはいて犀川鉄橋へ行くと、川巾一杯の水て、地上ニ溢れる程だ　其恐
　　　ろしい光景ニ見取れた　上の方へ進むと驚いた　御影橋も新橋も大橋も落ちて居
　　　るではないか・・・中略・・・ズボンなと脱いで十三間町を上り出した　ゴミが
　　　足ニ掛って大ニ困った　とても歩めない [大11.8.3]

　上記の文から、「バザー」や「ズボン」が、明治生まれの母、きくにとっても日常生活
語彙として定着していた様子がわかる。弘安の母が商業学校のバザーに寄っている。ま
た、母にズボンを買ってきてもらっている。吉沢・石綿 (1979:437) によれば、「バザー」
は英語 (bazaar) を直接の語源とし、借入期は明治期の鹿鳴館時代にさかのぼる。学校
関係や婦人団体などが事前事業などの資金集めを目的としていたことから、「展示即売
会」や「慈善廉売会」などより「バザー」の方が庶民の生活に新しい概念として歓迎され
たとしている。「ズボン」も借入期は明治期である (同著:294)。フランス語 (jupon)
を語源としているが、今日では、女性用は現代になって借用された「スラックス」、「パ
ンタロン」、「パンツ」などに地位を譲ったようである。
　次の例は、病気で思うように食事ができない父親を気遣う弘安に陳列所の所長がスー
プを勧めたという記事である。「スープ」は「ソップ」と表記されている。「スープ」の借
入期は江戸とされる (吉沢・石綿 1979:263)。同著によると古くは、「スップ」、「ソッ
プ」、「ソウプ」と表記することもあったようである。「ソップ」は [sop] (蘭) を原語と

する。楳垣（1943：21）は、「ソップ」の原語は『嘉永明治年間録』（嘉永６年）の説明でオランダ語を原語とすることが明らかになったと説明している。同著（29）は、徳川期は初期科学文化が導入された時期で、オランダ語が借用語の中心的な言語、また、明治・大正期は、近代欧米化の時期で英・独・仏語中心に導入されたとしている。英語の勢力に押されて、オランダ語を語源とする「ソップ」は、英語の「スープ」に地位をゆずった。

　　　話して居る内、父の病気の事も出たので、所長様ハ野菜の<u>ソップ</u>を宣傳して居られた［大11.11.3］

　日記には、金沢の冬に必需品と思われる「スコップ」も登場する。弘安は、「スコッパ」と表記している。スコップは［scope］（中世英語）が語源とされる（吉沢・石綿1979：271）。さじ状の小型シャベル［shovele］（中世英語）を指し、導入期は明治期である。スコップは、同著によると刃先がなく、全体に深く丸みがついている。「スコップ」と「シャベル」は、地方差があって、用途や大きさによって区別の基準が異なり方言形を持つ外来語である。

　　　夜街路の凍つ雪を<u>スコッパ</u>で起した［大11.1.23］

　そのほか、新聞か、雑誌の記事関連で、「グラフィック」、「マガジーン」、「アルプス」、「アイガー」、そして、映画のタイトルの「ターザン」、「ライジングサン」などが日記に登場する。住宅用品としては、「ホース」、「ポンプ」、「ジャッキ」などもある。これらのほとんどは、アメリカ文明の影響を受けて借入された外来語である。明治期の急激な文明開化から大正モダンと言われた時代、昭和期の新語の洪水に弘安の日常生活も少なからず影響を受けたと言うことができる

6．第２節のまとめ

　以上、表現、文体、表記、語彙の使用から弘安の生き様を分析、考察した。一個人内の長期の言語変化を、文字によって記された資料から縦断的に考察したことになる。
　これらの分析から弘安の言語使用は、伝統的、保守的で改め得なかった部分と、近代化の変化に迎合して切り替わった部分があることが明らかになった。つまり、日記文は、伝統的な記述法を保持する一方で、近代化する社会に合わせて記述も変化させている部分があることがわかった。日記の記述の変化は、すなわち、そのまま弘安の生き方を反映していると言える。弘安は、日常生活においてもローラースケートなど新しいこ

とに素直に興味を示し、すぐ行動に移している。言語活動においても新聞や図書などを通して新しい言語使用の例をみて自分の日記にも応用したと考えられる。友人敬泉への呼称も敬泉を取りまく状況の変化や社会的背景から、呼称を変化させている。しかし、その一方で、日記の記述に、書き始めた頃から変化しにくい、助詞のカタカナ表記、文末の文語体などを併せ持っていた。これらの言語行動を言語意識と結び付けるとき、言語主体である弘安の言語行動を決定したのは、弘安の生き方そのものであると言える。

　「やりもらい表現」から、親戚を含む身近な親族の強い協力があったことが明らかになった。特に「～てもらう」表現の分析から、母きく、弟清二、妻芳野の協力を得て、弘安が強く支えられていたことが示された。弘安は、年齢を重ねるにしたがって「頂く」という謙譲語を使用するようになった。また、「貰う」相手と品物によって弘安は表現の丁寧度を変化させていることも明らかになった。

　弘安の文体の近代化は、1955（昭和30）年以降に顕著に見られるが、昭和初期においては、まだ文語文の傾向を強く帯びている。1955（昭和30）年当時の文章では、助詞の一部にカタカナが用いられていること、歴史的仮名遣いが散見されることを除けば、ほぼ現代文に近く、弘安の書き言葉における近代化は、1950年代から60年代にかけてではないかと考えられる。

　表記については、日記における漢字の割合は、第Ⅰ期以外、どの時期も40パーセント以上を保持している。第Ⅱ期の修行・成長期、第Ⅲ期の自立・壮年期には漢字が50パーセント近くを占める一方で、ひらがなの占める割合が急激に増えている。第Ⅰ期は、文章をカタカナ漢字まじりで書いていたが、第Ⅱ期から第Ⅳ期にかけてひらがな漢字まじりに変わる。徐々にではあるが、カタカナが外来語の導入を反映して、増加傾向を示している。

　丁寧語「お・御」の割合をみると、長女、長男の誕生後に、子育て期を反映した和語「お～」形が増加する。子どもに関連した語彙は、「お」がつく和語で示されることが多く、弘安が子ども目線の用語を使用していることがわかる。第Ⅳ期は、ひらがなで「お～」形を使用する語彙が増加し、現代語に近づいていると言える。

　外来語の使用は、生活の近代化の一つのバロメーターになると考える。「イルミネーション」、「石黒ファーマシー」、「コーヒー」、「ローラースケート」、「バイオリン」などの語彙を通して、地方都市金沢の庶民の生活の近代化や生活のゆとりを推し量ることができる。また、首都東京からの伝播の時間を考えると、「イルミネーション」、「ファーマシー」など産業に関わる語彙は、ほぼ同時か、2、3年後に金沢市に到着している。また、「コーヒー」、「ローラースケート」などの日常嗜好品や娯楽に関する外来語は、およそ40年後（少なくとも庶民の弘安の生活に）に借用されている。

　弘安は、総じて自らの立ち位置に見合った言語生活をしていたと言える。つまり、弘安は、血縁、金沢という地縁、職縁関係の縛りの中にあって、近代化する社会の動きに

第2節 表現・文体・表記・語彙 89

合わせて自分の言語に関する規範意識を柔軟に適応させていった。以上のことは、日記に登場する人物とのやりとりに用いられている言語表現や使用語彙によって明らかになった[7]。

［注］

1)　やりもらい表現の表の見出し語彙は、現代語および現代表記に従った。また、出現回数で、文章としてあいまいな部分があったり、表記上の誤りがあったりして、理解困難な部分については、統計処理から除外した。主語、二格等が明瞭に示されていない場合などは除いた。なお、統計処理には、漢字表記を用いてカウントした。

2)　僕や弘安が主語になるときは、省略されている部分が明瞭な場合に限って、補ってカウントした。

3)　1955（昭和30）年以前は、文語体が基調になっている。「です・ます」体は会話の引用のみに使用されている。

4)　金沢市役所編1973『稿本金澤市史学事編　第四』名著出版 pp.1096-1099, pp.1122, pp.1123参照

5)　広島大学図書館教科書コレクション画像データベース解題一覧 http://dc.lib.hiroshima-u.ac.jp/textAnnot/ 参照

6)　例文としてとりあげた日記文で外来語の部分に筆者がアンダーラインを施した。

7)　日記をデータベース化してくださった研究グループの方々に感謝を申し上げたい。データベースがなかったら、長期にわたる一個人の言語変化を追うことは難しかっただろう。統計処理について高丸圭一氏（宇都宮共和大学教授）の協力を得た。心よりお礼を申し上げる。1955（昭和30）年以降の日記の原文が発見されればさらに言語変化について分析考察を進めることができる。日記の何冊かが紛失したままになっていると聞くが、若手研究者によって発見され、この研究が次世代に引き継がれることを切に願う。

第3章　職人弘安の労働世界

第1節　理念と倫理

1. 本節の課題

　吾家事の方も僕には非常な責任を負擔するやうニなつた　本年ハいよいよ父と呼れるようニなる事であるが養育の責任が生して来る　又清二には嫁を取つて別家させる事、之又重大なる責任である　それニ供なふ費用は非常ニ大にして僕として背負切れぬ事なるが、どうにかして切抜ねばならぬ　之が最も心配だ　兄と清二への分配金、之も僕が働いて仕拂ねばならず、父は働いて下さるが今では年の勢が以前程精出です　あしめる方が無理にてどうしても今後は僕一人の力で全責任を負ふてやつて行かねばならぬ (中略) 其外各展覧會出品や注文品にて仕事は非常ニ多忙なる事今より知り切つて居る　躰が幾うあつても足りない [大8.1.1]。

　米澤弘安は、1919 (大正8) 年元旦の日記にこう書いた。娘 (喜代) が生れて、養育の責任が生じる。兄 (光雪) が家を出て、弘安が家業を継ぐ。兄と弟 (清二) に財産を分与しなければならない。家計を支えなければならない。そのうえで、展覧会に出品しなければならない。老いた父 (清左衛門) は、もう当てにできない。すべての責任が、弘安の双肩にかかっている。弘安は、「躰が幾つあつても足りない」とこぼしながら、責任を全うする決意を固める。

　本節では、職人弘安の労働世界について分析する。課題は4つある。一つ、本節に必要な範囲で、弘安の階層的地位を特定すること。それは、弘安の労働世界の背景をなす。二つ、弘安の労働のエートスを分析すること。弘安の労働には2つの目的があった。家業を営むことと、作品を制作することである。そこには相異なる労働の理念があった。家業経営の目的合理的な世界と、作品制作の価値合理的な世界である。弘安は、2つの理念をともに達成するため、仕事に励んだ。それは、禁欲的で勤勉な生活であった。本節では、そのような弘安の労働のエートスを、マックス・ウェーバーのエートス概念を手掛りに分析する。三つ、これらの議論を、先行する研究と照合すること。もって労働のエートスの解釈を膨らませる。先行研究として、安丸良夫の通俗道徳論と、小関智弘・尾高煌之助・遠藤元男の職人気質論を取り上げる。そして、弘安のエートスの分析を手掛りに、それらの先行研究の接合を試みる。四つ、本節に続く課題として、日本人の労働のエートス研究に至る手順を提示すること。

2. 労働と階層

(1) 金沢の職人

　金沢は、明治維新を経て、城下町から近代都市になった。しかし、金沢に新たな産業基盤はなかった。そのため禄を失った藩士[1]や、顧客を失った職人・商家の没落が相次いだ。「士族は疲弊困頓して零落其極に達し、(中略) 商人は檀家失いたるお寺さまとなり、金沢の衰頽年一年より甚しきを加ふる」(『北國新聞』1893.11.30)。藩抱えの職人であった弘安の父清左衛門も、その渦中にいた。清左衛門は、廃藩置県の後、「三等宿屋の営業許可 (を取り)、第三等宿商と三等煮売を営業し本職の白銀職の免許は近くの町人嘉三郎に貸与」(田中1974: 60) した。1877 (明治10) 年に金沢銅器会社が設立されて、本業の象嵌職人に戻った。

　困窮する職人の救済策が図られ、共励会や奨励会が設立された。金沢銅器会社はその頃生れた。それは士族授産事業であり、そこへ水野源六を棟取に職人66人が雇われた[2]。清左衛門はその職工監として招かれた。しかしそれも、1894 (明治27) 年に解散した。大正中期に新たな顧客層が開拓され、また工芸品の輸出が伸びて、象嵌仕事が活気づいた。弘安もその恩恵に与った。「林屋様の丈夫金具非常ニ遅れ、今月中には是非ニ双分ハ出来せねばならず、竹筏の水入も遅くて十日頃迄には仕上ねばならず、其他指輪や盃、かんざし等、多数の注文あり。今月は大馬力にて働かねばならぬ譯で、夜十二時迄夜業と決す」[大8.12.1]。しかし昭和期に入り、金融恐慌や金属資材の統制、とくに1938 (昭和13) 年の銅・鉄使用制限令、40 (昭和15) 年の奢侈品等製造販売制限規則により、象嵌仕事は壊滅状態に陥った。1879 (明治12) 年に73人 (田中1992a:35) いた金工職人は、39 (昭和14) 年に14人に減り、太平洋戦争期に金工に止まった者は、1 ～ 2人であった (田中1974:166)。「戦争に突入、材料の銅が使用禁止になって製作がストップ、象嵌師たちも板金工、仕上げ工などに転職した。しかし、一部の人は副業としてコツコツ制作にあたっていたが採算がとれず、ほとんど滅亡状態にまで追い込まれていた」(『北国新聞』1964.9.18)。戦後も象嵌業の復興はならなかった[3]。

(2) 米澤家

　米澤家は代々白銀屋を称し、白銀細工・刀装金具を制作した。図3-1は、弘安を中心とした米澤家の家系図である。

　弘安の祖父清右衛門は、白銀師・狂言師として藩の御用を勤め、また「錺りや」[4]として、一般町人の注文にも応じる職人であった。父清左衛門 (1851年＝嘉永4年生れ) は、清右衛門より金工技術を習得し、清右衛門没後は、鈴木嘉平の門に入り技術を磨いた。そして細工所の細工人に抜擢され、帯刀して藩の細工所に通った (田中1974: 14-

図 3-1 米澤弘安親族関係略図

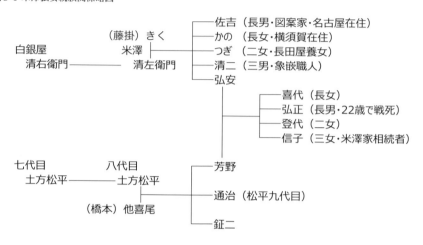

15)。清左衛門は六代目の白銀師で、このとき姓を米澤と改めた。

　明治期に入り、清左衛門は、金沢銅器会社に勤めるかたわら、工芸作家として活躍した[5]。「予カ白銀職ハ累代ノ業務ニシテ、数代金沢旧藩前田家ノ御用を蒙リ武器方等諸細工被申付、私（清左衛門）に至リ六代れんめんとして御用相勤メタル」（沿革開業）（田中 1974: 14）。清左衛門は、新たな創作世界に挑戦する作家であった。弘安は米澤家の七代目であった。弘安の兄佐吉は日本画を学び、雅号を光雪と称して図案家の道を歩み、名古屋に住んだ。弘安は、兄・弟とともに清左衛門より象嵌細工を仕込まれた。

　　わたしも十二（歳）で学校から帰ってくっと、そばに座らかされて兄の仕事と一緒に仕事をさせられた。この仕事は図案があるていどできないとダメながで、兄は絵習いにかよったわけや、ところが絵の方が面白うなって名古屋で絵描きになってしもうた。ほんな関係で、わたしが父のあとを継ぐようになったわけでス。それからは学校から帰ると、一時間でも二時間でも横に引っぱられてやっとったもんでス。自分から進んでしたいという気持でのうて、やれというもんやさかい仕方なしにやったんでス。学校を卒業したのが明治三十年、この年から本格的にやりました。三年たって、弟も学校を卒業し、わたしと一緒に父のそばに座ってやらされたが、後継者をつくっことに一生懸命やったわけでス。自分の子供ァ、みんなその方へ持っていこうと思うとったがやロネ」（田中 1968: 48-49）。

　弘安が業界誌『共勵』に出した広告には、つぎのようにあった。「金属美術製作所　加

賀象眼、彫刻、花瓶、香炉、置物類、其他装身具美術注文ニ応ズ可ク候　金沢市宗叔町三番町廿九番地　米沢弘保」[大2.10.18]。家には、職祖神が祀られていた。「今日はフイゴ（鞴）祭とて、我等の業神（金属の神様）のお祭りなり。フイゴ場を掃除して神酒と生鮮を供へ、神像を掛けて、神酒等のお供物をなす。夕食ニ酒が來た」[大9.12.8]。このような環境のなか、弘安は、次第に象嵌職人の技倆を上げていった。弘安は父を補佐しながら、作品の制作に励み、象嵌職人の基盤を築いていった。

(3) 弘安の階層

　近代に入り職人は階層分化した（隅谷1955: 37-41）。ある者は問屋（職商人）や作家になった。ある者は職人に止まり、問屋の注文を請けた（問屋に従属した）。多くの者は工場で働く職工になった。さらに他の者は零落し、窮民の列に加わった[6]。幸運にも弘安は、作家的職人に止まった。弘安にはまず、父の名声と仕事仲間や顧客のネットワークがあった。つぎに、弘安の技倆が評価された。「市役所産業課より至急の呼出ありて行くと、従来、水野、山川より品物を造って納入せるか、今回、新しき人にさせる事ニして、小生を指定して、香炉を作って貰ふから、図案及見本品を見せて貰ひたいとの事で、再ひ用意して行く」[大15.6.7]。展覧会では作品がたびたび入賞した。作家弘安の経歴は、本書巻末の表にみる通りである。

　弘安がはじめて展覧会に入選したのは、19歳のときであった。その後、帝展（帝国美術院展覧会）の入選など、国内外の展覧会に入選を重ねた。そして1968（昭和43）年に石川県無形文化財保持者に、72（昭和47）年に文化庁無形文化財保持者に指名された。弘安の熟達期（40歳代）には、「当地の金工界で第一人者としてその技術手腕に至ってはまさに棋界の代表的作者たるの貫禄を備えている作家」（『北國新聞』1928.10.12）と評された。弘安は、金沢で著名な職人（鉄瓶の宮崎寒雉など）や絵師（日本画の玉井敬泉[7]など）と交流した。作品の顧客には、日本・朝鮮の皇族や旧藩主の前田家がいた。「皇太子殿下」[明42.1.1]、「前田家」[明43.2.7]、「朝鮮李王殿下」[大6.6.19]、「東宮殿下」[大12.7.23]から注文を受けた。このように弘安は、ネットワークと仕事の評価の点で、職人階層の上層にあった。

　しかし米澤家の家業は、零細な家内工業であった。象嵌仕事は、清左衛門（元気な頃）、弘安と清二の三人でこなした。1920（大正9）年に清二が分家して、弘安の元へ通う職人になった。「清二の工料等を算用して貸借等一切差引して五十五円餘渡す」[大9.11.1]。忙しいときは、同業者に手伝いを頼んだ。「白山忠次君夕頃来りし故、オシ鳥香炉象眼手傳を話せるニ、何時にても来るとの事であつた　十日より来て貰ふ事ニ約束せり」[大11.2.6]。弟子が通うこともあった。「輪島からね、一人弟子にしてくれって人が、私らほどの年齢の子やったけど、一年ほどいたかな」（三女の話2009.4.12）。母親は雑用を受け持ち、品物を顧客に届けた。「母は夜水辺様へ鉄形を、紺谷様へ指輪を

持って行かれた」[大4.8.25]。月一度の掛取り（未払金の徴収）は、清二と母親が分担し、弘安の結婚後は、妻（芳野）が加わった。

　このように家業は、家族全員が協力して営まれた。父が仕事を退いた後は、弘安が家業経営の責任者になった。子の誕生も相次いだ。妻は、注文の開拓、資金の工面から作品の批評まで行って、弘安を支えた。こうして弘安の象嵌仕事は、家族に支えられた。それでも米澤家の家計は、一時期を除いて困窮した。「此頃金廻り悪く皆無ニなった　宮崎様より頼まれし銀瓶蓋の銀を買ふのに困り今夜にても頼みニ行かんと思ひし處、夕頃市役所より明二十五日午前九時出頭せよ、桑港博賣上金交附するからとの呼出状来り　一と案度せり」[大5.5.24]。弘安は、問屋や同業者、知人の注文を受け、煙管や火箸、鉄瓶、櫛、簪などの生活用具の修繕や製作を行った。そのかたわら工芸品の制作に励んだ。生活用具の修繕・製作の注文は、大正初期・中期に増えた。「今日は仕事の攻撃日であつた　松崎様が来て指輪乱菊彫を頼むと、又来て居る品も早く頼むと　其次ニは瀬澤様より可んさしを取ニ来られたか明日と言譯する　水辺様、盃三ツ組二組押箔文字彫を持つて来て、明後日迄との無理を云われる　酒井様はかんさし石目打を持って来られて中指彫の前約束あり　宮崎様より瓶子つるの催促ニ来られた」[大8.4.11]。

　しかし仕事は大正末期に激減し、昭和に入るとほとんどなくなった[8]。弘安は、材料購入の資金に苦労した。材料費の高騰は家計を直撃した。「金地の暴騰　一匁五円と通相場の純金が二十年来の常軌を破って十五日には五円三十銭、十六日には五円五十銭、十七日には五円七十銭となった　米國金禁輪の爲なり」[大6.9.20]。金地の値は、世界の金相場に直結していた。弘安は、生活用具の装飾や修理で収入を得た。時には、象嵌と無関係の手間仕事をした。「メタルとかね、それから優勝カップとかね、あんながに字彫る。そういう仕事がちょこちょこときたんです。一字いくらで、それで彫ったらいくらで計算で、そんなんがきとった。あれですごい助かったがです」（三女の話2009.4.12）。弘安は手間仕事のかたわら、工芸作品の制作に励んだ。「わたしゃ、だいたい貧乏な家に育ったもんやから資金がないでしょう。パン代を稼がんなんでしょう。そこへ出品ということになっと、でっかい負担がいるがでス。出品作品に二ヵ月かかっとすりァ、金ンなる仕事ァ、やれんでしょう」（田中1968: 52）。時間と資金を要する作品制作は、家計を圧迫した。妻の父（土方松平）は、元藩家老の横山家へ出入りし、職人を抱える裕福な表具師であった。弘安は、しばしば義父に資金援助を仰いだ。「芳野の叔母さんの家、伊藤さん、尾張町で家具屋をやっていたんですよ。そこへ、よう、借金に行ったらしい。（作品）作る時に材料から買わんなんし、その間それしとる間お金入らないし。で、里行ったり、伊藤行ったり、あちこち」（三女の話1998.6.9）。大きな仕事には、大きな資金が要る。弘安は義父に相談した。「（今上天皇の成婚奉祝のための献上屏風の制作依頼を受けたが）、全部にて四千円位て出来せられたいとの事であった（中略）僕は兎ニ角、今一應見積して見ると云って、菊の模様の圖案を借りて来ル　土方様

へ寄ってこの話をなし、お父様は、一人でやれ、資金等は世話するからと應援の言葉を頂き、色々と御馳走ニなって辞した」[昭3.2.9]。

弘安は、問屋や同業者に借金をした。「夜、水辺様方へ行く　清二分家費用の豫備費として百五十円借用を頼む」[大9.6.30]。家の二階を貸間にした。「二階を貸す為、二階ニある道具の仕末ニ中々混雑である　背戸の納屋の内を全部掃除して整理し、物置ニあった刀箪笥を移す　不用品ハ出す」[大13.8.16]。最後は、妻が裁縫で手間賃を稼いだ。「昭和四年が大恐慌のときやったけどって、酷かったって。おばあちゃんが裁縫して、それでお金貰ったら買い物してくるって。もってったら、今度の月末にねって言われたって、がくってしてたこともあった」(三女の話2009.4.12)。家計の困窮が続くなか、弘安は1934 (昭和9) 年、長男弘正による家業の継承を断念した。それは、七代続いた家業の断絶であった。しかし弘安には、家業より生活が大事であった。「職人生活の貧乏暮しは自分一代限りにしたい」(田中1974: 91)。弘正はその後、1944 (昭和19)年にミャンマーで戦病死した。

このように職人弘安 (米澤家) は、生計において中層または下層にあった。「(婚礼の準備のため) 夜僕は圖書館へ行く　婚禮千代鑑、明治禮式作法を讀みしニ、上流社會ニ行わるゝものにてさのみ得る事もな可りき」[大6.11.1]。職人世界において上層、生計において中層または下層。これが弘安 (米澤家) の階層的地位であった[9]。

3. 労働の意味

(1) 家業の経営
1) 仕事

僕は午后五時より出て松崎様へ鉄香炉鳳彫刻を持って行き、天満宮へ参詣して田中健也様へ卓の金具を置き川辺方へ仕事の催促ニ寄り電車で橋場町へ行き、土方へ行きて清二へ下された茶棚の御礼を申し三階で暫く話して辞し、伊藤様へも昨日清二ニ飯臺を頂いた御礼を申し、遠藤様へ香炉蓋を持つて行き八時頃迄話して帰宅せり [大9.6.25]

これは、『米澤弘安日記』の一日の記述例である。弘安は、日記に仕事の出来事を、だれが何時頃なにをしたという調子で書いた。日記は、まずは仕事日記であった。弘安は、生活用具の修繕・製作に励んだ。「朝、ご飯がすむともう坐ってたわいね。昼はちょっと外へ出て、草木触ったり。疲れると、散歩もしてたわいね。基本的には、坐って仕事してたわいね。その合間に、訪ねてきたお客さんの相手をしたり」(三女の話2009.4.12)。仕事が忙しいときは、夜業になった。日記のなかの「夜業」の登場数は、400回である。

「夜通の仕事を清二ニ代つて貰ひ六時より八時迄二時間程寝て交々ニ香炉蓋を夕迄ニ磨上け早速、川辺方へ金鍍金ニ持って行く」[大 5.10.21]。夜業は、とくに一二月に多かった。「林屋様の丈夫金具非常ニ遅れ、今月中には是非ニ双分ハ出来せねばならず、竹筏の水入も遅くて十日頃迄には仕上ねばならず、其他指輪や盃、かんさし等、多数の注文あり。今月は大馬力にて働かねばならぬ譯で、夜十二時迄夜業と決す」[大 8.12.1]。

夜業は大正中期に集中した。その後仕事が減った。弘安は、減る仕事にわが無力を嘆き、先立つ不安を日記に書いた。「自分も三十六と云えど、獨立し得るや否や自分ながら、あやぶみ居れ共、周囲を眺むれば、両親は老境ニ入られ共、楽ニ居くあたわず妻子も満足を、与へ得ぬ　自分の不甲斐なさは吾ながら、情なくなる仕だいなれ共、自分の全力を尽して至らぬは、又止むを得ぬ事とするより外なし」[大 11.1.1]。昭和の恐慌期には、仕事が完全に絶えた [10)]。

弘安は、作品の販売に努力した。「展覧会に出した作品が売れなかったら、それをまたどっかにもってっては売ってたみたい。内田さんておいでて、そこの旦那がちょこちょこ買ってくれた」(三女の話 2009.4.12)。仕事の宣伝をした。「金沢市案内廣告ニ (中略) 入って呉れとの事であったから掲載する事ニした　廣告料一円五十銭出す　五十軒の宿屋へ泊る客人ニ毎日出すなりと」[大 6.2.15]。新たな事業を企画した。「僕か元日ニ北國新聞を見て思付し兎のツマミの『文鎮』を蝋で造って見た處、父は面白いから造らうと云ふ事ニなり、昼前ニ金岡方へ鋳造の豫算を聞ニ行く　餘り高價でもな可りし故、帰りて形を作る　下の臺は升の板にて小さき兎を鉛ニて造り、夜父は直された　僕は夜、土にて柱掛の小き丸形ニ波ニ兎を肉上にて造り見る」[大 4.1.3]。しかし、弘安に特段の商才はなく、努力が実ることはなかった。

2) 同業者

弘安は、時どき同業者に手伝いを頼まれた。工料は高く、弘安にとっていい臨時収入になった。「本日水野方ニテ四分一板金、地金の鋳金をすると云ふ事だから、午前九時頃より行く」[昭 2.4.6]。同業者は、たがいに助けあった [11)]。「才田様より来られ　今度東京より巻煙草入表板一千枚の注文あり　内三百枚ハ山川様でする事となり七百枚ハ才田方でする事となったか圖ハ海底電線の切口を象眼するにて丸穴が二百もあると少し助て呉れまいかとの頼みありしか家でも仕事ニ追れて遅れ勝の處故お断した」[大 5.6.12]。同業者は、仕事情報の交換、手伝い、材料の購入や融通などの重要な存在であった。「(同業者が) 三十名程集まり協議ニ掛る　向田様が話さるニは、今度西町吉田様か東京の大地金屋田中なる人に會談の決果、同家の正金銀行ニ信用厚きより、金沢金属業者の取引を以前よりして居たとの證明をして貰ひ出願せば、金地は何分か下るであろうと云ふ話あり」[大 7.9.13]。これは、金地が高騰するなか、同業者代表を地金屋が経営する銀行に送って、金地の廉売を頼もうという相談の集まりである。弘安は、同

業者の活動に積極的に参加した。「金属業組合の新年會は本日午后六時より登き和楼ニ於て催さる故行く 僕ニ開會の辞をやって呉れと云ふのでやる」[大9.2.1]。その後同業組合が分裂した (田中1974: 112)。「彫金、象嵌をやる人達が寄って、同業組合ニ付て組合を金銀細工の部と、銅器象嵌の部ニ分ち、鋳金は銅器象嵌ニ含む 役員ハ組合員数ニ不掛、同数を出す事ニしたい それでないと象嵌部の主張ハ何時も金銀細工の多数ニ葬られてしまうからで、若し入れられなかったら、別ニ組合を組織してもよいとの決心をする事ニ話し合ひ、他の人達ニ話して同意を求むる事とし、廻る方面も定めた」[大14.2.13]。そして、弘安は副組長に選出された [昭3.4.26]。

(2) 作品の制作
1) 作家弘安
　弘安は作家であった。弘安は、象嵌の技倆が注文仕事に埋もれることを恐れた。「夜松崎様指輪の文字彫違せし由、象眼して呉れと持つて来られた 明年より業務の方針変項する故指輪かんざし等の彫は出来ないから他へさせて呉さいとお断したが、大分不平らしかつたか仕方ない 今までは間ニ彫って上けしが此頃は仕事の澤山来て、之では自立った仕事も出来ないからお断した次だい、今後は、置物、香炉のやうな品物を造たい考へだ」[大8.12.29]。弘安は、時どき博覧会への出品を頼まれた。「夕食ノ時縣廳ノ小使、手紙ヲもって来ル 六月一日ヨリ米国しやとルニテ太平洋博覽會アリ、其出品ニ付協議致度故、来二十七日議事堂来集セラレタシト」[明42.1.21]。弘安は、皇族など特別の顧客の注文を名誉に思った。「大正三年でした。大正天皇のご成婚のとき (中略)、屏風の方の装飾金具を注文されてネ。ほいで感激して作りました」(田中1968: 49-50)。博覧会や特別の注文は、弘安の創作心を奮い立たせた。
　弘安の心は、いつも作品制作にあった。日用品の仕事が多いときでも、弘安はしばしば、作品制作のため仕事を断った。「家業の繁昌なる事は近年稀なる程で書棚、文臺等の金具の注文せられし者にても本年中の仕事は充分ある程にて、まだどのやうな仕事が来ぬとも知れない 指輪かんざし類の仕事は断りしニ付、之より香炉、置物等の精巧なる技術を発揮して新面目を現さねばならぬと決心した」[大9.1.1]。弘安は、経費と時間を要する作品制作を止めなかった。そのとき、一家を支える家長の責任は横に置かれた。

2) 象嵌の技法
　つぎは加賀象嵌の技法である。いくつかの金属を混合して必要な型に鋳出す。不必要な部分を削磨する。この地金に、和紙に画を描いた図柄を貼付する。図柄に沿って地金を彫る。その溝へ金・銀・四分一（銅四分の三、銀四分の一の合銀）・赤銅などを象嵌する（嵌め込む）。地金にくさび型の溝を彫ると、象嵌した金属が外れない。これが、京都

象嵌を工夫した加賀象嵌の特徴である。象嵌する金属は、一～二ミリの仕事である。また、合金の仕方により微妙な色合いが出る。金地の彫りや象嵌の技法もさまざまである。その一つひとつに職人の技倆が発揮される（田中1974: 6-11）。「その火箸の下のどっか下の方、模様のなかに『弘』『安』と一本ずつ書いてあるがです。虫眼鏡で見な分からんけれど、象嵌のなかに弘安と書いたる。象嵌のなかへ上手に字入れたもんや思って、感心しとる」（弘安の妻の話1991.1.5）。

　弘安の研究心は旺盛であった。展覧会に出かけ（日記の登場数は323回）、講習会に出かけ（同112回）、図書館に通った（同195回）。「午前九時半頃より僕は清二と美術工藝品展覧會出品物の研究ニ行く　新出品ニハ参考となるべきもの少なきが縣外出品及古美術品出品中ニハ参考品少なからず」［大5.11.1］。弘安は、象嵌技法の実験を重ねた。「久振で吹物をする　銀及二十二金なり　色々炭を交せて吹きしが何しても硬炭ニ限るやうだ」［大7.12.2］。象嵌技法は奥が深かった。「今日は清二が四分一を吹いた　僕も手傳をした　此間失敗ニこりて、人ニ聞もし又種々注意して吹きしに、以外の好成蹟を納めた　改良の要点は、湯を沸して熱湯の中ニ注き込む事、金の沸をギン味してさへ切る事、之には火を過分ニする事、鍋茶碗の下ニ臺をして風か茶碗の下ニあたるやうニする事等なり」［大7.6.6］。象嵌の要は合金にあった。「仕事の第一は合金でス。金・銀・銅・亜鉛だけでは金属がやわらか過ぎ、また、粘りがありすぎて都合がわるく、色でも、黄・白・赤しかでないし、溶かすにもいろいろ都合があるため、どうしても合金にする必要があるわイネ」（田中1968: 50）。技法は自力で開発する。「銀と銅とを合わすと四分一ということになるし、金と銅をまぜると赤銅となる。銅四分一入れりァ、どうなるということァ、わかっていても、いろいろと工夫がいるわけや。赤銅でも金が百分の四入ればどんな色になっとか、黒味にしとっが、少し白めにしたいとなって、まぜ合わせの分量を違わしていかんなん。金沢じゃァァ、専業というもんな、ないさかい、職人に頼んでもなかなか好きなようにならん。やはり、自分でせんならん」（田中1968: 51）。弘安は技法の改良に励んだ。

3) デザイン

　象嵌作品にとってデザインは、重要であった。「金工で一番苦心すっのは着想でス。原型までが骨折れまス」（田中1968: 53）。顧客の嗜好（美意識）は、時とともに変わる。デザインに流行り廃りがある。「現今の意匠圖案界は複雑をきわめて居る。其内ニ流行がある。吾々に流行ニ遅る事なく種々なる物を見それを参考として自分ノ思想を加へて新キジクを出さねばならぬ」［大2.12.3］。しかし「新キジク」を発揮することは、容易ではなかった [12]。「僕は朝より夜ニ至る迄、林屋様屏風金具の圖案を作りしがあまり面白いものも出来な可った　それでも十程考へ出した　勿論あの本もこの本も参考ニ

し」た [大7.2.21]。どのようなデザインが顧客に評価されるのか。その予測は容易ではなかった。「『変ったもん』をということになっと、あれもこれも知っていないとやれませんわネ。もっともネ、展覧会の作品は技術ばっかしでもいかんがで、デザインが相当大事でス。型破りのもんせんないかんがでス。去年なんかの伝統工芸展では、わたしゃ、二品の火箸を出したんでス。細かい細工をした、高い技術を使った象嵌の火箸が落選して、長芋の形した、ズボンとした形の火箸が当選したんでス。長芋形の火箸ァ、近代的だとみなさんおっしゃいまスが、こういう傾向になっとるわけや。入ったけりゃ、時代に合わせ出品せな。伝統からむけていかんなんがやネ」(田中 1968: 54)。弘安は、しばしば絵師の兄にデザインを依頼した。「名古屋の兄上へ鹿水入、可ンさし雲龍の圖案直しを依頼の手紙を書き繪形を添へ、尚以前の圖案鴛鴦香炉、葵釘隠し、立波彫文臺金具の御礼として些少なりしが五円を小為替となし書留として送る」[大8.10.8] [13]。弘安も図案の勉強をした。「圖案研究會ニ入會届を出すべく午后、(物産) 陳列館ニ行く」[大2.11.26]。展覧会へ行くことも、図案の勉強であった。「午后二時、清二と二人にて大手町の青々會繪画展覧會を見る 見ニ立つもの殆となし 只池田翠雲氏の四季花鳥風及東京の輝方、蕉園等の二三やゝ見るべきのみ」[大3.11.1]。図書館で図案の本を読んだ。「夜、圖書館へ行く 圖案本のきりぬき、筆紋譜、模様のくら、紫飾文字等を見る八時より九時迄居て出る」[大2.2.19]。

　弘安は、謡曲や茶道の趣味を嗜んだ。1918(大正7)年には茶(小習)の免許を取得した。日記には、とくに若い頃、謡や茶 (道) の稽古についての記述が頻出する(「謡」の登場数は563回、「茶」の登場数は550回)。その謡や茶は、遊びではなかった。弘安は、師匠の家で壁の掛軸や道具、茶器を見て、美術意匠の目を養った。そのことが日記に詳細に記された。「夜茶の稽古ニ行く 床には慶廣筆、歌『行路夕立なり』、丸卓染付、水指、鉄風炉、雲龍釜、茶碗、撫松庵喜物鶯谷焼、香合、□□、細金丸、烟草盆、一閑行李、蓋、越村様、梶乙様と僕の三人のみ 十時帰宅せり」[14] [大10.8.18]。

　展覧会の入選は、容易なことではなかった。「(工藝展に出した) 僕の掛物も落選したから持ち帰る」[大13.3.4]。作品の販売も、容易なことではなかった。「来観者ハ目肥へ批評のみにて買わぬ由 研究ものなるべし 銅器中六七寸の小花瓶は殆ど賣れず、文鎮ハ賣れる方なりと」[大6.6.20]。作品が入選すれば、弘安は幸せであった。入選は、作品が評価されたことを意味する。弘安にとって、入選の報は自己実現の瞬間であった。弘安は、フランスの博覧会で受賞したことを喜び、日記にその栄誉を書いた。「佛博の本縣受賞者、本年の五月より十月迄、佛国巴里ニ於て開催の萬国装飾美術工藝博覧會の、本縣出品者ハ、補助出品十六名、普通出品二十一名ありしか、其受賞者は左の如くであった (中略) 名誉賞 漆器、大垣昌訓 (金沢) 金属、米沢弘安 (金沢)」[大14.12.25]。以下、記述はだれが金賞、銀賞、銅賞、褒賞を取ったかと続く [15]。その丹念な記述から、受賞を喜んだ弘安の様子が知られる。

4. 労働のエートス

(1) 2つの世界

　このように弘安は、「家業を経営する」世界と「作品を制作する」世界に生きた。ここで2つの世界は、つぎのように対照される。まず家業の経営である。それは、〈家〉の安泰のために営利追求をめざす、目的合理的な世界である。営利の追求は、経済的行為であり、そこでは経営能力が求められる。弘安も、合理的な経営をめざした。弘安は、生活日記とは別に仕事日記を書いた。「仕事日記ハ別ニ作ラント思フ」[明42.1.31]。また、仕事の詳細（代金、顧客名、仕事内容）を記載した大福帳を作った。そこでは、家計と経営が分離されて記述された。家業の経営は、利（潤）が支配する世界である。同時にそれは、〈家〉を守る個別主義の世界である。家業経営の担い手の中心は、家長である。家長は、経営の困難を乗り切り、確実に〈家〉を支えなければならない。こうして弘安は、家業の状態を計算し、行方を予測して、家業の維持を図った。そのため弘安は、寸暇を惜しんで働いた。弘安は仕事を調達し、製品・作品を販売するため、同業者や顧客とのネットワークを大事にした。弘安にとって〈和〉の精神は、重要な倫理徳目であった。「谷吉郎様夜来られ、父に相談せらる　万田より一円二十銭の工料にて来て呉れと云ふか如何せばよきやと　父は、水野方ハ此間八十銭ニ値上して貰ったのでもあり、関係頗る深く、殊ニ今出られなば後ニ誰も象眼する人もなき事故、人情及義理、永續等の事ニ付ては水野方ハよいように話すと　そうかなと云って居られた　尚得と考へたがよいと父は云われた」[大6.10.13]。ここで弘安の父は、友人に、人情と義理の人間関係を配慮すべきだと助言している。弘安は、父の意見に共感している。

　これに対して、作品の制作は、自分の世界のなかで労働の意味を探究する、価値合理的な世界である。労働の意味の探究は、世事を超越した（広義の）宗教的行為にも等しい。そこでは、創作能力が必須の条件となる。それは、審美主義が支配する世界である。また、優れた作品が他者の評価を得る普遍主義の世界である[16]。作品制作の担い手は作家である。作家には、美に対して豊かな想像力が求められる。作家は、技術とデザインの修練に励み、想像力を鍛える。「午前九時半頃より僕は清二と美術工藝品展覧會出品物の研究ニ行く　新出品ニハ参考となるべきもの少なきが縣外出品及古美術品出品中ニハ参考品少なからず」[大5.11.1]。また作家は、仕事の全過程を掌握する自由の人である[17]。「ともかく一人で工夫するのが金工の宿命でスネ」（田中1968: 52）。ゆえに作家は孤独な人である。「金工というもんな、はじめから終りまで一人で仕事せんならん。孤独なもんでス」（田中1968: 50）。孤独は、作品に対する他人の評価によって報われる。

(2) 勤勉と時間

　勤勉とは、時間に厳しく仕事に勤しむことをいう。弘安は、近代的な時間感覚をもっ

ていた。弘安は、それを「時の記念日」に確認した。「時の記念日」は、国民に近代的な時間観念を持たせる政府の政策であった。それは、社会生活の近代化の根幹にあった。「本日は時の記念日なり　正午を合圖ニ鐘、汽笛か一聲ニ鳴り電車は三十秒停車をなす　国民ニ時は金なりとて自覚せしむるなりと」[大9.6.10]。「時間を惜しむ」は、弘安に身体化されていた。「夜、涼に出て、近衆の若連中と雑談して居たが、時間の空費をおしき感がしてならなかった。停車場を一廻りして帰る」[大2.7.17]。弘安は、寸暇を惜しんで働いた。会合などの出席にも、遅刻することがなかった。「先登第一と云ふ具合で誰も来ていない」[大2.1.11]。

　勤勉には2つの意味があった。一つ、家業の経営と維持に励み、全うするという勤勉である。「吾等の活動は之よりだ　多忙なる年を今より如何ニ切抜けるかの計を立て置かねばならぬ　其内、僕の最も主な務めは清二の分家と清二の嫁取である　之には家産を三分にして父より分配せる事ニせねばならぬ　即ち我家の賣買登記は千二百円程にて三人ニ分くれは四百円となる　家は僕の持分に定まり居れば、僕は不動産を抵當として金を借り、漸次之を返濟する大責任を負はねばならぬ」[大9.1.1]。二つ、作品の制作に励むという勤勉である。「遠藤様はいろいろ話なさった中ニ、職人は一生研究するものにて、多く見、多く聞く方よく、道具市なとにはつとめて見るべし。よく見、よく腹に納むれば、暇より以上の徳あるなり。職人ニ限らず、自己の考ニて一派を立つれは、これ程満足なし。なるべく自己の特長を発揮して、一寸人の出来ぬる作り出せと、又品物は人の長く見るものを造れと」[大3.2.22]。

(3) 相互の関係

　これら2つの世界は、どのような関係にあったのだろうか。まず家業の経営は、作品の制作に対して双面的であった。作品の制作は、時間と資金を要した。それは、家業の経営のためしばしば中断された。家業の経営は、作品の制作を抑制した。他方で、家業の経営による顧客の拡大は、作品の制作の機会を広げた。経営能力は、新たな仕事を創出した。ゆえに家業の経営は、作品の制作を促進した。つぎに作品の制作も、家業の経営に対して双面的であった。優れた作品の制作は、いい評価を得て、顧客を拡大した。ゆえに作品の制作は、家業の経営を助けた。他方で、作品の制作は家計を圧迫した。それは、家業の経営の足枷となった。「朝水野源六様御出あり　今回、商業會議所が東京松坂屋ニ於て当地の物産を陳列販賣し、もって金沢製品を問ふ事ニした（中略）六月一日より十五日間の餘算ハ千円餘にて、其費ハ賣上より割前を取る筈なるか、さしあたり各自か百円宛持ち出す事ニなって居る　處か金属の方では物品がないので困って居るから吾等の品を出して呉れ、責任は引受けるからと云ふのであった　考へて見ると返事をする」[大6.2.23]。即答をしなかったのは、資金調達の都合があったからである。「仕事ァ、失敗しりゃ、自分持ちゃ。作品かてそうや。幸いにして売れりァ、それで融通ァ、

できるけど、大体売れんわいネ、売れんと苦しくなってくるので、だんだん（展覧会から）遠ざかりまス。子供ァ四人もいると、二月も三月も休んとネ、なかなか辛いでスわ。といって、出品しなァ、名ァ通らんしネ。また、出品しようということになりァ、金工のいろんな方面の研究を一通りやってとり入れなんしー。まあ、勉強ンなるわいネ」[18]（田中1968: 53）。しかも弘安は、しばしば仕事の手間賃や作品の値段を度外視した。「直しもんをしてもね、簡単でいいからってお客さんが言われても、すごく丁寧に直すんや。そして直しもんやからって気兼ねして値段を言うわけ。だからお客さんの方がね、ほんなことないって（安すぎると）言うてまたお礼もってくる。するとお父さんは、余分にお金を戴いたからって、またなんか小さい作品をお礼に持っていく。そんながやった」（三女の話2009.4.12）。その分、生計の苦労は妻の肩にかかった。

(4) 自己実現

　家業の経営と作品の制作は、このような関係にあった。そしてそれら全体が、弘安の労働のエートスを構成した。それらは、たがいに異質な意味において、つまり〈家〉の安泰と自己実現という意味において、弘安に働き甲斐を与えた。「ちょこっとでも足しにならんかと思うて、公園（兼六園）の中に商品陳列館っていうのがあったんやけど、そこで熨斗押えとか文鎮とか作って並べて、売れただけお金貰ってきた。それで毎年なんかかんか作ってた。小さいもんなら売れると」（三女の話2009.4.12）。他方で、作品は苦労の結晶であった。作品には尋常ならない愛着があった。「できあがった品物は、こどもみたいな気がします。これだけは売るまいと思うのですが、けっきょく一つずつ手放してしまいますよ。先日も古道具屋さんが、わたしの古い作品をもって来ましたが、家出していたムスコが帰ってきたようにうれしかったですね」（『産経新聞』1962.12.5）。「帝展の会場で売れた茶碗を（石川県加賀市）山中（町）の人が買われたらしい。東京の人やったけども、東京で旦那さんが亡くなられて、奥さんが山中へ帰ってきて、こんなもんもっとってもって、売られたがをこの（蒔絵師の）後藤友乗さんが買うて、うちへもってきて見せにこられたがです。それを私ら喜んで、懐かして喜んどったら、自分でもっとれんことなって、お手紙くれて、譲ってあげるちゅて、譲ってお貰いしたが」（妻の話1991.1.5）。あるとき、展覧会に出した作品（金銀象嵌鴛鴦香炉）が盗難にあった。弘安はそれを深く悲しんだ。「数日睡眠できず、長い間、家族は『鴛鴦』の言葉を口に出せなかった」（田中1974: 234）。作品は弘安の分身であった。「誰のところへ行っているか、可愛がってくれておればよいが」（田中1974: 164）。これが、弘安の作品に対する愛着であった。妻は、職人弘安についてつぎのように語っている。「根っからの口べたで、注文とりの外交もできず、あさから晩まで仕事場で暮らしているおとうさんですけど、仕事だけはだいじにしていました。オレが死んでも品物は残るから恐ろしい。そういうのが口ぐせです。採算を度外視して年がら年じゅうお金がなくてピイピイして

いましたが、仕事、仕事と職人かたぎに徹していました」(『産経新聞』1962.12.5)。これが職人弘安の姿であった[19]。

5. エートスの構造

(1) 鍵概念
1) エートス

弘安の仕事に対する態度を、労働のエートスの構造として整理すると、図3-2のようになる。図はつぎのように作成された。日記、先行文献(田中1968; 1974)に掲載された弘安の語り、妻と娘の語りから、まず、弘安の仕事に対する態度に関わる記述(語り)を抽出する。つぎに分析項目を立て、項目ごとに記述(語り)を選り分ける。最後に、それらを説明する用語を添える。図は、その結果を表したものである。つまりそれは、「事実」と分析を往復して構成された整理図である。

図3-2 労働のエートスの構造

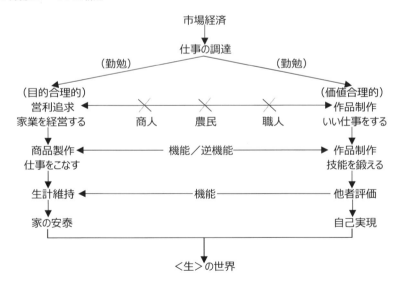

このような労働のエートスの構造は、どこまで一般化できるだろうか。それは、民衆全体のエートスのどこに位置づくだろうか。これが本節のつぎの関心である。ここでその一つの考察として、先行研究のうち、近代日本の民衆の倫理構造を説いた安丸良夫の

通俗道徳論と、職人の精神構造を説いた小関・尾高・遠藤の職人気質論を取りあげる。そして、それらの議論を弘安のエートス分析に重ね合わせる。しかしその前に、議論の骨組みをなす2つの鍵概念について説明しておく。

　ウェーバーは、プロテスタントの「労働のエートス」を分析し、それを「労働を天職（Beruf）とし、また、救いを確信しうるための最良の——ついにはしばしば唯一の——手段と考えることから生じる、あの心理的機動力」（傍点は原文）（Weber,1920=2010:360）とした。またそれは、「個々人の生活態度に方向と基礎をあたえ」（Weber, op.cit.: 141）、「倫理的な色彩をもつ」（傍点は原文）（Weber, op.cit.: 45）ものであるとした。このようにウェーバーは、エートスに2つの構成要素、つまり理念と倫理をみた。本節では、このウェーバーのエートス概念を手掛かりに、彼の文脈を離れた一般概念として、エートスをつぎのように解釈する。エートスは、人間が生きる意志そのものである。その〈生〉の意志は、2つの要素からなる。一つ、なぜ生きるか、つまり〈生〉の意味（づけ）である。人間は、生きる意味（生き甲斐）を得てはじめて、生きることができる。ここで、これを「理念」と呼ぶことにする。理念は、人間に〈生〉の意味を与える、エートスの内発的契機である。二つ、どう生きるか、つまり〈生〉の決め方である。それは、意味の獲得の仕方である。ここで、これを「倫理」（道徳）と呼ぶことにする。倫理は、理念の実現の仕方を決める、エートスの外発的契機である。理念も倫理も、人間に内面化され、強い心理的機動力をもつ。倫理が、理念を代替することもある。つまり倫理の実践自体が、生きる目標として感得され、人間が、それに生き甲斐を見出すこともある。しかしそもそも理念と倫理は、心理的機動力の起点を異にする。

　このようなエートスの解釈を、弘安の労働世界に重ねると、つぎのようになる。家業の経営と作品の制作は、弘安が生きる2つの理念「〈生〉の意味」であった。弘安は、それらの理念の狭間で葛藤しながら、それらを両立させた。他方で弘安は、2つの理念を「懸命に」追求した。その方途が、禁欲的な生活態度（勤勉や質素）であった。それが弘安の〈生〉の決め方であった。

2) 勤勉

　倫理の中心をなす徳目は、勤勉（努力、専心）である。勤勉は、理念を確実に実現する方法である。しかし勤勉は、時代によりその意味を異にする。前近代社会は、身分と「役」（仕事）の体系から成る社会であった。人びとは、世襲的に宛てがわれた「役」を全うするため労働に勤しんだ。そこでは生活は、自己完結的であった。人びとは、規則的に流れる生活のリズムに合わせて働いた。職道を究めようと懸命に働く人はいた。没落を免れようと懸命に働く人もいた。しかし前近代には、もう一つの世界があった。前近代の人びとは、基本的に季節ごとに変わる日の出から日没までの時間（不定時法）をゆったりと働いた（西本2006: 166）[20]。これが、前近代を特徴づける勤勉であった。これ

に対して、近代社会は、資本主義の市場競争の社会であった。そこで生き抜くには、人びとは勤勉でなければならなかった。近代社会は、勤勉を時間で測定する「時は金なり」の社会であった。ゆえに、勤勉には歯止めがなかった。また近代社会は、個人に自立を強制する社会であった。近代人はみずから仕事を選択し、みずからの裁量で働いた。ゆえに仕事の成功も失敗も、個人の責任とされた。勤勉＝自立は、他方で「怠惰」を生んだ。勤勉のないところには、怠惰もない。このような意味で、勤勉は、倫理の美徳というより、自分や〈家〉が立ち行く不可欠の要件であった[21]。

(2) 先行の理論
1) 通俗道徳

　近代日本の民衆の勤勉を説いた理論は、いろいろある。なかでも安丸良夫の通俗道徳論は、近代化を促した民衆のエネルギーを分析した研究として、重要な位置にある。通俗道徳とは、儒教や心学（や民衆宗教）に発する生活道徳（勤勉・倹約・正直・孝行・和合）の体系のことをいう（安丸 1974: 10）。近世から近代に至る商品経済のなかで、民衆は、〈家〉の破産と没落の危機に瀕した。また欲求が膨張し、欲求を抑制する規範が弛緩して、生活が荒廃した。それは、エミール・デュルケーム（Émile Durkheim）がいうアノミーの状態である。（近世～近代の）知識人や支配者は、このような民衆を、通俗道徳をもって教化した。そして、民衆に「禁欲的生活規律」（安丸 1965a: 13）を説いた。これに対して民衆は、自己形成・自己鍛錬をなし、禁欲的な生活規律を実践して、生活態度を変革した。もって破産と没落の危機を脱した。そして、この生活構築の過程において、民衆は「厖大な社会的人間的エネルギー」（安丸 1974: 9）を発揮した。そのエネルギーが、「日本近代化の原動力（生産力の人間的基礎）」（安丸 1974: 9）となった。このように安丸は、歴史変革期において「『眠っていた』民衆の魂の奥底を揺り動かして、人間の無限な可能性をよびさます」（安丸 1974 : 9）通俗道徳の力を強調した[22]。

　このような安丸の通俗道徳論は、民衆の勤勉を歴史（近代化の人間的基礎）に位置づけ、深めたものとして説得的である。安丸の考えを本論に当て嵌めると、つぎのようになるだろう。（民衆）弘安は、「〈家〉の安泰」という理念を実現するために、家業の経営に勤しんだ。弘安は、勤勉であることの大切さを熟知していた。勤勉の欠如（怠惰）は、〈家〉の没落を意味した。「〈家〉の安泰」は、世俗的な目標であったにせよ、弘安に生きる意味を与える理念であった。弘安の生きる意志は、そのような生きる意味の希求と、そのための勤勉という生活態度の双方から発したものであった。

　ただし、安丸の議論は、本節でいう「理念」ではなく、エートスの外発的契機としての「倫理」（通俗道徳）の強調に傾斜している。「道徳は、けっして手段ではなく、それ自体が至高の目的・価値なのであるが、ただその結果としてかならず富や幸福がえられる」（傍点～原文）（安丸 1974: 6）。それは、「道徳と功利的目的との接合・癒着」（安丸

1965b: 3) したものである。しかしながら本節ではこれを転倒する。民衆は、かならず「富や幸福」が得られると信じたからこそ、通俗道徳を実践した。つまり民衆は、「富や幸福」という（功利的）理念（エートスの内発的契機）を実現するために、道徳（エートスの外発的契機）を実践した。理念あっての倫理であり、その逆ではなかった。倫理（勤勉）が生き甲斐になることはあった。しかしその生き甲斐は、理念（「〈家〉の安泰」や「仕事の喜び」）あってのものであった。

2) 職人気質論

　民衆の労働のエートスを説く説に、もう一つ、職人気質論がある。職人は、古来より職祖神を信仰し、道具や素材と精神的な繋がりをもった。「鉄と親しくなると、鉄が硬く冷たいものではなく、鉄はやわらかくて、まるで命を宿したもののごとく身近な存在に変わるのである」（小関 2003: 50）。制作された作品は、職人の自己実現の証しであった。「この（働き甲斐の）要求は、自分の仕事への『かけがえのなさ』の確認の要請であり、自己実現の機会探求の宣言でもある」（尾高 1993: 290）。作品には強い愛着が込められた。「職人はしばしば、自信作ほどわが子と同じで、手離したくないような愛着を口にする」（小関 2003: 199）。このように職人にとって、仕事は人生そのものであった。仕事と余暇の境界は溶解した（遠藤 1985a: 42）。また職人気質論においては、「ものに魂が宿る」というアニミスティックな宗教観や、職人道として遵守すべき職業倫理、作品の出来に陶酔する達成感などが強調された。そのような職人精神は、内発的な「労働のエートス」としてあった。職人には、技能向上への旺盛な動機があった。職人は、ひたすら作品の制作に没頭した。「こんなことでいいのかと、自分の技能を疑い、自分の技能を恥じることができる者だけが、次のステップに進むことが許される」（小関 2005: 89）。また職人の労働は、自由な世界にあった。職人は、仕事の方法に「大幅の自主裁量権」（尾高 1993: 18）をもち、その職業能力は、「自己完結的」（尾高 op.cit.: 18）であった。ゆえに職人は、作品の制作に没頭することができた。「職人的労働の世界は、職場の自主管理の世界でもあった。商品（作品）のデザイン、設計、作業（生産）計画、等々についての決定権は職人自身がこれを握り、作業者（職人）は、自己の仕事の出来栄えによってその仲間と腕を競いあうことができた」（尾高 1993: 273）[23]。

　このような職人気質論を本節の論旨に当て嵌めると、つぎのようになる。職人弘安は、いい仕事をして自己実現を達成するために、研鑽を重ね、技術の練磨に励んだ（勤勉）。それは、普遍的な美の探究の世界であった。しかしなにが美とされるかは、他者の評価によって定まった。しかも美の尺度は、時代とともに変わった。ゆえに弘安の美の探究には、到達点がなかった。作品の評価を得て自己実現したいという願いは、弘安に内発的な生きる意味を与えた。

第1節 理念と倫理 109

(3) 理論の展開

1) 両論の接合

　こうして議論は、本節の論旨に則ってつぎのようになる。通俗道徳論と職人気質論が展開する世界は、弘安の労働のエートスを構成する2つの理念に照応する。弘安も、〈家〉の没落を免れるために家業経営に励む、通俗道徳の実践者であった（弘安の場合、佛教や儒教は、近代的な諸価値、たとえば資本主義のエートスとしての〈勤勉〉と渾然一体のものであったが）。同時に弘安は、〈家〉の没落への危険を冒して、作品の制作による自己実現を追求した（他面でそれは、顧客を開拓し、家業の経営に資するものであったが）。弘安の勤勉な生活態度は、これら2つの理念の実現を図る意志の表れであった。このような意味で、弘安の労働のエートスは、通俗道徳論と職人気質論が同時に援用可能な事例としてある。換言すれば、弘安の労働のエートスを基盤に、通俗道徳論と職人気質論を職人エートス論として接合することができる。弘安は、家業の経営と作品の制作という、矛盾する理念双方の実現に専心した。そして、それら全体（2つの理念および勤勉）が、弘安における労働のエートスの構造をなした。

2) 類型論へ

　著者（青木）の究極の関心は、日本近代の労働のエートス論にある。それは、日本資本主義の〈精神〉や日本近代化の問題に至る一里塚である。勤勉を軸に日本の近代化を論じる説は、通俗道徳論の他にもある。〈家〉の論理から日本の近代化を説く説もある[24]。本節は、一人の職人にみる労働のエートスを分析し、それに通俗道徳論と職人気質論を重ねた。日本近代の「労働のエートス」論に到達するには、先行理論を検討するとともに、さらに実証研究が重ねられなければならない。その際、本節に続く研究は、つぎのような手順を踏むことになる。一つ、職人のエートス類型を構築することである。職人は工程（一貫作業か分業か）、形態（居職か出職か）、経営（家内工業か問屋・工場雇いか）などにより分類される。労働に向き合う態度は、厳密には、それらの分類ごとに異なる。弘安は居職の職人であった。居職は仕事の場が固定し、労働と生活のリズムを律することができた。「未明大雨アリ　起テ見ル　雨漏ノ處一ケ所アリ　直ニ日科ノ冷水摩擦ヲヤツテ仕事ヲシタ」[明44.9.15]。新聞記事の切抜きも日課であった。「諒闇中、大正二年の新春を迎ふ（中略）僕は六時に起きて冷水浴をやる　掃除をして北国新聞を見るお雑煮を祝ひ一同の健康を喜ふ　午后父は職用繪形の切張をせられた　僕も新聞の切張をやる」[大2.1.1]。弘安が長期に亘って日記を書くことができた条件の一つも、そこにあった。本節で整理したエートスの構造が、ほかの職人にどこまで妥当するのか。その検証のうえで、職人のエートス類型が構築されなければならない。

　二つ、職人のエートス類型を職工や労働者の、ついで農民や商人のそれと比較することである。そして、それらの類似と差異を明らかにし、それら全体を包括する日本人の

エートス類型を構築することである。安丸の通俗道徳論は、農民を主体とする労働の
エートス論であった。農民の関心は、2つの世界、つまり〈家〉の世界と美の世界との葛
藤の只中にある職人より、〈家〉の世界に近かった（と思われる）。商人は職人の対極に
あった（と思われる）。もっぱら市場競争に生きる商人は、つねに浮き沈みの淵にあった。
多くの商家には、勤勉、倹約、正直、和合を説く家訓があった（山本2005）。それらの
徳目は、職業倫理であるに止まらず、商売自体を支える目標であった。内面の美に生き
る職人と物の売買に生きる商人。両者の、生きる意味を実現する回路は異なった（はず
である）。「斎藤様へ福禄壽の熨斗押と鶴の香合とを見せたが、それを賣つて呉れとの事
で其談判ニ行つたのだ　向が商人故値段の取引は中々ニ抜りはない　先方も中々放さ
ないので談判は永びく　遂ニ折合をつけて二個で一百八円で賣る事にした」[大8.2.7]。
このような、弘安の商人に対する違和感は、労働のエートスの差異に発するものである。
話はこうなる。職人や職工、労働者、農民、商人はみな、多かれ少なかれ、2つの世界を
合わせもっていた。そのうえで、職人は意味の世界に近く、商人は営利の世界に近かっ
た。職工や労働者、農民は、これらの間のどこかにあった（図3-2を参照）。差し当たり、
このような解釈ができるだろう。
　　三つ、近代日本のエートスを、一方で、時間軸（前近代・近代・現代）で比較して、そ
の位置を定めることである。他方で、空間軸（西欧やアジア）で比較して、その位置を
定めることである。それらを行って、近代日本のエートスの研究が完遂することになる。
しかしそれは、マクロな比較類型論であり、そのためには別途の議論が必要となる。

［注］

1)　加賀藩の解体により禄や扶持を失った藩士の数は、家族を合わせて4万2,395人であった
（北國新聞1893.11.30）。

2)　金沢では失職者や貧民救済のため、加賀象嵌、加賀蒔絵、九谷焼、加賀染などの特産工芸品
の保護育成が図られた。この時長谷川は、加賀藩の細工所時代からの名工など金工職人を集め
て、輸出用美術工芸品の振興を手がけた（北国新聞社出版局1993: 671）。

3)　その後、金沢市が観光産業の育成に力を入れて、観光客の土産用の、象嵌を施した小物（装
飾品など）を作る職人が現れた。しかし弘安らとこの職人の間には、時代とエートスに大きな
隔絶があった。

4)　「飾りや」「錺師」「飾師」ともいう。金属の簪などの細工をする職人をいう。

5)　清左衛門の作品は、1904（明治37）年のセントルイス・ルイジアナ万国博覧会で銀牌を受
賞し、07（明治40）年の東京勧業博覧会で「蝋銀製置物」「香炉」が三等賞を受賞し、09（明治
42）年のアラスカ・ユーコン太平洋博覧会で金賞を受賞した（田中1974: 372）。

6)　横山源之助は、「乞食」や行旅病人を都市下層の最下層となし、そこには放蕩の末に身を崩

した職人も含まれるとした（横山 1899＝1949: 33-34）。しかし零落した原因は、もとより放蕩などではなく、資本主義市場の競争からの脱落であった。

7) 玉井敬泉（1889 ～ 1960）は、金沢市立高等小学校時代の弘安の同級生である。弘安と玉井は親交が厚かった。弘安の作品制作には、玉井が重要な役割を果たした。弘安の作品のいくつかは、玉井の図案によった。玉井は、霊峰白山を描いた「お花畑の雷鳥」等、東京、金沢を拠点に日本画家として活躍した（北国出版社出版局 1993: 621）。

8) 注文が多かった時期の弘安の収入は、「平均月三〇円から四〇円の収入（で）（中略）当事の警察官や小学校教師の月給に相当」（田中 1974: 119）した。「家族 6 人の生活は豊かではないにしろ貧乏暮しとはいえなかった。しかも、大きな仕事も入りこんで時には 150 円という臨時収入もあって米沢家の家系は安穏であった」（田中 1974: 120）。

9) 米澤家の人びとは、「謡、狂言、読書、活動写真、芝居、寄席、寺社の祭礼、大相撲、野球、菊見物、朝顔見物」（丸山 1992: 109-110）などの遊楽をなした。丸山敦は、遊楽からみて、米澤家は「上級の職人階級とみなされる」（丸山 op.cit.: 144）とした。しかし他面で、米澤家は、借金など材料購入の資金繰りに明け暮れた。「上級の職人階級」というのはどうだろうか。

10) 弘安は、昭和期に仕事が激減したことを日記に書かなかった。それどころか、1933（昭和 8）年からは日記を書かなくなった。弘安にとって、仕事は「本来の」生活であり、日記はその延長であった。仕事の注文が絶えた時期は、妻が裁縫で生計を支えた。弘安は、そのことも日記に書かなかった。それは、妻の裁縫を仕事と考えなかったためだろうか。または、みずからの不甲斐なさを確認することになったためだろうか。

11) 同業者の筆頭は、水野家であった。水野家は、旧藩時代は加賀金工の頭取であった。弘安の時代の水野源六も、象嵌職が衰退するなか、同業組合の代表を務め、加賀象嵌の挽回のため東奔西走した。弘安もしばしば彼の世話になった。

12) デザインの重視には、近代的なデザインを取り入れた美術工芸品が高い評価を得るという、美術工芸界の事情もあった（丸山 2004: 96）。

13) 職人にとって、苦労して作ったデザインは財産であった。「大垣様は頼む拝むと頼まれて、そして今回出品の棚圖案が礪波様の圖と似て居る　この圖は僕が苦心して作ったのを金田が弟子を問ひ落して聞き出し書きしものにて、即ち盗賊ニ等しと攻撃して居た」[大 3.3.3]。

14) 加賀藩は、謡や茶道を町民が嗜む「ひとり一芸」の文化政策を取った。「同業者の寄合の宴会の席やあるいは婚礼の宴席で謡を請われた時に『出来ない』と断ることは恥とされた」（小林 1990: 116）。金沢では、「空から謡が降ってくる」などといわれた。それは、植木職人が木のうえで謡いながら仕事をする様子を表した。弘安の謡や茶の嗜みには、このような文化的背景があった。

15) 弘安は、親友の作品が展覧会に入選したときも喜んだ。「今朝の紙上ニ玉井敬泉君の文展入選したとの記事があった　僕は嬉しく早速祝文展入選、本朝の北國新聞紙上には貴兄の文展入選の記事があった　光栄之ニ若かれ、小生ハ人事ならず喜んで居ます」[大 3.10.13]。親友の入選は、弘安にとっても名誉なことであった。

16) 内国勧業博覧会や帝展へ作品を出し、評価を受けることは、当時の美術関係者の評価基準

とされた。「他人から賞賛されることは、名誉を得ることであり、この名誉が『労働の喜び』の内容になる。だからこそ、他人の賞賛または名誉を獲得するために、職人たちは互いに競争し、せりあう。他の職人よりも高い地位を得ようとし欲望しつつ労働する」(今村1998: 130-131)。

17) 職人は、孤独な制作の世界に生きる。そのかぎりで(家)や同業者の間の集団主義は、他の職業と比べて希薄であった。弘安にも、そのような一面があった。弘安は、妻に自分の作品の批評を求めた。来客があれば共に作品を語りあった。「一般に職人にしろ、今日的な作家であろうと、妻が同職でない限りは妻と共に作品を語りあうことはまずない」(田中1974: 53)。

18) 弘安は、1928 (昭和3) 年・29 (昭和4) 年と、帝展に連続入選を果たしたが、その後は帝展へ出品しなかった。それは、作品の制作に要する資金がなかったためと思われる (丸山2004: 99)。

19) 晩年の弘安は、「最後の加賀象嵌職人」と呼ばれた。美麗な美術工芸品を製作する技量を称えて「先生」とも呼ばれた。しかし弘安は、先生といわれることを憚った。弘安は、口癖のように、「自分は職人だ、先生ではない」と言った (三女の話2009.4.12)。弘安は、みずからの技倆を誇る、実直な職人一徹の人であった。

20) 日本人の働き方について、つぎのような記述がある。「(明治期に日本を訪れた) ワーグマンの作品に、『仕事中の日本人』と題するスケッチがある。職人が地面に腰を下ろして煙草をふかし、くつろいで談笑している。日本人には仕事と休憩時間の区別もついていない、と皮肉たっぷりにいいたげである」(西本2006: 58)。

21) いい仕事をして自己実現を果たしたいという動機は、前近代の職人ももったであろう。しかしここで重要なことは、その動機が、市場経済によって煽られているという事実である。いい仕事であるかどうかは、作品に内在する価値とは無関係の、市場における他者の評価 (作品の貨幣価値) によって決められる。

22) 通俗道徳の実践は、民衆に一定の生活向上をもたらした。そのことは、民衆の間に、貧困の客観的条件から目を逸らす「自己責任の論理」(安丸1974: 50) を生んだ。そして「貧しい人びととは、経済的な劣敗者であるだけでなく精神的な劣敗者でもある、という幻想　貧困と不幸はみずからの罪によるという罪障観」(安丸1968: 38) とする、倒錯した観念を生んだ。他方で通俗道徳は、それが民衆に「主体的に」自覚され、支配層の生活態度に向けられるとき、支配者の私欲を批判し、支配者に世間の常識的な規範を守らせようと強いる社会変革の力となった (安丸1974: 74-76)。

23) このような職人気質論は、どこまで日本固有のものといえるだろうか。(中世・近代の) 西欧の職人気質論と比べるとき、その判断は容易ではない。西欧の職人も、道具や作品と強い超越的でアニミスティックな繋がりをもっていた。日本固有の要素を特定するには、エートスの全体構造の比較分析を経ることが必要となる。本書ではそこまでは立ち入らない。

24) 小倉充夫は、儒教道徳に発する労働への内的機動力に、資本主義の〈精神〉の「機能的な等価物」をみた (小倉1974: 11)。これは安丸と同じ論理の系列にある。小笠原真は、日本の〈家〉の経営合理性 (長子相続の制度と、非血縁者の包摂への寛容性) に、資本主義の〈精神〉の「機

能的な等価物」をみた（小笠原 1994: 172）。これらの日本資本主義の〈精神〉論が、どこまで現実を説明するのだろうか。今後の実証研究を待たなければならない。

※本節は、論文（青木 2010a）を修正・加筆して転載したものである。

第2節　民衆的自立の構造 *

本節の課題

　本節では、近代民衆の自立の構造を、職人弘安を事例に分析する。本節の課題は3つある。一つ、近代民衆像をめぐる近代史学の論争を、安丸良夫の通俗道徳論を中心に一瞥すること。そして、近代民衆は、生活の自立をめざして生活倫理を実践したこと、その際、民衆の自立には2つの回路があったことを論じる。2つの回路とは、搾取や抑圧と闘って自立をめざす〈状況牽引型〉の人間類型の回路と、闘うのではなく、ひたすら生活倫理を実践して自立をめざす〈状況順応型〉の人間類型が辿る回路のことをいう。二つ、「闘わない」民衆の事例として、弘安の自立の構造を、生活倫理の分析をとおして明らかにすること。本節では、弘安の日記から、生活倫理として4つの徳目を抽出する。つまり①家業の経営と家族の平安に対する〈責任〉、②〈責任〉を全うするための禁欲的な生活態度としての〈勤勉〉、③家業の経営と家族の平安を確実にするための、身近な人びととの〈和合〉、④家族の平安を倫理的に確認し防衛するための、不遇な人びとに対する〈憐憫〉である。もって、弘安が生活の自立を図ったこと、この全体が近代の産物であったことを論じる。三つ、近代史学の民衆像の議論に還り、安丸の近代民衆像と弘安像の差異について論じること。もってもう一つの民衆像を仮説として提示する。

1　民衆と自立

(1) 米騒動 [1]

1) 金沢の騒動

　1918 (大正7) 年8月11日未明、金沢 (市) 水車町の建具師堀内某が、米価の高騰に困り果てて、火見櫓に登って鐘を乱打した。弘安は、その事件のことを日記に書いた。「今朝の警鐘乱打は、生活難ニ苦められし水車町の人か巴町の警鐘を打ったので、火元は十間町の米穀取引所だと云って群集ニ破壊さすべく謀たてたるものにて、捕われし由」[大7.8.11]。市内の白米 (下等) 1升の小売価格は、同年7月1日に27銭5厘、15日に29銭5厘、31日に31銭、8月5日に37銭、10日に40銭5厘であった。12日夜、大衆免 [2] の箔打職人らが、近くの宇多須神社に集結する。そして亀井某らが、「米価暴騰に対する措置は当をえていない、市当局などに警告しようではないか」(『北陸毎日新聞』

1918.8.13）と演説する。その後、群集は4隊に分かれて市中へ繰り出す。そして、米屋に1升25銭の廉売を要求して回る。総勢3,000人余りである。翌13日も、市内兼六園に3,000人余りが集結し、6隊に分かれて繰り出す。このとき、警察官と憲兵が群集に解散を命じ、行進を規制して逮捕者が出る。逮捕者のうち、25人が起訴される。起訴者の内訳は、箔打職人8人、日雇6人びと力車夫3人、大工2人、その他の職人4人である。金沢の米騒動は（も）、その中心は、職人などの細民層により担われる。大衆免では、箔打職人が地域ぐるみで参加する（橋本1995: 203-219）。

2) 弘安の態度

　米騒動の前後、弘安は、日記に米価の高騰について書いた。「米價ハ中々下らない」[大7.5.2]、「白米小賣値段、金沢一舛四十銭ニ暴騰し　翌日は一円ニ二舛となった何処迄上るや知れす」[大7.8.3]、「米價は四十五銭ニ騰り」[大7.8.12]など。家計が逼迫する弘安は、米価の高騰に憤る民衆に共感した。富山県魚津市に発した米騒動は、瞬く間に全国に波及した。8月12日には金沢で米騒動が起きた。弘安は、米騒動についてつぎのように書いた。「（夜10時頃叔母宅にて）話して居ると芳野（妻）か又来た　今夜は物騒な晩で一人で帰れないとの事」。「米價は四十五銭ニ騰り、下級民は堪えられなくなった　今夜、宇多須神社ニ集合してそれより各米商及富豪へ嘆願ニ出掛たのだとの事　数百の人か押出した由　僕等の帰る時も淺の川大橋上は、また澤山の人か集まって居た　堤町の鈴木米店ニ人か七重八重ニ垣を作り、巡査、憲兵か出張して居る　廉賣せると談判中との事　宅へ帰ると、泉屋の奥様が出て居て其話をして心配して居られた　十一時帰宅」[大7.8.12]。「金沢米騒動（一千餘の大集團、富豪、米商を歴訪す）　米價は愈々髙騰し、一舛四十五銭を、称え猶極まる所を知らす　十二日夕頃より宇多須神社の境内ニ誰云ふとなく集まれるもの数百ニ及ひ、米髙を絶叫し、熱狂的演説の決果、午后八時群集は観音町より橋場ニ出で、尾張ニ至り　大々的示威運動を試むる所あり」[大7.8.12]。翌13日、弘安は騒動の顛末を案じて、市中の見回りに出た。「夜、純一（甥）と安江町より尾張町、淺の川大橋、梅の橋を廻り来るニ、人手は非常ニ多いが不穏の景勢なし」[大7.8.13]。その後も弘安は、各地の米騒動、報道管制、政府や行政の対処、米価の推移について書いた。8月26日未明、弘安の家に泥棒が入った。「清二が夜半二時半頃便所へ行き、火鉢の側で一服喫んで床ニ入らんと背戸を見しニ、一人の壮漢雨戸の外ニ屋内をうかゝひ居るを見る　しいっと見て居るも、先方も感付れたと見て急足で後の垣を越えて逃走したと　俄ニ戸締を検め、二階の雨戸も閉て寝直す　世の中か米價の爲物騒となり、鼠賊も又多くなるらしい　戸締を厳重ニす」[大7.8.26]。弘安は不穏な日々を案じ、身辺を警戒した。

　このような弘安の日記から、つぎのことが確認される。米騒動に対する民衆の態度は、2つあった。つまり、米騒動に蹶起した「下級民」（箔打職人や日雇、人力車夫など）と、

米騒動を「物騒なこと」「不穏なこと」として傍観した民衆である。弘安は後者の一人であった。

(2) 民衆論争
1) 通俗道徳
　1960 ～ 70 年代、歴史学において、近代民衆をめぐる議論が沸騰した。そのとき、いくつかの民衆像が提起された。それらは、どのような民衆像であったのか。ここでその一端を要約する。まず、マルクス主義からの民衆像である。そこでは、民衆は権力の対極にある、民衆意識は支配的な思想とは根本から異なる、民衆は権力と闘って生活を防衛した、と主張された（田口 1971: 81-85）。つぎに、安丸良夫の民衆像である。丸山眞男は、荻生徂徠や福沢諭吉の近代的思惟について論じた。吉本隆明は、丸山の議論には民衆思想への関心がないと批判した[3]。こう書いて安丸は、その吉本を、彼の民衆幻想論は「民衆本質論」であり、そこには民衆意識の「歴史性」の視点がないと批判した（安丸 2001: 60）。そのうえで安丸は、「通俗道徳」の概念を提起した（安丸 1965a: 1）。通俗道徳とは、地域の支配層が「儒教（や幕末の諸宗教の）道徳を通俗化」（丸括弧は引用者）して、民衆に注入してきた生活倫理（勤勉、倹約、孝行、和合など）のことをいう（安丸 1968: 37）。通俗道徳は、民衆に「禁欲的生活規律」を促した（安丸 1965a: 13）。民衆は、それに応じて「自己形成・自己鍛錬」を行った。その過程で、膨大な「社会的・人間的エネルギー」が噴出した。それが、日本近代化の原動力（生産力の人間的基礎）となった（安丸 1965a: 5）。また禁欲的な生活態度は、民衆に一定の生活向上をもたらした。そのため民衆の間に、「道徳的優者が経済的社会的優者である」とする倒錯した意識が生れた。その結果「自己責任の論理」が先行して、それが、民衆の批判精神を削ぐこととなった（安丸 1965b: 55）。これが、安丸の主張の骨子である。

2) 安丸良夫批判
　このような安丸の通俗道徳論に対して、批判が出された。まず布川清司は、民衆は「通俗道徳をつきつめる」という受身的・消極的な主体ではなく、「通俗道徳をつきやぶる」という能動的・積極的な主体であったとした（布川 1975: 61）。そして民衆は、社会批判を行い、歴史を形成したのであり、通俗道徳からの逸脱にこそ、歴史変革の力があったとした。民衆は、権力者に本能的な断絶感をもっており、通俗道徳の実践の奨励をホンネで受け入れるような「お人よしではなかった」（布川 1975: 58）。ここには、安丸と正反対の民衆観がみられる。つぎに、安丸の「同質的な民衆像」に対する批判である。ひろた・まさきは、民衆を 3 つ（豪農層、自作農・貧農などの底辺民衆、被差別民・アイヌなどの奈落と辺境にある民衆）に層化した、そして底辺民衆は、「共益の権威を分有」することで、奈落と辺境にある民衆と「自己を峻別し、自己を定位させようとする」（ひ

ろた 1978: 34) とした。また中村政則は、通俗道徳論は、「小所有者が支配的だった原蓄 (資本の原始的蓄積) 期」で通用する議論であり、資本に搾取される労働者が勤勉に働いても、生活向上が約束されることはないとした (中村 1977: 7)。また民衆内部には「差別分断的構造」(中村 1977: 5) があり、囚人・被差別部落・朝鮮人の労働者も、重要な民衆史研究の対象であるとした。また安田常雄は、民衆の特権化 (主体化) は、必然的に「他者という外部」をつくり、それを隠蔽することに繋がるとした (安田 2004: 65)。鹿野政直はさらに踏み込んで、民衆内部の分断は、近代化の必然であるとし、焦点を近代化批判に向けてつぎのように論じた (鹿野 1968: 56-57)。草創期の労働運動は、倫理主義的な性格を帯びたが、それは、労働者の脱貧民化の表徴であった。他方で、近代化にもかかわらず救われない階層が残った。それは、むしろ近代化ゆえに救われない階層であった[4]。

(3) 民衆と自立

1) 近代民衆像

　ここで、これらの民衆像について、本節の目的に照らし、つぎの諸点を確認しておく。一つ、近代民衆は、固有の生活倫理をもっていた。二つ、近代民衆は層化され、分断されていた。三つ、その層化と分断も、近代の産物であった。このような確認を、冒頭の米騒動の話に重ねてみる。すると、つぎのような民衆像が浮かびあがる。一つ、民衆の間に、米騒動に対する態度の差異があった。民衆には、(生活の困窮度に規定されて) 米騒動に参加する民衆と、それに共感しつつも米騒動から距離を取る民衆がいた。二つ、そこには、2つの生活の困窮を凌ぐ戦略としての生活戦略があった。一方に、平常世界に止まり、勤勉・倹約などの努力により困窮を凌ぐ民衆がいた。他方に、そのような努力を無益と感じ、直接行動により生活を防衛する民衆がいた。それらはいずれも、近代民衆の生活戦略であった[5]。三つ、民衆の生活戦略の背後には、生存 (貧困からの脱出) の欲求、つまり「生活の自立」への志向があった。「飯を食う」は、いつの時代も民衆の最大の関心事であった。そのうえで、近代民衆の「生活の自立」には固有の構造があった。

2) 2つの回路

　労働運動・農民運動の高揚を背景として起きた米騒動は、1918 (大正7) 年夏の延53日間、全国300の市町村に及んだ (平田 1968: 49)。それは、広範な階層の人びとが参加した、近代日本の全国的な民衆運動 (の一つ) であった。近代民衆史は、そこに近代民衆の登場と、国家権力から自立した市民社会の出現をみた。抑圧に憤り、権利に目覚め、権力と闘う民衆。これが、近代民衆史の支配的な民衆像であった[6]。研究者は、そこに自立する近代民衆をみた。

　これに対して、弘安は闘うことなく平常世界に止まった。とはいえ弘安は、伝統や権

威に囚われた「遅れた」民衆ではなかった。それどころか、弘安は自立を志向する民衆の一人であった。その意味で、弘安も「闘う」民衆と同様、近代の民衆であった。その場合、闘う／闘わない、つまり〈状況牽引型〉／〈状況順応型〉は、近代の覚醒の差異（覚醒した民衆／覚醒しない民衆）ではなかった。それらはいずれも、民衆の生活戦略であり、「生活の自立」への回路であった。また闘う／闘わないは、画然と区別された2つの民衆類型ではなかった。弘安は、「闘う」民衆の心情に熱く共感した[7]。他方で民衆は、逡巡しながら米騒動に加わった。民衆は迷いながら闘った。ゆえに、情勢が悪くなれば引き返す（裏切る）民衆も少なくなかった。このような揺らぐ心情のうえで、民衆は、「闘わない」弘安たちと「闘う」民衆へ分岐した。

　本節の関心は、「闘わない」民衆の方にある。「闘わない」民衆は、「生活の自立」をどのように図ったのか。そこに、どのような生活倫理があったのか。ここでは、職人弘安を事例に、金沢の「闘う」民衆・箔打職人と対照させつつ、「闘わない」民衆の自立の構造について考察する。　おおかたの近代史観は、解放史観と抑圧史観のいずれかに収斂する。また、近代が犠牲者を生み、その犠牲者が同時に、他者の抑圧者になったという近代批判も、（今では）珍しくない。話はこうなる。一方で、近代は、人間を封建的桎梏から解き放ち、人間に精神の自立を促した。また、人間を市場社会に投げ込み、人間に自力による自立を促した。これを自立の「解放性」と呼ぶことにする。人間は、自立（の状態）を守るために、同類の人びととの和合を図った。そのうえで人間は、より完璧な自立へと、たがいに自立の度合を競いあった。他方で人間の自立は、もう一つの他者関係をもたらした。それは、（自立しない）異類の人びとの排除である。自立しない他者は、自立の妨害者である。人間は、自立するみずからを妨害者から守らなければならない。「防疫線」（sanitary cordon）を敷き、異類の人びとを隔離して、隠蔽しなければならない。そうしてこそ、自立を確実に達成し、自立の優位を保障することができる。このような他者関係を、自立の「抑圧性」と呼ぶことにする。ここでつぎの点が留意される。問題は、「解放性」と「抑圧性」の二項対立にあるのではない。それらは、自立の2つの側面である。近代の人間はみな、2つの側面をもっていた。換言すれば、「解放性」には「抑圧性」が内在し、その逆でもあった。人間を個人に解体した近代とは、そのような時代であった。

2　弘安の生活倫理

(1) 分析方法
　本節では、職人弘安の生活倫理を、『米澤弘安日記』と先行文献を材料に分析する。日記の解読は、概略、つぎのような手続きを取る。まず、日記を読み、出来事をめぐる態度

と行為の(一貫した)特徴を抽出する。つぎに、それらを生活倫理の表出として解釈する。つぎに、生活倫理の徳目を抽出する。つぎに、徳目と徳目の間の関係を定める。これらの作業を、近代民衆史の議論を導きの糸とし、手探りで行う。そして、生活倫理をただちに表象する言葉や文章のシンボリズム分析を行う。また、エクセル形式でデータベース化された日記文のパラグラフ(総数3万4,980)により、シンボルの登場頻度を出し、日記の解読に資する。以上のような手続きである。分析は、基本的に手作業の域を出るものではない。周到で丁寧な手作業こそ、質的データ分析の基本である。本節は、一つの「民衆の生活倫理」の仮説を提示するに留まる。それは、この先も続く日記の解読と検証の一段階である。

弘安の生活世界の分析に入る前に、それと際立つ対照をなす箔打ち職人について触れておく。金沢の米騒動の主役は職人であった。その中心に箔打職人がいた。箔打職人は、金沢の「闘う」民衆であった。箔打ちとは、金や銀を箔に打ち延ばす作業のことをいう。すでに1902(明治35)年より、作業の機械化は始まっていた(「激動の地方史」制作委員会1992: 268)。それでも多くの作業場では、2人の職人が向き合って坐り、交互に槌で叩いて金や銀を延ばした。箔製品は高級品で、市場の開拓は容易ではなかった。また、国際的な金銀の相場変動の影響をもろに受けた。そのため箔工業は近代化が困難で、零細経営に留まり、商人資本の支配が続いた(橋本1995: 196)[8]。金沢の東端・浅野川沿いの大衆免には、箔の仕事場が集中し、職人が集住した。その多くは世帯形成も困難な、親方の家住いの、貧しく蔑視される下層職人であった(小林1990: 108)。そのような事情もあり、箔打職人には職人気質が強かった。境遇に対して開き直る気質もあった。「箔打ちはバクチ打ち」(橋本・林1987: 136)。「箔で育って箔で納まっていこうと考えとるワシや、箔で死んで何ンがわるい」(村井小三郎)(田中1992a: 154)。また彼らは2人で相対して坐り、仕事をしながら、社会や政治について語りあった。そのような仕事場において、進歩的な社会意識が育まれた(古屋野1995: 19)。劣悪な仕事・生活条件に対する批判意識も、育まれた。1888(明治21)年には、すでに箔同業組合が結成された。大正～昭和期には、労働争議が頻発した。1921(大正10)年の争議には、箔打職人1,700人余のうち1,500人が参加する勢いであった(橋本・林1987: 194)。仲間意識も強かった。箔同業組合は、米騒動で逮捕・起訴された仲間の釈放嘆願書を二度も警察に提出した(橋本・林1987: 136)。不安定な労働と居住、強い職人気質と進歩的な社会意識。米騒動を闘った箔打職人は、このような生活世界にある人びとであった[9]。本節の表現で言えば、彼らは、結婚さえ容易ならない下層世界にあって、高い社会意識をもつ「闘う」民衆であった。

(2) 生活倫理

これに対して、「闘わない」民衆・弘安の生活世界は、どのようなものであったのか。

弘安は、仕事で上層、生活で中層または下層の人であった[10]。弘安には、職人としての地位と名声があり、〈家〉があった。弘安には、「守るべきもの」があった。ゆえに開き直ることも、闘うこともできなかった（少なくとも容易ではなかった）。これに対して箔打職人には、〈家〉や地位などの「守るべきもの」がなかった。ゆえに開き直ることも、闘うこともできた（容易であった）。弘安は家が大衆免の近くにあり、盃などの打箔の仕事が多かったなど、箔打職人の世界のすぐ傍にいた。しかし、箔打職人に関心はなかった。接点も作らなかった。日記に、打箔、箔屑、箔屋（商人）についての記述はある。しかし、箔打職人は一度も登場しない。では弘安は、わが身を「守る」ために、どのような生活倫理を必要としたのか。

　弘安は、兄が名古屋へ出たため〈家〉を継いだ。「其時母へ僕を他に養子ニ呉れと云われたそうだ。今の僕の身の上では、他へ出る事は出来ない。両親は（兄が住む）名古屋へ行く事はいやと云われ、兄上は金沢へは帰られないとの事故、両親は期待する事は当然僕と定まる譯だ。僕は、以上の責任ある内は、他へは行かない」[大2.4.17]。弘安は、本心は東京へ出たかったが断念した。「僕は考もあるが、両親はとても東京へなどやって呉れるものでないと思ひ云い出さない　両親の云わるゝ儘ニなって居るが孝行かと思ひ黙って居る」[大6.3.19]。弘安の決断の底には、〈家〉を重んじ、親に孝行すべしという倫理があった[11]。

　母（きく）と姉（つぎ）は、弘安の「嫁」探しに奔走した。日記には、彼女らの行動が、逐一書かれている。「母ハ嫁探しニ無中ニなって居らる　誰た彼だと云つて三社の岡田様より裁縫の弟子の写眞を借つて来られた　あまり多くて選ふニ困つて居る」[大5.5.13]。弘安は、母に「嫁」の注文をつけた。「夕、外喜様が来られて、彦三二番丁嫁が居るからとの事を母ニ云って行かる。母ハ晩の食事の時此話をして相談せられた。僕ハ依頼するから誰でも、第一に身体壮健ニテ行の正しき人、それニ義務教育を教った人を嫁ニしてほしい、容貌や衣裳ハ景物だと願った、否注文したのだ」[大4.12.10]。それは、家業を継ぐみずからの立場を慮（おもんぱか）ってのことであった。「本日内儀様来られ、娘様はまだ嫁入定まらぬ由なれば、見たければ、見られる都合ニして上げましょうとの事であった。年ハ二十の内、僕は曰く、同娘様ニ逢ひし事あるが、月給取向にて、職人ニハ不適当と思ふと」[大6.4.13]。その結果、弘安は、職人の娘芳野を「嫁」にした[12]。〈家〉を継ぐ。これが、弘安の人生最大の覚悟であり、転轍点であった。

　『米澤弘安日記』から、弘安の生活倫理を構成し、たがいに連鎖をなす4つの徳目が抽出される。それはつぎのようなものである。

1）〈責任〉

　弘安は家長であった。「我國ニ於ける第一回の國勢調査は本日午前〇時を期して行ふ事となった（中略）申告書ハ昨夜書いて置いた　午后取ニ来られたからお渡した　吾等

の任務は終った　僕が主人で妻芳野、父清左衛門、母きく、長女喜代の五人」[大9.10.1]。家長は、家計維持の〈責任〉を負った。家督と家業を継いだ弘安に、責任感は強かった。責任感こそ、弘安の生活の機動力であった。「教訓歌　大切と思へ家業は何よりも　萬の寶これよりぞ産む」[大4.1.8]。仕事があり、生活も充実した大正期、弘安は、元旦の日記に、一年の計画を立て、〈責任〉を全うする決意を書いた。「吾等の美術工藝も活氣を呈し續々と注文絶えず、大ニ働くべし、自宅にてハ、父及清二、僕の三人腕揃となった、この時、大ニ活動して土台を造らねはならむ。望多き年だ。特ニ僕の双肩ニ掛ってるやうだ」[大6.1.1]。「昨年よりは非常に相違する事となった　昨年迄は両親の下ニ、兄家業のみ勵めはよかりしが、昨年十月には父の發病に依りて、業務一切は僕の責任重く、引受せざるべかさるニ至ル　且、十一月嫁を貰ひしによりて、此処ニ一家軸となる事となれり　勿論、財政もみずからも心配せさるねからず、僕の双肩には重荷が負されたのだ　そこで今後は、只管ニ家業を勵み一家を養ふと共ニ、兄の贈金、清二の分家又は養子等一切の處置、其他の重大なる幾多の事柄も一手に引受け、仕末せねばならぬ事となった　一手の外ニ味方なしと思ひ、勵むより外なしと覺悟せり」[大7.1.1]。

　次男弘安による〈家〉の継承は、長子相続の旧民法の建前上、弘安が両親の家から分家し、そこへ両親が同居するという手続きをとった。「父は市役所前の物かき髙木方へ行かれて籍ニ付て相談せられ、書類を調ひて貰ひ昼頃帰られた　其手續ハ弘安分家なし、清左衛門隠居届をなし、佐吉（兄光雪）相續す　而して両親及清二ハ戸主佐吉方より分家戸主弘安方へ入籍する事ニするのだそうな」[大6.10.24]。〈家〉を継いだ弘安の最初の仕事は、兄弟へ財産を分与することであった。その決定は、弘安の律儀な使命感から生じた。財産は土地と家屋で、弘安は、その資産価額（1,400円[大8.5.30]）を兄、弘安、弟清二に3分するかたちを考えた。「両親ハ隠居として弘安方ニ居る　財産ハ千円ならは兄ニ四百円、弘安ニ四百円、清二ニ二百円を分配する方よからん」[大6.7.8]。弘安にそのような大金があるはずはなく、どうにか調達しなければならない。「一年の計事は元旦ニありと云へるが、本年やりたき事は、清二の分家届をする事と其約束の金四百円を渡度事、其金は今手元ニはなき事故、農工銀行より借入れ、五年にて還す計畫なるも、当分清二より其半分を借りて之を利用して金を得ねばなるまい　其間五年は無利子たる事」[大11.1.1]。こうして後日、財産分与はつぎのように行われた。まず、両親からの家督相続分から兄に400円を渡した。つぎに、自宅を抵当に銀行から600円借りた。そのうち、弟が分家するとき400円を渡した。残り200円は、材料費と父母の葬儀代に充てた（田中1974: 91-92）。弘安は、弟を分家させることも、家長の〈責任〉と考えた。「清二は、別ニ出たいとの希望ある由　此間一寸聞いたが、今日母か借る家をさがして居らるを聞いて、足元より鳥の如く驚いた　僕には何の相談をも受ないので不服も云った（中略）僕では出るなら出るで今では戸主名義ニなって居るから、それ相當の事をせねば世間ニ對しても聞も悪し、自分も心地悪く、方法としては家を買ひ、嫁

を貰って分家させたいは山々だか、今の處ではそれも叶はず只四百円を渡すからそれ
を臺として嫁を貰ふ迄宅ニ居て働き、月給の内を何分貯蓄してそして別家して立派ニ
やって呉れと主張した姉を呼んで来て此相談をせしに、姉も賛成し本人も色々剛情な
る事も云ひしか、遂ニ承諾した」[大7.6.21]。

　弘安は、〈家〉が没落することの恐さを知っていた。弘安は、日記に不遇な人びとの悲
劇を書いた。そして、人びとの悲劇をみずからの戒めとした。「焼跡を見廻して居ると、
火元の夫婦か謝って歩いて居る　主人は、二階より墜ちしとて足ニホータイし杖を持っ
て居る　惨たる有様、因果の事なり」[大3.4.26]。人びとの悲劇の原因は、病気、放蕩、
火事であった。いずれも、身近な人びとの災難であった。それらは、生活倫理が弛緩し、
緊張感を失えば、いつわが身に起きるやも知れないものであった。生活は、なんとして
も守らなければならない。弘安はそう思った。「一昨日夜、上傳馬町の出火は大騒ぎな
りき　二度ある事は三度ありとて、界隈の人びと杞憂を抱く　要は火の用心に在り」[明
41.2.2]。

2)〈勤勉〉

　弘安は、気持ちの節目である元旦に、人生を振り返った。「今年ハ亥ノ年ニテ亥ハ猪
ナリ　年号ハ四十四年ニテ四四ナリ　音相通ズ宜敷　猛進スベシト　僕モ亥ノ年生レ
ナレバ二十五才ニナツタ譯ダ　人生五十年ト云ヘバ早ヤ中半過キ去タノダ　返リ見バ、
何ノ可モナク不可モナク平平凡々日ヲ消タノダ　背汗ノ至リナリ　本年ヨリハシツカ
リヤルベシダ」[明44.1.1]。弘安は、真面目で実直な人であった。弘安は、〈家〉を継い
で頑張った。兄弟に財産分与する、弟を分家させる、生活用具を修繕・製作する、作品
を制作する、同業組合の世話をする、町内会の世話をする、稽古事関係の世話をする。
それらすべてが、〈家〉のためであった。ゆえに、弘安は多忙であった[13]。弘安は時間を
節約し、仕事に専念した。「夜、涼に出て、近衆の若連中と雑談して居たが、時間の空費
をおしき感がしてならなかった」[大2.7.17]。弘安は、近代的な時間感覚をもっていた。
「英國俚言に云く、時間を失ふより大なる罪はなし　△法王子云く、人生の最も貴重なる
ものは時間なり　人生と時間とには限りあり　自から之を空費するは自暴自棄の人なり
他をして護りニ空費せしむるは、偸盗の大なるものなり　日本人は何故ニ此貴重なる時
間を貴ばざるか　人は時間をもって學問爲し、事業を爲し目的地ニ達せんとするもの也
若し汽車汽船に一二分失はば半日若くは一日を失ふことあるにあらずや　もって時間の
貴重なることを知らざるべからず　人と對談するには、豫め其の時間を約束せさるべか
らず　約束以外濫りニ時間を延延を延長すべからず」[大4.1.7]。

　〈勤勉〉は、他方で、倹約・質素の生活を結果した。弘安は、清二の「遊び」（放蕩）に
厳しかった。「昨夜清二は帰つて来な可つた　天地方を聞合すと天地君も帰らな可った
と云わる　悪友ニ誘はれ遊ニ行うたのだらと打ちやて置いた　十二時少し前ニ帰って

来た　怪しげなる言譯をして　一つ二つ言つて聞した　時々始めるから始末ニいけない」[大2.5.8]。弘安は、清二の周囲の「悪友」にも厳しかった。「（人力車ヲ）見ルト天地君ヤ山谷君ガ乗テル　他ハシカト解ラヌガ廓へ行ク様子デアツタ　ドウモ困タ人達ダ」[明44.4.1]。弘安にとって、「遊び」は「怠け」であり、「怠け」は「散財」であった。「散財」は、〈家〉の没落を意味した。ゆえに「散在」は「悪」であった。弘安は、「時は金なり」を実践した。

　とはいえ弘安自身は、「遊び」と無縁の人ではなかった。それどころか、弘安はよく遊んだ。丸山敦は、弘安の「遊び」を詳細に分析した（丸山1992）。弘安は謡、茶道の稽古に通った。活動写真や芝居、寄席の見物、菊見物、大相撲の観戦などをした。「夜、尾山座へ三舛紋彌一座の落語音曲を見ニ行く　清二同伴にて落語より諸藝か重にて皿回、舛舞、コマ回、長唄なとあり　餘興、喜劇忠孝二心あり　紋彌は、扇子の舞、なんでも踊、切が長唄で紋彌のアヤツリ三番叟で綺麗なる事之上なし　躰ニ数十の電氣が輝くこの人程の踊手は少なからう」[大2.11.5]。弘安は、寺社の祭礼へ参加した。毎年3月のお彼岸の中日は蓮如忌で、職人の行楽日であった [14]。「蓮如忌ハ本日なり　降らないが風寒く山遊にも澤山行かれたやうだが直ニ下りてしまうやうだ　清二も午后休みしが昼寝して夕より藤掛方へバイオリンを持つて遊ニ行く　僕も寝て四時より道具の内見ニ行く　橋立の某家とかにて澤山の道具があった」[大9.4.25]。弘安は講習会、研究会、講演会、展覧会に出かけた。図書館に通った。それらはすべて、学習と仕事のためであった。同時に「遊び」であった [15]。日記には、これらの「遊び」の記述が頻出する。「遊び」には、弘安に自覚されない、2つの機能があった。一つ、「遊び」により、弘安は仕事の疲れを癒し、活力を蓄えた。「遊び」は、仕事と仕事の間の活力を蓄える「貯水池」であった。二つ、「遊び」により、弘安は、家族の間の平常の緊張を解いた。そして家族成員の絆を繕い、うち固めた。「遊び」は、家族関係を円滑にする「潤滑油」であった。このように「遊び」は、仕事と〈家〉の平安に機能した。それらは、清二らのような時間の空費とも、怠けや放蕩とも異なるものであった。

　また〈勤勉〉は、仕事を革新する進取の態度を促した。いい仕事をするには、象嵌技術を磨き、作品の新分野を開拓しなければならない。作家活動は、作品を高く売るためにある。また、名を売って仕事を得るためにある。弘安は、父より象嵌技術の手ほどきを受けた。しかし伝統に止まっていては、競争の市場を生き抜くことができない。弘安は、研究と実験を重ね、技術の革新に勤めた。弘安は、新作品と新事業に挑んだ。そこでは、制作の感性と技倆、事業の計算と経営が要請された。その様子（の一端）は、第一節で詳述した。また仕事の革新は、生活の革新を伴った。弘安の生活は、仕事が中心であった。時間も、仕事を中心に費やされた。家族は、仕事と生活の役割を分担し、弘安を助けた。弘安は旅をし、展覧会に出かけ、神社仏閣に出かけた。妻芳野は、その資金の調達に奔走した。弘安は、美術品を鑑賞した。それは、象嵌美の探究のためであった。弘安は新

聞を読み、図書館へ出かけ、講演会へ出かけた。それは、時代の動向を摑むためであった。こうして弘安は、知的世界を拡大し、審美眼を養った。それは、革新的な生活態度を結果した。象嵌の仕事は、弘安、父、弟で分担された。母と妻は、それを補助した。「(母は)象嵌の手伝いはないけど、模様とかそんなんはいっしょんなって考えてたみたい。煙管なんかでもね、三人して考えてたもんね、お客さんと」(三女の話 1998.6.9)。家族生活は、家業を中心に合理的に編成された。そのような家族は、近代に適合的であった。

　弘安は、仕事世界に生きる人であった。そのため弘安は、世事に不得手であった。弘安にとって、世事は、「余分」の事柄であった。「今日、こうして隠居がてらに好きなことができるのは、この技術のおかげで、父に感謝しとりまス。酒も煙草も飲みません。若い時分は謡曲位はやったていどで、強いて趣味といえァ、仕事というところやネ」(田中 1968: 54)。弘安は、世俗の権威にも無関心であった。「わたしゃー晴れがましい所へたうのがイヤだったもんやから、そう、五年ぐらい前からなネ、受けてくれという話があった時も断ったもんや。でもこんどは知合いの道具屋が来て、わたしにぜひ受けろと談判する。家内も、おじいしゃんそんなに年とってガンコはるとかわい気がないというし、まあ仕方なしに受けたんです」(昭和43年の金沢市文化功労賞受賞のこと)(『朝日新聞』1969.1.13)。これが、〈勤勉〉から帰結した弘安の職人気質であった。

3)〈和合〉

　勤勉な生活態度は、生計の安定への確実な道である。さらに、生計の安定と家族の平安を達成するには、周囲の人間関係に秩序と平和がなければならない。そうでなければ、生計の安定と家族の平安が保障されない。そのために人間関係は、たえず調整されなければならない。弘安は、〈和合〉を尊ぶ処世術を自分に課した[16]。人間関係の調整は、家族から始まった。「家中で誰でも寒いと云ふ事はならぬ、云った者は一銭三厘の罰金だなどと云って大笑せり　つまらぬ云草か笑の種となりて家中大ニ賑ふ」[大7.2.18]。つぎに弘安は、親族と密接に交流した。その目的は2つあった。一つ、〈家〉の結束を強化するためであった。親族関係は、〈家〉を絆とし、家の実体を超えた精神の共同態(ゲマインデ Gemeinde)であった。二つ、親族は、家業経営体の延長であった。弘安は、図案家の兄や義父の助力なくして、仕事を続けることができなかった。その他の親族も、注文する、顧客を紹介する、金を貸すなどで、弘安の仕事を支えた。日記には、これら親族との交流が丹念に記されている。「横須賀四十万(弘安の姉)より手紙来ル、指輪金代十円送り来ル　そして又、野菜物を十六〆目計り貨物ニして送ったから受取って呉れと、受取書を送って来た　端書で返事を出す」[大7.1.31]。仕事のことだけではなく、盆や暮の贈答など、親族との物のやりとりが、頻繁に行われた。物の相互贈与は、親族関係の有効な「接着剤」であった。

　つぎに弘安は、同業者と「和」した。弘安は、同業者に仕事の便宜を図った。「夜　遠藤

様御出　屏風金具を藤井ニさせたが日限を切らせ大困ニ付　とうか電紋彫をして呉れと頼みニなされ　事情を聞けばいやとも云へずニ十日頃迄と約束をして彫る事とする　益々忙しくなつた」[大5.10.13]。また、同業者から便宜を受けた。さらに弘安は、近隣・宗教（寺社参拝）・趣味で交わる人びとと「和」した。弘安は、稽古事関係や同窓会の世話を焼いた。弘安は、募金・寄付活動に奔走し、催しや行事に参加した。「この外ニ中越先生（叙勲を受けた長町高等小学校の元校長で恩師）銅像ハ本年中ニ是非目鼻を付ねばならぬ　発起人は四五人ありしか誰も世話する者もない　捨て置く譯にも行かぬ　久保君と二人にて募金其他をやらねばならぬ　業務多忙の僕には甚だ苦痛なるが一ヶ月程病氣で寝た氣で掛らねばならぬ」[大9.1.1]。弘安は、近隣の世話もした。「辰巳君が来て、町内の親睦を計る會を組織すればよいと云ふ話が、アチコチに持ち上って居るから、今夜宮本方へ寄って協議するから来て呉れとの事で夜行く　今江君も来られて四人で話し、會則を作り、大体の案を作る　町内の賛成を求めて来月五日ニ発會式を擧る事ニ決した」[昭8.1.26] [17]。

　弘安は、火見櫓の鐘が鳴るや、真夜中であろうと、火元が少々遠かろうと、火事場に駆けつけた。そして、家財道具の運び出しを手伝った。知人の火事見舞いも、丹念に行った。日記にみる火事の記述（どこで起きたか、どんな世話をしたか）は、1906（明治39）年〜1933（昭和8）年に147回に及ぶ。「袋町の火事、午前五時ケタタましき警鐘ニはね起き走れは、堤町見付の袋町は猛烈なる火炎が立上る　松崎へ行かんとせしか、町の入口は若草一面の火で入る事は出来ない　ユゲ付かと思ふ火の邊を走り抜で伊藤店へ飛込み、店の道具を片付の手傳し、程なく裏口より彦三八番丁へ出ると、火は七番町角迄焼けて行けない　大廻で七番丁へ行くと、漸く松崎様ニ逢ふた　氣狂の様ニ自宅の道具を尋ねて居らる　一つ二つ持て津田方迄持て行く　火も楠町の角辺迄来たか、数多の消防組の為ニ漸次下火となった可ら、一先帰る」[大3.4.25]。

　弘安は、正月に年賀の回礼に出かけた。「年賀廻りをせんと支度をなし十時頃より出掛けたり　近所を一番に廻り高岡町より安江町ニ出て横安江ニ入り、巴町菊町堀川、瓢箪町の天満宮へ参拝し、彦三町馬場五番町、山ノ上町高道の高桑様へ行くと止られ、年酒の御馳走になり昼飯をも頂戴した　二時頃辞して又廻る　大衆免金座町、馬場観音町、玄蕃町、材木町では土方様へ行くと、橋本知治様が居られて、通治様ト共に暫く話して辞す　新町、尾張町、今町、殿町、梅本町、大手町、西町、堤町と廻れば、水野様の新店へ寄ると、源六様が居られて暫く話し、鉄瓶等を見たりしい居ると夕暮となった」[大10.1.1]。この記述から、弘安の几帳面さばかりではなく、米澤家と弘安の交際範囲の広さを知ることができる [18]。

　弘安は、過分なほどの〈和合〉の精神をもっていた。「父は、世の為人の為に骨惜しみせずに奉仕する人でした。（中略）父は、世の中は善人ばかりいて争いが絶えぬ、私が悪かったと云う悪人ばかりだと平和なのだがと申しておりました」（娘の話）（片桐1995：

207)。その心底には、「恩」を尊ぶ儒教や仏教の倫理があった。「今日一日三つの恩を忘れず　不足の思を爲さぬこと　今日一日腹を立てぬこと　今日一日嘘を云ひ無理を爲さぬこと　今日一日人の惡□云ひ己れの善を云はさること」[明44.12.13]。

　弘安は、家族生活の平安に感謝した。その感謝が向かう最後には、天皇がいた。弘安にとって天皇は、平安の守護者であり、至福の源泉であった。「けふハ、天子ノ生れましし其の日ぞ　けふは芽出度天長節也　上戸には菊酒ノ候、下戸には菊餅モ候、祝はずでやは！　各学校ニハ『君が代』の唱歌聲髙ク聞ゆべし　家々の軒頭には、朝日に輝ク日ノ丸ノ旗ヒラヒラたるべし　天は長く地ハ久し　実に日の本ハよき国なる哉」[明39.11.3]。弘安の明治天皇に対する敬愛は、とくに強かった。「元旦！何となく新しい心持になる　殊ニ本年は御諒闇の雲、全くはれ國民は先帝の御威徳を感謝すると同時に又、今上陛下の御愛撫を有難く思はねはならぬ」[大3.1.1]。弘安の天皇への敬愛は、イデオロギーを超えて、皮膚感覚となっていた。「毎年、年の初めニ思ふ事、一年の終りに顧れば其数分の一にも達せられない事を思ひば心元なきか　やれるだけはやって見よう　床には今上陛下の筆ニて力行不惑と書いた掛物が掛られてある　これだ　起きて裸体となり背戸ニ出でバケツの水をかむる　氣がすっきりする」[大4.1.1]。弘安にとって、天皇は、「和」の根源であった。弘安は、天皇（主義）の共同態にしっかり生きた[19]。

4）〈憐憫〉

　弘安は、身近な人びととの〈和合〉を図った。それは、同類の人びととの融和であった。他方で、弘安にとって、不遇な人びとや社会的弱者は、異類の人であった。そこには、弘安が他者を異化する眼差しがあった。異化は、不遇な人びとや社会的弱者に対する〈憐憫〉から始まった。「町内の火事　本日午前十時頃廿一番地の長屋八戸一棟の焼失あり　大賑をする　何分火の早いのと一棟故忽ち焼け落ちた　多くは日雇の人達にて、働きに出て居た事とて家財全部の人多く、実ニ気の毒であつた」[昭8.5.14]。弘安は、時に憐れな動物に不遇な人間の悲哀を重ねた。「病犬が何日も燐家の軒下ニ居た之ハ竹俣そば店ニ飼ふてあつた犬であつたが、同家が立ち去つてより、放浪して食物をあさり歩き居しがいつしか躰ニできもの出で漸次、擴まり、首うなだれて衰の姿となつたが遂ニ今日倒れ苦き聲を上げ鳴き居しが次第ニ元氣なく夕頃ニ落命した　畜生なから可愛想ニ思うた　人間でも加様の運命の人もあらう」[大5.3.3]。

　異化は、〈和合〉と対をなした。弘安にとって不遇の人びとは、「ああでなくてよかった」と、みずからの家族の平安を確認する存在であった。異類の人びとに対する〈憐憫〉は、優位な立場から越境する情念であった。人生を油断すれば、また運命の悪戯により、自分もたちまち不遇の境遇に陥る。そうすれば、〈家〉は没落する。そのような悲劇は、弘安のすぐかたわらにあった。ゆえに異類の人びとは、身近な存在であった。その人びとは、弘安に〈勤勉〉や〈和合〉の貴さを諭した。だからこそ、弘安は、自分と彼ら彼女

らの間に「防疫線」を敷き、その人びとを遠ざけ、隔離しておかなければならなかった。

異類の人びとは、「危険な」人びとであった。社会的弱者に対する〈憐憫〉は、容易に「蔑視」（差別）に転じた。弘安も、社会的弱者に対する「人並みの」偏見を抱いていた。「不景気ですなア　門松除れて猶ほオシボ（「隠亡」で、墓守・埋葬を業とした人びとに対する賤称）萬歳の亡國の音を聞く　オイオイ戸惑ひしちや不可い」[明41.2.16]。「私生児を分娩し、謀殺嫌疑の調を受け居る娘あり　淫奔の果は怎うしたもの也　浅猿し」[明41.2.24]。近所に精神障害をもつ若者がいた。彼が、しばしば仕事場に遊びに来た。弘安にはそれが煩わしかった。「◇チャント云フ神経病ノ人ガ来テ　鍔ノ形ヲ彫レナイカト云フテ来テ永ク居タ　午后二時頃又来テ此度ハ一時間計リ居タ」（◇は人名　以下同じ）[明44.5.2]。「例ノ◇ガ来タ　精神病者ハ仕様ナイモノダ」[大1.6.22]。「精神病の◇か来た　困つたものだ」[大2.11.23]。精神障害者の呼び方は、次第に乱暴になっていった。

社会的弱者に対する蔑視は、最後は、イデオロギーと合体して、民族中心主義に至った。そこにも天皇がいた。「今日ハ紀元ノ佳節ニシテ、（中略）百二十一代二千五百七十餘年皇統連綿トシテ天壌ニ窮マリナク、加フルニ朝鮮ハ領土トナル　大ニ祝スベキナリ」[明44.2.11]。弘安は、朝鮮半島の日本への併合を喜んだ。「西村少尉侮辱事件あり　当時西村少尉は駐屯軍隊の任務を帯ひ漢口停車場に出張せしに黎元洪部下の軍隊、直ニ少尉を捕へ迫害毆打し尚飽足らす少尉の軍帽、軍服を剥きて蹂躪し更ニ裸体になして停車場の柱ニ緊縛し種々の侮辱を加へ二時間の久しきに亘りて之れを公衆の面前ニ曝したる事件あり　如斯く度々の侮辱、帝國の威厳を傷く　今ニ於テ彼を解決せずんば益々増長せん　此際強硬手段ニ出づ可き必要を認す」[大2.9.6]。弘安は、中国軍の「横暴」に心から憤った。そのとき弘安は、日頃の平静をかなぐり捨てた、帝国の模範的な臣民であった。

3. 民衆像の転回

（1）弘安の自立

1）自立の構造

家業を継いだ弘安は、家業を経営し、家族の平安を保つ〈責任〉を負った。そのため弘安は、〈勤勉〉に仕事に励んだ。他方で弘安は、家業の維持と家族の平安を保障するため、（仕事や稽古事、近隣の）同類の人びととの〈和合〉を図った。それは、（不遇の人びとや社会的弱者の）異類の人びとに対する〈憐憫〉と一体のものであった。このような弘安の生活倫理は、〈責任〉→〈勤勉〉→〈和合〉→〈憐憫〉の内的な連鎖としてあった。〈責任〉と〈勤勉〉は、禁欲的な生活態度を生んだ。そこに、弘安の「生活の自立」の起動力があっ

た[20]。そこから、〈和合〉と〈憐憫〉に基づく他者関係が生じた。こうして、弘安の自立の意味が、あらためて確認される。一つ、自立は、市場社会に投げ出され、自力で生きる弘安の生活戦略であった。自立の〈責任〉と〈勤勉〉は、近代の産物であった。二つ、自立は、〈和合〉と〈憐憫〉の、二方向の他者関係により保障された。ここで〈和合〉は、自立の必須条件であった。〈憐憫〉は、〈和合〉の必須の条件であった。そして〈和合〉も〈憐憫〉も、近代の産物であった。三つ、それは、「闘わない」弘安が平常世界に止まり、そこで生活の自立をめざす者の姿であった。

弘安は、家業の維持と家族の平安のため、生活を合理化した。〈責任〉・〈勤勉〉・〈和合〉・〈憐憫〉は、それに機能的な生活倫理であった。もとより弘安は、仕事・家族・近隣の「伝統的な」集団規範に縛られた「普通の人」であった。象嵌仕事は、家業として継承した。弘安は、「家父長的な」息子であり、夫であり、父親であった。近隣関係も、「伝統的な」秩序のうちにあった[21]。しかしそこには、近代の価値／伝統の価値を使い分ける弘安がいた[22]。伝統的人間とは、伝統的価値に伝統ゆえに追従する人のことをいう。そこには、価値選択の余地はない。これに対して、弘安は、価値選択の主体であった。弘安は、集団主義を合目的的に選択した。そのとき集団主義は、絶対的価値から相対的価値へ転化した。それは、必要があればいつでも放棄できる生き抜きのツールへ変容した。「伝統とは近代が作られていくなかで、近代の方から発明した『過去』である」（橋本1992: 61-62）。伝統とは、近代の創造物である。近代は、過去を脱構築し、みずからの確立へ動員する。伝統と近代をこのように理解することで、伝統的価値に「縛られた」、近代民衆の自立の構造を、一元的に説明することが可能になる。いまや、伝統と近代ではなく、近代のなかの「伝統」となった。弘安のエートスにそれを確認することができる。

2) 通俗道徳

ここで、近代民衆史の議論に立ち還ろう。安丸は、儒教（や幕末の諸宗教）に発する通俗道徳が、村落支配層から民衆へ伝播したと指摘した。そして、その禁欲的な生活規律に、近代化の人間的基礎をみた。近代化の人間的基礎を儒教に求める議論は、ロバート・ベラー（Robert Bellah）をはじめ（Bellah, 1957=66）、日本近代化論の主流をなしている。しかし、本節の「自立」は、通俗道徳にいう自立と同じものではない。それはつぎの理由による。一つ、弘安の自立の生活倫理も、儒教倫理に起源をもっていた。しかしそれは、近代に再構築されたものであった。それは、市場社会に投げ出された人間の処世哲学であった。それは、近代民衆の〈生〉の起点であった。二つ、自立は、「自己責任の論理」（安丸1965b: 55）を生んだ。しかしそれは、通俗道徳のように、過剰に禁欲的な生活態度から生じた「虚偽意識」（安丸op.cit.: 55）ではなかった。それは、まさしく自立自体に内在する「真正意識」であった。三つ、自立の生活倫理は、支配層から伝播した倫理ではなかった。それは、市場競争を生き抜く民衆の生活戦略としてあった。それは、

競争の土俵から降りるべき場所をもたない人びとを捉えるエートスになった。支配層
による教化は、民衆の生活倫理を補強し、補完するものにすぎなかった。四つ、自立は、
資本主義の原始的蓄積期の小所有者層に典型的な通俗道徳ではなかった。それは、近代
の理念（自由・平等）に発する、近代人の処世哲学であった。それは、支配層から民衆ま
で社会のすべての人びとを包摂していた。五つ、自立は、闘う論理にも闘わない論理に
も発展した。闘う／闘わないは、自立の2つの側面であり、回路にすぎなかった。

　通俗道徳論に対する批判は、2点に収斂する。一つ、民衆の道徳は、支配層の道徳と
は異質なものであるという批判である。二つ、民衆は内部で分断されているという批
判である。批判には、マルクス主義的な民衆理解も、非マルクス主義的なそれも含まれ
る。しかし、本節の通俗道徳論の批判は、これらとは異なる。まず、近代にあって、民衆
の生活倫理と支配層のそれは、市場社会の競争のなかの、同じ生活規律であった。民衆
の支配や収奪は、その只中で生じた。つぎに、民衆内部の分断は、自立から生じた。自
立は「自己責任」であり、その論理は、必然的に排除の精神を結果した。また自立は、〈和
合〉と〈憐憫〉という他者関係を生んだ。そこでは、「伝統的」観念や慣習をもって、他者
の異化（排除）が正当化された。しかも、異化（排除）される人びとも、自立と自己責任
の信奉者であった。こうして、排除・隔離のメカニズムが完結した[23]。「近代化にもか
かわらず救われない階層」（鹿野1968: 56-57）も、「近代化ゆえに救われない階層」（鹿
野op.cit.: 56-57）も、こうして生れた。

3) 近代と現代

　本節では、『米澤弘安日記』を材料に、近代民衆の自立の構造についてみた。ここで描
かれた民衆像は、まだ検証の途中にある。しかも展開された議論の、この先の射程は遠
くて深い。近代史研究の対象は、権力エリートから民衆へ拡大していった。そして、（自
由民権運動や大正デモクラシーを）〈状況牽引型〉の「闘う」民衆像が描かれた。安丸の
通俗道徳論も、民衆の生活倫理に歴史変革の原動力をみる点で、「闘う」民衆像の系譜に
ある。本節は、これに〈状況順応型〉の「闘わない」民衆像を対置した。そして、伝統を
脱構築しつつ市場競争に利用する近代民衆像を描いた。通俗道徳論は、「解放された」民
衆像を描いた。しかし、その生活倫理が、歴史変革の人間的基礎となったという安丸の
主張は、事後解釈にすぎない。「解放されない」民衆も、歴史変革の人間的基礎となった。
また生活倫理は、新たな民衆分断を生じ、その足枷は現代に及んでいる。それは、抑圧
する／抑圧される近代人の民衆像であった。安丸も、通俗道徳の機能転化のなかにその
ことを見ていた（はずである）。

　「闘う」民衆・「闘わない」民衆のすべてが、近代の産物であった。弘安の自立の構造は、
その一つの原型である。近代社会の解放と抑圧は、ポスト近代の自立と排除として、私
たちをも呪縛している。私たちの解放と抑圧は、「闘う」民衆と「闘わない」民衆が残し

130 第3章 職人弘安の労働世界

た遺産である。だからこそ、私たちに近代民衆世界への旅が必要となっている。

［注］

1) 金沢の米騒動については、『米澤弘安日記』の他、橋本哲也らの論文（橋本・林1987: 129-136）（橋本1995: 203-219）に依る。逐一の引用の注記は省略する。

2) 大衆免は、元城下町の東端に位置する相対請地であった。それは、江戸時代より近郊農村から困窮者が流入した地域であり、「カワムコウ」などと呼ばれた（小林1990: 108）。大衆免は、遊郭（「東廓」）に隣接し、箔打職人などの下層の職人・職工が集住する細民地区であった。弘安の家は、それに隣接する地域にあった。

3) このような丸山眞男の理解には、異論もある。また小倉充夫は、丸山は「トップ・レベルと社会的底辺での呪術性」の「構造連関の歴史的過程」を論じたとした（小倉1974: 7）。

4) 近代への懐疑と絶望。これが、多くの研究者らが、安丸と袂を分かつ出発点になっている。本書の著者らも、これら批判者の系譜にある。第1章第1節を見られたい。

5) 明治政府が廃仏毀釈を行ったとき、「廃仏毀釈する人間には仏罰がくだる」と念じ、傍観して役人がなすままに任せた仏教徒（農民）がいた。それは、いわば「心で闘う」という消極的な反抗である。黒崎征祐は、ここに「民衆思想の核心に迫る糸口」（黒崎2005: 22）があるとした。「闘う」民衆の背後には、闘いに共感しながら沈黙する無数の民衆がいた。弘安も米騒動を傍観した。しかしその態度は、困窮する民衆に共感はしたが、これらの「心で闘う」民衆からさえ遠いものであった。

6) 近代民衆史には、闘わない民衆も登場する。そのとき闘わない民衆は、歴史との関わりを断った人びと、「眠れる民衆」とされた（田口1971: 85）。それは、民衆を歴史に対する「没主体」とみなす理解であり、本書の民衆観と対極にある。

7) 弘安は、渡良瀬川の鉱毒事件を闘った田中正造の死を悼んだ。「栃鑛の名一時天下に重き處なしたる一代の義人田中正造翁は重患ニ犯され療養中の處四日午后〇時五十分に至り『現代を救へ』と連呼し更に『道は遠きにあらず近きにあり』と絶叫しつゝ遂に逝去せるは悼むべし享年七十三　嗚呼明治の宗吾逝く」［大2.9.6］。弘安は、当時一般の民衆の心情を抱いていた。

8) 金沢は、箔の生産を京都、富山、滋賀、会津などと競っていた。金沢では、箔の需要は、美術工芸品だけではなく、仏壇が大きかった。金沢は、真宗門徒の土地柄である。大正期には、他地方の箔生産が衰退し、金沢が最大の産地になった。1966（昭和41）年には、金沢の金箔生産は、全国の92.3パーセントを占めるに至った（河野1966: 13）。

9) 単身の箔打職人には、東廓の娼婦と駆け落ちする人もいた。親方がそれを承知で、2人を京都などへ逃がす例さえあった。そしてほとぼりが醒める頃、2人を迎えに行った。それは、箔打職人に世帯を持たせて落ち着かせ、箔打ちの労働力を確保する方途としてあった（田中喜男の話1998.6.7）。このように箔打職人は、低位な境遇にあった。

10) 弘安は、自分の婚礼を庶民風の型式で結構と考えた。「夜僕は圖書館へ行く　婚禮千代鑑、

明治禮式作法を讀みしニ、上流社會ニ行わるゝものにてさのみ得る事もな可りき」[大6.11.1]。弘安は、日記に自分の婚礼の様子を克明に書いた[大6.11.16]。そこには、特別に格式を尊ぶ結婚・披露の様子は、登場しない。

11) 弘安はある日、旧制第四高等学校の通俗講談会に出かけた。「吉田様へ演説 克孝を出し又幸福の人不幸の人とは如何なる人そと云へば幸福なる人とは金を持たる人ニあらず 親を持たる人なり 不幸の人は之ニ反す故ニ吾人は親ニ孝たるべし 又克忠なる人は克孝なる人なり」[大2.9.15]。弘安も、自立や忠孝を説く「上からの」処世訓に深く共鳴する民衆の一人であった。

12) 妻(芳野)の実家(土方家)の「格」は、高かった。土方家は、弘安と芳野の結婚当時も、何人もの弟子を抱える表具師であった。その墓にはつぎのようにあった。「土方家の祖先ハ松平伯耆守の次男より出でたる末えいなりと 墓ニ彫付てある 二基ありて一基と祖父の道遊齊の句や自書名を彫込である」[大7.7.15]。弘安は、土方家の墓を眩しく眺めた。

13) 弘安は頻繁に外出した。出来あがった品物を顧客に届けるだけではなく、寺や神社の行事、同業者や町内会や稽古事関係の世話で駆け回った。時どき旅行にも出た。弘安に、いつ象嵌の仕事をする時間があったのか、日記を読む者にそれが不思議なほどである。

14) 蓮如忌は、職人の親方一家と徒弟たちの休息日であった。当日は、山遊びなどが盛んであった。大衆免の近くに、卯辰山があった。職人は、弁当をもって山へ出かけた。「午後ヨリ、卯辰山へ遊ブ 本日ハ蓮如忌ナリ」[明39.4.25]。

15) 弘安は、仕事に関わらない書物も好んで読んだ。それらは、一般教養として重要であった。たとえば「旅行の衛生と衛生講和を讀む」[大3.5.7]、「工藝新聞の龍の絵を写す」[大3.9.17]、「接合剤製法及家庭医学を見る」[大4.9.29]、「はなしの庫、常識百話、繪画寶典、圖案新集をみる」[大5.2.1]など。

16) あるとき弘安は、借りてもいない本を紛失したと疑われた。ところが、それは、持ち主の勘違いであった。しかし弘安は、ことを荒立てるのを嫌って、濡れ衣を着せられたことに一言も抗議しなかった。「夜、一寸散髪店へ顔ヲ出シタガ、店主ハ僕ニアル程ニ取テ行ツタト言明シ迷惑ヲ掛ケナガラ一言モ謝言ヲセナイ(中略)然シ僕ハ聞カヌカラトテ何トモ思ウナイ 黙ノ一字ニ納メ置ク コノ事件ニ付キ感セシ事ハ、人ノ迷惑セヌ様再思熟考ノ後、正直ニ云フ事 借物ハ直接渡ス事 日誌ハ一層明細ニ記ス事ナリ」[明44.1.31]。その行間に、弘安の悔しさがにじみ出ている。弘安は、他人と揉めたときはつねに「一歩引く」ことを肝に銘じていた。

17) この後弘安は、隣家の大工辰巳新一郎と交替で町内会長を務めることになった(田中1974:44)。また、有志の親交団の幹事を務めるなど、地域有志の親交を図った。

18) 弘安は、年賀状を出した。明治天皇が死んだ年も出した。弘安はけじめの人であった。「本年は、涼暗中な可ら、郵便局には年賀郵便特別取扱が始まつた 年賀状出スの可否論あり 一年一度の音信多き故、小生方には出ス事とした」[大1.12.28]。

19) 天皇の共同態に生きたのは、秩序を尊ぶ「闘わない」民衆だけではない。「闘う」民衆も、その共同態に生きた。「闘う」人びとは秩序に反乱し、秩序を解体した。しかしその後で、秩序の回復を天皇の力に縋った。人びとは、しばしば人民の救済を天皇に懇請した。もとより、天皇

の共同態を否定する知識人と民衆はいた。しかしそれは、大逆事件の幸徳秋水らごく少数であった。

20)　弘安が出かけた講演会でも、自立と自力が説かれた。「演題は『自力か他力か』にて、基礎を自力に置かさるものは進む事なく退歩する計りなりと云ふ事を例を上げ細く説かれた」［大3.1.12］。自立は、「上から」繰り返し強調された。

21)　家族と近隣の共同態の先に国家共同態があった。それは、家族主義国家論のイデオロギーとして顕現した。その人格的表象が、天皇であった。弘安は天皇を敬愛した。弘安は、「伝統的な」集団主義者であった。しかしその天皇も、「伝統」の装いをとった近代の産物であった。

22)　金沢で、「民衆的公共世界」が「近代的公共」（政治結社、政談演説会、国会開設請願運動、北陸新報など）に制圧されるなか、封建的な系譜をもつ職人などの仲間組織も、新たな同業組合へ再編されていった（筒井2004: 12）。このような時代背景のもと、職人は、「伝統」世界と近代世界にまたがり、それらを使い分けた。

23)　不遇な人びとや社会的弱者も、自立と自己責任の観念を抱いている。そのことが、社会を支えている。このようなメカニズムの解明は、社会学においても、ロバート・マートンのアノミー論（Merton,1949＝61）から近年のジョック・ヤング（Young, 1999＝2007）らの社会的排除論に至るまで、枚挙に暇ない。

＊本節は、論文（青木2006）を修正・加筆して転載したものである。

第４章　家長弘安の家族関係

第1節　職人と家父長制

1. 家父長制

(1) 家父長制の理解

　職人家族では家業も家計も、家族の協力がなくては成立しない。そこには、「〈家〉を守る」という至上命令がある。しかし「〈家〉を守る」方法は、家族ごとに異なる。そこには、みずからの〈家〉をどのように存続していくのかという〈家〉戦略がある。明治期以降、〈家〉は、近代的制度を取り込み、〈家〉の意味づけの変更を伴いながら存続してきた。「『家』の存続を希求する心情の背景には、自身を世代を越えた連続性に位置づけようとする志向性があった」(米村 1999: 5)。

　本章では、『米澤弘安日記』をテキストに、職人であり家長である米澤弘安が、社会が近代化するなかで、家計を支えるためになにを選択し、なにを捨てたのかについて分析する。もって、職人 (民衆) 家族における近代の意味を理解する事例となす。

　そのため本章では、弘安と家族、とくに妻芳野との関係に焦点を当て、そこでの弘安の態度と行為について分析する。日本近代の家族制度・関係は、家父長制・家父長主義[1] とともにあった。しかしそれらは、フレキシブルなもので、時期、家族、生活場面により多様なかたちをとって現れた。激動する経済環境のなか、弘安は、家計を支えることに苦労した。

　では弘安は、どのように苦労したのか。そのなかで弘安は、どのような家族関係、とくに妻芳野との関係を築いたのか。そこに、どのような家父長主義が顕現したのか。本章において、職人の家運営 (家計の維持と家族関係の構築) にみる家父長制・家父長主義について、第1節では、弘安のメンタリティに焦点を当てて分析する。第2節では、弘安と芳野の関係に焦点を当てて分析する。

　日本の家父長制をめぐる議論は、まず歴史学の分野において行われた。そこで家父長制は、マルクスとエンゲルスの理論に則り、氏族共同体から私的所有へ移行するなかで家族が成立したが、その過渡期の、奴隷と他氏族出身の妻を支配する主人・夫の権力を起源とすると理解された。その後日本において、家父長制の概念は拡張され、とくに近世の家族制度を理解する鍵概念とされた。近世の家族においては、男系の直系相続が優先され、家長 (family head) が絶対的な権力を持った。それが近代の家父長制の原型となった。武家の小家族 (small family) は、家父長制を母体として形成された。これに対して農家や商家では、女性による家督の中継的な相続が容認され、〈家〉の運営は男女の

協業により行われた。そこでは、家父長制の重圧は、相対的に弱かった。とくに小農の「夫婦掛向い」[2]の家族労働を基盤とする家族では、家父長制の構成要件が欠如していた。これが、家父長制についての理解の通説とされてきた。

しかし1970年代に女性学が台頭するなかで、家父長制は、近代の家族を超え、通歴史的かつ社会全般において「男が女を支配し、また年長の男が若い男を支配する」事態を指す概念として再定義された[3]。また家父長制概念は、近代の国家支配・社会構造を貫く家族原理を包括する概念とされた。

このような家父長制についての歴史学と女性学の理解の差異は、今も解消されていない(金子他 2007: 172)。歴史学においては、家父長制は、その階級的基盤に重点を置いて理解されている。女性学においては、家父長制は、階級的抑圧に優先する、男性による女性の抑圧のシステムとして理解されている。つまり家父長制は、人類史を貫く男性による女性支配の制度・規範・イデオロギーであるとされている。その理解によれば、個人主義的な家族形態をとる欧米社会の家族でさえ、家父長制から自由ではない(水田 1995: 152)。

(2) 家父長制の諸相

日本では、一般に家父長制は、戦前の〈家〉制度を指すものと理解されている。明治政府は、近世の武家に発する家父長制と〈家〉制度をすべての階層へ浸透させ、定着させた。他方で、家父長制は日本古来の「男女は対等」という伝統と相容れないものであり、すべての人に浸透したものでもないという解釈もあった(米山1986: 72-73)。しかしそれは、「夫婦掛向い」的な家族労働を行う男女(夫婦)関係では、家父長制は弱くなるとした歴史学の通説と同類の理解でしかない。そこから、〈家〉の経営を行う家族は、生活の実質を優先させ、その都度、家父長主義の規範を読み替えて家族関係を構築してきたという理解が生じた。しかしここで、つぎの事実が看過されてはならない。家族の性別役割構造において、妻は、実質家業と家事の双方を担って、家の運営に重要な役割を果してきた。にもかかわらず妻は、家族の勢力(権力関係)において、つねに下位に位置づけられてきた(森岡・望月1999: 108)。

家父長制問題が、日本のフェミニストの間で議論を呼んだのは、とくに1980年代後半から90年代にかけてのことである。それまで家父長制は、もっぱら明治民法下の家制度を指すものと理解されてきた。その後、マルクス主義フェミニストが、性支配の構造には物質的な基盤があると主張した。そして家父長制は、「性に基づいて、権力が男性優位に配分され、かつ役割が固定的に配分されるような関係と規範の総体」(瀬地山1990: 80)であると理解されていった。そこでは、家父長制に基づく性支配は、一対の男女間はもとより、親族集団全体の男女関係を含めて、社会にくまなく張りめぐらされた制度・慣行として、時代・階層・地域により異なるかたちを取りながら、社会に埋め

込まれ、男女関係の基底を支えていると理解された。ゆえに社会が変ろうとも、家族関係の根底は容易に変らない。

　では、家庭のなかの男女関係は、具体的にどのようなものであるのか。女性学は、家父長主義の制度とイデオロギーを中心に研究を蓄積してきた。しかしそこには、つぎのような問題が残されている。家父長制は、家庭のなかの男女関係において、具体的にどのようなかたちを取るのだろうか。このような、家庭において家父長制が顕現する諸相に関する分析は、いまだ手薄な状態にある。女性学は、家父長制がもつミクロな諸相の分析の必要性を説くものの、家庭のなかの男女関係が十分に分析されてきたとはいいがたい。つまり家父長制の概念はこれまで、なにかを分析し説明するものというより、問題の所在を告発するものとしてあった（長谷川1898: 92）。しかし、家庭における男女関係の分析は、家父長制に基づくジェンダー支配の実態をみるうえで不可欠である。それによって、無限に多様なかたちで男女関係を律している家父長制の強靭さを理解することができるからである。家父長制の概念は、性支配の実態の分析と結びつけてこそ、有用な分析・説明のツールとなる。

　ところで家族社会学において、家庭における性別役割分業（とその意識）について、古典ともいえる研究（小山1967）（上子1979）から近年の研究（西野2015）まで、理論的・実証的な研究が蓄積されてきた。そこでは、家族構造、男女の役割分業やその規定要因の分析が中心となってきた。他方で、家庭のなかの性別役割分業を、家父長制という男性の女性支配または権力関係の問題として捉える関心は、希薄であった。ゆえに問題はこうなる。家族社会学による家庭における性別役割分業（とその意識）の実証的研究の成果を、男性による女性の支配／権力関係として読み替えること、換言すれば、女性学の家父長制論と家族社会学の性別役割分業論を、前者の視点において結合すること。このような努力が、私たちに課せられている。

　本章は、家父長制をめぐる制度論・イデオロギー論について議論するものではない。ここでは、以上のような研究の状況を踏まえて、職人家族における家父長制の具体的なあり様について分析する。本章の問いはつぎのようになる。職人の家庭において家長の権威・権力は、どのような家族関係を作り出したのか。その家父長制は、とくに妻との関係においてどのように顕現したのか。本章は、経済変動に翻弄され、〈家〉の存続のために奮闘した職人の生活世界を通して、家族成員の役割構造と、そこでの家父長制とその規範の具体的な諸相を分析する。もって、民衆世界における近代家族と家父長制の関係を理解する事例となす。そのためにとくに職人家族の家計の状態に焦点を当て、家長と家族、家長・夫と妻の関係について分析する。第1節では、家計の維持に苦労する弘安の生活実態について分析する。第2節では、〈家〉の運営に携わる夫弘安と妻芳野の関係について分析する。もって、近代家族におけるフレキシブルな家父長制のあり様について理解する。なお本章において、家父長制（patriarchy）概念は、権力の所在が男性（家

父長）にあることを示す分析・説明概念として用いる。

2. 職人家族の生計

　米澤家の家計は、いくつかの段階を経て変化している。明治期から大正中期にかけて、好景気が続き、金沢（市）は活気づいた。そして、電灯が一般家庭に普及し、市街電車が開通するなど、都市インフラの整備が進んだ。市電の敷設工事のために、街の目抜き通りに面した大店の移転や新築が相次ぎ、街は新築ラッシュに沸いた。弘安も日記に、市街地の風景がどんどん変る様を記述している。「金澤市中の旅館中、客室に電燈を點せるもの僅に二軒とは、嘘の様な噺なから實際也　情なし」［明41・2・17］。「金沢市街電車は本日より始めて運轉する事となれり　昼休ニ一寸白銀町迄行って見た　停車場より上胡桃町迄の間を運轉するなり」［大8.2.1］。好景気とともに株価が高騰し、物価も上昇した。米価も高騰し、ついには金沢市に米騒動が勃発する事態に及んだ。合わせて、金や銀の地金が高騰した。それは、金工業者にとって痛手となった。米澤家の家業と家計も、次第に圧迫されていった。『米澤弘安日記』にも、その様子を知ることができる。表4-1を見られたい。それは、家業・家計の状況と日記の記述量を対照させて、その変化を大まかに区分したものである。

表4-1　家業の盛衰と生計の時期区分と日記量

時期区分		家　業	生計のやりくり	家族変動	日記年平均量
I 期	大正2〜13年	繁忙期	同業者からの借金　賃稼ぎ・倹約	結婚　長女・長男誕生　弟分家　父死亡	82,870文字
II 期	大正14〜昭和8年	下降期	妻の内職で補填　二階の間貸し	次女誕生　母死亡　三女誕生	13,460文字
III 期	昭和9〜29年	寡少期	妻の裁縫教室収入　家族収入	長男戦死　長女・次女結婚　三女婿養子婚	日記記述なし
IV 期	昭和30〜47年	活動期	三女夫婦の米屋経営　軌道に乗る	孫誕生　三女婿病死	9,600文字

　I期は、1913（大正2）年〜24（大正13）年の間である。この時期は、家業は父（清左衛門）・弘安・弟（清二）の3人体制で行い、繁盛している。この時期の重要な出来事として、まず弘安の家督相続と結婚がある。つぎに長女と長男が誕生し、父が病死する。弟は、1920（大正9）年に分家するが、その後も弘安の家業を手伝い、2人の協働関係が続いていく。作品制作のための材料調達や不意の出費は、同業者からの借金でやりくりしている。一度だけ、弘安は金属工房に頼まれて賃仕事に出ている。妻（芳野）は、結婚以来仕立ての内職で家計を補佐している。妻の実家からは、得意先を紹介される、仕事の注文を受ける、売れずに抱えている作品を買いあげて貰うなど、さまざまなかたちで

資金の援助を受けている。この時期に、日記の記述量はもっとも多く、分量は、年平均で8万2,870文字に及ぶ。

Ⅱ期は、1925（大正14）年～33（昭和8）年の間である。この時期に、家業が下降期に入る。仕事による収入が減少し、それとは逆に、妻の仕立物による稼ぎが増加する。自宅二階を間貸しする。制作に必要な資金は、妻が実家と親族から調達して工面する。次女と三女が誕生する。母親が死亡し、米澤家は核家族となる。日記の記述は飛び飛びとなり、月単位で欠落するようになる。日記の分量は、Ⅰ期と比べて大幅に減少し、年間平均で1万3,460文字である。

Ⅲ期は、1934（昭和9）年～54（昭和29）年の間である。この時期は、日記は書かれていない。太平洋戦争を挟んだこの時期は、注文が激減し、仕事は皆無に等しい。そして家業は、存立の危機に瀕する。日記が書かれておらず、この時期の出来事の詳細を知ることはできない。家計については、遺族（弘安の妻と娘たち）の聞き取りの情報を総合するしかない。弘安は、象嵌職による家計の維持に見限り、長男（弘正）による家業の継承を断念する[4]。家計は、妻が裁縫教室を開いたり、呉服屋の仕事を引き受けて支える。その稼ぎが、米澤家の唯一の収入になる。この時期に、長女と次女が結婚し、長男が出征して戦死している。長男の戦死の知らせに家族は衝撃を受け、悲しみにくれる。弘安は落胆し、ほとんど仕事に手がつかない状態になる。その後、三女が婿養子を迎えて米澤家を相続し、同時に弘安が隠居する。

Ⅳ期は、1955（昭和30）年～72（昭和47）年（弘安の没年）の間である。それは、弘安が作品の制作を再開した時期である。三女夫婦が自宅を改装して、米屋営業で家計を営むようになる。そのため弘安は、作品の制作に打ち込むことが可能になる。金沢に日本工芸会の支部が創設され、伝統工芸展などが開催される。仕事の再開と同時に、分量は少ないが日記も再開される。この時期は、工芸展や美術展の入選・受賞が多く、1964（昭和38）年には日本工芸会の正会員になる。

つぎに、日記の家督相続と結婚、家計維持についての記述に焦点を当て、そこに、弘安が責任感ある家長として振る舞う様を見ていく。そして、それを家父長制の議論に乗せて解釈する。

3. 家督相続と分家

米澤家では、長男佐吉（光雪）が、名古屋で絵師・図案家として生きる道を選んだ。そのため、次男弘安が、家督を相続することになった。父清左衛門が弘安（と弟清二）に本格的に象嵌技術を教え始めたのは、佐吉が家を出て間もない頃、弘安が12歳のときである。弘安は、早い時期から父の家業を継ぐことを決めていたが、米澤家を継ぐはずの

兄がいたため、その意志は両親に伝えられていなかった。そのため、時おり顧客や親戚から養子話が、弘安に持ち込まれていた。

　　宮崎様御出あり　釣の催促を受けた　其時母へ僕を他に養子ニ呉れと云われたそうだ　今の僕の身の上では他へ出る事は出来ない　両親は名古屋へ行く事はいやと云われ兄上は金沢へは帰られないとの事故、両親に侍する事は当然僕と定まる譯だ　僕は以上の責任ある内は他へは行かない［大 2.4.17］
　　十一時、水辺様御出あり　一時近く迄話さる　話は我等二人の養子話なり　同氏の話では僕ニ本郷家を継ぐ事、清二も松本へ行ってもよいが二三年は待って貰ふ事等であった　各方面よりも目を付けて居る本郷家の遺産、僕は其間の事情を知って居るから、とても継ぐ気にはなれない　父の得意を引き受けて行かれぬ事はあるまいと［大 3.2.4］

　弘安は、水辺が持ってきた養子話に乗る気はなかった。水辺は古くからの顧客である。養子先とされる本郷家と米澤家は、遠い姻戚関係にあると思われる。弘安は、「父の得意を引き受ければ、やっていけないことはあるまいと」、と、父の家業を継ぐ気持ちを記している。弘安27歳のときである。
　家業は零細な家内経営であり、父・弘安・弟の協働で行われた[5]。そして、母親きくができあがった品物の届けや集金を手伝うという家族経営であった。兄が家を出て、弘安が一家の柱となる時期を迎えて、母親が、熱心に「嫁探し」をするようになる。いい相手が見つかればすぐにでも結婚の運びとなる雰囲気であった。あるとき、水辺から「後継問題についてきちんと定めておかないと、嫁を取ってから問題になるぞ」と忠告される。

　　宅では此間水辺様が再び兄弟等の今後の道を定めて置かねば、嫁を取ってから悶談ニなるぞと注意せられしを父や母は漸く悟ったのか、それでは名古屋へ行きて今一應兄の處存を聞きて後ニ嫁問題ニ掛る事ニする［大 6.5.25］

　そこで父が、米澤家の後継者を決める相談をするため、名古屋の長男のもとへ出かける。そのときの佐吉の返事は、長男である自分が相続するのが道理ではあるが、金沢へ帰っても一家を養うだけの仕事はないだろうから、金沢の方は弘安にやってもらいたい、というものであった。

　　水辺様、鉄型の催促ニ来られた　其時父は家政ニ就ての相談をせられた　兄曰く、帰宅するか道理なれ共今の處得意も多くなり、二十年来住馴し故帰宅する譯に

はなり難し、よし帰っても一家を養ふ程の仕事もあるまじければ僕は僕でやって
行くから、金沢の方は弘安ニやって貰いたいとの挨拶であった［大6.7.8］

　それを受けて、米澤家では、家督相続の手続きが本格的に開始される。手続きを行う
に当たって、不動産相続の費用（税額）を安くするために、不動産をいったん売買登記
する方法が採られる。日記には、相続手続きの開始から完了までの経過が詳細に綴られ
ている。
　家督相続の手続きは、長男子単独相続を定める旧民法から逸れないように、次男の弘
安がいったん分家したうえで、そこへ両親を引き取るというかたちで行われる[6]。具体
的に、家産（自宅の土地と家屋）を弘安が相続し、家産の評価額に当たる金額を三等分
して、弘安が兄と弟の分を分配するというかたちである。家を出た兄への家産の分配は、
かならずしも必要ではなかった。しかし、几帳面で実直な弘安は、家長の責任としてこ
れを実行する。また弘安は、家計を一手に引き受けて、家を支えるため四苦八苦するよ
うになる。

　　　父は市役所前の物かき高木方へ行かれて籍ニ付て相談せられ、書類を調ひて貰
　　ひ昼頃帰られた　其手續ハ弘安分家なし、清左衛門隠居届をなし、佐吉相續す　而
　　して両親及清二ハ分家戸主弘安方へ入籍する事ニするのだそうな［大6.10.4］
　　　今日も家屋賣買登記ニ付午前九時より出掛け銀行より八十円引出して裁判所前
　　の吉村代書方へ行く　書類を取揃へあり　賣買價格八百八十円にて提出せし處訂
　　正方を命せられた　宅地一坪十二円とし七十二坪二号、建物一坪十八円とし二十
　　坪五合、合計千二百として其税額四十三円廿四銭（千分の三十五）を納めよ　又前
　　の賣買書を出せしニ父は下新町五番地の肩書あり［大8.2.19］

　実際の家産分配の手続きは、父親が行った。しかし弘安は、ことの成り行きに深い関
心を示している。そこに、家督相続の行く末を案じる弘安の心情を見ることができる。
弘安は次男である。本来なら、家督は兄が相続するはずである。それだけに弘安には、
家督相続に格別の思いがあったと思われる。

　　　無事不動産の登記も終り僕への譲渡も済しニ付父は祝の赤飯をせいと云ふので
　　赤飯ニ一寸した料理を作り　夕飯ニお酒ニお焼きものが出た　僕の責任は益々重
　　くなった［大8.2.20］
　　　家屋賣買ニ依りて権利移轉税を市役所へ納入ニ行く　届書を出す　登記價格
　　千二百三拾五円四十銭にて其税ハ十八円五十三銭であつた　千分の十五より納む
　　別ニ買受届を提出せねばならぬと云ふ事で代書の浅木方へ行く（中略）権利届の

通りの建坪を書いて行ったら實際の建坪を書いて来いとの事で又書直して提出した　之で全部手續終り、今では僕の名義ニなつたのだ [大8.2.25]

　これは、相続の手続きが終了したときの記述である。そこに、長年の懸案であった相続の手続きが無事終了したことの安堵感を読むことができる。それは、弘安が実質的に家長になった瞬間である。そこに、不安と喜びが入り混じった責任感を読むことができる。

　1920（大正9）年元旦の日記に、弘安は、「僕の最も主な務めは弟の分家と結婚」であると書いている。それは、家督を相続した翌年で、弘安の家長の自覚が確立している。米澤家を背負おうという気概もある。同時に、家長としての立場の自覚は、家族に対する権威ともなる。弘安と清二は、長男佐吉の弟として成長した。兄が家を出て、父親が弘安と清二に象嵌技術の訓練を始めた。その後、ふたりは象嵌職人として成長した。そこまでは、弘安と清二は、歳の差以外に区別のないフラットな兄弟関係にあった。しかし、長男が相続を放棄して、弘安が家督を継ぐことになって、弘安と清二の兄弟関係は、大きく変ったはずである。弘安は家長となって米澤家に留まり、清二はいずれ分家する立場になった。仕事のうえでは、弘安は家業を継ぎ、清二はそれを補佐する立場になった。つまり、2人の関係は、「長男ではない」というフラットな兄弟関係から、家長と外へ出る者という上下の権威関係に変った。

　　　清二は別ニ出たいとの希望ある由　此間一寸聞いたが、今日母か借る家をさがして居らるを聞いて、足元より鳥の如く驚いた　僕には何の相談をも受ないので不服も云った　僕は出るなら出るで今では戸主名義ニなって居るから、それ相當の事をせねば世間ニ對しても聞も悪し、自分も心地悪く、方法としては家を買ひ、嫁を貰って分家させたいは山々だが、今の處ではそれも叶はず只四百円を渡すからそれを臺として嫁を貰ふ迄宅ニ居て働き、月給の内を何分貯蓄してそして別家して立派ニやって呉れと主張した　姉も賛成し本人も色々剛情なる事も云ひしか、遂ニ承諾した [大7.6.21]

　これは、弘安が結婚して間もない頃の記述である。清二は、分家を待たずに家を出たいという希望を持ち、一人で暮すための借家を探していた。母親がそれに協力して家探しをしていることを知った弘安は、驚き、自分にはなんの相談もないと不服を言っている。弘安は、「今では自分が戸主であるから」と言い、分家するならば「それ相応のことをしなければ、世間に対して聞こえが悪いし、自分も心地悪い」と、清二がすぐに家を出ることに反対した。清二は、だれにも気兼ねなく自由に暮したい、だれの世話にもなりたくないと思っている。しかし弘安は、世間体を慮って、清二の主張を抑え込んだ。

日記には、「色々剛情なる事を云いしが、遂に承諾した」と書かれている[7]。

弘安が家督相続の手続きを終えたのは、1919（大正8）年であるが、この家探し騒動が日記に書かれたのは、それより前の18（大正7）年のことである。ここから分かるように、弘安は、相続の手続きが終了する前にすでに、弟に対して家長として振る舞っている。弘安は、かなり早い時期から、つまり、兄が金沢へ帰りそうにないと思い始めた頃から、米澤家を継ぐのは自分だと思っていたのであろう。

弟に対する家長としての弘安の責任は、さらに続く。清二は、家探し騒動の2年後に、結婚を待たずに自活することになる。弘安は、弟の分家、さらに結婚に際して、経費の工面をはじめいっさいを差配し、家長の責任を全うしている。他方で、清二は、分家したのち、家計を自前で立てなければならなくなる。しかし、清二には象嵌で身を立てる以外に生きる術がない。こうして清二は、米澤家の家業を優先させ、象嵌職人として弘安の仕事を支えるようになる。また、家の雑事（大掃除や雪かき、庭の手入れなど）を引き受けたりする[8]。こうして清二は、実家（米澤家）を助け、生涯にわたり弘安の補助者として生きることになる。

4. 結婚

自由な男女の交際がなかった時代の結婚は、ほとんどが仲人婚であった。結婚成立までの準備を整える役割を務めるのは仲人で、それは女性が活躍する領域でもあった。仲人は、男と女の両家を引き合わせ、話をまとめ、婚礼が決まった後は、結納などの手順を踏んで、婚礼当日までの段取りを進めた。「伝統的な」仲人婚は家本位の結婚であったから、すべてが仲人と両家の家長の間で進められた。結婚する当事者は、たがいに相手の顔さえ知らないまま婚礼の式に臨むことも、まれではなかった。弘安の結婚についても、このようなスタイルを見ることができる[9]。しかし、母親の「嫁探し」についての記述を追っていくと、弘安も時どき口を挟んでおり、そこに、弘安がどのような相手を妻に望んでいたかを見ることができる。

「嫁探し」には、近隣に張りめぐらされた母親のネットワークが、フルに活用された。髪結業を営む母親の妹（弘安の叔母外喜）や娘（弘安の姉つぎ）、仲人業とも思われる知人などがおもなネットワークの核となった。父親の役割は、まったくないといっていい。こっそり相手を見に行った父親が、「あまりよい器量ではない」[大5.7.28]　と言ったという記述はあるが、父親は、「嫁探し」からいっさい除外されている。

日記に「嫁探し」のことが初めて書かれるのは、1912（明治45）年のことである。「母ハ午前髪結ニ行カレタ　母ハ僕ノ嫁ノ事ヲ松本様ヘ頼アリシ由ニテ、今日問合ノ返事ヲ聞キ、始メテ知ツタ　未タ早イト云ツタガ今ヨリサガサネバイカヌトノ事」[明45.5.7]。

そののち少し途切れ、1915（大正4）年に、「嫁探し」が再開されている。「朝早く中野様か来られた　何の用かと思ふと、酒井の娘を嫁ニ貰はないかと云ふ人がある　如何か返事をして呉れとの事　父は即答し難る云ふのであった」[大4.1.30]。再開されてからは、母親が「嫁探し」に追われるようになる。話が持ちこまれ、母親が弘安に相談をもちかける。そのとき弘安は、「嫁」の条件を、つぎのように提示している。「夕、外喜様が来られて、彦三二番町ニ嫁様が居るからとの事を母ニ云って行かる　母ハ晩の食事の時此話をして相談せられた　僕ハ依頼するから誰でも、第一ニ身体壮健ニテ行の正しき人、それニ、義務教育を終った人を嫁ニしてほしい、容貌や衣装ハ景物だと願った、否注文したのだ」[大4.12.18]。そして最後は、この叔母の世話によって弘安と芳野の結婚が決まっている。母親は、弘安の気持を確かめながら「嫁探し」をしている。得意先や近隣の知り合いから、ダイレクトに弘安に話が来ることもあった。その場合は、弘安が両親に伝えるという方法をとっており、弘安が一人で動くことはない。とはいえ、日記には、母親が、断られた話をもう一度頼むと言っている様子や、相手が断っているにもかかわらず、話をまとめようと躍起になる様子など、「嫁探し」に際してのかけ引きや交渉の様子は、こまかく書かれている。夕飯のときに「嫁」候補となった相手の容姿が話題となったことや、裁縫教室の師匠から預った弟子の写真が多くて困ったとこぼす母親の様子が書かれている。しかし、記述のトーンは、「母は断って居られた」などと、あたかも他人事のように書かれている。弘安は、「嫁探し」を母親の役割と受け止めていた。

　　夜母が嫁の候補者かあるから見ニ行けと、見ないでもよいからと云つたがそれでもと連れられた　助九郎町の佛壇屋で覗たが不在であったから長田屋へ行くつき姉居られて姉ハ母と又見ニ行く　僕ハ留守をして居ると主か来られた　話して居ると両人帰って来て居られて見て来たと　主に僕を連て行って見せて呉れと共ニ行く　主が中へ入り僕ハ外ニ居て見て居る　両親ハ不在で娘か出て来られたか薄窓掛の為充分見る事を得なかった [大5.6.23]

　これは、母に連れ立って「嫁」候補の相手を見に行った場面の記述である。はじめに母と姉が見に行き、つぎに弘安が差配をしてくれた人と見に行く。「充分見る事を得なかった」と書いているので、遠くからひそかに「嫁」候補を眺めたものと思われる。このように「嫁」候補を「見せる」風習は、一般に、仲介者が果たす役割と考えられていた。「見られる」本人の承諾を事前に得るかどうかは、地域によって異なったようである。しかし多くの場合、結婚話は、本人の知らない間に進めても不都合はないとされていた。
　弘安が、結婚相手となる「嫁」に関心を持っていたことは、これらの詳細な記述によって確認することができる。
　弘安が相手から断られた結婚話がいくつかある。相手から断られた理由の一つに、娘

を町なかの家へ嫁にやるには、箪笥などを持たせてやらなければならず、嫁入りの仕度が十分にできないからというのがあった。「夜、長田つき姉来られ、此間の仏壇屋の縁談は、先方では、縁家の方へやる事ニしたからと断られたそうだと、其内心ハ市中なれば箪笥等もつけてやらねばならぬなどの事心配よりであるらしいと」[大5.7.9]。家と家の結婚には、家（柄）の階層的な「つり合い」が重視された。米澤家の方から断った理由では、「（相手の）年が行き過ぎている」「家業が芝居茶屋だから」というのがあった。「母ハ郵便局で四十方（弘安の姉かのの嫁ぎ先で横須賀在住）より来た為替を取り直ニ外喜方へ写眞を返しニ行かれた　吉崎先生（嫁候補の学校教員）ハ年が過ぎて居る　小谷先生（同じく学校教員）ハ宅が芝居茶屋だから願下ニすると」[大5.7.24]。また、進行中の話を抱えながら、別の話に乗る母親の行動を、「二兎を追うのは感心しない」と批判する記述もある。「夜母は高桑方のかんさしを持って行かれた　森下町ニ一人嫁ニよき娘あり　外喜様ニ頼みありとの話　二兎を追ふのはあまり感心せない事だ」[大5.9.3]。母親から相談された話の内容が書かれることもあった。

> 魚屋より聞いて貰った嫁一件ハ僕に相談せられた　それは元小松の人で二十一才、裁縫は得意の由　然し、十八の折小松ニ縁付きしが、先方か酒癖悪き為三月程居て引き取りしなりと　僕ニそれでもとうだらうとの相談たから、僕も母始め皆が色々骨折せられたと聞いて居るから其上充分を云って、母ニ心を勞させるも気の毒と思ひ、母が本人を見てよいと思われたら異存はないと答えた　嫁の話も度々聞くとうるさく、僕は考えもあるが、両親はとても東京へなとやって呉れるものでないと思ひ云い出さない　両親の云わるゝ儘ニなって居るが孝行かと思ひ黙って居る [大6.3.19]

　母親が判断に困って弘安に相談した相手は、一度嫁いだが相手の酒癖が悪くて離縁して戻った女性である。どうだろうかと相談された弘安は、「母が本人を見てよいと思ったら異存はない」と答えている。
　当時の慣習によれば、女が男の家に入っても、婚姻成立の儀式が行われるまでの「嫁」は、モラトリアムのような位置に甘んじており、この間に婚家での折り合いが悪ければ、婚姻は不成立となった。入籍も、結婚後ただちに行われるのではなく、懐妊が分かってからか、出産後に行われるのが、普通であった。このような事情から、入籍前の離縁は問題とはされなかった[10]。しかし弘安は、「嫁の話も度々聞くとうるさい」[大6.3.19]と、投げやりな気持になっている。女性の離縁が問題とはされなかったとはいえ、それでも、男性の離縁よりマイナスに捉えられたのは、当然である。そこには、いわば「キズモノ」のまなざしがあった。弘安は、一度嫁いだ相手に対して乗り気になれなかったと思われる。

第1節　職人と家父長制　145

　この日の記述には、さらに(本当は)東京へ行きたかったのにという悔いの心境が、吐露されている。都会へ飛躍したいという願望は、いつの時代にも若者を捉えている夢である。弘安も、都会住いへの憧れをもっていた。しかし、親孝行を至上の価値と考える弘安に、東京行きを押し通すことはできなかった。弘安は、「両親の云わるゝ儘ニなって居るが孝行かと思ひ黙って居る」と書いている。「嫁の話もたびたび聞くとうるさい」と日記に書くことが、弘安にとって精一杯の抵抗であったと思われる。日記を書く行為は、書き手の不満や内面の葛藤を浄化する機能を持っている。

　　　此間母が、酒井様ニ圖案家の金田様ニ娘様ある由なるか、また家ニ居らるか否やと尋ねられし為、酒井様か尋ねて上ると云って居られた　本日内儀様来られ、娘様ハまだ嫁入定まらぬ由なれば、見たければ見らる都合ニして上げましょうとの事であった　年ハ二十の内　僕は曰く、全娘様に逢ひし事あるか、月給取向にて職人ニハ不適当と思ふと[大6.4.13]

　これは、ただ一回の、弘安が自分から意見を言って断った「嫁」候補である。弘安は、その娘に会ったことがあり、そのときの印象から、「月給取りに向いている、職人には向かない」人だと、自分の考えを言っている。苦労の多い職人の家に耐えることのできる女性というのが、弘安の「妻の基準」であった。
　相手が決まるまでの「嫁探し」に関わる記述は、日記に41回登場する。そのうち、相手がどこのだれそれと特定されているのは、18人である。妻は職人の家にふさわしい人をと望む弘安の意思が尊重されたこともあり、「嫁探し」は難航した。母親は、占いの八卦まで診てもらっている。それほどに、母と弘安と相方の望みが一致するのはむずかしかった。

　　　母は昨夜、中野様の云われた四番丁の娘様ニ付、横地方へ尋ねられし決果、進めて八卦を見て貰った處、当分縁談不可八九月頃ニハ自然定まると云ったとかで、母は暫くさがさないとの事[大6.5.1]

　希望に叶った相手にめぐり合ったのは、1917(大正6)年のことである。叔母が「写真を借りてきたので見られよ」と置いて帰った。「藤掛外喜様久敷振にて来られ、材木町土方の娘様にと頼んで置いたから、其中ニ何とか返事があるだらう　写真を借って来たから見られよとの用事」[大6.10.16]。そして、その二日後に先方が承諾する返事があった。相手は、表具職人・土方松平の娘芳野であった。弘安はうれしかったことだろう。しかし、日記にそのときの感情は記されていない。

藤掛外喜様御出あり　今朝土方へ行き頼みし返事を聞きしニ、大掃除にて夕頃
　迄待って呉れとの事であった　夕御出ニなり嫁ニやりませうとの返事で、喜んで
　云ひニ来たのだと　母も安心したと喜はれた　途中占があった　今、久保市境内
　團扇の柄のないのが落ちて居た　うちは丸くとは縁起がよいか柄のないのはいけ
　ない　誰か病のではなからうかと思って来たニ、父様が病になったとは表ニ裏ニ
　つくものかと云って居られた（夜）　色々話して十時帰られた [大6.10.18]

　このように「母が安心して喜んだ」とだけ書かれ、そのつぎには別のことが書かれて
いる。そこに、日記を介して弘安が取る出来事との距離を見ることができる。それから
はたがいの顔合わせもないまま、母親と叔母と弘安の姉により結納が済まされ、婚礼の
日取りが決められる。結婚式までのいっさいが、弘安の出番のないまま進展していく。
もちろん父親の出番もないままである。
　結婚式当日の記述は、「婚礼日は今日となった」[大6.11.16] という書き出しで始まる。
そして、式の一部始終が書かれている。

　　婚礼日は今日となった　土方様、別家の土方様、尾張町伊藤様、今町橋本様、何
　れも御酒及大鯛の御祝儀であった　叶姉、鶴子様等髪結や着物の取揃の為ニ忙殺
　されて居る待って居ると遅れて九時到着　先方の方々ニは二階の一間へ落着かれ
　た　嫁は先づ内佛へ三拝し、次ニ座敷へ通し、小生も其處ニ出で、嫂つる子様の酌
　にて例の三々九度とかの式を上げた　交ニ初対面の挨拶あり　新めて酒宴ニ移る
　（中略）最初ニ茶ニ菓子を出し、次ニ落付の餅を出し、小ふた廻し、かん鍋瓶子にて
　酒を廻す　次ニ又吸物、さし身、それより何だか出たか覚えない　時々僕も出て酒
　を進めた　御飯を出し、廣煮を出し、全く終りしは四時半頃であった　一同伴にて
　帰られた　吾等の寝たのは六時頃であった [大6.11.16]

　翌17日には、両家の親類縁者を招待して披露宴が開かれた。その様子も詳細に書か
れている。さらに、妻の両親や妻方の親戚が来訪して慌ただしい数日が過ぎていく。月
末までは、日記は、ほとんど結婚に関わる出来事の記述で埋められている。
　結婚は、あらゆる面で弘安の生活の転機となり、彼に将来的な家計の安定と精神の充
足をもたらすかに思われた。じっさい妻の父親は、弘安に顧客を紹介したり、自分も仕
事の注文をしたり、作品を買い上げたり、作品制作の資金を援助したりと、親族として
の支援と協力を惜しまなかった。また日記から、新しくできた親族とのネットワークに
より、弘安の世界が大きく広がった様子が窺うことができる。

5. 生計の苦労

　家督相続が完了した時期は、注文が切れ目なくあって多忙な日々であった。それは、「仕事が非常ニ込んで、何より手を付てよいか知らない　与程働かねばならぬ」[大7.9.8] という状態であった。弘安は、弟清二とともに夜業をして働いた。「夜業して指輪をする　父も始めて夜業をせられ、鼓皮三ツ星形の象眼をせられた」[大7.9.8]。1918（大正7）年の暮れには、日記を書く暇がないので記憶にあるものだけを書く状態であった。多忙のため、注文を断ることもあった。「大聖寺黒瀬様より香炉蓋以来し来りたるが急ぐ品とて目下多忙中、とても出来ないから断ってやると、又是非頼むと来た　然し出来ないものを引受ける訳には行かないから又此度計ハ先方で都合して呉れと頼んでやる」[大8.9.9]。このような状態から推して、この時期は、家計を支える収入は確保されていたと思われる。

　このように注文仕事が多忙であっても、弘安は、香炉や水入などの作品を制作している。1919（大正8）年に、作品の「象眼香炉」が賞を受けて、陳列館に買い上げられた。「陳列館ニテ金属品三考品研究會、本日午后開かるとの通知ニより午后清二と行く　五時半散會　小生出品の舞楽象眼香炉、優等賞ニ付館ニ買上られた　金地ハ小生三匁申込たり [大8.7.2]。1921（大正10）年に、石川県工芸奨励会に文臺金具を出品し、売上金は130円に上った。「市役所勧業課へ行き、三越陳列會の賣上、百三十円中一割の百二十一円五十銭を受取る　帰路水辺様へ寄って、借用の五十円の元利を返済して帰宅せり」[大10.12.23]。1922（大正11）年に、工芸奨励会で受賞し、賞金を獲得した。「工藝奨勵會の授賞式は、本日午前十時より陳列所で挙行せられた　澤田知事より賞状は、渡された　二等五名三等十五名にて、賞金二等百円、三等五十円渡さる　金属では山川幸次、伊藤勝典及僕で、澤田知事より訓示があり」[大11.6.17]。

　このように、この時期は注文仕事も作品制作も順調で、家計を支える収入は確保されていた。収入のめどが立つことから、借金することもできた。

　作品を制作するには、材料を調達する経費の用意が必要である。弘安は、材料調達の資金や不意の出費を、顧客で金貸しでもある水辺からの借金で調達している[11]。弘安は、借用書を入れて利子を払っている。小額の場合は姉から借りたが、この場合も利子を払っている。

(1) 借金

　借金を頼んだ相手の水辺は、父親の代からの顧客である。弘安は、家政のことについてもしばしば相談に乗っている。借金を全額返済ができないときは、日延べをすることもあった。しかし、確実に返済しているので、貸し借りの関係が維持されている。

　米澤家は、1915（大正4）年に家の改築を行った。弘安は、水辺から300円を借金し

ている。水辺から借金したのは、このときがはじめてである。「水辺様御出あり　盃裏ニ文字彫を依頼ニ来られた ---- 水辺様へ家屋新築の相談をして、三百円借用の事を頼み承諾ありたり」[大4.8.2]。その返済には、月々の依頼仕事で受け取る代金を充てて、利子と元利を払うという方法をとった。「勘定日とて、米屋、肴屋等来らる　清二は午后、懸取ニ行く　本月少なし　水辺様利子四円五十六銭も差引て拂ふ」[大4.11.30]。300円の1ヶ月の利子は、4円56銭で、安くはない。弘安は、この300円を2年余りで返済している。

　外から注文を受け、自宅で仕事をする居職（いじょく）の場合、普通、材料費は職人が負担した。弘安も同じであった。まれに注文先から材料を宛がわれることもあるが、弘安は、たいてい材料を自分で調達して、注文品を仕上げている。金額が張る注文品では、仕事の代金が、相手の都合で2、3回に分けて支払われることもある。たとえば、1917（大正6）年に注文を受けた書棚金具は、代金の半分を中勘定として受け取り、すべて完成した時点であとの半額を受け取る取り決めであった。そのような場合は、材料は、完成後の収入を見越して借金して調達した。

　家の改築の際に借りた300円は完済したものの、その後も借金は続いた。1918（大正7）年には、運転資金として100円を借り、1カ月後に返済した。水辺が指輪彫の工料を勝手に決めたことに憤慨して、談判するという記述もある。ここから、弘安は、水辺とは仕事のうえで対等な関係を保っていたと思われる。「指輪老松彫の工料等は最初定めてあるのを水辺方には勝手ニよきやうニ定て居らるやうであった　それで其談判と其次ニ鉄型ニ就て又全様終りニ文字の鉄型ニ就て鋳金にてする相談等ニ暇入り、借用の百円を御返して辞せしハ一時半」[大8.1.30]。1920（大正9）年には、清二の分家費用の予備費として105円を借りている。この年、清二は貸家の二階を借りて引越しをした。これは実質上の分家である。弘安は、清二の家の戸障子腰張を仕替え、畳に上敷きを引き、箪笥や陶器ものなどを買い揃えるために、水辺から借金をした。「金岡方の二階を借る事ニしたが本日午后清二と芳野が掃除ニ行く　大層汚れて居た由　戸障子腰張を仕換へ又畳ニ上敷を敷けば見直すやうになるであらうと　夜、母と芳野ハ畳表や陶器物等を買ひニ行かる」[大9.6.22]。この借金は1年後に返済しているが、弘安は、その後も清二が転宅するたびに水辺に借金をしている[12]。

　1922（大正11）年には、清二が家を新築したため、弘安に財産分与金の400円を支払う必要が出てきた。弘安は、それを勧業銀行から借りて清二に払った。「勧業銀行の借用證等を持って裁判所前の代書、吉村他喜方へ行きしニ、客が十数名もあり　権利證が必要だと云ふので取ニ帰り、又行きて書類を提出したのか十一時であった　處が印鑑證明が要ると云ふので、市役所へ取ニ行きし為、十二時となり受付て呉れず帰宅す」[大11.5.5]。清二が分家して独立の家計を営むようになるので、弘安は一段落した格好である。

その後も借金の記述はあるが、日記の空白が目立っており、借金や返済の記述も抜け落ちていると思われる。それ以後は、借金は小額となっていく。これは仕事が減ったため、材料の調達の必要が少なくなったためと思われる。昭和に入って、仕事は閑散としていく。作品制作のための借金も、少なくなったと思われる。

1923（大正12）年に父親が死去し、墓を建立することになった。その資金を水辺から借りようとしたが断られたため、姉から借りている。水辺が借金を断ったのは、それ以前に借りた金の返済が滞っていたためと思われる。その後は、金工業者との京都御所拝観や京阪地方視察に出かけたさいに、姉に借りたり、月末の支払いを待ってもらったりしている記述がある。水辺への借金はしないで、やりくりしている。1924（大正13）年（2月8日）に、県庁から依頼された書棚金具の代金265円が入ったため、これを水辺の借金の返済に充て、滞っていた200円を完済している。これを最後に、水辺からの借金の記述はなくなる。この頃から仕事量が減りはじめており、借金をしても返済可能なほどの収入の確保ができなくなったものと思われる。水辺は、返済が滞りかねない相手との貸し借りには敏感な商人であったため、弘安は見切られたとも思われる。その後、水辺とは仕事上の関係は続いたが、金の貸し借りはなくなっている。

弘安は、依頼された品物の材料を自前で調達して完成させ、納品した。品物を納めなければ代金が支払われない。ゆえに、自己資金がない職人は、なんらかの方法で材料費を調達しなければならなかった。中勘という方法で代金の半分なり3分の1なりが前もって支払われることもあった。しかし日記を見るかぎり、多くは後払いである。それは、「伝統的に」居職の職人の受け取り形態であった。弘安は、富裕な顧客からの借金でやりくりしたが、その利子は安くはない。先述したように、家屋改築の折に借りた300円に対する利子は月額4円56銭である。自己資金のない職人は、高額の利子を払って融通しなければならなかった。弘安は、利益の蓄積から遠ざけられ、置き去りにされた近代職人の典型といえるであろう。

（2）倹約

1918（大正7）年に、米価の高騰は民衆の生活を直撃した。金沢の米価の上昇も極度に達して、民衆の困窮は米騒動に発展した。弘安は、8月12日に起きた金沢の米騒動の新聞記事を日記に転記している[13]。弘安は、米価の高騰に関心を寄せていた。日記には米の値段が逐一書き込まれた。米の値上りは、米澤家にも影響を及ぼす出来事であった。しかし彼は、米騒動には直接関わることはしていない。翌日（13日）は、神戸の大暴動の記事、その翌日は大阪と東京の暴動の記事を日記に書いているので、相当に気になる出来事であったと思われる。しかし、14日には妻の実家で新築建前の祝いがあり、弘安と清二はその祝いの席へ出席する。15日は茶の稽古に行く。このように、弘安の生活自体は、米騒動に参加する人びとから距離をもって営まれている。

飯米を俵で買って挽いた方が徳用だと云ふので、四番丁の中村商店に依頼す
　　四斗俵にて搗上て、ヌカは取り俵は先方へやりて十五円九十二銭となる　量つて
　　見れは二舛餘の搗減となり　一舛四十一銭六となり、左程得でもないか損もしな
　　い　昼休ニ僕は取って来た　二斗ならば僕はカツける　二度ニ取って来る　ヌカ
　　は六舛程出た［大 7.11.18］

　俵で買った方が得だという情報をだれかが聞いてきたのであろう。弘安自身が得た
情報なのかもしれない。米澤家においても米価の高騰に困っており、そのことは、得策
な俵買いによって米代を算段する一家の様子から窺うことができる。弘安は、俵買いし
た結果、一舛にするとさほど得でもないが損もしないと細かい計算までしている。大正
後期になると、勘定日の支払いに窮して、生活のやりくりをする様子が多く記述される
ようになる。月末に支払う炭代を半分だけ支払って、残り半分は来月に回してもらった
り、外からもらった歳暮を他所へ回すなど、出費を節約して生活費を切り詰める状態に
なる。「小林様よりお歳暮として、小鯛三枚ニ最中七十箱入を貰ふ　土方様へお歳暮と
して上る　節約だ」［大 11.12.15］[14]。このような切り詰めは、母親や妻の裁量で行われ
たものと思われる。1924（大正 13）年には、二階の間貸しも始める。母親が貸間を探し
ている人の情報を得てくる。自宅の二階を間貸しする話がまとまり、家賃収入を得るよ
うになる。

　　昨夜母か藤掛へ行かれしニ、高桑宗一君が来て居られて、宗一君と同しく福文屋
　　の店員が貸室を尋ねて居るとの話が出たので、母ハ自宅二階か明き居るからと話
　　せし處、明日見ニ行くと云って居たとの事であったが、本日午后一時頃二人で見ニ
　　来られ、気ニ入ったから借りたいとの事で、七円ニ貸す事ニ話纏る［大 13.8.9］

(3) 工賃稼ぎ

　1920（大正 9）年初頭に、金沢市に大きな金属工房を構える才田幸三が、宮内省から
4,000 個の盃の注文を受けた。県内の主だった工房や職人へ協力要請がなされ、弘安と
清二も製作に加わることになる。様子を見に行った弘安は、その盛況ぶりに驚く。

　　才田様の宮内省の盃は何んな事かと清二と二人で見ニ行く　いやもう盛んだ
　　二十四五人も職人か集まつて五七桐や雷紋の象眼をする傍にはけづりをやつて居
　　る等、中々の事だ　二三日来より漸く順が定まつたとの事、規定ハ午前七時より午
　　后九時迄、昼三十分休、一日、十五日昼迄、日曜ハ夜業休の由、兎ニ角清二は明日
　　より手傳ニ来る事を約し、僕ハ二三日後ニ行くと云つた　松崎様ハ金の針金を廻

して居られた　明日より又職人か増ると [大9.2.29]

　労働時間は、午前7時より午後9時までで、日曜も夜間作業のみ休みという長時間労働の取り決めがなされ、その代わり、工賃も普通職工が5円という高額であった[15]。弘安は、3月5日から4月10日までの36日間、清二は、3月1日から5月7日までの68日間工房へ通っている。才田工房が宮内省へ納める盃の注文を受けたことは、金沢の金属業者や職人たちに思わぬ収入をもたらす出来事であった。

　弘安は1月余り、清二は2月余り才田工房の仕事をしたが、そこで得た工賃は、3月に200円、4月に137円であった。清二の5月分の工賃の記録がないため正確には分からないが、2人合わせて400円は超えたようである。その間自分の注文仕事ができなかったとはいえ、それは米澤家にとっては思わぬ収入であった。工賃の単価も相当によかった。清二は、時おり頼まれて他所で仕事をすることがあったが、1日の工賃はせいぜい1円である。弘安も、時おり手伝いを頼む職人に1日2円10銭の賃金を支払っている。「白山君ニ今日より金具縁立の手傳をやって貰ふ　二月分の勘定を云わない故、僕より一日二円十銭として、十八日分として三十八円渡す」[11.2.28][16]。ここから、労働時間が長かったとはいえ、才田工房の工賃がいかに高かったかが分かる。工賃は弘安が1日5円、清二が4円であった。才田工房にはせ参じた職人は、それぞれの技量に応じた工賃で働いた。弘安が外の工房へ出掛けて工賃を稼いだのは、このときだけである。

　才田工房で得た工賃は、名古屋の兄佐吉への財産分預金の一部となった。「父は名古屋の光雪方へ分與金四百円の内二百円以前渡し残を持つて、今朝七時四十四分の列車にて出發せらる」[大9.6.2]。兄への分配金4百円のうち2百円はすでに渡されているので、残りを父親が持って行き、兄への分配はこれで終ったということである。他方で、弟への支払いは引き伸ばされて、家屋を新築した1922（大正11）年にようやく終えている。

6. 家長弘安

　本節では、弘安の日記をテキストに、米澤家の運営（家督相続、結婚、家計）と、それに関わる弘安の生活史の一端を分析した。ただしこれは、日記が書かれた期間の、弘安が家督を相続し、家長として家業に精進した時期に限ってのものである。日記が中断された時期が20年余りある。日記の空白期間にどのように家が運営されたかについては、次節において、日記面接などの資料によって分析する。弘安の家運営から知られる家父長制の全体像については、本章の最後に考察する。

　日記から構成される弘安の生活史にみる生活心情や価値は、つぎのように要約される。弘安は、次男であったゆえに家督を継ぐことを熱望した。長男であれば自然に決まった

であろう家督の相続は、弘安にとっては決断を要する一大事であった。その代わり、弘安は、東京へ出たいという希望を放棄した。そして、家業を盛り上げるために粉骨砕身した。感謝・正直・倹約の規範に精進し、〈家〉を守ることに専念した。弘安は、家計維持の責任を全うするため、その協力者となるにふさわしい妻を選んだ。そして、妻の実家との関係に心を砕き、その見返りとしてさまざまな援助を得た。また弘安は、家長として弟の結婚や分家の世話をした。これに応じて、弟は、仕事と雑用を助ける弘安の手元として、生涯を米澤家に捧げることとなった。家督を継いだ弘安は、兄弟の相続分の分担金を調達しなければならなかった。両親の世話をし、家業を継いだ弘安は、本来、その義務を免れていたはずである。しかし弘安は、弟はもとより、家を出た兄にまでその責任を果たした。弘安は、このように実直な家長であった。特別の冒険をするでも、商才があるわけでもなく、実行可能な範囲でこつこつと精を出し、責任を全うする。これが、家長弘安の姿であった。

　弘安は、そのような日々の出来事を日記に書いた。1日の出来事を文字として書くことは、その日の生活を反省的に振り返ることでもある。日記は、弘安に、漠然としたものをはっきりと自覚させ、他者との距離関係を測り、調整することを促した。弘安は、近隣の人びとや顧客、同業者との関係において、みずからの言い分を控え、諍いを避けた。家族との宥和にも心を砕いた。人間関係のもつれは、文字に書くことで整理され、その摩擦が和らげられた。そして、理不尽なことや不合理なことが昇華されていった。弘安にとって日記を書くことは、そのような機能をもった。

［注］

1)　本書では、「家父長制」を家父長的な制度・慣行、「家父長主義」を家父長的な価値・イデオロギーを指すものとする。

2)　「夫婦掛向い」とは、夫婦が「掛向い」で小農を経営するような家族形態をいう。一般には、夫婦二人だけの家族生活をいう。

3)　ラディカル・フェミニズムの理論家であるケート・ミレット (Kate Millett) は、『性の政治学』（1970年＝73年）において、男による女の支配および年長の男による若い男の支配という、二重の支配原理にある家族関係を家父長制と呼んだ（長谷川1989: 92）。ミレットやジュリエット・ミッチェル (Juliet Michell) は、歴史学における家父長(patriarchalism)の概念と区別して、男性支配のシステムを広く家父長制と呼んだ（長谷川1989 92）（三成他2014: 16-17）。

4)　弘安は、弘正が生まれたとき、家業の跡取りができたことを喜んだ。「赤児の命名ニ付て色々候補の名を並べて見る　清弘、弘一、弘、稔等、遂ニ祖父の職名弘正を貰って命名せり」[大11.10.3]。しかし、弘正が高等小学校を出て、結局、商業学校へ進学させることになる。

5)　父は、大正期半ばより、高齢のため、次第に象嵌仕事の中心から退いていく。「竪町の河野様、鉄型を彫って呉れと頼ニ来られたが、父は今ではとても細いものは彫れないと断られた處大

ニ困って居られた」[大6.9.20]。

6)　1898（明治31）年に制定された民法（旧民法）では、家督相続を長男子単独相続を原則とし、戸主に家の統率権限を与えた。民法にはつぎのようにあった。

第287条　家督相続とは戸主の死亡又は隠居に因る相続を謂ふ

第288条　家督相続を為すは一家一人に限る　何人と雖も2家以上の家督相続を為すことを得す

第294条　家督相続人は姓氏、系統、貴号及ひ一切の財産を相続して戸主と為る

第295条　法律に於て家督相続人と為る可き者の順位を定むること左の如し　第一　被相続人の家族たる卑属親中親等の最も近き者　第二　卑属親中同親等の男子と女子と有る時は男子　第三　男子数人ある時は其先に生まれたる者但嫡出子と庶子又は私生子と有る時は嫡出子

7)　その後、清二は、弘安との約束を破り、貸家を見つけて引越していく。弘安は、面白くないが、それでも引越しの手伝いをし、借金までして引越費用の工面をしている。そして、家長としての立場を貫いている。

8)　清二は、よく弘安の長女喜代の子守をした。日記にその記述が頻出する。そこから、喜代は、弘安以上に清二の方についていたとさえ思われる。「清二は喜代を抱いて朝ハ市場、夕ハ停車場へ、夜ハ橋場町迄廻る」[大8.8.8]。

9)　第Ⅰ期の米澤弘安日記研究会による芳野への聞き取りのなかで、芳野は、米澤一家の写真を見せられて、「若い男の人がふたりいて、清二さんの方が弘安さんだと思った」と話した（聞き取り年月日は不明）。

10)　弘安の結婚式は1917（大正6）年11月であり、婚姻届が出されたのは芳野の懐妊がはっきりしたときで、式から8ヵ月遅れて届けが出されている。清二の場合も同様である。清二は、1920（大正9）年7月に結婚し、23（大正12）年1月に再婚したが、いずれも妻が実家へ行って帰ってこないかたちで離縁している。これは正式の離縁ではない。そして、1923（大正12）年11月に3度目の結婚をしている。婚姻届は、このときはじめて出されている。

11)　水辺は、「水辺方ニ電話を取られた　千八百四十五円なりと」[大7.3.19]とあるように、高価な電話を引くほどに経済力のある職商人であった。

12)　先述した通り、清二は、三度結婚している。その結婚相手について、日記には、一度目は「松原茂様」[大9.6.11]とだけ。二度目は「宗叔町四番丁の中森と云ふ家にて、父親なし、母親と共ニ居るなりと　兄ハ朝鮮の巡査を務め、次兄ハ京都へ行って居られ、姉ハ市内木町へ嫁入して居らるなりと　二十五才にて高等小学校卒業せるなりと」[大12.1.16]とある。三度目は「卯辰の嫁ニなる人」[大12.11.26]とだけ書かれている。すべて周りの人の紹介であり、日記によれば、清二が、妻となるべき人になんらかの条件を付けた様子はみられない。結婚式は、弘安のときよりはるかに質素である。

13)　金沢の米騒動の顛末については、第3章第2節を参照されたい。

14)　小林は、兄嫁の実家である。娘の婚家には格別に気を使う風習のせいであろうか、兄嫁の実家からはいつも高価なものが届いている。この年の歳暮は、小鯛3枚と最中70個の箱入りであった。弘安は、それを妻の実家へ回したようである。

15) 日記には、それ以前の2月12日に才田工房が金属業の人たちを金城楼（料亭）に招待し、業界全体でこの仕事を後押しすることが決められたことが書かれている。才田工房が宮内省から引き受けた盃は、4寸2分2千7百個、4寸・4寸5分・5寸の3個組5百個であった。その17日後の日記には、「才田様の宮内省の盃は何な事かと清二と二人で見ニ行く　いやもう盛んだ　二十四五人も職人が集つて五七桐や雷紋の象眼をする傍にはけづりをやつて居る等、中々の事だ（中略）規定ハ午前七時より午后九時迄、昼三十分休、一日、十五日昼迄、日曜ハ夜業休の由　兎ニ角清二は明日より手傳ニ来る事を約し、僕ハ二三日後ニ行くと云つた」[9.2.29] と書かれている。

16) 白山は、白山忠次という象嵌職人である。弘安と友人関係にあり、仕事が忙しいときに手伝ってもらう記述が何度かみられる。後年の1963（昭和38）年に、金沢市は、後継者養成をめざして加賀金工振興会を発足させた（弘安は、振興会の代表者に推された）。このとき、後継者養成についての答申書を金沢市宛てに提出しており、その同行者として白山忠次も名を連ねている。答申書の内容については（田中 1974: 182）を参照されたい。

第2節　家の運営と妻　155

第2節　家の運営と妻

1. 弘安と妻

　『米澤弘安日記』は、米澤弘安の青年期から没年までのほぼ半世紀にわたって書かれた。しかしその間、1934（昭和9）年から20年余りは書かれていない。1958（昭和33）年に再開されたが、記述の分量は少ない[1]。記述量をみると、仕事が多忙な時期に多く書かれ、少ない時期に減っている。家業と日記を書く行為が、密接に関わっている（本書の表2.1を参照されたい）。毎日欠かさず書かれたのは、日記を書き始めた明治後期から大正期にかけてで、それは、弘安の生活が充実して安定する、人生の高揚期に当たる。これに対して、仕事が激減する昭和初期以降は、日記は飛び飛びとなり、月単位で欠落するようになる。本節でも、弘安による米澤家の運営を見ていくが、そのためには、日記が書かれなかった時期の生活がどうであったかも、見ておく必要がある。そのため、日記の空白期の家運営については、弘安の妻（生前）や娘たちへの聞き取り調査のデータから推測することとする。

　この聞き取りは、日記面接である。日記面接とは、日記に書かれた事実を検証し、かつ書かれない事実を補填するために行われる、日記研究の一手段である[2]。本研究の日記面接は、日記の書き手が故人であったため、書き手の遺族に対して行うことになった。弘安には三人の娘がいた。長女は1919（大正8）年生れで、石川県小松市に住んでいる（面接当時、以下同じ）。次女は1925（大正14）年生れで、金沢市内に住んでいる。米澤家では長男が戦病死したため、1929（昭和4）年生れの三女が、婿を迎えて家督を相続した。三女は、夫と米穀店を経営して家計を立て、両親の最後を看取り、その後も日記が書かれた当時の家に住んでいる（2016年に死去）。

　面接調査は、本書の著者ら4人（第三期の米澤弘安日記研究会の青木、近藤、坪田、水越）が、米澤宅を訪問し、三女を中心に、時どき長女と次女が加わるかたちで行われた。2007（平成19）年以降は、長女と次女は、加齢のため面接への参加を控え、面接は三女に対して行われた。米澤宅への訪問による面接調査は、1998（平成10）年から2008（平成20）年まで、毎年1、2回のペースで行い、1回の面接時間はおよそ3時間であった。1998（平成10）年以前は、第二期の米澤弘安日記研究会の4人（古屋野、青木、坪田、水越）が、同じく米澤宅において、弘安の生前の妻（芳野）に面接調査を行った。本書では、このデータおよび妻が書いた日記も用いている。

　日記には20年余りの空白があり、その空白期の家族関係や家業・家計の様子を、日

記面接により推測することになる。日記の空白期には、太平洋戦争が含まれている。それは、金属の消費が厳しく統制された時期であり、とくに貴金属（金銀地金）を材料とする象嵌の工芸品は、ほとんど制作できなかったはずである。そのような時期に、米澤家の家族関係や家業・家計はどうであっただろうか。面接調査は、弘安の生活史の構成を補填するだけではなく、この空白期の家族関係や家業・家計についても、（限度はあるが）教えてくれる。

　弘安は、家長となって妻芳野を迎えた。弘安の妻は、職人の家に適う女性であることが第一の条件とされた。そのため、職人の家から妻を迎えることになった。その判断は間違っていなかった。芳野は、弘安の作品制作のために資金調達に奔走した。弘安に仕事がないときは、裁縫仕事で家計を支えた。さらに、弘安の作品のよき批評者となった。芳野には、これらをこなす器量があった。

　　　煙管なんかでもねー、三人して考えてたもの、お客さんと。そしたら、おばあちゃん（妻芳野）が、春夏秋冬紫煙を絶やさず、というのはどうかね、って。そりゃいいね、ってね。やっぱ、おばあちゃんには批評を求めてたみたいやね。あ、おじいちゃん（弘安）、ここはこうした方がいいがねか、とか、口出ししとったみたい（三女の話 1998.6.9）

　弘安がよき妻を迎えることができたのは、たんなる幸運ではなかった。それができたのは、弘安が米澤家の家督相続者だったからである。弘安の、由緒ある象嵌職人の跡取りという社会的立場が、富裕な職商人（土方家）[3] との縁組を可能にした事情がある [4]。じっさい弟清二の結婚において、そのような家格が考慮されることはなかった。弘安は、そのような妻に満足だったと思われる [5]。

　　　芳野の嫁入後始めての盆故、儀式的ニ僕と共ニ墓参せよとの事で羽織袴で午前九時、二人俥にて出掛けた　曇って居るのと存外涼しいのでよかった　往路、蛤坂成学寺の土方様の墓へ参詣する　不思議にも馬場の土方様夫婦ニ逢ひ、共ニ参詣せり　土方家の祖先ハ松平伯耆守 [6] の次男より出でたる末えいなりと　墓ニ彫付てある　二基ありて一基と祖父の道遊齊の句や自書名を彫込である［大7.7.15］

　これは、弘安が土方家の墓参りをしたときの様子である。弘安は、元戦国武将を祖先にもつ土方家の壮麗な墓を眩しく見上げている。弘安は、結婚して家運営への希望を膨らませた。弘安は、結婚した年の翌年（大正7年）の元日の日記に、家長としての責任と覚悟を書いている。結婚は、そのような自覚をいっそう促した。

僕の一身に就ては、昨年よりは非常に相違する事となった　昨年迄は両親の膝
　下ニ只稼業のみ勵めはよかりしが、昨年十月には父の発病に依りて業務一切は僕
　の責任重く引受せさるべからさるニ至ル　且十一月嫁を貰ひしによりて、此處ニ
　一家軸となる事となれり　勿論財政も自ら心配せさるべからず　僕の双肩には重
　荷が負されたのだ　そこで今後は只管ニ稼業を勵み一家を養ふと共ニ、兄への贈
　金、清二の分家又は養子等一切の處置、其他重大なる幾多の事柄も一手ニ引受け仕
　末せねばならぬ事となつた　一身の外ニ味方なしと思ひ、勵むより外なしと覚悟せ
　り［大7.1.1］

　弘安は、翌（大正）8年と9年の元旦にも、家長の責任と覚悟を書いている[7]。そこには、
家計の算段を案じる心境や、生まれた子の養育への責任感が述懐されている。さらに家
督相続とは、兄弟への資産の分配金や弟の分家の費用を算段することを意味した。その
ような責任の自覚は、換言すれば、家長としての権威を自覚することでもあった。この
時期は、米澤家の家計は順調で、生活が逼迫することはなかった。そのような弘安の心
情の背景には、寸暇を惜しんで仕事をこなすという生活の勢いがあった。

2. 妻の働き

　妻芳野は娘時代に、花嫁修業の一つであった裁縫の技術を修得していた[8]。そして結
婚して、その腕をいっそう磨いた。芳野は、1921（大正10）年、金沢市が主催した新方
式（奥田式）の裁縫の講習会へ1週間通った。「奥田式裁縫の講演が、本日午后一時より、
商業會議所に於てあると云ふので、芳野ハ喜代子を置いて行く　午后五時頃帰ったか、
実ニうまく出来るので感心して居た　明日より三日間講習會ニ出席したしと母ニ頼み、
承諾を得た　喜代子のお守ニ大困りするのだ」［大10.12.11］。芳野は、弘安の用事や家
事に忙しい義母に子守を頼んで、裁縫の講習に出かけた。日記には、出かける様子が
毎日のように書かれている[9]。
　芳野は、結婚して半月後に着物の仕立てを始めた。そのはじめに、「よし野ハ仕立物
に掛る」［大6.11.3］と書かれている。日記には、芳野が実家や祖母（橋本家）・叔母（伊
藤家）へ仕立物を届ける記述が、頻出する。「芳野ハ、夜お里へ仕立済の着物を持って行
き、寿万頭を貰って帰って来た」［大7.2.9］、「芳野ハ、午前髪結ニ行き、仕立物を持っ
て行く　土方様へ一寸寄り、昼飯を食して帰る」［大7.3.19］、「芳野は午后、今橋本様
の紋羽織出来ニ付持って行く　夕帰宅せり」［大7.11.9］、「芳野ハ伊藤様へ羽織を持っ
て行く　お里へも寄って来たと」［大8.3.13］、「夜、芳野も伊藤様へ仕立物を持って行
く」［大10.12.24］」などである。これらの記述から、芳野が、仕立ての用事で頻繁に実

家や親戚を訪ねていたことが分かる。仕立物の注文を取ることは、芳野の大切な仕事であった。弘安は、「芳野ハ眼がますます痛むので、今日は仕事を休んでお里へ行く」[大10.12.27]と書いている。弘安は、仕立物は妻の仕事であると認識していた。実家へ行くこともその延長であった。

　　はじめは人の仕立物ではのうて、自分のうちのもの縫ってたんだと思うんですよ。その時分はみんな着物だったし。弘安も着物で仕事してたし。吉駒さん（弘安の姉の養女先）のとことか、そんなん頼まれるとしてたみたいで。そのうちだんだん（家計が）苦しくなってきたら、もう、お弟子さん、あの、教えてた。五・六人集めて、娘さん集めて、教えてたみたい（三女の話1998.6.9）。

　はじめは実家や親戚に頼まれる仕立物を縫っていたが、次第に実家や親戚を通して仕立物を頼むようになった。1925（大正14）年には、近所から取った注文の仕立物が立て込むなか、弘安の姉が急ぎの仕立物を頼みにきて困っている様子が、書かれている。「長田姉が来て、十二日ニ稲田禪坊西念寺へ団体参詣ニ行くから、帯及ジュバンを縫って呉れと頼みニ来られた　芳野ハ隣の分もあり困って居た　間ニ合はすとて受取る」[大14.4.9]。大正期後半には、仕事はますます多忙となり、芳野は、着物の仕立てに夜なべをして取り組んでいる。そしてついには、近所の娘たちを集めて裁縫教室を開き、月謝を徴収するようになる。

　このような芳野の仕事ぶりは、弘安の象嵌仕事が減り、家計が苦しくなったことに対応する。しかし弘安は、日記に、芳野が家計を助けてくれていることを書いていない。芳野に対する感謝の言葉も書いていない。また弘安は、芳野が実家へ頻繁に行く様子や、祖母や叔母を訪ねる様子について丹念に書いている。しかし、それらの用事の中身についてはあまり書いていない。記述は、「芳野はお里へ用ありて行く」、「芳野は伊藤様へ行く」といった調子である。しかし、芳野の用事が仕立物に関わる事柄、あるいは婚家の用事であったことは、容易に推察される。というのも、当時は一般に、舅や姑と同居する「嫁」が、自由気儘に実家に行くことなど許されなかったからである。「嫁」の芳野も、用事もなく、また個人の意向で実家に行くことはできなかったはずである。そこには、かならず裁縫の用事や婚家の用事があったと思われる。

　しかし弘安には、芳野が実家へなにをしに行くのかまでは関心がなかった。それは、妻の内職を「日記に書くほどのこと」とは考えなかったという、弘安の無意識の所為であった。そこには、二つの理由があったと推測される。一つ、弘安は、裁縫を妻の仕事と認識してはいたが、その稼ぎはあくまで弘安の収入の補助であると思っていた。ゆえに弘安は、妻の仕事を日記に書くほどのこととは思わなかった。二つ、弘安は、妻が家運営に協力することを当然のことと思っていた。妻が実家に行くことは、弘安にとって

日常の光景の一つでしかなかった。このように、弘安にとって、芳野の仕事は、日記に書くほどのことではなかった。そこに、弘安の妻への家父長主義的な態度をみることができる。妻は、ほかの家族成員と同様に、家運営の資源でしかなかった。

3. 妻の実家

　結婚は、歴史的に、家本位の結婚から個人本意の結婚へ変遷してきた。日本でも、近世以降、結婚観・制度は変遷してきた。一般に結婚は、男女の新しい関係を創出し、夫妻それぞれの家族（親族）を結びつけて、人間関係のネットワークを一挙に拡大する。家族の基本単位である夫婦は、配偶者（妻）側の定位家族を夫の親族に繰り込む（森岡1999: 49）。親族関係は、夫側と妻側のたがいの認知によって成立し、たがいの心的交流間次第で関係の強弱・距離を伴いながら、構築されていく。つまり、婚家と実家の親族関係は、たがいの感情関係を介して、双方の関係世界を踏み出し、無限に多様なかたちで醸成されていく。

　人間が他者と関係を結ぶとき、なにかの共通項を発見しまたは創造し、「われわれ感情」（we-feeling）を構築しあって、たがいの関係の認知を強化しあう。弘安と妻芳野の両家の場合、その共通項とは「職人」であった。芳野の父親松平は、前田藩の家老であった横山支家に出入りする表具職人の8代目であった。松平は、多くの弟子を抱える有数の職商人で、経済力もあり、地域社会でたしかな地位を確立していた。そのことが、弘安にとって幸運となった。

　親族組織は、たがいの親族としてのパーソナルな関心や期待によって、持続的に支えられる。外部社会は、人が、親族関係にある人たちとパーソナルな関心をもち続けることを期待する（中野・松島1958）。ここで外部社会の期待とは、規範的な親族関係を意味する。弘安にとって、妻の実家と親密な関係を築くことは、家運営の必須の条件であっただけではなく、妻の実家や両家の親族が期待することでもあった。そのような社会的脈絡のなかで、芳野も、米澤家に嫁いだあとも、実家との親密な関係を持ち続けている。夫弘安も、みずから妻の実家と親密な関係を築こうと行動し、また、妻に対しても実家と親密な関係を持続するよう期待していた。

　実家の土方家（材木町）は、婚家の米澤家（宗叔町）から散歩の距離内にあった。「夜、父は散歩ニ出られて尾張町より遂ニ土方様へ行って来たと」[大7.8.23]。日常的に簡単に行き来できることが、米澤家と土方家の親密な関係の構築に決定的な物理的条件となった。日記には、なにかと用事を拵えて実家へ行く芳野の行動が、つぶさに書かれている。先述した通り、それらの用事の中身については、あまり書かれていない。そのなかでも、書かれた用事でいえば、裁縫仕事をはじめ、髪結いや届け物、子の送り迎えな

どがある[10]。実家へ行くスタイルは、午前中に婚家を出て、実家で昼食を済ませて帰る、たまに夕食を食べて帰るというかたちが多い。また、お産や病気療養、休養、通院などのため、泊りがけで実家に行くこともあった。「芳野が昼飯後お里へ泊ニ行く　四五日泊るだろう　玉子二十等を土産ニ持参す」[大8.1.16]、「芳野が鬼子母神へ参り、帰りハお里ニ泊る」[大11.12.8] などである。

　芳野が頻繁に実家に行く様子は、日記の読み手に、彼女が自由気儘に実家に行っているかのような印象を与える。しかし、芳野の実家行きは、あくまで婚家と実家の双方に期待された行動の範囲内のことであった。弘安の妻の実家に対する関心は、強かった。しかし、(その場面では) 妻に対する関心は弱かった。弘安にとって、実家の価値と妻自身の価値は同じものではなかった。大事なのは、妻の実家の方であった。妻が実家に行くのも、それが両家の親密な関係の構築に資するからであった。つまり妻は、両家の関係構築の手段でしかなかった。ゆえに、実家との親密な関係が、弘安の妻認識を変えることはなかった。実家の存在は、妻が弘安と対等な関係を作るステップにはならなかった。弘安は、妻の実家のさまざまな経済的援助に感謝したが、そのことで妻に遠慮することはなかった。

　しかしそうはいっても、妻の実家の存在は、弘安と妻の夫婦関係をまったく変えなかったのだろうか。弘安の妻認識に、実家の存在は、まったく影響を与えなかったのだろうか。つぎにそれを、日記に書かれた弘安の行為に焦点を当てて探ってみたい。

(1) 訪問

　弘安は、芳野の実家をしばしば訪問し、父親松平やその親族と親密な関係を築いた。日記から、弘安の妻の実家訪問の回数を訪問事由ごとに取り出すと、表4-2のようになる。

　訪問回数は、大正7年30回、8年49回、9年36回、10年53回、11年58回、12年43回であった。回数を訪問事由ごとにみると、もっとも多いのは、とくに用事のない訪

表4-2 妻の実家を訪問する事由と回数

事由／年（大正）	7	8	9	10	11	12	13
特に用件の記述なし	11	18	14	11	19	14	11
年賀、時候の挨拶、お礼	7	9	8	14	11	5	3
招待（祭、盆、かるた会、お講など）	3	6	3	17	9	9	3
両親や家族の病気見舞	2	3	4	1	1	2	
仕事関係（頼まれ物の相談、得意先の取次ぎ）	3	1	2	3	3	1	1
里帰りした妻子を迎えに		2	1	1	1	3	2
その他（近火見舞、引越・水害の手伝い）	11	9	2	5	11	5	4
合計	37	48	34	52	55	39	24

問である。それは、時候の挨拶などの慣例的な訪問や、義父松平に招待された訪問、そのお礼のための訪問などの回数を上回っている。とくに用事はないが、近くへ来たついでに立ち寄る、子どもを連れて散歩の途中に立ち寄るという訪問が多い。ここに、妻の実家との親密な関係を願う弘安の態度をみることができる。とくに用事がないからこそ、訪問には重要な意味がある。土方家が、弘安の親族に自然に組み込まれている。それは、妻方の親族（義理の祖母や叔母）への訪問についても同じである。弘安は、時候の挨拶や御礼の訪問を丹念に行っている。また、芳野がこれらの親族と行き来することにも寛大で、勧めている節さえある。このような弘安の態度を生んだ背景には、婚家と実家の付きあいという慣行の実践、義父に対する（職人としての）信頼、富裕な義父による家業への援助などがあった。

　　芳野ハ午后四時頃より鬼子母神様へ参詣ニ行き帰路お里へ寄ると乳母車とおまるを喜代子ニやるとて買つてあったと　そしてお母様が持つて行くとて芳野と共ニ御出下された　お事の多い中ニ実ニ恐入ります [大8.7.8]。

　　妻の実家からの貰い物は多く、弘安は、日記に一つひとつを記している。日記から、実家からの貰い物を拾うと、表4-3のようになる。書き落としは、ほとんどないと思われる。なにかを貰ったときは、「恐れ入ります」と感謝の気持を添えている。嫁いだ娘の出産や子（つまり孫）に掛かるもろもろの費用を実家が持つのは、金沢地方では（も）一般的な慣習であった。実家の経済力によって贈り物の数や値段に差はあるが、実家からの贈り物は、庶民の家計の一部であった[11]。

　　格別の出来事や季節ごとの行事などで（それらにかこつけて）、弘安が妻の実家から招待されることも多かった。1919（大正8）年1月26日に、弘安は酒宴に招かれた。

　　　　土方様より本夕吾等を招待せられて酒宴を催されんとす　祝の中には新築祝と芳野のお里帰と帯祝とを兼ての催しなり　午后三時過芳野は先ニ行く　長田つき姉か来るかと待ちしか五時ニ至るも来らず　僕は五時ニ又掛た　清二は後ニ待ちしもまだ来らず　六時頃来る　土方様には早、橋本様、伊藤様御夫婦、別家の土方様御出あり　三階の座敷ニ座すれば新築家屋とて頗る心地よし　床には老松に群鶴の幅を掛け、梅ニ椿を活けたり　僕を正座ニ据え清二を其次ニ置く　程なく配膳ありたる時、長田つき姉及藤掛外喜様も来られ芳野も座ニ就き酒宴となる始めは雑談より謡となりついには唱ふやら舞やらお道化るやらの大騒となり、つぎ姉の三味線にて大浮れとなった　最後ニ赤飯を頂いてお開となる　時ニ二時なりき　お父様はとうど酔ふて寝てしまはれた　三人が俥にて帰る　つき姉ニ泊

162　第4章　家長弘安の家族関係

つて行きなさいと云いしか直ニ俥で宅へ帰られた　自宅へも父母のお料理を持たして寄された　大層な御馳走で実ニ感謝ニ堪えない　其上俥迄ハ勿体ない[大8.1.26]

表4-3 記述された実家からの贈品

大正年	芳野が貰って帰る	実家の父・母・弟が持ってくる
7年	藁靴・ふかし　御菓子・肴　寿万頭横山様三回忌法要の菓子　夏衣　シナイ鳥　色々	御菓子　砂糖　掛物・ひし餅・雛菓子　早蕨　団子　マキ餅　万頭・団子・絽の紋付　万頭・えり米　そうめん・葡萄酒・鯛（中元）　土用餅　鉋屑　祭の御馳走　お菓子　帯祝の赤飯鯛　新築祝飯
8年	赤児の着物　乳母車・おまる　お十夜の料理	お菓子　雛菓子・へし餅　氷室万頭・エリ米　砂糖・餅　お菓子　お膳椀皿　柿・赤白鏡餅　餅　酒手形・鱈（歳暮）
9年	喜代子に縮緬の着物　御馳走　節分豆　古雛　喜代子のトンド切	お料理・肴　雛菓子　羊羹　団子　万頭　五月餅　清二分家祝　氷室万頭・盆の酒券　お菓子　甥の土産羊羹　赤飯寿し　お焼肴　お菓子　祝いの鏡餅　お菓子　歳暮酒肴・喜代子の高下駄　歳暮お酒　鱈
10年	玩具沢山　牡丹灯篭・砂糖　お菓子　お土産　鵜　古香物	お菓子　お菓子　雛菓子・ヒシ餅・小鯛　鶴子の土産　喜代子に菓子　浴衣　氷室万頭・飛魚　芳野に湯上・喜代子に前掛・酒二升券・玉子　お菓子　姉への祝儀　喜代子にお菓子　お菓子　歳暮鯛酒券・喜代子のズボン
11年	お酒等　お土産　子供に太鼓	玉子　お菓子　お菓子・玉子　お菓子　氷室万頭　中元酒二升・喜代子に前垂　母の見舞い玉子菓子等　安産守の掛軸　お菓子　子どもの着物・横山家法要の料理　お重に生菓子　芝芋　玉子・喜代子に玩具絵本　赤坊の初着　喜代子にお菓子　清二の建前祝　喜代子のマント
12年	節句の飾物	お菓子や色々　勝栗　お菓子　玉子　お菓子　祭りの御馳走　粽　弘坊の着物　万頭　中元菓子一折・そうめん・酒　子供の病気見舞万頭　玉子
13年	御馳走　お土産	お菓子・玉子　京都土産　喜代子に西陣帯・母にミササ枕　雛菓子　若芽　氷室万頭　お菓子　お菓子　氷砂糖　お菓子・玉子　芳野と子供にお歳暮

（とくに高額と思われるものにはアンダーラインを記した）

　この酒宴は、婚姻成立の儀式でもあった。婚姻の儀礼として、従来は、〆酒（結納）、嫁取り（嫁の引き移り）、初婿入りの3段階があった。初婿入りは、懐妊後か出産後に行われるのが通例で、これをもって婚姻が確定するとされた。弘安が招かれた酒宴は、この初婿入りに当るもので、それも、芳野の妊娠が分かったあとのことである。酒宴には弘安の姉と弟、仲人役であった叔母が招かれて盛大に行われ、終ったのは深夜2時である。弘安の両親へも祝いの料理が届けられた。弘安は、「大層な御馳走で感謝に堪えない、その上帰り俥までは勿体ない」と感謝の気持を記している。弘安は、妻の実家からの貰い物やもてなしに対して、かならず感謝の気持を記している。感謝の気持は、文字

として日記に記すことでいっそう深められる。そこに、弘安の妻の実家に対する実直な態度をみることができる。

(2) 資金援助

　妻の実家との関係が深まるにつれて、弘安の生活は、さまざまな影響を受けていく。まず仕事関係でみると、表具の金具装飾の注文をもらう、顧客を紹介されるなど、芳野が米澤家に嫁ぐまでは他所へ注文していた金具細工の仕事が、弘安に回されるようになる。「横安江町の林屋様へ土方様が行って呉れと云われたから、午后四時半頃行くと若主人が居られて、屏風の何か繪形がないかと云われし故、後より圖案を御覧ニ入ると云って帰る」[大7.2.11]。その他生活面で、さまざまな支援と協力を得ている。弟清二の分家や結婚式のときに祝いを貰ったり、婚姻届の保証人になって貰ったりしている。「土方様ニハ今明日轉宅せらる爲道具を運般し居らるか、通治君は病氣、職人弟子迄も病氣にと困って居らると　芳野ニ持してやった婚姻届ニ調印をして貰って来た　證人ニハ土方公一様を頼み、調印して貰った」[大7.7.31]。また、弘安の父親が死んだときは、細やかな助力を得ている。

　　　土方のお父様早速ニ来られて、色々世話して下された　夜御悔ニ来られたのは、川口様、辰巳様、橋本様其他で土方様より重詰を下された　それ以前、お父様と通治様か来られて障子の張換をして下された　是で少し綺麗ニなった　夜明けて土方のお父様お母様も御帰ニなった [大12.11.6] 12)

　翌日の葬儀も、「記帳ハ土方のお父様にお任せ」[大12.11.7] するなど、義父が弘安を手助けする様子が書かれている。また、回数は少ないが、土方家に人手が必要なときは、弘安が手伝いに行っている。

　　　土方様には新築の木造も進渉せしニ付、近々家屋取毀しニ掛らる筈にて、本日は近所の借りし家へ引越すへしとの事で手傳ニ行く　僕は朝8時頃ニ行き、芳野も後より手傳ニ来る [大7.8.1]
　　　土方様で餅搗をやる事ニなり、芳野ハ午前より手伝ニ行き、僕は午后喜代子弘正を連れて行く　折柄搗いて居られた　橋本正孝君の手返し、土方お父様の直し、其他は搗く方にて僕は直しの手伝をする [昭3.1.14]
　　　土方様ニハ嬰子の死体を引き取り今夜、通夜をして明日火葬する事にしたとの事で、芳野は午前より手伝に行く　僕は夜行く」[昭3.1.17] 13)

　もとより、このような相互扶助は、親族の間で普通に行われていた通常の行為では

ある。しかし弘安は、義父より援助を受けたときは、かならず「お父様はいろいろ世話して下された」と、感謝の気持を添えている。芳野の実家からの支援で特徴的なものは、弘安の作品制作に対する資金援助である。義父は、弘安の仕事のよき理解者であった。弘安が売れない作品を抱えてつぎの作品制作の材料費に困っているときは、芳野を通してしばしば資金援助に及んだ（田中 1974: 48）。資金援助が直接弘安へ行われることもあった。

> 山川方へ行く　山川氏在宅にて東京、嶋田先生より献上御屏風金具の圖案を事傳って来たとて見せられた　菊模様透桐模様の二通にて、全部にて四千円位にて出来せられたいとの事であつた　それて、米沢氏一人にては、中々故、援助してやって呉れとの事であった故、大ニ力を尽すと誓ってきたとの事であった　僕は兎ニ角、今一應見積して見ると云って、菊の模様の圖案を借りて来ル　土方様へ寄ってこの話をなし、お父様は、一人でやれ、資金等は世話するからと應援の言葉を頂き、色々と御馳走ニなって辞し、清二方へ寄って、この話をする [昭3.2.9] [14]

　深井甚三によれば、親族の間の援助は、とりわけ北陸地方において顕著に見られたとのことである。「金沢の有力町人は、彼らの経営が窮地に陥った際には、分家・別家以外の一類・縁者の家が必ずしも頼りになるわけではないが、経営が通常の時期には、その関係やネットワークは経営面で役に立ち、何よりも同じ有力町人と親族関係にあること自体、各家の社会的地位を高め、安定させるものであった」（深井 1995: 245）。とはいえ、実家による婚家の家業への資金援助は、その範囲を超えている。そこまで親密な親族の関係が構築できたのは、たんに両家が職人だったからというだけではない。親族関係の互恵的な繋がりの強い弱いは、そのほかの要因も考慮してみる必要がある。弘安の場合、彼の作品が多くの賞を得て、地域で名工として評価されたことを義父が誇りに思ったという事情もあったと思われる。義父の松平自身が、美術工芸についてくわしい職人であった。

　ところで、このような実家との親密な関係は、婚家における妻の地位に変化をもたらしたであろうか。米澤家にも、嫁（芳野）と姑（弘安の母きく）の間に（人並みの）確執があった。その場面において、弘安は、芳野に対してどのような態度を取ったであろうか。日記には、嫁姑の確執のことはひとことも書かれていない。しかし、娘たちへの日記面接から、米澤家にも嫁姑問題があったことが確認されている [15]。また、日記に嫁姑問題について言及した言葉はないが、それでも、日記から嫁と姑の間に諍いがあったことを読み取ることはできる。

　著者は、日記で、芳野と母親がともに出かける場面の記述を逐一網羅して、ふたりの関係を分析したことがある（水越 2007: 28）。それをみると、結婚して間もない頃は、

芳野は姑きくと連れ立って銭湯や寺社参詣に行っているが、1年も過ぎると、2人がともに出かけたという記述がなくなる。芳野は銭湯へひとりで行き、きくは孫を連れて行くというスタイルが中心になる。寺社参詣も、ふたりが連れ立って行くことはなくなる。これは、実際の嫁姑関係を含意しているとみていい[16]。

　このように米澤家にも嫁姑問題が世間並みにあったが、弘安は、嫁姑の関係に介入することなく、少なくとも表向きは「中立」の立場を取っている[17]。弘安にとって、嫁姑問題は、煩わしく触れたくない事柄であった。そのことが、嫁姑の諍いを日記に書くことを留まらせた理由と思われる。

　芳野が第二子を妊娠して体調が悪く、臥せがちな日々を過ごしているとき、日記に弘安は、「芳野ハ殊ニ臨月腹を抱へての大困り、頭が痛む、腰が引つる、目まいがする等にて寝てばかり」[大11.8.9]「大師廻ニ母は出られさりき　芳野は寝てばかりいる」[大11.8.21] と書いている。寝てばかりいる芳野のせいで、母が大師廻りに出られなかったというわけである、これらの記述に、体調が優れない妻への弘安の心遣いを読み取ることはできない。ここからも、芳野が実家へ行くことを許されたのは、芳野が自由気ままに振る舞ったからではなかったことが分かる。また弘安が、実家へ行く妻の行為を克明に日記に書いたのも、妻の実家との親密な関係を維持していたからであり、妻の行動自体に関心があったからではないことが分かる。弘安は、妻の実家からさまざまな恩恵を受けたにもかかわらず、だからといって、妻に対して特別の心配りをすることはなかった。そこには、「嫁」をめぐる規範の作用があった。ゆえに、弘安にあって、妻との関係と妻の実家との関係における矛盾する態度に葛藤することはなかった。弘安は、妻規範と「嫁の実家」規範のそれぞれに忠実だっただけのことである。

4. 家業衰退期

　芳野は、弘安に仕事がなく、一家の家計を支えるに不十分であった時期、裁縫の手間賃によって家計を支えた。昭和に入って、芳野の収入が一家の主たる収入になったこともあった。後年のことになるが、1967（昭和42）年に、芳野は、キノホルム薬害の被害者となり、「北陸スモン訴訟裁判」の原告のひとりになった[18]。1979（昭和54）年の第1審口頭弁論で、芳野はつぎのように語っている。

　　（夫は）温厚な性格で、だれにもいやがられない、好かれる、とってもおとなしい人でした。けれども、仕事の鬼のような人で、もう収入なんか度外視して仕事に夢中になる人でした。私は結婚してからずっと、人の仕立物をしたり、和裁をして家計を補ってきました（北陸スモン基金・弁護団1985年）。

芳野は、弘安は収入を度外視して仕事に打ち込む夫であったと述べている。それだけに、家計の維持は容易でなかった。そのため芳野は、結婚してずっと仕立物をして家計を補ってきた。しかし弘安は、芳野の内職によって家計が助かっているということを日記にひとことも書かなかった。それは、弘安が妻の稼ぎに（相応の）関心を寄せることがなかったからか、妻の稼ぎについて書くことをためらった／避けたからか。家業が衰退期に向かう頃から、日記は中断されている。そのため家計がどのように営まれたかは分からない。本書の表2-1の年別記述量にあるように、もっとも記述量が多かったのは、大正7年の10万4,772字であったが、大正末期に向かうにつれて次第に減り、大正14年には3万6,275字で、15年には9,168字まで減った。昭和期に入ってさらに減り、昭和9年以降は、日記は書かれなくなった。

大正後期は、政治・経済的には「暗黒の時代」に突入する時期であった。第一次世界大戦による一時的な好景気の反動として、深刻な不況が到来した。金沢では、京和銀行支店が取付け騒ぎを起こし、支払いを停止した。報徳銀行金沢支店は、2週間の休業を発表した。北國新聞は、「吹き荒ぶ不景気風に　片町通の賣、貸家」という見出しで、「借手や買手がなく閑古鳥が鳴く　漸く命繋ぐ商店もある　薄気味が悪い昭和の春」（『北国新聞』1928.2.25）と、金沢市の繁華街（片町）の閑散とした風景の写真を付して伝えている。職人も仕事がなく、苦しい家計に喘いだ。高価な贅沢品である象嵌の作品・製品の仕事も同様であったし、そのうえ戦争中は、金銀銅が政府の統制品となり、材料が入手困難になった。1940（昭和15）年7月7日に施行された「奢侈品等製造販売制限規則」（「7.7禁令」）により、石川県の産業であった絹、人絹織物、九谷焼、漆器、製箔の生産が、壊滅的な打撃を受けた。象嵌も同様であった。同時に、伝統工芸に対しては保護的政策がとられた。石川県は、「芸術家保存要項」に基づき「石川県芸術品規程」を告示した（激動の地方史制作委員会 1989: 204）。1942（昭和17）年には、「認定芸術家」48人と「認定作家」18人が指名された。弘安はその一人であった。1943（昭和18）年には、美術工芸資材の確保を図るため、「美術及工芸統制協会」が設立された。石川県では、「芸術保存資格認定作家」10人が指名された。弘安はその一人であった。認定作家は、資材受給の資格を授けられた。1941（昭和16）年8月には、金属回収令が公布され、本格的な金属回収が始まった。1944（昭和19）年には、その対象が貴金属へと拡大された。そして、供出された指輪や装飾品から金銀を取り外す作業が、金工職人の仕事となった[19]。日記が書かれなかった時期は、このような職人の不遇の時代と重なる。一部の作家を除いて、職人たちは転廃業をよぎなくされ、石川県の職人層はほぼ壊滅した。米澤家も、家業によって家計を支えることが叶わず、妻の裁縫の手間賃に頼るしかなかった。つぎは、弘安の長女・次女・三女の話である（2000.4.10, 2000.10.25, 2001.10.21）。

あの時分仕方なかったがね、（父は）仕事全然ないわ、暇で、庭で植木見るんが仕事で、仕立てもんばっかり忙しいて、（母は）十二時、一時まで仕事しておいでて。夜中目覚ましてもいつも仕事してて、いつ寝てるんかなあと　あの時分は、次さん（次のお客さん）取りに来たとか。そうそう、みんな来とったわね　娘時代は、もう、あの、三・四人（裁縫を）教えてるのがは覚えある。うん、二階で教えとるのは覚えとる。いつ頃かなあ、昭和の、私が九年に卒業しとるさかいに、学校出とるさかいに、十二・三年、そんな時分、ずっと教えとったと思うね。人に教えながら、そこで自分が縫って。そう、そう、そんで私も半年ほど横に座って習うたんや。（戦争中も）新しいもん（仕立て物は）なくても、縫うもんはあったわね、洗い張りしては、次はぎしては縫ってたわね。

　ここから、次つぎと客が仕立てを頼みに来たり、できあがったものを取りに来たりしていた様子が窺える。芳野は、昼間は弟子を取って教えていたから、外出する暇もなかったと思われる。夜は、寝る間を惜しんで仕事をした。娘たちが「あの時分」と呼んでいるのは、1937（昭和12）年以降の、戦争が激しくなる時期と思われる。二女によれば、芳野の仕立ての腕はよく、一度頼んだ人は、「着よい」といって何度でも頼みに来た。

5. 妻役割の範囲

　弘安が芳野に妻の役割として認めた行動範囲は、どうであったろうか[20]。昭和初期は、「展覧会作品の制作は相かわらず続けられたが、折からの経済不況と相まって注文の数は減退し、（中略）昭和7年末から8年のはじめに至るおよそ半年間はついに1個の注文も」（田中1974: 119）なかった[21]。家計は、芳野の裁縫手間賃によって賄われた。「裁縫仕事だけが不思議に多く、十二時過ぎまで働いても注文を消化できなかった」（田中1974: 120）。

　1927（昭和2）年に、帝展（帝国美術院）のなかに、待ち望まれた第4部（工芸部門）が設置された。弘安は、1928（昭和3）年に、帝展に「氈鹿文打出菓子器」を出品して入選し、翌年も「鉄打出小鳥に栗図銀象嵌手筥」が入選した。この事実から、弘安が、家計困窮の折にもかかわらず、作品制作を続けていたことが分かる。

　しかし1927（昭和2）年の日記では、仕事についての記述は5つにすぎない。そもそもこの年の記述量が極端に少なく、全盛期の10分の1に留まる。1日の文字数が少ないうえに（2、5、7、9、10、11、12の各月は書かれていない）、仕事のことはほとんど書かれていない。そのため仕事の様子は分からない。1928（昭和3）年も、仕事についての記述は17あるが、3、8、10、11月は日記が書かれておらず、仕事全体の様子は分

からない。この年は、石川県から勧められた御大典奉祝献上品の二曲屏風の装飾金具を作る仕事が、弘安に割り当てられた[22]。その制作で多忙ななか、弘安は、友人で日本画家の玉井敬泉に図案を相談し、帝展出品の作品を制作している。1928（昭和3）年5月から秋まで、日記は、この作品制作に関する記述で占められている。御大典の作品制作が終り、帝展出品の制作を終えてから、それまで待ってもらっていた注文品の仕事に取りかかっている。翌1929（昭和4）年の仕事関係の記述量は、前年とほぼ同じである[23]。1933（昭和8）年はいくらか多く、仕事に関する記述も多くなっている。

この年の家計については、「宮一大丸マートに押麦の特賣あり、芳野は喜代子と弘正を連れて一人五升宛買って来る　経済上色々やらねばならぬ」[昭8.1.22]と書かれている。母親が1928（昭和3）年に死去しているので、この頃は、芳野がやりくりをしていたと思われる。店の特売日に、割り当て分量の押麦を買うために、頭数として子どもを連れて買いに行く妻を見て、「経済上色々やらねばならぬ」と書いている。家賃収入を得るために始めた二階の間貸しは、借り手が時どき入れ替わりながら、続いている。

日記は、1933（昭和9）年9月15日を最後に書かれなくなる。日記が再開されるのは1958（昭和33）年である。つまり、この二十年余りの暮しは、日記がないので分からない。家業がどうであったのか、家計がどうであったのかを知るには、生前の妻や娘たちの話によるしかない。

大正後期以降は、先に見たように、注文が減っているにもかかわらず、工芸奨励会やパリ博覧会、帝展などへの作品の出品を行っている。ゆえに制作された作品も多い。作品を制作するには資金が必要となる。しかし、制作に取り組んでいる間は、注文品が消化できないので収入はない。家計は、かなり圧迫されたと思われる。そのような状態のなかで、材料費を調達するのは、芳野の役割であった。芳野の叔母（父親の姉の伊藤）が、市内（尾張町）に大きな店と工房を持つ家具屋へ嫁いでいた。1934（昭和9）年に芳野の父親が死去し、土方家は長男である芳野の弟が継いでいた。芳野は、代変りした実家への借金を遠慮して、叔母に助けを求めるようになった。

　　伊藤さん、尾張町で家具屋をやってたんですよ。（お母さんは）そこへ、よう、借金に行ったらしい。伊藤さんお金持ちでけっこう大きなうちだったから。（作品を）作るときに、材料から買わんなんし、そのあいだ、しとるあいだ、お金がはいらないし。で、里行ったり、伊藤行ったり、あちこち。でも、作らんと名前が出ないし。そして、せっかく作って、売れたらお金入るけど、売れんかったら、また安くして、売って歩かんならん（三女の話1998.6.9）。

一般に規範は、それ自体では、それが命じる役割が果たすべき義務の具体的な範囲を決定することはない。妻の器量や置かれた状況により、役割が果たすべき義務の範囲は、

際限なく拡大される。近代職人の妻は、仕事がない夫の代わりに、妻役割の義務を無限に拡大して家業を支えた。それは、米澤家も同じであった。昭和期に弘安の仕事が激減して、芳野は、家計の中心を担うようになった。それでも芳野の働きは、妻役割の遂行の範囲内でしかなかった。米澤家の大黒柱は、あくまで弘安であった。

　後年に芳野は、北陸スモン訴訟の原告として、薬害訴訟運動に参加した。しかし、芳野が原告になったのは、弘安が亡くなった後のことである。

　　　（母は）率先して前に出る方でした。昔からそう。でもそれも、おじいちゃん（弘
　　　安）が亡くなってからでした。おじいちゃんが生きているうちにそんなことをした
　　　ら、おじいちゃんの面子ないからって（三女の話 1998.6.9）

　芳野は、弘安が生存中はスモン訴訟に参加しても、自分の判断で公けの場で行動したり、発言することはなかった。芳野には、弘安を差し置いて公けの場で行動したり、発言することが憚れた。弘安の面子が大事。これが芳野の行動原理であった。

　近代の女子教育は、良妻賢母観の教育から始まった。1900（明治33）年から20（大正9）年に、日本資本主義は、めざましい発展をとげた。それは、帝国主義日本の確立期であり、天皇制による支配が強化された時期である。教育においても、国家ナショナリズムや〈家〉イデオロギーが強化された。そのなかで、女は〈家〉を守るのが務めとする観念が、国民に埋め込まれた。この時期、女子の就学率は依然として低く、女子教育の推進とともに、就学率の向上が図られた。その中身の一つが、近世より重んじられた、裁縫の習得に躾を加えた女子教育を徹底させることであった（永原 1982: 150-52）。近代の女子教育は、裁縫教育に躾を結びつけ、女性に良妻賢母観を埋め込み、〈家〉に従順な女性を創出するものであった。

　職人家族の妻は、この女子教育の受け手の典型であった。妻は、家計を支えるために働くことを義務だと思った。それが、職人の妻としての誇りであり、生きる証しであった。家父長制の家族にあって、女性が「第二の性」という女性像は、社会と価値の激動期を経ても、大きな影響を受けることなく、時代を超えて続いてきた。その規範は、女性の内面世界を捉え、女性の自己意識を拘束してきた。フェミニズム論やジェンダー論は、そのような家父長制とそのイデオロギーを批判した。

　資本主義は家父長制の家族を支え、またそれなくして存続できない。ゆえに、資本主義のもとで女性が解放されることはない。フェミニズムは、このような認識に到達した。じっさい家父長制は、弘安・芳野の時代から現代へと、価値一般が大変動しようと、びくともしていない。

　弘安は、日記に生活史を綴ることで、（意図せざることであったろうが）書かれた歴史を残した。歴史家が伝記を著して（田中 1974）、弘安の象嵌職人としての足跡が残され

た。弘安の工芸作品も存在する。しかし、妻の言葉が記録されたものはほとんどない[24]。芳野は、弘安の作品制作の資金調達に奔走した。弘安の要望に応えて作品を批評し、デザインの相談にも乗った[25]。家計を支えるために裁縫をした。弘安は職人であり家長であった。家庭のなかでどんな出来事があり、なにが行われたかについて、弘安は、膨大な日記を書いた。しかしそれでも、その全貌を知るには不十分である。なぜなら、一家の出来事は、妻芳野との共同の産物であり、妻の半面を知らずして全貌を知ることはできない。一般に近代の歴史は、女性の歴史を抹消して構築されてきた。米澤家の歴史も同様であった。

6. フレキシブルな家父長制

弘安は、日記に思いや心情をほとんど記さなかった。唯一、1918（大正7）年・19（大正8）年・20（大正9）年の年頭に、一年の計として思いや心情が述懐された。その時期は、結婚して子が生れ、仕事も順調で、弘安の人生が高揚した時期であった。弘安は、年頭に自身を鼓舞する調子で心情を綴った。しかし1922（大正11）年の元旦には、前年の高揚した調子をトーンダウンさせた。そして、文鎮を製造・販売する計画や、展覧会や博覧会への作品出品の予定が書かれた。

> 明れは大正十一年だ　吾等壮年期に入れる者は、最も活動せねばならぬ　自分も三十六と云えど、獨立し得るや否や自分ながら、あやぶみ居れ共、周囲を眺むれば、両親は老境ニ入られ共、楽ニ居くあたわず　妻子も満足を、与へ得ぬ　自分の不甲斐なさは吾ながら、情なくなる仕だいなれ共、自分の全力を尽して至らぬは、又止むを得ぬ事とするより外なし（中略）又清二と金を出し合ひて、文鎮の製造販賣をやりたい（中略）其他ニ展覧會、博覧會ニは務めて出品する事　県の奨勵會もありせねばならぬ様になるだろう　それから、昨年東京三越の陳列會の不景気の例もあれば、注文品を良とする事等、其他ニ心を配る必要あり　努力を要す［大11.1.1］。

この年弘安は、借金をして材料を買い、作品を制作し、弟の分家と結婚の費用を算段している。まだ仕事がある時期であったが、弘安は、自らの不甲斐なさを嘆き、仕事の先行きの不安を吐露している。翌1923（大正12）年の元旦には、商店街の初売りに集う客が少なく閑散とした様子を書いている。それは、第一次世界大戦による一時的な好景気の反動として、繊維や米穀の市場値が暴落し、本格的な不況が到来する前触れであった。この年以降、日記の分量が減り、書かれない日が増えていく。日記の空白は、

1923（大正12）年86日、翌24（大正13）年103日、25（大正14）年129日であった。

　そのような時期、弘安は、こつこつと制作に励んだ。1927（昭和2）年に、フィラデルフィア万国博覧会で大賞を受賞し、28（昭和3）年と29（昭和4）年に、帝展に入選した。1927（昭和2年）に帝展に工芸部が設けられると、工房がない無名の工芸職人が、入選を競って出品するようになった。帝展に入選することで、「美術家」と認定される。そうすれば、作品の値も上がり、作家活動を続けることができる。しかし展覧会への出品は、職人に過分な負担を強いた。ほとんどの職人は、展覧会への出品を諦め、工房や問屋の下請けに甘んじていった（田中1992: 149）。

　帝展への入選により世間の評価が高まり、弘安は、作品制作の高揚感と義務感に燃えた。作品の受賞は、家計の安定に直接寄与するものではない。むしろ嵩む制作費により、家計は圧迫された。しかし受賞は、弘安の社会的な評価を高め、仕事と顧客を増やし、家計を安定させるはずであった。「出品しなァ、名ァ通らんしネ」（田中1968: 53）。芳野は、そのような弘安に誇りを抱き、積極的に協力した。弘安への協力は、妻芳野の務めであった。同時にそれは、「献身的な」協力でもあった。芳野自身は、みずからの行為を「自発的な」ものと思っていたかもしれない。家父長制の規範は、家族の宥和のもとで実践された。規範は、たいていは自然で柔らかな強制となった。芳野の弘安への協力を、彼女の「真に」内発的で自由な行為と誤解してはならない。それは、家父長制規範のフレキシビリティの結果であり、そこにこそ、家父長制が時代を超えて存続する力があった。

　フェミニズムでは、家父長制とともに「近代家族」について議論された。明治期後半から大正期にかけて、核家族化が進行し、個人主義的な家族観が広まった。しかしそれは、女性が私的な家の領域で、妻や母として夫や子に献身すべしとする規範とセットであった。戦後は、法的には両性の平等が謳われ、弘安も芳野もその時代に生きた。しかし、女性が「第二の性」であり、抑圧される存在であることに、変りはなかった。前近代の家族は、男女の不平等を露わに強いる家族であった。近代の家族は、平等の建前を掲げながら、（やんわりと）女性に服従を強いる家族である。いずれも家父長制の家族である。『米澤弘安日記』は、そのようにフレキシブルな家父長制の強靭さを教えている。

［注］

1)　日記は、再開されて後、弘安の没年の1972（昭47）年まで書かれた。1958年以降の日記は、『米澤弘安日記』には収録されていない（本書の著者らは閲覧している）。

2)　ケン・プラマー（Ken Plummer）は、「日記－日記面接法」（diary interview method）について論じている（Plummer,1983=91: 32）。ドン・ジンマーマン（Don Zimmerman）とローレンス・ウィーダー（Lawrence Wieder）は、カリフォルニアの若者の対抗文化を調査した

際に面接法を用いた。彼らは、研究者が調査対象者に日記をつけさせ、書かれた事実を確認するために面接を行った（Zimmerman and Wieder, 1977）。本書では、日記を書いた人（弘安）のことを他者（妻や娘）に聞くという点でこの方法とは異なる。しかし、他者への面接により日記に書かれた事実を確認し、補填するという点では、本書の方法も「日記－日記面接法」の一つとみていいだろう。

3) 土方松平は、何人も弟子を抱える職商人であった。日記にも、自宅で歌留多会や俳句会を催したり、書画の内見を催したり、当時では珍しい三階建ての家屋を新築したりと、裕福な生活ぶりが記されている。「土方のお父様御出ニなり、種々御話あり　近々、書畫の幅を賣却すべく平重、二嘉の両道具屋へ依頼せり　家屋新築なすとの事」［大7.3.25］。

4) 金沢地方における婚姻成立には、いくつかの決まりごとがあった。横江勝美は、加賀藩時代の藩士をいくつかの階層に分類し、彼らの通婚圏を分析した。そしてつぎのように書いた。「彼等の通婚傾向としては、夫人は自家と同等又は自家以上の価格の家より、これを迎へ、其娘は、自家と同等又自家よりやゝ以下の家に嫁した」（横江1939: 161）。藩政時代と近代（大正）、藩士と庶民という時代や身分の相違はあるが、近代の庶民にも、これに準じる通婚の慣習があった。一般に、慣習やしきたりは階層的な上層から下層へ拡散していく。家父長制も、武士から町人・農民に伝わった。それが、近代の庶民に検証された。ただし、婚姻を介した階層移動は、普通は小さな階層移動に留まった。空間移動についても同様であった。前節の「嫁探し」の項で見たように、農村から都市への「嫁入り」は敬遠された。

5) 弘安は、日記に、妻芳野について、不満や批判めいたことをひとことも書いていない。芳野は〈嫁〉として適格であったと思ったということだろう。

6) 土方家の先祖が本当に松平伯耆守であったかどうかは、確かめようがない。松平伯耆守康正は、前田利長（江戸時代初期の武将で、加賀藩祖の利家の長男）の側近の家臣で8,000石取りであった。（現富山県の）高岡城築城に従事し、功績があった。

7) 1919（大正8）年と20（大正9）年元旦の日記は、本書の第3章第1節を参照されたい。いずれも、弘安の心情を直截に述懐した数少ない記述である。

8) 裁縫は、近世以来の女子教育で重視された。それは、生活の必要からだけではなく、女子の「躾」としても重視された（永原1982: 152）。1般女子は、不安定な家計を助けるため裁縫技術を習得した。職人の家庭も同様であった。妻は、家事育児のかたわら内職をした。内職には、手間賃の多い着物の仕立てに人気があった（遠藤1985b: 129）。

9) 講習会の記述は、前掲のものにはじまり、17日まで続く。「今日も芳野ハ商業会議所へ行く　午前九時より午后五時迄掛る　本日にて第一回の講習終りたる由　男女袷、羽織、綿入法、帯等を習いたるなりと　第二回は十六日より三日間にて、たち目ナシの縫方、コート仕立方、袴等なりと　之も行く事ニした　又奥田式裁縫書の豫約もして来たと」［大10.12.14］などである。そこから、芳野が講習会の様子を弘安に語り、弘安は、関心を持って耳を傾けていたことが分かる。

10) 芳野は4人の子を産んでいるが、日記には、子たちが成長する過程で、日常的に土方家の世話を受けている様子が書かれている。「土方様ニ雛祭をするから、小供ニ来いとの事で午后、

弘正、登代、信子三人で行く」[昭8.4.3] という具合である。

11)　瀬川清子は、石川県の「嫁の里帰り」慣行について、つぎのように書いている。「嫁」が頻繁に里へ帰ることは、本人はもちろん里方でも当然のこととしており、婚家の舅や姑もそうするように要求している。それは多くの場合、里帰りが、食物の贈答を伴うからである。北陸地方には、娘は死ぬまで生家に厄介をかけるということわざがあるほどで、とくにこの慣行が濃厚である。ただし、「嫁」がいろいろな理由で里へ帰るのは、この地方に限ったことではなく、全国的な慣行でもある（瀬川1988: 16）。

12)　日記の冒頭には「△父の死去」と書かれ、父親が息を引き取るまでの様子が、1頁（1,120文字）にわたって詳述されている。

13)　これは、土方家の長男通治の妻が死産したときのことで、芳野は、前日も看病に行っている。

14)　ただし、このとき実際に資金援助がされたのかどうか、されたとしたら金額はいくらであったのかは、記述にないため分からない。

15)　娘たちは、日記に嫁姑問題がひとことも登場しないことを不思議に思っている。彼女らは、生前の母親から、姑が嫁に厳しかったということを聞かされていた。田中喜男も、生前の芳野から聞いた話として、つぎのように書いている。「姑の嫁いびりは米澤家でも例外ではなく、（芳野は）幾度も生家へ帰ろうとした。この芳野を慰め励ましたのは、舅の清左衛門であった」（田中1974: 52）。姑が厳しく、舅が優しいという構図も、世間一般のものであった。

16)　弘安の日記には、家族の行動がほぼもらすことなく記述されているので、そこから、家族成員の実際の人間関係を読み取ることができる。これは、『米澤弘安日記』の資料としての利点である。

17)　「中立」とは、家父長的な人間関係のもとでは、夫の母親の立場への加担を意味する。

18)　芳野は、1967（昭和42）年、風邪薬を服用してキノホルム薬害を被った。和歌山県立医科大学の楠井医師が薬害を訴えてのち、全国のスモン病患者による薬害訴訟が起こった。芳野は、1968（昭和43）年に、弘安といっしょに和歌山へ出かけ、楠井医師の診察を受けている。そして夫の死後、北陸スモン訴訟の原告となり、製薬会社や厚生省（当時）へ出向いて、薬害を訴える活動を行った。法廷での芳野の証言は、1976（昭和51）年〜79（昭和54）年の間に3回行われている。

19)　二女登代は、つぎのように述べている。「戦時中、供出せなならんでしょ。（象嵌を施した品物に嵌められた）石を取り出すのに嫌がって、嫌がって。きれいに細工したもんを、潰すんでしょう。自分がしたらどんだけ暇がかかるか分かんないようなんを。本当に戦争中それ嫌がっててね」（二女の話2006.8.5）。ここから、この時期の弘安の冴えなくつらい心境を知ることができる。

20)　田中喜男の『加賀象嵌職人』は、米澤弘安の作品制作を中心とした伝記である。そこには弘安の人となり、作品、金沢の職人世界の出来事が記述されている。ところどころで芳野のことも言及されてはいる。しかし、生活全般における芳野の活動や貢献のことは、書かれていない。

21)　しかし1933（昭和8）年の日記をみると、まったく注文がなかったわけではない。

22)　「御大典奉祝石川県献上御手筥」については、弘安による「献上御屏風金具製作日記」に書か

れている。それは、本書にいう『米澤弘安日記』とは別の仕事制作記録で、(田中、1974年)に
一部収録されている。

23) 1932 (昭和7) 年の日記は、広告用紙の裏面やメモ用紙に覚書的に書かれたものが多いため、
書かれた日が定かではなく、読み取れない箇所も多い。そのため、『米澤弘安日記』の編纂から
は省かれた。1933 (昭和8) 年は、日記は断続的ではあるが、日記帳に書かれている。その体裁
が『米澤弘安日記』別巻の末尾に収められたが、記述量は少ない。記述は1月から7月まで断
続的で、9月は3日間だけである。

24) 芳野に関わるものとして、スモン訴訟の裁判における芳野の証言記録と、芳野が書いた日記
がある。その日記には、弘安が亡くなったときや葬儀の様子、スモン病の苦痛を詠った短歌な
どが綴られている。しかしその分量は少ない。

25) 弘安は、デザインについて、図書館で美術雑誌を見たり、寺院や博物館などの美術品を見た
りして勉強した。しかし、それでもデザインには自信がなかったようである。展覧会に出品す
る作品を構想するとき、兄の光雪や友人の玉井敬泉に相談して図案を決めることが多かった。
顧客に頼まれた煙管のデザインが、芳野の直感的構想によって決まったというエピソードも
ある (三女の話 1998.6.9)。

第5章　住民弘安の近隣関係

― 明治・大正期にみる伝統工芸職人の役割 ―

第1節　人間関係と地域社会

1. 城下町金沢の歴史性

　金沢の地域社会は、明治中期から大正末期にかけて、近世の伝統を再構築しながら形成された。本章の課題は、地域社会の形成に都市旧中間層の伝統工芸職人が果たした役割を検討することである。

　金沢のイメージとしてもっとも一般的なものは「城下町」である。この金沢のイメージは、歴史性を強調するもの、伝統工芸に主眼をおくもの、加賀藩との関係を重視するものがある（本康2006: 3）。平成の現代にいたるまで、金沢は城下町の伝統を近代化の資源として利用しつづけている。その端緒を明治中期以降の伝統工芸職人の行動様式にみることができる。伝統工芸職人は城下町の伝統を継承、再構築することによって近代化を促進してきた。彼ら都市旧中間層が地域社会で中心的役割を担ってきたことが、下層の人々や転入者を許容しにくくさせ、金沢に集団主義的な保守性と閉鎖性をもたらす要因の1つになったと考えられる。本章では、米澤弘安が果たした役割を地域社会の側面から検討するが、その前に彼が生きた金沢の歴史的状況を概観しておこう。

　近世には江戸、大阪、京都の三都に次ぐ城下町として栄えた金沢は、明治維新後、衰退する。金沢は石川県の県庁所在地であるが、「新政府は朝敵や日和見藩には山や川の名、もしくは郡名をあて、旧藩時代の名称や城下名を採用させなかったという」（高澤他2000: 256）。1872（明治5）年には、県庁を石川郡美川町に移され（1年間のみ）、その際、金沢県から石川県に改名されている。

　明治維新後、旧藩士の多くが金沢を離れたため、人口が1872（明治5）年の109,685人から1896（明治29）年の83,875人へと減少した（金沢市史編さん委員会 2003: 771）。また経済の衰退に直面し、市民は危機意識をもつことになる。金沢に残った士族や加賀藩お抱えの有力商人の中から、金沢の近代化を推進する者があらわれた（高澤裕一他 2000: 262-64）。士族の商法で没落する者も多かったが、旧加賀藩の士族や有力商人が伝統工芸の復活と繊維産業の発展に貢献した。こうして大正末期まで伝統物産品と絹織物が金沢の主要工業品であり、かつ主要輸出品となった（橋本哲哉 1986: 40-44、124-126、田中喜男 1974: 63-70）。

　近世の金沢は文化や商業の街として栄えた。伝統工芸品は、加賀藩の士族や商人に加えて、職人や庶民も愛用してきた。茶道、華道、能楽、謡等の嗜みは、城下町の文化として庶民の間に広がり、その道具として伝統工芸品が用いられてきた。明治維新以降

も、金沢では伝統工芸品が庶民の間で愛用され続けていたと考えられる。弘安の日記には、近所の注文で鉄瓶に象嵌を入れたり、時計に金象嵌を入れたりする記述が200箇所以上記されている[1]。

　金沢には、第二のイメージとして、日本海側随一の「モダン都市」という側面がある。1913（大正2）年に常設映画館が開業、その翌年に撞球（ビリヤード）場が10軒以上開業、1917（大正6）年にカフェーが開店している（金沢市史編さん委員会 2006: 518）。大正期の金沢には、加賀藩の伝統を再構築した「城下町」の側面と、欧米文化を取り入れた「モダン都市」の側面があった。この二側面は現代の金沢にも通じるところがある。「城下町金沢」という単一な歴史の強調と、欧米文化を取り入れた国際色の強調が、金沢中心街（金沢城周辺の旧市街）の再開発の特徴になっている（高木 2013: 408-409）[2]。

　明治維新直後、武家政治の象徴である城下町は、一旦は顧みられなくなる。ところが立憲制形成期、とくに1889（明治22）年の大日本帝国憲法発布に伴う大赦の後になって、城下町が日本固有の歴史や伝統として再構築されることになった（高木 2013: 18）。これは近代天皇制の下、欧米や中国の文化に対抗する、日本固有の文化の特色が求められたためであろう。金沢でも、明治中期以降、近世の伝統を再構築して近代化が促進された側面がある。

　これまで日本の近代化の研究は、指導的地位にあった者の視点もしくは下層民の視点を取り入れることが多かった。これは入手可能な資史料と問題関心の限定によっているだろう。しかし、本章では、金沢の近代化を考察する視点として、地域社会で多様な街（職人の街、商業の街、郭の街など）を形成してきた都市旧中間層に注目し、とくに伝統工芸職人の米澤弘安の視点を取り入れる[3]。

2. 都市旧中間層の類型 ―〈状況牽引型〉と〈状況順応型〉

　金沢は城下町として近代化した側面がある。金沢と同じく近世の城下町から県庁所在地になった都市には仙台、水戸、静岡、熊本などがある。明治維新後に衰退した城下町は、明治中期以降に都市のイメージとして城下町を復活させる。この城下町の創造は近代化の戦略として行政や市民が選択したものである[4]。問題は、金沢の近代化の担い手が誰であったかである。旧加賀藩士の中でも有力武士の中から近代的経営に成功した者は、資本家階級として近代化に貢献することになる。しかし、本章では、彼ら資本家階級に加えて、旧加賀藩の伝統を受け継ぐ商人や職人、すなわち都市旧中間層が近代化に貢献した点に注目したい。

　金沢中心部の商業町の発展については、近世からの名望家層が中心的役割を担っていた（松村 2006: 129）。そのことが城下町の形成に帰結することになる。それに加え

て、彼らは大正期にモダン都市の形成にも寄与した。こうして金沢は、近世の伝統文化と欧米の近代文化を兼ね備える街として発展した。彼ら伝統的な有力商人は、都市旧中間層の中でも比較的上層に位置し、近代化の計画を作成するタイプの人々である。序章の類型に従うなら、彼らは〈状況牽引型〉に位置づけられる[5]。〈状況牽引型〉の都市旧中間層は、旧制中学校（金沢一中）や専門学校等を卒業し、指導者層になることが期待された者である。ただし、旧加賀藩士の子弟の多くは、上位校に進学し、「流動的エリート」として日本の近代化に寄与することになる（井上 2003）。旧士族に代わって、旧加賀藩の有力商人や旧加賀藩お抱えの伝統工芸職人の子弟が、家業を継承、発展させ、金沢の近代化に貢献したと考えられる。

　加賀藩では士族の中から手先の器用な者に伝統工芸を学ばせ、金沢城内の御細工所で職人を育成していた（金沢美術工芸大学美術工芸研究所 1988、同 1993）。このような職人は士族出身の職人であり、名字帯刀も許されていたことから、士族に準じる身分とみなしてよい。弘安の義父の八代目土方松平は、上層の職人であったが、先祖は加賀藩の武士であった（田中 1974: 46）。本章では、伝統的な有力商人や上層の職人を〈状況牽引型〉の都市旧中間層とみなそう。

　次に、都市旧中間層の中でも比較的貧しい者を、序章の類型に従い、〈状況順応型〉とみなそう。彼らは持ち家に居住するが、経済的には裕福であるとは言えず、尋常高等小学校卒の学歴を有する庶民である。近世からの商人や職人の子弟が〈状況順応型〉に属する。ただし、職人の中でも金沢金箔の箔打工の多くは日雇人夫の最低の日給よりも低く、下層に属する（橋本 1974: 131-132）。自立した生計を営み、持ち家に居住して地域社会の形成に貢献しえた者が〈状況順応型〉である。彼らは、上流階級や〈状況牽引型〉の都市旧中間層が描く近代化の路線に積極的もしくは消極的に順応した。彼らは、生計を維持するために、上位の者が示した近代化の路線に順応した。〈状況順応型〉の都市旧中間層が、地域社会形成の担い手になった点が、近世の伝統を再構築する金沢の特徴である[6]。

　これまでの歴史研究では〈状況順応型〉の都市旧中間層を射程にした研究があまりなされてこなかった。地域社会における庶民の就労や生活に関する資史料が発掘されてこなかったためであろう。本章の課題は、これまで顧みられることが少なかった都市旧中間層の生活記録（『米澤弘安日記』）に基づき、地域社会の実質的な担い手の役割を検討することである。

　その前に、都市旧中間層が置かれていた歴史的状況を概観しておこう。

3. 金沢の伝統産業

近世金沢の特徴は京都の伝統を受け継いでいることである。象嵌、能、茶道、華道など、京都で活躍した職人や文人が隠居先として選んだのが、加賀百万石の城下町金沢であった。金沢の特徴は百万石の文化的伝統を庶民も享受していたことである。植木職人が仕事をしながら謡をすることから「空から謡が降ってくる」と言われるほどだったという。加賀藩では御細工所で工芸品を制作していたが、本役の細工に加えて、兼芸として能楽も業務に含まれていた（金沢美術工芸大学美術工芸研究所　1988、同　1993）。米澤家は代々、御細工所に出向いていたようだが、弘安の父である清左衛門は、1869（明治2）年に姓を米澤に改め、帯刀して御細工所に勤めている（田中 1974: 15）。

明治維新後、伝統工芸は金沢の中心産業となる[7]。1872（明治5）年、殖産興業策として、地場産業の復興が試みられ、有力商人の中屋彦十郎らの提唱により兼六園内で伝統工芸品の展覧会が開催された。1876（明治9）年には石川県勧業試験場が銅器・漆器・陶器などの伝統工芸品の部門をもつことになった。また同年、国内初の常設の金沢勧業博物館が兼六園内に開館した。このように県や市の行政サイドと、旧加賀藩の有力商人が金沢の伝統工芸品の復興を試みている。

明治維新後、伝統工芸品は金沢や日本国内の市場だけでは販路が見いだせなかった。上層の職人である水野源六は販路を欧米に求め、1873（明治6）年のウィーン万国博覧会を皮切りに、海外の博覧会に積極的に作品を出品した[8]。また、作品の製造に関しても近世の徒弟制度を取らず、職人たちはフォーマルな集団に組織化された。1881（明治14）年に「銅器製造者同盟」が結成され、1886（明治19）年に「金沢銅器会社」に改組されている。こうして組織化された伝統工芸職人が海外博覧会用に大作を制作した。1893（明治26）年のコロンビア万国博覧会では、職人数十名（延べ人数2,167人）によって「加賀象嵌太鼓鶏大置物」が製作出品され、最高金賞を受賞している。弘安の父、清左衛門もこの作品の制作に参加していた（田中 1992: 50）。このように伝統工芸は近代産業の仕組みと販路を整えることによって、大正末期まで繊維産業と並ぶ金沢の中心産業であり続けた。

金沢の経済は、大正末期まで、近代的工業である繊維産業の育成と、加賀藩で開花した伝統工芸の再興にその特徴をみることができる。そのため城下町の伝統を受け継ぐ一部の伝統工芸職人は、金沢の近代化の担い手なることができた。伝統工芸職人は都市旧中間層に属し、職人の中では上位に位置づけられる者であった。彼らは経済的に自立することができ、金沢の一軒家に居住する「地の者」である。彼らは地域の顔役であり、自らが居住する地域を指導する立場にあったと考えられる。

金沢の近代化は、旧士族の一部と有力商人や上層の職人が勢力を競い合い、数多くの選挙で抗争を繰り広げながら進められてきた（松村敏 2001）。水野源六のような上流階

級は、〈状況牽引型〉の都市旧中間層を組織化していった。さらに、〈状況順応型〉の旧都市中間層は、〈状況牽引型〉を介して上流階級の傘下に組み込まれた。〈状況順応型〉の都市旧中間層は、意見が異なったとしても表明せず、生計を維持するために上位の者に順応するしかなかったと考えられる（坪田 2006）。

　以下、まず金沢の地域社会の特徴を整理し、つぎに〈状況順応型〉の都市旧中間層の役割を検討したい。

4．金沢の地域社会

（1）近世の街区の継承

　金沢の特徴の第一は、街区が近世の伝統を継承している点である。近世金沢は金沢城およびその周囲に武士が居住する武士町と、金沢城を取り囲むように町人が居住する町人町とに分かれていた。さらに、町人の居住地は、住人に課せられる夫役や地子（地代）の違いによって区分されていた。すなわち、「本町」、「地子町」、「寺社門前町」、「相対請地」などである。

　近世に10万人を超える人口を抱えた金沢は商業都市でもあり、約半分の戸数が商家であった。その多くは本町と地子町に居住したが、本町の格式が一番上で、拝領地と同じく夫役と役銀（加賀藩が課した家禄税）を負担した（橋本哲哉 1986: 116-118）。本町は現在も商業地区であり、旧北国街道沿いの香林坊、武蔵ケ辻、尾張町、橋場町の地域にあたる。この一郭は金沢城の東側を囲んでいる。金沢は職人の町でもあったが、上層の職人もまた本町に居住した。

　地子町は本町に隣接する地域で、旧金沢市街のほとんどを占める。地子町では地子（地代）が収められた。弘安が居住した宗叔町は職人の町であり、地子町の地域になる。また、金沢の特徴として真宗教団の寺院が多いことが挙げられる。寺社門前町とは、町人が寺社と契約して商売をしている地域であり、寺社に地子を納めた。相対請地とは、農民と町人が賃借契約を結んだ土地である。これは町人が土地を購入することが禁じられていたため生まれた制度である。相対請地には奉公人や下級労働者が居住し、金沢の市域が拡大していく地域となった。

　明治後期から本町、地子町、寺社門前町、相対請地の格差はなくなってきたが、近代以降の都市化の中でも、各町の要素が再編され、伝統として継承された側面がある（橋本哲哉 1986: 118-120）。流動人口という観点からみると、相対請地の流動率が最も高く、下層民の流入や流出が多い。これに対して、本町は人口移動が最も少ない。地子町にも外部からの下層民の流入はあまりみられない。つまり金沢城周辺の旧市街地は、古くから居住する地の者で町が構成されていたといえる。

加賀藩時代には本町、地子町に十人組[9]が編成されていた。これは町人の自治組織の側面を持ち、相互扶助によって町人の生活は維持されていた。各町に肝煎がおかれ、戸口調査、宗門の吟味、小物成・役銀の徴収にあたり、さらにこれらの町では、10軒から20軒単位で十人組が組織された。組の責任者として組合頭がおかれていた。肝煎、組合頭のほか、各町には番徒、番人の役職があり、輪番制で亭主番がきめられ、町内の自治や治安維持、火災予防にあたっていた（金沢市町会連合会 1967）。

　明治維新後も、この組を単位として近所の人々の相互扶助と親睦が行われ、明治後期から複数の組を基にして町内会（町会と呼ばれる）が成立したと考えられる。地方制度の目まぐるしい変遷があり、旧来の町役人は廃止され、町ごとに戸長、副戸長などの役人が新しく任命された。彼らは戸籍事務、徴税、徴兵などを取り扱うことになった。1889（明治22）年、市政・町村制の施行に際し、大規模な町村合併が行われた。このとき、旧来の54町が合併して金沢市が発足している。

　市制・町村制の施行後、「旧各町村ノ名称ハ大字トシテ之ヲ存スル」（内務大臣訓令第三五二号）ことになったが、藩政時代からの町は地方行政の範囲として役割を果たさなくなった。こうして市制・町村制の施行は、町内会の成立にとって画期をつくることになった。以後、旧市域地では、組を最小の単位として、親睦、防犯、防火、衛生、祭礼などを執り行い、行政事務の組織化、募金、寄附などの行政的な要請がはたらいて、数個の組からなる町内会的な組織がぞくぞくと形成され、整備されていったのである。

　明治末期までに、金沢市のほとんど全域で町内会的な組織が形成されていたが、ただし、正式な規約を整えた町内会は1割に満たなかったと推測される（眞鍋 2008: 40-41）。明治末期の地方改良、大正末期から昭和初期の教化総動員、1932（昭和7）年の経済更正運動など、大正・昭和初期の歴史のなかで、全世帯加入の町内会が行政の末端機構として組織化されていったと考えられる。

(2) 小学校区を単位とするコミュニティ

　金沢の地域社会の第二の特徴は、小学校の通学区域がひとつのコミュニティを形成している点である。このコミュニティを「校下（コウカ）」と呼ぶ。金沢市では校下が地域社会の中心に位置づけられ、校下単位で地域住民との交流が行われた。日記には「長土塀小学校下青年團の世話人来られ此間差上た名譽會員承諾を頼むとの事で一円寄附した」［大.5.9.27］とあり、1916（大5）年から1925（大14）年にかけて「校下」の記載が14箇所登場する。金沢では平成の現在でも校下を単位にしてコミュニティが形成されているが（八木 1989: 263、橋本和幸 1997: 22-23）、その起源は明治維新後の連区制に求めることができる。

　明治以降、金沢の行政単位として採用された連区制は徴税その他の事務を行う単位であった。連区の数には変動がみられるが、1892（明治25）年から1924（大正13）年

までは7つの連区となり、連区は地域社会の一番大きな単位となった。1区当たり平均80町、人口2〜3万人からなる7区（通称七連区）がつくられ、道路整備、衛生、消防、土木工事といった活動を行うとともに、地域内住民の相互扶助、連帯の基盤を形成していたという（眞鍋 2008: 33）。弘安の日記には「聯区」および連区を意味する「区」が13回登場するが、その内、6回は選挙の話題である。連区が選挙区でもあったため、候補者名、得票数、選挙戦の様子などが「区」毎に記載されている。ただし、コミュニティの範囲を住民同士の対面的コミュニケーションが成立する範囲と考えるなら、区は規模が大きすぎる。区に代わって、中範囲のコミュニティとして意味を持つようになったのが、校下である（橋本和幸 1997: 20）。連区制は行政教育単位としての小学校区（校下）によって細分化されており、実質的なコミュニティの単位としては校下が意味をもつようになったと考えられる（眞鍋 2008: 33）。現代の学区と対応させるなら、連区が中学校区、校下が小学校区とみなしてよいだろう。

　1919（大正8）年の『金澤市統計書』の区分では、金沢の地域社会は、7連区、18校下、534町に細分化されている。平均人口は、連区22,500人、校下8,800人、町300人である。さらに町の下に十人組（10戸前後の世帯）を母体とした近隣関係が存在した（橋本哲哉 1986: 172、眞鍋 2008: 33-34）。1世帯あたりの人数は4人であるため、大正期金沢の町は平均75世帯前後で構成され、各町にはさらに5つ前後の組（班とも呼ばれる）があったと推計される。

　上記統計書に記されている534カ所の「町」は、行政区の町名を指すのではなく、町会（町内会）の母体となる町内のことである。町内は道路を境界にした生活圏である。弘安の町会の『決議録　宗三會』によれば、弘安の町内の範囲は、宗寂町三番丁に玉川町の一部と長町川岸の一部を加えた地域である。宗三會は、1933（昭8）年2月1日付に正式な規約をもって発足したが、その時の会員数は43世帯である。その内、宗寂町三番丁が38世帯、玉川町4世帯、長町川岸2世帯となっている[10]。宗三會は4つの班（組）から構成されており、1班は10世帯強であった。

(3)　町内における都市旧中間層の役割

　金沢では自らが居住する町を指すときに「町内」という表現が用いられる。町内における活動内容は対人的レベルのものが多く、借金の話から、養子の話、見合い話など、特定の相手を想定した話題が挙げられる。また、節句や祝い事で餅や赤飯を配ったり、食べ物の贈与がなされたりする（近藤 2006: 99）。都市祝祭の提灯行列や御大典行事への参加依頼は、町内が全体として取り組むべき問題とされ、個別の人間関係によって対処されることはない。電燈の敷設・増設を取り決めるときも町内としてのまとまりが必要である。電燈代を定期的に集金するときや、天皇の御大典時には町内が活動単位になる。町内の下位組織である組が近所の範囲となる。町内の活動は組単位で実行される

第 1 節 人間関係と地域社会 183

こともある。

　弘安のような伝統工芸職人は〈状況順応型〉の都市旧中間層である。彼らの中から町内の活動に積極的に関与するものがあらわれ、町内の調整役や雑用役を厭わずに引き受けたと考えられる。金沢の伝統工芸職人は、町内レベルの対人的コミュニケーションを緊密にとり、町内の活動に積極的にかかわることによって、地域社会形成の実質的な担い手となった。

　大正期でもフォーマルで組織化された町内会が存在する地域は少なかったが（金沢市史編さん委員会 2006: 896-899）、〈状況順応型〉の都市旧中間層は、近世以来の行動様式に従って町内の人々と近隣関係を結んでいたと考えられる。町内は未組織集団のままであり、例会というものはなく、生活の必要に応じて活動がなされた。町内単位で対処すべき問題が生じたときは、校下の有力者や名望家層、つまり〈状況牽引型〉の都市旧中間層との相談で事が運んでいる。〈状況順応型〉の都市旧中間層は〈状況牽引型〉の都市旧中間層から指示を受け、町内の調整係として東奔西走し、また具体的な活動の中心人物となった。これが金沢の地域社会における伝統工芸職人の役割であろう。

　加賀藩の伝統に基づいて城下町金沢を創出するという近代化の戦略は、〈状況順応型〉の伝統工芸職人の立場からすると生活を維持するために好都合だった。ただし、伝統工芸職人は経済的動機だけで町内の活動をしているのではない。経済とは別の次元の論理が働いている。金沢には神社、仏閣が多くあり、参詣を実に頻繁に行っていた。神社、仏閣で地の者と連絡をとりあい、種々の調整を事前に行っている可能性がある。『米澤日記』には近所の花山院で頻繁に会合を行っていたことが記されている。

　金沢の町会（町内会）の前身は宗教的な講集団にもある（金沢市史編さん委員会 2006: 899）。都市旧中間層には、講集団のような伝統的で宗教的な地域社会を維持しようという動機があるように思える。また、地の者が中心となって地域社会を構成し、流動層を受け入れようとしない金沢の保守性が「なんまんだぶ精神」と関連しているという指摘もある（中村 2005: 69）。

　金沢では都市旧中間層の伝統工芸職人が近代化に寄与してきた。彼らが中心的役割を果たす地域社会は、古くからの居住者を重視するものであり、下層の人々や外部からの新参者を許容しない、保守的で閉鎖的な地域社会になったと考えられる。

［注］

　1)　日記の表記では「象嵌」が28箇所、「象眼」が237箇所で用いられているが、注文や完成品の受け渡しにかんする記載である。

　2)　現代の金沢市の二側面としては、金沢城の復元や東山地区の郭の整備（伝統の再構築）と、21世紀美術館の開館やクラッシック音楽祭の開催等（欧米文化の摂取）がある。

3) 近代金沢の歴史研究としては、橋本哲也グループ（『金沢市史』の編纂、『近代日本の地方都市 金沢 / 城下町から近代都市へ』日本経済評論社、2006年）、大石嘉一郎グループ（『近代日本都市史研究 - 地方都市からの再構成 -』日本経済評論社、2003年）、高木博志グループ（『近代日本の歴史都市 古都と城下町』思文閣出版、2013年）がある。城下町から発展してきた地方都市の一つとして金沢が考察されている。これらの先行研究に加えて、地方都市の近代化の「担い手」が誰であったかについて、原田敬一（『日本近代都市史研究』思文閣出版、1997年）の研究を参考にして、明治大正期金沢の伝統工芸職人の役割を考察する。

4) 金沢は近世との連続性と革新性の両側面を持ち合わせて近代化に成功したといえるが、明治期までは城下町の再構築という近世との連続性に力点が置かれていた。日本海側という地理的条件に加えて、明治政府の近代化政策に取り残されたことが、その一因であろう。明治22年に新橋 - 神戸間に東海道線が全線開通しているが、明治維新時には名古屋より人口が多く、全国で4番目の人口をかかえていた金沢は明治中期には人口減となり、名古屋をはじめ太平洋側の多くの地方都市に遅れを取ることになった。

5) 〈状況牽引型〉は、金沢が明治維新以後に凋落してきたことに危機意識を持ち、それを積極的に乗り越えようとするタイプである。彼らは凋落する金沢の中の都市旧中間層に属することから不安定な経済状況に直面した。みずからの生活状況に対抗し、危機を乗り越えるために、必死に努力し、自営業に留まることができた。こうした態度が保守的な秩序意識を生み、地域社会で指導的役割を演じることを可能とした。

6) 現代の金沢でも「歴史都市」のまちづくりが推進されている。平成22年2月22日には、文部科学省から「金沢の文化的景観　城下町の伝統と文化」が重要文化的景観に選定されている。ここで「文化的景観」とは、「風土に根ざして営まれてきた人々の生活や生業のあり方を表す景観地のこと」をいう。このまちづくりの原型を、明治・大正期に見出すことができる。現代の都市中間層によるまちづくりの可能性と限界を検討するためにも、明治・大正期における都市旧中間層の歴史社会学的研究を行うこととする。

7) 以下、金沢の伝統工芸については、高澤裕一他（2000: 262-264）を参照。

8) 水野源六の先祖は慶長年間に前田利家に仕えた白銀師であり、水野家は安政年間に白銀棟取になっている（日置 1956: 869、石川県姓氏歴史人物大辞典 1998: 445）。日記には、1910（明43）年4月20日から1935（昭5）年4月14日まで、46箇所「水野源六」が登場する。1895（明28）年に「八代源六」が没していることから、日記に登場する「源六」は九代目以降、おそらく十代目の可能性がある。水野家の「源六」は、明治・大正期に2代もしくは3代に亘って、ウィーン万国博覧会以降のジャポニスムの流行に乗り、金沢の伝統工芸品の育成に努めたといえる。

9) 10数件で1つの組となり、町人が相互に監視する組織であるとも言われている。

10) 日記には「町内の軒数を聞ニ来る　三十五と書いて渡す」[大四・一一・二九]と記述されていることから、1915（大4）年の35軒から1933（昭8）年の43世帯へと8つ増加している。ただし、家屋の増築（軒数の増加）による世帯数の増加ではなく、間借り人の世帯もしくは長屋の居住者を宗三會の会員に加えたことによる増加と推測される。『宗三會　決議録』の会員

名簿には「宗寂町三番丁三十一番地」に 8 人の氏名が記載されている。

＊第 1 節は、論文（近藤 2017）の一部を修正のうえ、転載するものである。

第2節　地域社会の集団の閉鎖性

1．人間関係と地域社会

(1) 地域社会の人間関係

1) 〈状況順応型〉の都市旧中間層

　金沢は、近代的側面と伝統的側面を併せ持つ都市である。大正期に市街電車が開通し、映画館や喫茶店が開業するなど、金沢は、北陸随一のモダン都市として発展した。同時に金沢は、城下町の伝統を継承し、明治維新後も伝統都市として再構築された[1]。しかし、城下町金沢の支配層であった士族は、明治維新後に没落するか、立身出世を志して上京していった（井上 2003: 10）。明治中期以降、旧士族に代わって地域の中心的な担い手になったのは、商人や職人などの都市旧中間層であった[2]。彼らは、近世から金沢に住む土着層の家系であり、明治以降に流入した新参者とは区別された。序章の類型を用いて、都市旧中間層を2つに分けることができる。まず、金沢に残った有力士族や、加賀藩お抱えの有力商人・職人は、地域の名望家層として政治や経済を主導した。このような旧中間層の中でも上位の者は、〈状況牽引型〉の人びとである。他方、旧中間層の大部分は、〈状況順応型〉に属する。この類型の人びとは、一般の商人や職人であり、地域の政治や経済を主導する力をもたない。しかし、〈状況順応型〉の人びとは、〈状況牽引型〉が描く新社会を実現するために、地域のまとめ役として尽力した。この〈状況順応型〉の都市旧中間層のひとりが、米澤弘安である。

　〈状況順応型〉の都市旧中間層は、明治後期から大正期にかけて、金沢の近代化の担い手になった[3]。弘安も地域社会で活躍したが、それができたのは、弘安の出所と資質、それになによりも、彼の労力・尽力に依るところが大きい。弘安には、高い教養と地域に尽くすという生活倫理があった。ゆえに弘安は、近隣の人びとから信頼され、地域のまとめ役として奔走することになった。〈状況順応型〉の都市旧中間層から地域のまとめ役が輩出し、彼らが、近隣の人びととの合意を築き上げ、地域をまとめていった。そのことが、金沢が、近代化の資源として加賀藩の伝統を継承し、「伝統都市」として再構築される動因の一つとなった。

　ここで、本章が想定する地域の広さについて断っておく。弘安が東奔西走した地域は、日常的に往来が可能な範囲（徒歩圏）である。金沢では、小学校区がほぼその大きさにあたる。さらに、小学校区にいくつかの町内会（「町会」と呼ばれる）がある。弘安は、この小学校区および町内会の中心のひとりであった。弘安の町内会（宗三會）は、1933（昭

和 8）年に正式な規約をもつようになったが、それから弘安は、会長を何度か務めている。前節でみたように、金沢では、現在でも小学校区域が地域の単位として認識されており、それは「校下」と呼ばれている。次節でくわしくみるが、弘安は、成人後、尋常高等小学校の恩師の石碑を建立する運動の推進者になる。このことから、弘安は校下の中で役割を担っていたと考えられる。

　都市旧中間層の上層にある〈状況牽引型〉の人びとは、地域の名望家層として、小学校区よりも広い中学校の区域の支配層となった。彼らは、市議会議員にもなる人びとである[4]。〈状況順応型〉の都市旧中間層は、これら支配層と一般住民の間に入って東奔西走し、実際に地域をまとめる役割を担った。弘安の家は、近世以来、都市旧中間層、なかでも伝統職人が多い地域にあった。そこでつぎに、『米澤弘安日記』から地域のために尽力した弘安の生活構造をみることにより、金沢の近代化に寄与した〈状況順応型〉の都市旧中間層の特徴をみていこう。

2) 人間関係の重層性

　弘安は、土着の象嵌職人として、地域における人間関係を結んだ。日記には、弘安がもった多様な人間関係が記述されている。そこに、大正期金沢の地域社会の様子をみることができる。

　ここで弘安の人間関係を分析する枠組みを提示しておく。日記分析により、弘安の他者への主体的関与の仕方をみることができる。本章では、弘安による人間関係の主体的選択が、地域の社会構造を形成する側面を分析する。分析方法として、生活史法および生活構造論を援用する。個人の生活は、社会集団への参与により構造化されるが、本章では、その生活構造の要素として、フォーマルな仕事関係とインフォーマルな人間関係の二つに注目する。インフォーマルな人間関係については、友人関係と近隣関係に焦点を当てる。一般に、インフォーマルな人間関係では、友人関係、近隣関係、親族関係が重要になる（鈴木 1986: 183）。このうち、親族関係の考察は、第4章に譲ることとし、ここでは、地域生活に関わる限りで、親族関係について言及する。

　金沢の「地の者」[5]には、友人関係、近隣関係、親族関係が重なり合っていた。同じ人が友人になり、近所の人になり、親族になって、インフォーマルな人間関係が形成されることこが多かった。これに加えて、伝統職人の場合、フォーマルな仕事関係が、インフォーマルな人間関係と重なり合った。そこでは、生活構造が、近世から続く人間関係により型取られていた。弘安においても、友人関係と近隣関係が重なり合い、それが地域における人間関係となっていた。さらに弘安は、伝統職人の娘と結婚したこともあり、仕事関係と親族関係が重なり合っていた。

　明治以降、米澤家では、近隣から仕事を請けて生計を立てていた。近隣関係は、日常的に出会う人びととの関係からなる。米澤家の近隣関係には、一般的な近所づきあいと、

近隣の人びとが仕事の顧客であるという、二つの側面があった。米澤父子は、近隣の顧客や問屋から注文を請け、依頼品を製作し、納品して、その代金を母親が集金していた。米澤家のように、地域で生計を立てる地の者が地域に貢献することは、近隣の人びとからも期待されていただろう。第3章で、職人弘安の労働世界が分析されたが、本章では、地域の人間関係の形成に関わるかぎりで、仕事関係について考察することとする。

3) 伝統工芸職人

　金沢では、弘安のような地の者が地域に貢献したことで、伝統都市としての再構築が可能になった。それは、金沢の近代化の一側面であった。地域の中核は、保守的で集団主義的な人間関係からなっていた。他方で、金沢は、北陸随一のモダン都市であった。その中心であった片町・香林坊地区については、すでに先行の研究がある[6]。これに対して、弘安が住んだ地域は、近世からの職人や商人の家が多い街であった。そこでは、旧知の職人や商人が、地域を形成していた。本節では、伝統工芸職人と地域社会の関わりについて考察する。

　今日の自治会や町内会には、フォーマルな組織の側面が大きいが、大正期の金沢には、全戸加入を原則とし、規約がある町内会は、ほとんどなかった。住民は、「通り」「小路」と呼ばれる街路で出会い、挨拶を交わし、世間話をし、獅子舞などを楽しんでいた（金沢市史編さん委員会 2006: 892）。街路の清掃や街灯の管理、除雪などは、住民が自主的に行なった。街路により区切られた地域が、町内としてのまとまりをもっていた。日記には、街灯を設置するときに、弘安が町内の合意をとって回る記述がある。

　　　　辰巳君が来て、町内ニ電燈を取ったらどうだらうと云ふ相談をせられたから賛成し、早速山宝方へ電話を借って電氣會社へ十六燭外燈の値段を問ふ（中略）山宝の主人と暫く話し、帰りニ辰巳君と泉屋、幾田、関、松本外一軒へ其相談をした　不在の處もあったので、二三日中又確聞せねばならぬが、多分纏るだらう［大4.1.2］

　このように、大正期の町内は、インフォーマルで未組織の近隣集団であった。隣家の「辰巳君」が、弘安に町内に街灯を引こうともちかけ、二人で、近隣の了解を取って回った。町内の采配は、地の者や経済的な有力者が仕切った（金沢市史編さん委員会 2006: 898）。

　弘安は、経済的な有力者ではなかったが、地の者として近隣を代表し、近隣組織の形成に積極的に関わった。弘安の生地は、金沢市下新町（現在の尾張町）であった。2歳のときに、父の清左衛門が仕事の便がいいということで、宗叔町三番丁に転居した。弘安の生地と転居先は、1キロメートルも離れておらず、どちらも古くからの職人が多い街

であった。ゆえに米澤家は、転居先でも地の者として近隣関係を結ぶことができた。

(2) 伝統の再構築と地域社会

1) 近代化と伝統都市

　1872（明治5）年の金沢の人口は、10万9,685人であり、東京、大阪、京都に次ぎ、名古屋と並ぶ規模であった。しかしその後、人口は減り続け、1896（明治29）年には8万3,875人までになった（金沢市史編さん委員会 2003: 771）。江戸時代は加賀百万石の城下町として栄えた金沢であったが、幕末から明治にかけて、明治新政府への合流が遅れて、明治維新で金沢は冷遇されたといわれている（1節）。

　旧藩士や商人、職人は、金沢の衰退を食い止めようと、さまざまな対策を講じた。その策のひとつが、加賀百万石の伝統を継承して、金沢を伝統都市として蘇らせるというものであった。金沢は、都市を近代化する戦略として、新たな「伝統都市」の途を選んだ。1891（明治24）年の金沢三百年祭において、各町が幔幕、提灯、旗の飾り付けをしたが、その装飾のデザインには、加賀藩主前田家の家紋があった。市民は、前田利家の「恩恵」を忘れず、加賀藩の伝統を継承する栄誉を担うことを誇りとした。こうした動きは、今日まで続いており、金沢では、「加賀百万石」という言葉が頻繁に用いられる。とりわけ伝統工芸や観光・商業において、金沢の伝統が強調される（金沢市史編さん委員会 2001: 15-16）。

　父の清左衛門と弘安は、金工職人として伝統都市の再構築に関わっていく。清左衛門は、加賀藩の象眼職人として、名字帯刀を許されていた。米澤家は、加賀藩の恩恵を直に享受していた。清左衛門が、伝統を再生させ、伝統都市金沢の創造に貢献したのは、当然であった。1873（明治6）年に、清左衛門は、ウィーンで開催された万国博覧会に彫金を出品した。それは、金沢の金工職人が海外に販路を見い出し、伝統工芸の再生を図るためであった。職人たちは、万国博覧会や内国勧業博覧会に作品を出品し、海外・国内の需要を開拓していった。1811（明治14）年に、銅器製造者同盟が結成され、1886（明治19）年に、金沢銅器会社に改組されたが、そこには、清左衛門の名があった。その頃、工芸部門において、個人企業の設立と廃業が相次いで、職人の数も増えていた。大正中期までは、工芸品は、金沢の主要工業品のひとつであり、おもな輸出品でもあった（田中 1974: 63-70）。

　伝統工芸の振興は、金沢の経済政策の中心にあった。職人の世界では、徒弟制度は崩壊しつつあり、名家の商人・職人であっても、近代的な経営をよぎなくされていた。「伝統都市」の再構築とは、近代化の一側面であり、昔の伝統が、そのまま再現されることにはならない。名家の商人・職人でも、首尾よく近代的経営に転換できた人だけが、金沢の伝統都市としての創造に貢献することができた。米澤家が仕事を請けていた水野家は、加賀藩お抱えの職人であったが、金工界の近代化を積極的に推し進めていた。そ

して、欧米の販路を開拓し、作品を制作する会社組織を作っていた。水野家は〈状況牽引型〉の都市旧中間層として、金沢の金工界を主導した。そして米澤家が、〈状況順応型〉の都市旧中間層として、水野家に従い、伝統工芸の再生に尽力した。水野家から請ける仕事は、米澤家の生計を支えた。

水野家は、海外の博覧会に伝統工芸品を出品し、販路を開拓した。たとえば、1893（明治26）年に米国コロンビア市で開催された万国博覧会には、作品の制作に職人数十名（延べ人数2,167人）を動員した。職人たちは、菓子商で市議会議長を務めた森下八左衛門（森八）から多額の資金援助を得て、「加賀象眼太鼓鶏大置物」を制作した。それは、万国博覧会で最高金賞を受賞したが、清左衛門もその制作に参加していた（田中 1992: 50）。

金沢は伝統工芸への期待が大きく、1876（明治9）年、加賀藩の名勝であった兼六園内に、伝統工芸品を展示する石川県勧業博物館（後に石川県物産陳列館、石川県商品陳列所と改称）を開設した。米澤父子も、それに関わることになる。日記には、1909（明治42）年から1929（昭和4）年まで「陳列館」の記載が303箇所、1916（大正5）年から1933（昭和8）年まで「陳列所」の記載が261箇所ある。弘安と父が、たびたび陳列館（所）で開かれる会合に出席したことや、陳列館から注文を受けたことが記されている。1912（明治45）年7月には、石川県や金沢市の支援を得て、「石川県商品陳列所出品人共勵會」が設立された。弘安は陳列館（所）で開催される共励会に頻繁に参加している。

> 物産陳列館ニハ本日共勵會總會と懇親會かあると云ふ（中略）内務部長始めとして縣属、市史等着座あり　夏秋内務部長の演説あり　要は金沢ハ土地及人心もよい處だが、殖産工業が発達せないから奮勵せよと云ふのだ [大4.1.10]

県や市は、伝統工芸を奨励することにより、金沢の殖産興業を図ろうとした。この方針は、1921（大正10）年以降に、繊維産業が石川県の主要産業になるまで続いた。共励会は、雑誌を刊行するなど、工芸界を主導した。弘安は、その雑誌に広告を掲載し、また、会の中心で活躍した。とはいえ伝統工芸は、近代産業として発展するには限界があった。大正末期には、ようやく美術品として生き残るという状態であった。弘安は、職人仕事が減ったが、家計が苦しいなか、なんとか作家の仕事を続けることができた。

金沢の工芸界では、経営者や行政が、企業や共励会などへ職人を集めるだけではなく、職人自身が、組合を結成した。1919（大正8）年1月10日に、「金沢金属器業組合」が、職人40人で結成された（田中 1993: 14-28、57-58）。

> 金属業組合創立總會が本日午后六時金城楼ニ於て發會式を擧ぐ故日暮れて行く大半来て居られた　来客は中村縣属、高橋市勧業課、松田陳列館長、鈴木圖案課長、

吉倉 (北國新聞記者)、麻場 (北陸毎日)、會員は四十名、七時開會、水野組合長の式辞、朗讀ありて後、新年宴會となる [大8.1.10]

　金属器業組合の総会には、石川県、金沢市、陳列館からの列席もあり、官民上げて金沢の伝統工芸を盛り上げていた。1921 (大正10) 年頃までは、欧米で伝統工芸品の需要が増え、金工職人の数も増えていた。金属器業組合は、1926 (大正15) 年に「金沢市金属工芸同業組合」(119人) に発展解消された (田中 1993: 58)。このように、金沢の伝統工芸は、もはや近世以来の徒弟制度ではなく、フォーマルな近代産業の仕組みと販路を整えていった。

2．伝統都市と地域社会

(1) 同窓生と地域社会
1) 生活世界の多元的構成
　本節では、米澤弘安の人間関係からみた生活世界の構造を分析する。分析方法としてA・シュッツの現象学的社会学を援用する。まず、対象者 (弘安) が日記に記述したことを分類する。書き手の「いま、ここ」の視点から、地域で生起する出来事を取り上げ、複数の領域からなる生活世界の構成について整理する。つぎに、G・H・ミードの理論を援用して、地域におけるエートス、とくに対面的な人間関係において重視されるエートスについて検討する。書き手が「他者の態度取得」をする相手は、だれか、また、地域の「一般化された他者」の態度とはなにか、これらの問いを中心に、日記から地域における弘安の態度を読み取る。
　そのデータとなる日記は、1913 (大正2) 年から1921 (大正10) 年までを扱う。この時期は、弘安が25歳から34歳のときであり、日記がほぼ毎日書かれて、記述がもっとも多い時期である。ゆえに、弘安の生活世界の構造が、日記により分析可能になる。日記のなかの人間関係に焦点を絞り、弘安の視点からみた地域社会の構造を分析し、そこに生きる弘安のエートスを引き出す[7]。
　日記には、異なる人間関係、すなわち、〈家族・親族〉〈近隣・仲間〉〈職人社会〉〈一般社会〉が、重なりあって現れる。記述を領域別に分けて、それぞれの領域のおもな出来事を年表にまとめると、表5-1のようになる。そこで、弘安の「いま、ここ」の視点から、社会的世界を追構成する。そのために、弘安の生活世界の構成を、年代別・領域別に概観する。
　まず、〈家族・親族〉の人間関係におけるおもな出来事は、結婚と家督相続である。弘安は、象嵌を家業として継承し、父親と弟の三人で仕事をした。母親が、注文や経理を

表5-1 米澤日記にみる生活世界の構成と主な出来事の推移（一部）

	＜家族・親族＞＜職人世界＞ 直接世界（Umwelt） 領域が未分化	＜近隣・同窓生＞ 直接世界（Umwelt） （梅澤先生建碑）	（中越先生建碑）	鳥畠社中/親交團/その他	＜一般社会＞ 同時世界（Mitwelt） 金沢/石川/日本/世界
大正5 (1916) 29歳		墓参（1） 未亡人訪問（1） 未亡人来訪（1） 8.27墓を作る会合 （以後、弘安は同窓生の連絡、調整に尽力）	8.8死去 8.10葬儀・玉井弔辞 8.27前日8.8に同窓会 11.9建碑相談会 募金する皆が集まり悪い	2.26親交団新年会 不参加、以後記述無し 4.19鳥畠先生病気見舞 5.14鳥畠先生全快祝い	
大正6 (1917) 30歳	1.1美術工芸界発展 自宅象嵌仕事順調 11.16芳野と結婚	2.19石碑建立の話題 6.6建碑募金開始 6.24建碑予算案 6.27石碑設計依頼 8.11同窓会有志名名碑 11.11除幕式・追悼会	3.24選挙で募金中断 5.19建碑の候補地見学 5.24「話にもならない」 7.21銅像に変更案 9.4意見紛糾、玉井立腹 9.5玉井と金沢市へ調整	6.10鳥畠社中氷室会	1.1欧州戦のおかげ 美術工芸も景気良
大正7 (1918) 31歳	1.1一家の責任負う 家業に励む 兄弟へ財産分与予定	1.23未亡人年賀来訪	5.16同窓生の協力なし 8.7銅像の相談、募金 10.20一次中断の方向	1.7鳥畠先生本人から 新年詩会への誘い 6.15鳥畠社中氷室会	1.1欧州戦で国運 皇恩厚く喜ぶ 8.11-8.26 金沢米騒動

担当した。職人の家では、家族が協同して生計を立てるのが普通であった。また、妻の父が上層（元士族）の襖職人であったため、弘安は、義父から援助を受けた。しかし、大正期の日記に、資金援助を受けたという、直接の記述はない。妻の実家からことあるごとに贈与を受けたことは、記述されている。また義父は、弘安が展覧会に出品した作品を買い戻す資金援助をしている。家業として家と仕事が結びつき、妻の実家も職人の家であったため、〈家族・親族〉の領域と〈職人社会〉の領域が、未分化の状態であった。

　つぎに、〈職人社会〉の人間関係は、仕事関係と顧客関係からなる。弘安は、加賀象嵌の作家として活躍した。弘安は、近所の顧客や問屋からの仕事で生計を立てた。他方で、作家活躍をし、皇室注文の作品を制作することが、名誉であった。大正期は仕事が忙しく、弘安は、注文仕事をしながら、展覧会用の作品を制作して、加賀象嵌職人としての地位を固めていった。注文仕事には、近隣からの生活用品や装飾品から、上層の顧客からの注文まであった。問屋から請け負った仕事もあった。もうひとつの作家活動においても、職人同輩や金沢市の支援を得た。仕事関係は、徒歩圏内（旧金沢市街は徒歩で行ける範囲であった）で成立したため、仕事関係と近隣関係は、未分化の状態にあった。

　つぎに、〈近隣・仲間〉の人間関係は、近隣と同窓生の関係からなる。弘安は、近所の顧客と問屋の注文で生計を立てた。また、地域の神社仏閣へ参詣し、年中行事やイベントに参加した。弘安は、とくに「同窓生」がいる集団で活動することが多かった。弘安は、高等小学校の同窓生5人と定期的に「塩梅会」を開いた。弘安の次女によれば、その会では、晩年にメンバーが亡くなるまで親密な交際が続いた。「夜、塩梅会にて玉井君方へ行く　五人共集まる　十二時過散會ス　次より廻り宿ニせうと定まり、来月ハ僕方で引受ける」[大14.8.4]。弘安がもっとも重視したのは、高等小学校の同窓生であり、とくに恩師の中越先生を核とする同窓会が、弘安の地域活動の中心の場であった。その他、弘安は、弟の清二と珠算教習館に通ったことがあり、教習館の恩師である梅澤先生夫妻やその同窓生との交際も長く続いていた。また、弟の清二と謡を習っており、謡の鳥畠先生やその仲間（鳥畠社中）とともに、神社に謡額を奉納することがあった。小学校の同窓生、珠算教習館の同窓生、謡の仲間（社中）など、弘安は、恩師や先生のもとで学んだ集団を核にして、地域生活を形成していた。弘安の社会的世界は、同窓生をモデルに構成されていた。この点については、次節で検討する。

　最後に、〈一般社会〉の人間関係は、シュッツがいう「同時代人との匿名的関係」からなる。おもな出来事として、東京を舞台とする大正政変、金沢の総選挙（選挙違反事件）、米騒動、第一次世界大戦（欧州戦）などがある。弘安は、それらの出来事について、日記に新聞記事を引用している。しかしそれらは、弘安が直接関与する問題としては記述されておらず、傍観者的な態度が取られている。弘安は、〈一般社会〉の問題について新聞を読み、集会に参加して、彼なりの意見をもつことはあったが、傍観者または受身の態度を取り、みずからの判断に基づいて行動することは、ほとんどなかった。

2) 弘安の生活世界

　弘安の生活世界は、多元的構造からなり、地域社会の各領域、すなわち〈家族・親族〉〈職人社会〉〈近隣・仲間〉が重なっていた。この三者は、シュッツの「直接世界」に照応し、〈一般社会〉は「同時世界」に照応する。日記では、1917（大正6）年から1920（大正9）年の元旦の記述に、弘安の態度が圧縮されている。弘安は、日記にほとんど自分の考えを記述しなかったが、これらの年の初めに、考えを記述している。そこにも、弘安の社会的世界が重層的な構造をなしていたことが知られる。

　　　歳、新ニ大正六年丁巳の春を迎ふ、惟に我帝國の伸長ハ長足の発達を遂げ、國威惟上り冨益々加わらんとす　顧みるニ欧州の禍乱ハ既ニ二年有半を經過すれ共未だ終結ニ至らず　彼國民ニ比して我國民たる者祝福すべきなり　欧州戦乱ニ依り日本工業界の促進ハ非常ニて其活動見覚しく、景氣のよき事近年ニ例なし　吾等の美術工藝も活氣を呈し續々と注文絶えず　大ニ働くべし　自宅にてハ父及清二、僕の三人腕揃となった　この時大ニ活動して土臺を造らねばならむ　望多き年だ特ニ僕の双肩ニ掛ってるやうだ [大6.1.1]

　1917（大正6）年元旦に、弘安は、「欧州戦」（第一次世界大戦）での日本の戦争景気を喜び、美術工芸界の活気と象嵌仕事の発展に感謝している。続く1918（大正7）年元旦でも、この考えは続き、さらに自分が結婚したこと、父親が病弱のため一家を養う責任を負うことを記述している。弘安は、〈一般社会〉の動向と合わせて、〈家族・親族〉〈職人世界〉の出来事を記述している。この時期は、仕事が順調であったため、前途洋々の記述になっている。

　1919（大正8）年の元旦には、弘安は、欧州戦の終結と日本産業の発展を喜び、象嵌仕事に励む覚悟を記述している。また、第一子が誕生したこと、弟清二を分家させる義務を負うこと、〈近隣・仲間〉の領域の問題として、「中越先生の銅像建立」を実現させる決意が記述されている。1920（大正9）年の元旦も、弟清二の分家問題、象嵌仕事が忙しいこと、中越先生の建碑を実現する決意が記述されている。1919（大正8）年、1920（大正9）年と、元旦の決意として記述されており、恩師の建碑が、同窓生の重要な目標であったと思われる。

　珠算教習館の恩師である故梅沢先生の建碑は、1917（大正6）年11月11日に除幕式にこぎつけた。しかし、中越先生の建碑の方は、記述に紆余曲折がみられ、1921（大正10）年2月18日を最後に記述が途絶える。その後、中越先生の記述が出るのは、1926（大正15）年8月8日の中越先生の追悼会についてだけである。中越先生の建碑が立ち消えになった経緯を日記で追うと、弘安の態度や人柄が鮮明に浮かび上がる。この点については、後で分析する。

弘安の社会的世界の特徴は、各領域における人間関係が、同じ人びとからなっていることである。弘安の直接世界は、重層的な人間関係からなり、それが、生計と密接に関係している。これは、伝統的な職人家族の直接世界の典型と思われる。弘安が生涯を「加賀象嵌職人」として生きることができたのも、このような人間関係を維持することができたからである。

つぎに、社会的世界の〈近隣・仲間〉の領域から、大正期金沢の「同窓生」を取り上げ、「同窓生」を中心とする人間関係が、生活世界の基本になっていることを示す。

3) 同窓生の人間関係

弘安の日記の記述には、備忘録的で簡潔なものが多い。詳細な記述がある出来事に、亡き恩師の石碑を同窓生と建立するという出来事がある。そこで、日記のデータベースから恩師の建碑に関する記述を抽出し、弘安の「いま、ここ」のパースペクティヴから事実の経過を追ってみる[8]。そこから読み取れるのは、同窓生との恩師の建碑という共同作業が、弘安の人柄や生き方を知る重要な出来事になっていることである。まず、日記の言葉を鍵概念に、弘安自身による一次的意味構成の追構成を行なう。

先に掲げた表5-1では、日記の記述を基に、地域における弘安の生活世界の構成と出来事の推移をまとめ、領域ごとに出来事のストーリーを作成した。表にあるように、「恩師の建碑」は、1916(大正5)年〜1921(大正10)年を中心に記述されている。この時期は、珠算の恩師の建碑と、高等小学校の恩師の建碑が、同時に進んでいる。また、1913(大正2)年には、謡曲の集まりである鳥畠社中が、神社に謡額を奉納している。学校、珠算塾、謡曲仲間(社中)など、場面は異なるが、弘安は、同じ場で学んだことを重視し、そのことを人間関係の恒常的な維持に結びつけている。すなわち、弘安の社会的世界は、同窓生との関係を中心に構成されている。そのことを示す日記記述として、表5-1に恩師の建碑を2件(梅澤先生建碑と中越先生建碑)とり上げてある。

まず、「同窓生」と協同して恩師の建碑を実現した出来事を、日記から抽出する。弘安のパースペクティヴから「梅澤先生建碑」の一連の出来事を記述すると、つぎのようになる。弘安は、日記を書き始めた18歳の頃(明治39年)、梅澤儀三郎の珠算教習館に通っていた。1909(明治42)年の21歳の頃には、教習館を修了していたと思われるが、毎年のように梅澤宅に年賀に訪れ、新年会や同窓会、運動会などに出席している。

　　午后一時、金石濱茶屋ニ於テ梅澤教習館ノ同窓會ガ開カレルノデ、昼飯ヲ終ルナリ出掛タ　清二ハ行カナイテ僕ひとりダ　對手タト鳥畠先生方ヘ天神會ノ御礼ヲ盆ニ上ル筈ガ延タノデ、ソレヲ持テ一寸寄ツタ　天神會會費ハ皆集ツテナイガ取換テ弐円御礼トシテ上ケタ　急イデ馬車場迄行ツタ　越見君ガ来テ居タ　一時ノ馬車デ出発、松葉屋、浜茶屋ヘ行クト、皆来テ居タガ會ハ未ダ開カナカツタ　先一

番ニ海ヘ入ル　集レイトノ事デ集ルト、二三人ノ演説ガアツテ、皆裸体ノ會員達ガ
百名計リ聴テ居ル　ソレガ終ルト賞拾ヒデ隊ヲ別テ海ヘ札ヲ蒔クノヲ拾フノダ
賞品ハ桃三ツテ、中ニ扇子、ノートヲ貰フモアル　終リニ吾々大供デ、僕ハノート
ニ桃ヲ貰フ　散會後、晩サン會トカデ吾々十五名計リ、松葉屋ノ支店ヘ行ツテ夕食
シタ　日ノ暗レテ馬車場ヘ行キ、馬車デ帰ル [明44.8.12]

　同窓会や運動会には、同窓生の家族も参加し、景品やお菓子が配られる盛大なもので
あった。日記によれば、参加者は100人を超えた。弘安は、同窓生のなかでもとくに梅
澤先生と付き合いがよかったと思われ、梅澤先生のところに「顔を出す」、「一寸寄る」
という記述が頻出する。21歳（明治42年）から24歳（大正元年）まで、毎年6回ないし
7回の訪問があり、梅澤先生と歓談している。1912（大正元）年9月20日以後は、しば
らく訪問の記述がない。梅澤宅への訪問がふたたび記述されるのは、1913（大正2）年
3月25日である。このときは、梅澤先生の病状のことが記述されている。それから4ヶ
月後の6月20日に、梅澤先生は死去し、その後弘安は、葬儀の手伝いや、遺品の整理・
分配、法名の銅版作成と、梅澤未亡人を助けている。

　　　恩師梅澤先生死去の報あり驚いた　夜、清二と共ニ御悔ニ行く　先生には昨日
九時頃迄授業せられ、又来客ありて話して居らる内ニ容子変り十時死去せられた
由　其間三十分程なりと　あへなき事なり　かの、やさしき先生、今は逝きてあら
ず嗚呼　奥様の悲嘆もさこそと察せらる　幹事の高井伴太郎氏、森谷茂君が、主立
ちて世話をせらる　僕も一夜、通夜する事とし清二は帰る　学生も数多来られた
が二時頃迄居て帰らる　後は、僕と近君、呑木の奥様、越野様と親類にて一夜話し
て明す　早、明るくなった　五時ニ帰る [大2.6.25]。

　梅澤先生の死後も、弘安は、梅澤未亡人との往来を続けており、毎年のように故梅澤
先生の墓参の記述、未亡人訪問の記述、未亡人が米澤宅を来訪する記述がある。1916
（大正5）年8月27日に、梅澤先生の墓を作る会合のこと、1917（大正6）年2月19日
に、石碑建立の話題が記述され、同年6月6日から募金を開始し、6月24日に建碑予算
案を立て、8月11日の建碑相談会で、石碑の裏に「梅澤教習館同窓會有志」と記入する
ことが決まる。そして1917（大正6）年11月11日に、梅澤先生石碑の除幕式が行われる。
弘安は、除幕式の後も梅澤未亡人との往来を続け、未亡人に相談事もしていた。1920
（大正9）年まで往来の記述がある。
　弘安は、教習館で珠算を習い始めて以来、修了した後も梅澤先生との交流を続けた。
これは、他の入館者たちも同じであった。梅沢先生の死後3年経って墓を作る話題が出
て、同窓生による建碑の事業は順調に進み、石碑建立を実現させた。弘安の相互行為の

パターンをみると、梅澤未亡人を「訪問」し、教習館の「名簿作成」をし、発起人たちと「相談」し、「協議」「連絡」を頻繁に行ない、建碑の「募金」に走り回った。また、同窓生で募金の役割を果たさない人を「甚だ冷淡だ」と非難し、弘安が代わって募金を行なった。

これらのデータ群から、弘安の態度や行動が、人間関係を恒常的に維持することに向けられていることが分かる。伝統的価値でいえば、弘安には、恩や義理を重視する態度が強かった。恩師が死去後も未亡人と長い交際が続いている。そのことにより、弘安は、恩師に関わる人びととの人間関係を維持した。

つぎは、恩師の建碑が立ち消えになった例である。高等小学校の恩師であった中越錠三郎先生の建碑は、事業の規模は、梅澤先生の建碑を上回るものであった。弘安は建碑実現に東奔西走するが、実現には至らなかった。この中越先生の建碑の出来事を例にして、エクセルを用いた日記分析の方法を具体的に示しておこう。表5-2にあるように、テーマ（中越先生建碑）に応じてデータベースから記述を抽出し、その抽出群にメモ書きやコードを記入する。具体的には、人間関係に焦点を当て、弘安の「相互行為」のパターンを第1のコードとし、弘安と関係する「他者」の分類を第2のコードとする。ただし、2つのコードは、固定したものではなく、作業過程で再コード化されるものである[9]。

弘安は高等小学校卒業後も、中越先生と交流を続けていた。1913（大2）年8月17日の中越先生の叙勲祝賀会を契機に、翌年から同窓会が開かれる。中越先生が弘安に同窓会の開催を催促したこともあり、弘安は、同窓会の連絡係を務めた。1916（大5）年8月8日に中越先生が死去すると、弘安は、同窓生の第一の親友でもあり、仕事上の交流もあった日本画家の玉井敬泉から次回の同窓会開催の日程を聞く。

> 元長町高等小学校々長中越錠三郎氏ハ吾等の恩師なり　今ハ野町校長なりしか八日逝去せられ本日午后一時葬儀と云ふので僕も参詣すべく出掛けた　折しも少し雨降り出せり　葬儀ハ時刻通ニ出棺する　玉井君ニ逢ふ　帰澤してより直ニ白山へ行き約二週間居て七月ニ帰つたと　寺町の高岸寺（妙興寺）ニ移しにて終りて泉火葬場ニ送らる　西村君桑原君も参詣して居られた　玉井君ハ寺にて元長町高等小学校同窓會總代として弔辞を讀まる　帰路ハ玉井君と共ニ話して来る　水邉方へ寄り貸家の事を尋ね、又風呂敷を借りて僕の風呂敷を玉井君ニ借し羽織を包みて帰る　同窓會を二十一日ニ催すと云つて居た [大5.8.10]

中越先生死後、最初の同窓会は「先生生徒共十七名、先生ハ半数あり、変な會となった然し快話し・・・毎年八月八日即、中越先生命日ニ開會する事」[大5.8.2] となった。前々年の同窓会では、同窓生56名、先生10名程の出席、前年の同窓会では、同窓生40名以上、先生4名の出席だったのと比べると、同窓生の出席者が激減していた。そのため、弘安には「変な會」に映ったのだろう。

198　第5章　住民弘安の近隣関係　― 明治・大正期にみる伝統工芸職人の役割 ―

表5-2 中越先生建碑データ抽出群（一部）

	記述	メモ	相互行為	他者
大5年8月21日05	・夜　僕は舊長町小学校同窓會に行く　**先生生徒共十七名　先生ハ半数あり　変な會**となった　然し快話し和氣愛々中二十一時半散會した	同窓会で同窓生よりも先生が多い**変な会**	同窓会	恩師先生同窓生
大5年8月21日06	・北川先生か包物を忘れて行かれ玉井君か持って行く　安井、西村、越野君等と待って一時半帰る　上野君ハ大ニ酔ひ俥で帰す　**毎年八月八日即中越先生命日二開會する事二した**	毎年命日を例会とする	同窓会	先生玉井同窓生恩師
大5年10月1日04	・安江君か来て玉井君より久保君方へ来た葉書に長町高小校の**卒業生人名簿を借る事**を少将町校々長佐久間先生及佐々木先生ニ依頼状を出して置いたから誰か二人程行って呉れとの事で僕にも行って呉れないかとの事　僕も此頃多忙なれは勝手なから君等二人にて行って呉れと頼む（后ニ）	卒業生名簿を借りる依頼弘安は多忙で断る	依頼　挨拶拒否	同窓生玉井先生
大5年10月25日01	・夕　安江町の久保君が来て今夜西村君方へ寄りて**中越先生石碑二付相談したき故出席して呉れ**との事で夜、天満宮へ参詣して安江君を問ふと病氣であるとの事久保君方へ行き共二堅町西村君方へ行く時ニ七時、待つ程二参る人ハ笠間君　越野君　外二安田君　吉田君て此二氏ハ程なく帰られた　**東京の玉井敬泉君より西村君へ来た手紙二付碑の事二付希望を書いてあり**を見た　大方ハ賛成にて具体的の談ハ□らさりしか　来ル十日頃二**世話人の總會を開きて協議を開きいよいよ活動を始むる事二決し**後二御馳走か出て十一時散會し同道ニて帰る　久保君と西村君ハ明日小橋町へ**佐々木先生**を問ひ名簿の**急調を依頼し**僕は玉井君へ送る報告を出す事ニなつた	建碑の相談会中越先生建碑の世話人：安江、久保、西村、笠間、越野、安田、吉田、玉井	会合　訪問通信　会食依頼　報告	同窓生恩師玉井先生
大5年10月26日01	・玉井敬泉君へ昨夜西村方にての集會の模様を報告する事を約して来たから昼休ニ書くべく尚落選の事二付奮勵の手紙も共二書き**中越先生石碑の趣意書を依頼し参考として梅澤先生の時のものを同封して送る**　五匁ありき　三時頃迄掛つたが古田様か来られて話して居ると半日休業したやうな譯だ（后三―四半）	玉井に中越先生建碑の趣意書を依頼、梅澤先生建碑の趣意書を参考として同封	会合　通信依頼	玉井同窓生恩師

注）強調文字の箇所はエクセル画面上では赤色表記にしてある。

その後、玉井（東京在住）の発案で中越先生の石碑を建立する事業が始まる（本書第2章第1節4の玉井敬泉から米澤弘安への手紙）。玉井が趣意書を書き、同窓会の世話人でもある弘安が、それをもって同窓生に頼んで回ることになった。弘安は、同窓生と「会合」「会食」「相談」「訪問」「打ち合せ」を行ない、また、市役所や関係各所への「依頼」「訪問」も行なった。弘安は、中越先生の建碑に多くの時間を割いた。

　　夕　安江町の久保君が来て今夜西村君方へ寄りて中越先生石碑ニ付相談したき故出席して呉れとの事で夜、天満宮へ参詣して安江君を問ふと病氣であるとの事久保君方へ行き共ニ堅町西村君方へ行く　時ニ七時、待つ程ニ参る人ハ笠間君　越野君　外ニ安田君　吉田君て此二氏ハ程なく帰られた　東京の玉井敬泉君より西村君へ来た手紙ニ石碑の事ニ付希望を書いてありを見た　大方ハ賛成にて具体的の談ハ□らさりしか　来ル十日頃ニ世話人の總會を開きて協議を開きいよいよ活動を始むる事ニ決し後ニ御馳走か出て十一時散會し同道ニて帰る　久保君と西村君ハ明日小橋町へ佐々木先生を問ひ名簿の急調を依頼し僕は玉井君へ送る報告を出す事ニなつた［大5.10.25］

　しかし、第一回の幹事総会でも出席者は8名と少なく［大5.11.5］、中越先生建碑の事業は思うように事が運ばなかった。その後も、選挙のために募金が中断し［大6.3.24］、石碑から銅像へ変更する案が出され［大6.8.7］、そのことで意見が衝突するなど［大6.9.4］、紆余曲折の経過を辿る。弘安は同窓生の協力が得られないことを嘆き［大8.5.16］、同窓生4人（久保、西村、安江、弘安）で一時事業を中断することに決めている［大7.10.20］。

　1919（大8）年と翌年の元旦に、弘安は、建碑実現への意欲を記述しているが、具体的進展はみられなかった。1921（大10）年2月18日に、同窓生五名（玉井、久保、西村、安江、弘安）で新たに銅像発起人会をもつことが記述されて後、中越先生の建碑の話は立ち消えになる。日記には、「結論は、他の人達は頼むに足らない　発起人が結束し主なるは金故、吾等五人にて毎月三円を積立て、約二か年間継續せば五百円の金を得る募集金の不足は之にて、補ふ事ニ決す」［大10.2.18］とある。同窓生たちの合意が得られず、最後に残った同窓生5名だけでは実現ができなかった、ということである。建碑事業についての最後の記述は「夜西村君へ出す手紙を書く　中越先生銅像の件にて、除銭を送って来ないから催促して呉れと、久保君より頼まれしものなり」［大10.6.4］であった。ただし、同窓生5人の会は「塩梅會」と名付けられ、1926（大15）年12月まで、各家の持ち回りで会が開かれていたことが日記に書かれていた。この塩梅会は、晩年にメンバーが亡くなるまで親密な交際が続いたという（田中 1974: 122）。

　中越先生建碑のデータ群からも、梅澤先生建碑の場合と同様、弘安が、人間関係の

維持に尽力したことが知られる。梅澤先生の建碑は、規模が小さく、同窓生の仲間内だけで事業を達成することができた。これに対して、中越先生の建碑の場合は、金沢市との調整もひと仕事であった。建碑の代表者は、最初は弘安の親友の玉井であり、弘安は、二番手として「連絡」「募金」「依頼」などをこなした。結局、東京在住の玉井を含めて、同窓生5人が新たな発起人会をもつが、建碑事業は挫折する。そのときの弘安の苛立ちが、日記に散見される。募金に応じない人を「又金を出さぬ事を考へて居らる　仕様のない人だ」[大5.11.17] と非難している。弘安には、同窓生が恩師の建碑を行なうのは当然のことであり、それが果たせないことへの苛立ちが、日記に出ている。

　珠算教習館の恩師の建碑と高等小学校の恩師の建碑に、弘安は東奔西走した。以下、G・H・ミードの理論を援用して、弘安が、「重要な他者」[10] との相互行為をとおして生計を維持した過程を分析する。また、弘安が金沢の地域社会において「一般化された他者」の態度を取得できなかった問題点を指摘する。

　弘安は、恩師の建碑以外の場面においても、同窓生と生涯の関係を維持している。弘安は、彼らを「重要な他者」とし、彼らの態度を取得しつつ、地域の役割を担ったと思われる。弘安にとっての「重要な他者」は、生活世界の各領域で重複していた。「父」「母」「弟」「兄」「妻」「義父」は、〈家族・親族〉と〈職人世界〉の領域で重複し、「玉井（高等小学校の同窓生）」は、〈近隣・仲間〉と〈職人世界〉の世界で重複した。また、顧客が金沢の上層の人びとに多く、弘安は、彼らと会って仕事を請けたため、〈近隣・仲間〉と〈職人世界〉の領域が重複した。

　弘安の「他者の態度取得」の特徴は、家族や親族、同窓生の「重要な他者」の態度を取得して、誠実かつ勤勉に利他的な行動をとったことにある。弘安の生活は、家族や親族、同窓生という同質な他者との相互行為により成立した。そのため、それ以外の人が「重要な他者」になることは、ほとんどなかった。金沢の米騒動への態度にみられるように、弘安は、「異質な他者」の態度を取得することはなく、「異質な他者」との間に明確な線引きをした（坪田 2006）。弘安には、生活において「異質な他者」と相互行為をもつ必要はなかった。

　弘安の「一般化された他者」の態度が、普遍的な「一般化された他者」の態度へ再構成される方向はみられない。弘安は、家族・親族や「同窓生」の内集団の人びとと「共通の態度」を持つに留まった。

　弘安は、2紙の新聞を定期購読するほどの勉強家であり、読書家であった。政治・経済の情勢にくわしく、世界に目を向けながら、自分の仕事に励む人であった。道徳訓や箴言を自我流に解釈し、生活の指針とした。日記にはしばしば、あるべき生活態度が記述された。しかしその態度は、家族・親族、「同窓生」以外の他者については、思考の次元に留まり、行動に移されることはなかった。ゆえに、地域社会の多元性に対応した「一般化された他者」の態度が形成されることもなかった。

もともとミードの発想には、「重要な他者」と「異質な他者」の区別はなく、それゆえ「一般化された他者」の態度の取得も可能となる。しかし、弘安にとっては、自分と同質な他者だけが「重要な他者」であり、それ以外の他者の態度を取得することがなかったのである。こうして弘安は、「異質な他者」を含む「一般化された他者」の態度による、市民としての普遍的態度を持ちえなかった。それは、大正政変後の金沢市区総選挙のとき（大正4年3月）の弘安の態度に看取さされる（6章）。弘安は、大正デモクラシーに共鳴して、反政友会系の候補者を支持した。しかし、その候補者の選挙違反が問題になったとき、弘安は、日記にそのことを記述していない。それは、その候補者が、弘安の父親の代から仕事を請けていた顧客だったからと思われる。人間関係を維持することが、弘安の重要な生活の指針であったため、弘安は、その候補者を批判できなかったと思われる。

　また、金沢の米騒動のときも、「下層民」の困窮に同情はするものの、弘安は米騒動に同調する行動に及ばない。このときも、米騒動で批判の矢面に立たされた人が、弘安の顧客だったからと思われる。地域で職人として生きる弘安が、顧客との関係を壊してまで自分の考えを表明したり、行動したりすることはなかった。弘安は、上層階級にも下層民にも属さなかったが、下層民と自分の間に線引きをし、そのことにより、上層階級を内集団化した。そうすることで、弘安は、仕事を続け、生計を維持することができた。こうして、一庶民の職人弘安は、「異質な他者」の態度を取得したうえで、「一般化された他者」の態度を構成することはなかった。弘安は、「異質な他者」の苦境に共感はできたが（金沢米騒動）、生活のための人間関係を温存することを優先した。弘安の態度は、つねに他者との人間関係に左右され、自立した人格になりきることはなかった。

　弘安の生活倫理は、世話になった人に恩を返す、世話になった人はみなそうすべきであるというものであり、その中心には、人間関係の維持を優先する生活倫理があった。ただし生活倫理は、エートスではない。エートスとは、個人を内面から倫理的価値の実践に向かわせる原動力である。それは、人間がつねに明確に認識できるものではない。その原動力は「生計を維持し、家を守る」という利害関心と結びついて、発動する。弘安は、近所の顧客や問屋から注文を受けて、収入を得た。弘安は、対面的な相互行為のなかで仕事をした。相互行為の相手は、親族や近隣に住む人びとであり、人間関係を恒常的に維持することは、生計を立てるための必須条件であった。また弘安は、展覧会用の作品を制作する作家でもあった。弘安は、普通の仕事にも「弘安」と号を入れるほどの象嵌職人であった。こうして、生計への利害関心と作家としての名誉が合い重なり、弘安を人間関係の恒常的維持という生活目標へ駆った。そしてそれは、他者にそれを強いることにもなった。

　「同窓生」は、同じ恩師のもとで学んだ集団であり、年齢と性別が同じ人びとであった。同じ恩師のもとで学んだというだけなら、年齢と性別は関係ないはずであるが、日記に

女性は登場しない。同期生以外の人もほとんど登場しない。また、日記に登場するのは、金沢の地の者の子弟であり、その多くは商人と職人であった。このように、弘安にとっての「同窓生」は、年齢と性別、生まれ、職業が同じ人びとであった。中越先生の建碑の事業で最後まで残った五人のメンバー（「塩梅会」と名付けられた）が、まさに弘安と同質の人びとであった。このような同窓生の関係は、地域の伝統的な年齢階梯制と似ている。地域社会全体には、年齢、性別、出身、職業などが異なる多様な人々がいるからこそ、それらを同じくする人びとが集団を形成しあうという側面がある。属性の共有により集団が形成されるため、集団を異にする人に対しては、権威主義的な関係が生じやすい。しかし弘安は、権威主義的なパーソナリティを持っていたわけではない。集団主義では、人間関係の形成そのものが生計維持に必要とされるため、弘安は同質の者と良好な人間関係を形成し、異質の者との関係を形成することがなかった。

　弘安にとって、家を存続させることが、第一の目標であり、作家として作品を制作することが、第二の目標であった。弘安は、その範囲内で仕事や地域の活動を行なった。家族のメンバーは独立しておらず、弘安は、生計の面で妻に依存することに躊躇がなかった。夫にとって妻は、生計維持のための資源であった。近代日本において、個人は、独立することがないまま、「自立」することが求められた。集団主義のなかの自立とは、自己の責任で生計を維持して、家を守ることを意味した。生計を維持し、家を守るための資源が、「仕事」と「妻」と地域の「人間関係」であった。

　弘安の縁談話に、役所勤めの人や学校の教員もあったが、弘安は、職人の妻は職人の家からがいいと思っていた。職人弘安にとって、「妻」は、迷うことなく、家を守るための資源であった。また実際に、妻の実家からの援助と妻の内職により、弘安は、象嵌職人として生きることができた。弘安は、妻との夫婦関係を維持するために、妻に対して心情的には権威主義的な態度を取ることがなかった。家や仕事を離れた娯楽（映画や見世物）で、弘安と妻は、当時としては珍しいほどともに外出している。

　弘安には、家父長的な権威主義は強くなかった。しかし、弘安の心情的な態度とは別に、家（家業）には、権威主義的な構造が埋め込まれている。妻は、夫の補助的な位置にあり、それは結局、妻に対して権威主義的な態度を取ったことになる。

　弘安は、同窓生との繋がりを中心に、町内会の活動に尽力した。ゆえに弘安は、地域で生計を営む信用を得ることができた。弘安は、地域でも心情的には権威主義的な態度を取ることはなく、互恵的な人間関係を取った。しかしこの場合も、弘安の心情的態度とは別のところで、地域にはさまざまな権威主義的な人間関係があり、弘安は、それに組み込まれていた。

　大正期には、どの地域にも、権威主義的な人間関係が強かったと思われる。地域は、階層別に構成されており、上層階級は、地域を統制する位置にいた。また地域には、階層間の交流がなく、分断された状態であった。弘安のような中間層の人びとは、同階層

の人びとと互恵的な人間関係を形成した。そして、自己保身のために、下層の人びととの間に一線を画し、その結果、上層階級に与することになった。弘安は、互恵的な態度で地域のために尽力したが、結局、地域の権威主義的な人間関係の形成に同調することになった。

2. 近隣関係の構造

(1) 人間関係の変容

　金沢では、金工産業の他にも機械産業や繊維産業が奨励された。経済は、明治中期まで続いた不況から、ようやく脱した。金沢の人口は、1898 (明治29) 年の、弘安が9歳のときに最少を記録したが、その後は人口増に転じて、1919 (大正8) 年に、弘安が32歳で、長女が誕生した年には倍増した。大正末期には、金沢は、北陸の商業・文化の中心地として「モダン都市」になった (金沢市史編さん委員会 2006: 518)。1913 (大正2)年に、最初の常設映画館ができ、1914 (大正3)年に、撞球 (ビリヤード) 場が10軒を超え、1917 (大正6) 年に、カフェーが開店し、1919 (大正8) 年に、市電が開業した。人口は、1898 (明治30) 年から1926 (大正15) 年まで、平均して毎年2パーセントの増であった。金沢は、都市化の途にあり、外から多くの人びとを迎えた。ただし、弘安の日記では、旧知の人が多く登場し、新たな人が登場することは、あまりなかった。近隣関係と仕事関係が重複したため、新たな人が登場する余地がなかったと思われる。

　日記に登場する友人関係と近隣関係を列挙すると、表5-3のようになる。人間関係の核になったのは、同窓生を中心とする友人関係と家族・親族の親族関係である。弘安は、近隣との関係を大切にして、さまざまな役を引き受けた。友人関係と近隣関係のメンバーにも、多くの重複がみられる。謡曲の社中 (友人関係) は、「近衆」(近隣関係) とメ

表5-3 弘安の人間関係の重複

友人関係	高等小同窓	玉井敬泉	久保六平	西村次作	安江喜作	平桜友作
	教習館同窓	横地君	大村君	高井	杳木	大村欣一
	謡社中	能口多作	天地謙吉君	藤田余三治	半田梅次君	辰巳才一君
	塩梅会	玉井敬泉	久保六平	西村次作	安江喜作	
近隣関係	町内	上野太一君	山室直吉君	京屋	酒井様	辰巳新太郎
	近衆	能口多作	天地鎌吉君	藤田余三治	伊藤酒店	辰巳新太郎
	近所	泉屋	石井様	松本様	金子様	辰巳様
	親交團	上野太一君	山室直吉君	京屋	酒井三喜君	辰巳新太郎
仕事関係	家業・援助	清二	父	母	兄	
	アドバイス	玉井敬泉	芳野			
	近隣顧客	上野太一君	横地様 (横地雅一君の実家)			

ンバーがほぼ重なった。弘安は、弟とともに謡を習っていた。謡は、近世から続く、金沢の職人の嗜みのひとつである（金沢美術工芸大学美術工芸研究所 1989: 21-24）。謡は、大正期には金沢の代表的な遊びであった。日記でも、同世代の男性が、頻繁に謡を行なっている。また、「町内」と「親交團」に登場する人も、重複が多い。これは、後にみるように、親交團が町内会の母体になったためと思われる。同時期に金沢市の他の地域でも町友会や親交会と名付けられた団体が多く結成されている（金沢市史編さん委員会 2006: 898）。

> 　夜、各町の團体會の下相談會を開くとの事で、昨夜頼まれた故七時より行く　會場は松登美で平楼君と上野君か来て居る　待つ程ニ八時頃ニ至りて松原君、上野ポンプ屋君、山室君、石田君、野村君か来られ、都合八名となった　議論百出の決果一般の入會は至難ニ付、物堅い有志の團体として募集する事ニ決し會名は、親交團と称し、親睦を圖るを目的とす　規約の草稿ニ訂正を加へ十五ケ條を造り上げた會費一口五銭宛ノ事　一杯呑むと云ふ人かあって、呑みつゝ話しする程ニ一時となる　散會した [大3.11.24]

　金沢の人口が増えた時期も、日記に登場する人は、同窓生を中心とする地の者にほぼ限られている。そのなかで、日記の登場回数が5回以下の人が数名いる。それは、金沢の地の者ではなく、新参者であったと思われる。これに対して、地の者の登場回数は、100回を超えている。弘安は、地の者とは、謡曲やカルタなどの遊び、冠婚葬祭などで頻繁に会っている。ここに、新参者に対して閉鎖的という、金沢の地域社会の特徴がみられる。金沢が「伝統都市」として発展し、市民はそのことに誇りをもった。そのような市民感情が、金沢の閉鎖性と結びつき、金沢固有の内発的発展を可能にしたと思われる。旧士族であれ、商人や職人であれ、地の者を中心として、金沢の近代化が進められた。金沢市の人口は、増えていった。外来者が人口の半数を占める時代になっても、金沢では、地の者が、近隣の采配を振るっていた。

（2）近隣集団の特徴

　鈴木広は、地域を「土着層／流動層」と「上層／下層」の軸により分析した（鈴木 1986: 180）。その図式に従うなら、弘安は、土着層の中間層である。しかし弘安は、仕事関係では、土着層の上層との関係が強かった。以下、鈴木の図式に従い、弘安の生活構造を分析する。まず、鈴木の類型を基に近隣集団を再構成する。日記では、近隣を指す言葉として「町内」「近衆」「近所」が用いられている。また、町会（町内会）は、「親交團」と重なり合う（表5-4）。

　町会（町會）、宗三会（宗三會）の語は、1933（昭和8）年以降に、それぞれ2回と9回、

表5-4 近隣関係：カテゴリー別の記述回数

	記述回数	大正2	大正3	大正4	大正5	大正6	大正7	大正8	大正9	大正10
町内	70 （107）※	1	1	22	5	10	10	4	3	14
近衆	35 （ 57）	9	3	12	5	4	2			
近所	37 （ 71）	1	0	0	2	6	5	9	8	6
合計	142 （235）	11	4	34	12	20	17	13	12	20
親交團	15		4	8	3					

※（　）内は日記全体での記述回数

日記に登場する。4つのカテゴリー（「町内」「近衆」「近所」「親交団」）を尺度に弘安の生活構造をみると、つぎのようになる。まず、四つのカテゴリーの登場頻度についてみる。「町内」の語は、日記の全時期に登場する。「近衆」は、1918（大正7）年まで登場し、1916（大正5）年頃から、「近衆」の代わりに「近所」が登場する。「町内」は、今日の規約を備えた「町会（町内会）」ではない。町会に相当する語では、1914（大正3）年11月24日から登場する「親交團」があるが、この親交団も全戸加入を原則とする町内会ではなかった。親交団の目的は、1915（大正4）年11月に行われる大正天皇の御大典祝賀行事を、町内を挙げて祝うためであった。団体の結成は、行政が、天皇制の末端機構として市民を組織化することであった（金沢市史編さん委員会 2006: 897）。

　弘安は、親交團の結成に関わり、年長者であったためか、世話人の役を引き受けている。

　　　親交團の発會式は本日午后三時より松登美楼ニ於て開かる事なれは、吾等世話
　　　人ハ三　時頃より出掛た　され共人寄遅く午后五時過ぎ漸く三十名程となりたれ
　　　ば開會する事となり、座長を酒井三喜君ニ頼み、僕か規約讀上役となる[大4.1.20]

　しかし、弘安の町内では、親交團がなくても、御大典の準備が進んでいた。あらためてフォーマルな団体をつくる必要はなかったと思われる。御大典の準備は、町内の地の者が進めており、その青年有志が、親交團を結成したと思われる[11]。しかし弘安は、かりに親交團がなくても、同じ役を引き受けていたと思われる。また弘安は、仕事関係の共励会から御大典記念額の制作を頼まれていた。ゆえに、親交團に入らなくとも、弘安は、御大典を準備する立場にいた。

　このように、近隣関係が天皇制の末端機構として整備されたが、金沢では、すでにその前に、住民が率先して天皇制との関係を強めていた。とくに明治以降の都市祝祭を契機に、天皇制が近隣関係に浸透していった。そこには、住民の利害が絡んでいた。弘安の場合は、仕事関係を背景に、天皇制と近隣の活動が、容易に結びついた。

　もうひとつ、天皇制と近隣関係の関係で看過できないのが、神社への参詣や天神講・

大師講などの宗教的活動である。金沢では講が町会の原型になった、という説もある。米澤家でも、両親と弘安は、頻繁に神社仏閣に参詣し、頼母子講や大師講、天神講に参加した。神社仏閣は、近隣の人びととの会合の場所になっていた。日記では、近所の寺院（花山院）が、参詣の場所だけではなく、会合や謡曲の場所としても頻繁に登場している[12]。

　町内会は、しばしば伝統的で権威主義的な集団とみなされてきた。しかし、実際はそうではない。金沢では、地域において旧来のインフォーマルな近隣関係が維持されていた。昭和の戦時体制に入り、天皇制の末端機構として、全世帯参加型の町会が組織された。弘安は、この町会でも重要な役割を演じ、町会長として近隣を主導した（山田 2002: 61）。

　親交團の記述は、1914（大正3）年11月に登場するが、1916（大正5）年2月以降はなくなる。それは、弘安が関与を止めたからではなく、町内で親交團を継続することが困難になったためと思われる。日記には、「親交團継續か解散かと云ふ問題ニテ決果は以前の分ハ自然消滅として更ニ各町有志ニテ（眞ニ入會希望者）組織する事となし　来る二十六日總會兼新年會開催する事となり散會す」[大5.2.18] とある。同年2月26日の新年会には有志だけが出席して、親交團を継続することになった。しかし、日記には「今夜、親交團の新年會あるとの事であつたか行かさりき」[大5.2.26] とあり、それ以降は、親交團の記述はなくなっている。

　大正期の金沢には、フォーマルに組織された町会はほとんどなかった。弘安は、付き合う人を選別して、町内の近隣関係を形成している。弘安にとって、町内は、アソシエーショナルな関係からなっていた（岩崎 1989: 10-11）。町内の集団は未組織であり、例会などはなく、生活の必要に応じて人間関係が形成され、付き合いが成立していた。日記から生活の必要の事例を挙げると、冠婚葬祭、電灯の管理、街路の清掃、御大典などの祝賀行事、火事などである。これらの出来事は、町内単位で処すべき問題とされており、有力者との相談により事が運んでいた。弘安は、有力者ではなかったが、地の者の中心として「集金」や「募金」、火事場の手伝いなど、実労を伴う事柄を担った。町会（町内会）が組織された背景には、街路整備、都市祝祭、公金徴収、自治防火、運動競技の5つがあるとされる（金沢市史編さん委員会 2001: 54）。弘安は、これらの活動をフォーマルな町会がなくても担っていた。

　ちなみに、親交團の出席者は、31名である。各戸1名が出席したとみると、親交團は、弘安の家を含めて、32戸以上であった。この戸数は、弘安が「・・・町内の軒数を聞ニ来る　三十五と書いて渡す」[大4.11.29] とあることから、町内の戸数とほぼ同数であった[13]。弘安の町内では、大正御大典を機に成立した親交團が、後の町会の母体となったと思われる（金沢市史編さん委員会 2006: 896-899）。

　「町内」「近衆」「近所」において、日記に空間的な境界が明確に示されていないが、「近

衆」「近所」は、通りや小路で区切られた宗寂町三番丁近辺を指した。「町内」も、宗寂町三番丁より狭い範囲である。町内に入ってきた新参者は、町内のメンバーになり、街灯の維持管理費などを分担するようになる。しかし弘安において、土着層（地の者）と流動層（新参者）では、人間関係の形成の仕方は、明確に異なっていた。

(3) 近隣における活動

生活構造は、個人の主体的選択による集団参与から構成される。とすれば近隣関係は、所与の集団枠（地域の限定）における可逆的な人間関係のかたちを取る。また表5-3から、近隣関係に登場する人をサブカテゴリー（町内、近衆、近所、親交団）に腑分けし、その重複をみることができる。それにより、近隣の社会空間が構成され、生活構造が選択的に形成されていたことが分かる。地域の限定でいえば、弘安の家を中心として、徒歩圏内で連絡が頻繁に取られた。それを生活時間でみると、弘安は、深夜まで近隣の人びとと相互作用している。それは、明治初期に電灯が通ったこと、また、街灯が大正期に整備されたことにもよる。弘安の町内では、1915（大正4）年に街灯が引かれ、弘安は、その維持管理費を集金して回った。

　　　十一時辰巳君が来て、町内ニ電燈を取ったらどうだらうと云ふ相談をせられたから賛成し、早速山宝方（山室方：米沢娘訂正）へ電話を借って電氣會社へ十六燭外燈の値段を問ふ　機具借付共七十八銭、外ニ取着料二十五銭を要すと云ふ事であった　山宝の主人と暫く話し、帰りニ辰巳君と泉屋、幾田、関、松本外一軒へ其相談をした　不在の處もあったので、二三日中又確聞せねばならぬが、多分纏るだらう [大4.2.15]

生活時間分析は、生活構造をみるのに有効である。近隣の会合や遊び、火事など、類型別に活動時間をみると、一日のパターン、一ヶ月のパターン、年度を追った変化など、生活構造の時間的側面が分析できる。この時間分析の詳細は、今後の課題とし、ここでは、近隣における活動の内容を概観する。弘安の仕事以外の近隣活動は、夜に行なわれることが多かった。日記でも、夜の10時〜11時まで、近隣の人が頻繁に集まっている。また、当時の職人仕事は、午前6時から午後6時、休日は、毎月1日と15日の2回が基本であった。弘安は居職であったため、労働時間と近隣活動の時間の融通がきいた。これも、居職の工芸職人が近隣関係で中心的役割を演じるのに都合がよかった理由である。弘安は、日中に近隣活動をしたり、深夜まで仕事をしたりと、生活時間を自由に融通することができた。

弘安の近隣活動の概略を示すと、表5-5のようになる。弘安は、「近衆」「近所」の語を近隣の人間関係の意味で用いている。活動内容も、借金の話、養子の話、見合い話など、

表5-5 近隣における活動（カテゴリー別）

	町内	近衆	近所	親交團
大正2 (1913) 26歳	国旗掲揚(1)	借金話(1)　養子話(1) お礼(1)　謡(1) 葬儀手伝い(2) 雑談(1) 蜂巣除去(1) 元近衆の来訪(1)	大掃除(1)	
大正3 (1914) 27歳	提灯行列(1)	年賀(1) 餅を配る(2)		下相談会・準備(4)
大正4 (1915) 28歳	電燈管理集金(5) 御大典協力依頼(16) （装飾、提灯行列、旗 ダシの手配、集金等） 専売局建築祝典(2)	餅・土産を配る(2) 見合い話(1)　火事(1) 子供の入学話(1) 葬儀(1)　うわさ話(1) 御大典協力依頼(4) 専売局建築祝典(1)		参加予定人員確認(1) 発会式・懇親会(1) 発会式(1) 会費徴収(3) 役員会(1)　相談会(1) 御大典の相談会(1)
大正5 (1916) 29歳	電燈管理集金(4)	年賀(1) 近衆子供に本読み(1) 火事(1) 見合い話(1) 入隊兵見送り(1)	電燈管理集金(1) 仕事の注文(1)	新年会で解散の話 不参加(1)
大正6 (1917) 30歳	電燈管理集金(5) 梅澤先生建碑(5) （趣意書、協力依頼 　募金）	年賀(1) 餅を配る(1) お礼(1) 電燈管理集金(1)	葬儀返礼(1) 火事(1) 結婚式赤飯配る(1) 芳野結婚近所お礼(1) 電燈管理集金(2)	
大正7 (1918) 31歳	年賀(1) 除雪(2) 電燈管理集金(3) 行灯(1) 入隊兵見送り(1) 除隊兵出迎え(1)	近衆の子供と遊ぶ(1) 近隣の大掃除(1)	年賀(1) おすそわけ(1) 餅を配る(1)	
大正8 (1919) 32歳	新年会(1) 電燈管理集金(3)		年賀(1) 餅・赤飯を配る(3) 消防演習(1) 子供衆を東別院に(1) 出産お礼(1) 見送り(1)	
大正9 (1920) 33歳	電燈管理集金(2) 手桶角力(1)		年賀(1) 生菓子を配る(1) おすそわけ(2) 葬儀	
大正10 (1921) 34歳	電燈管理集金(13) （電燈を増設する） 町内の看板注文(1)		年賀(1)　返礼(1) 子供の遊び(3) 入隊兵見送り(1) 見合い話(1)　葬儀(1) ゆうれいのうわさ話(1) 電燈管理集金(2)	

特定の相手を対象とした話題が多い。また、餅や赤飯を配ったり（節句や祝いごと）、お裾分けをしたりすることが多く、近衆や近所には、年に数回、食べ物の贈与がなされている。近隣の子どもと遊ぶときは、「近衆」「近所」の語が使われている。「近衆」「近所」は、近隣のインフォーマルな人間関係を表わす語であったと思われる。弘安は、近隣の人び

と（子どもを含む）と親密かつ頻繁な関係をもっていた。

これに対して「町内」の語は、近隣をひとつの集団として意識するときに使われた。都市祝祭の提灯行列や御大典行事への参加は、町内が一体となって取り組むべき問題であり、個別の人間関係で可能なことではなかった。電燈の敷設や増設を取り決めるときも、「町内」のまとまりが必要であった（ただし、電燈の費用を定期的に集金するときは、「近衆」「近所」の語が使われたこともある）。また、親交團の記述は、大正天皇の御大典のときにのみ登場するが、メンバーの構成や活動内容は、町内とほぼ同じであった。弘安は、町内の活動に積極的に関わり、調整役や雑用役を厭わずに引き受けていた。

金沢の行政の末端機構に、町内会（町会と呼ばれた）がある。弘安は、明治末期から町内のまとめ役として尽力していたが、正式な町内会は必要ではなかったと考えられる。ようやく1933（昭和8）年になって、弘安と隣家の辰巳新太郎が呼びかけて、町会が発足した。

> 辰巳君が来て、町内の親睦を計る會を組織すればよいと云ふ話が、アチコチに持ち上って居るから、今夜宮本方へ寄って協議するから来て呉れとの事で夜行く　今江君も来られて四人で話し、會則を作り、大体の案を作る　町内の賛成を求めて来月五日ニ発會式を擧る事ニ決した [昭8.1.26]。

同年の2月21日、弘安を会長、辰巳新太郎を副会長として「宗三會」が発足し、43世帯が会員となった。

> 宗叔町三番丁宗三會の発會式は本日午后七時殿待楼ニ於て開催されたるが、出席者二十四名あり　今江理事の開會の辞あり　次で會長の経過報告ニ次て挨拶をなし、開宴せり　西廓の雪曳四名、接待、酒を勧める　清水様より銘酒壱斗寄付あり　充分あるので大ニ飲む　森本緒水師の琵琶「軍神、林聯隊長」の餘興あり　後は會員各自の隠藝出で、和気愛々の中ニ散會せるは午后十時頃であった」[昭8.2.11]

1節でみたように、大正末期から昭和初期の軍国主義化にともない、全国的に行政の末端機構として町内会が整備されたと考えられる。弘安が作成した『決議録　宗三會』の会則には「第六條　會員及家族入營ノ場合ハ金貳圓也ヲ贈呈シ之ヲ祝ウモノトス」と記されていた。

弘安は、象嵌の仕事関係を中心に人間関係を形成し、伝統都市金沢の再構築に貢献した。また弘安は、皇室の仕事を請けることがあった。弘安は、都市祝祭（戦勝の提灯行列、天皇の御大典）に積極的に関わったが、それは、地域社会（町内会）から、天皇制を支え

るものであった。そこでは、天皇の恩恵に報いることと、地域社会を形成することが合致していた。こうして弘安は、加賀藩の伝統と天皇の恩恵を生計の基盤とし、地の者として地域に貢献していった。

弘安にとって近隣関係は、インフォーマルな人間関係に基づく「近衆」「近所」であり、同時に、ひとつの集団の「町内」、「親交團」、「宗三會」であった。弘安は、いずれの領域でも、善意で近隣関係に関わったが、それは、地の者との人間関係を通してであった。本章では、そのような弘安の選択的な人間関係が、象嵌職人としての経済的な利害関心によって方向付けられていたと解釈した。すなわち、弘安は、(a) 加賀藩の伝統と天皇の恩恵に基づいて「伝統都市」金沢を創出するという、金工界における近代化の戦略に沿って、(b) 地の者を大切にし、地の者を中心とする地域の形成と維持に貢献した。しかし、弘安の近隣活動を詳細にみると、経済的事情に基づいて人間関係を選択しただけではなく、別の要因も作用していたと思われる。

別の要因とは、宗教関係の影響である。父母と弘安は、日常的に神社仏閣へ参詣した。そのとき、「地の者」と種々の調整を行なっていた。金沢の町会 (町内会) の前身は、宗教の講にあったといわれる (金沢市史編さん委員会 2006: 899)。日記からも、そのことが推察される。よそ者を受け入れない金沢の保守性が、「なんまいだ」の精神に由来する、という説もある (中村 2005: 69)。今後、宗教的活動と生活構造の関係を分析し、そこでの工芸職人の役割を明らかにする必要がある。

(4) 集団主義と社会的合理性

本章1節で考察した恩師の建碑の日記記述に、恩の重視、同窓生との協議、筋の通し方、社会的承認 (行政の承認) など、弘安が理に適うと思った態度や価値観がよく表われている。それらは、シュッツがいう意味で、社会のメンバーにとっての合理的な生活態度であった。その生活態度を、内藤莞爾 (1941)、櫻井庄太郎 (1961)、川島武宜 (1951) らの研究に依って再構成すると、どうなるだろうか。内藤、櫻井、川島らは、明治、大正、昭和初期の日本人のエートスを研究したが、富永健一 (1998) は、さらにそれを今日的視点から再構成した。それは、研究者による二次的意味構成としてある。

日本の「義理」は、集団内の倫理に留まるが、「恩」は、集団を超える倫理である。日本の集団主義研究において、集団には閉鎖性と開放性があるとされてきた。日本では、集団の外の人との間にも、恩を受ける・恩を返す関係がある。恩によって集団が開放され、それが人間関係を相対化する。

しかし、大正期金沢では、血縁や地縁、同窓 (学縁) により、集団は閉じられていた。弘安の人間関係にみるように、近隣や同窓の集団は未分化で、重複し合っていた。それが弘安の「世間」となって、生活全般に影響を及ぼしていた。世間の内側では、権威主義的でない互恵的な関係が成立しやすかった。しかし、世間の外の人 (朝鮮人や箔打職人)

に対しては、集団の閉鎖性が強かった。同じ地域にあっても、内集団と外集団の間に互恵的関係は成立せず、権威主義的な関係が強く、集団の閉鎖性を克服する契機はなかった。

　伝統的集団主義において、特権集団は、非特権集団に対抗して、支配の正当性を証明する必要がある。弘安は、特権集団にも非特権集団にも属さない、旧中間層のひとりであった。しかし、中間層の人が下層民との間に線を引き、距離を取れば、それは、特権集団の支配の正当性を支えることになる。弘安にとって、日本人の「一般化された他者」は、「天皇」であった。「天皇」は、国民の意思を象徴する存在であり、いかなる場合も、「天皇」が批判されることはなかった。弘安にとって、「天皇」は、日本人の一体性を具現する存在であり、「忠孝連続体」(Bellah 1957＝1996) の頂点にある父親であり、正当性の源泉であった。また弘安は、皇室の仕事を請け、上覧や天覧の栄に浴して、天皇の恩恵を直接受ける立場にあった。弘安が普遍的市民になるためには、抽象的な「天皇」に代わって、具体的かつ自覚的に、一般の人びとから態度や行為の正当性が承認されなければならなかった。しかし、内集団との人間関係を優先する弘安には、それはできない相談であった。

　弘安の日記は、日本近代における社会的合理性を考えるための好材料になる。ここで、社会的合理性とは、集団主義の伝統を再構成して得られる研究上の概念である。それは、(イ) 人は、目的の達成とその正当化にもっとも適した行動をとる、(ロ) 目的の正当性は、一般の人びとにより承認されなければならない、という二点からなる (板谷・中嶋 1995: 11-12)。

　近代の個人主義においては、相手がだれであろうと同じ行動を取ることが理念とされる (普遍的市民の態度)。しかし、集団主義においては、自分と他者の位置により相対的な人間関係が規定され (年齢、性別、身分など)、その人間関係に応じて為すべきことが決まる (儒教の五倫五常)。個人は、行動の普遍的原理をもたず、相手により取るべき行動を異にする。個人主義の根本は、個人の自立と自己実現であり、集団主義の根本は、人間関係の相対性を重視することにある。日本の近代化は、集団主義を抱えて進んだため、個人主義が十分に育たなかった。日本に真正な近代が成立するには、「自立」「自己実現」を前提にし、人間関係の相対性を活かし、もって社会的合理性を実現することが必要である。

　社会的合理性の観点からは、集団内の自分と他者の相対的な人間関係や互恵的な人間関係が重視される。ジェンダーや年齢階梯にみる権威主義的な人間関係が克服されるなら、集団主義も、メンバーにとって合理的なものになる。伝統の再構成から社会的合理性へという方向は、儒教ルネッサンスの観点から、近現代日本を考察するひとつの方向になる。

　集団を超える社会的合理性は、近代の日本で成立しなかった。集団主義がそれを妨げ

た。その原因には、集団内の権威主義的な人間関係、集団間の権力関係、集団の閉鎖性などがある。集団が開放されなければ、集団の社会的合理性は、集団外の人には不合理・非合理なものになる。合理性の語が普遍性を内包するものとすれば、日本近代の地域社会は、社会的合理性の普遍性をもてなかった、という限界をもっていた（いる）。

本章は、社会的合理性が成立するための条件と、社会的合理性がもつ限界というパースペクティヴから、地方都市金沢の地域に生きた職人の人間関係とエートスについて分析した。日記から、社会的合理性を実現するために克服すべき、集団主義の条件が3つみえてくる。

(a) 集団内の権威主義的態度を克服すること（互恵性）。

(b) 異質な「他者の態度を取得」して集団の閉鎖性を克服すること（開放性）。

(c) 多様な他者の態度を取得して「一般化された他者」の態度を形成すること（正当性の社会的承認）。

弘安には (a) の萌芽がみられた。これは弘安の人の好さに依るところが大きい。しかし (b) について、弘安の「同窓生」を重視する態度、すなわち自分と同質な他者を重視する態度が、異質な他者を認めない態度に帰結した。さらに (c) について、「天皇」が「一般化された他者」の位置にあった。そこでは、「世間」の暗黙の規範を無条件に正当化するために、抽象的な「天皇」が持ち出され、具体的な多様な他者を包括するという意味での「一般化された他者」の態度にはなりえなかった。(b) と (c) の条件を可能とするためには、日本近代の集団主義に構造的に埋め込まれた権威主義的人間関係を相対化する必要があるだろう。その契機は、異質な他者との相互行為を通して、自分とは異なる者のパースペクティヴを取り入れることができるかどうかにかかっている。しかし、弘安において、異質な他者を受容できないことが、社会的合理性の形成を阻んでいた。すなわち、集団主義の閉鎖性が、社会的合理性に限界となっていた。

[注]

1) 明治以降、金沢は近代都市として発展し、大正期には全国で有数の「モダン」都市になった。「伝統都市」の側面も「モダン」な側面も、金沢が近代都市として発展するのに必要なものであった。1990年以降の、旧金沢城周辺の再開発においても、現代版の「伝統都市」が演出された。そこでも、1980年代の市街中心部の衰退と空洞化を止めるために、「伝統都市」の観光資源が利用された。2001年刊行の『金沢市史 一四 民俗』では、「伝統都市」の語に括弧がつけられている。それは、つぎのような含意であると思われる。都市の近代化と「伝統都市」は、共存する。金沢は、古い伝統を継承するというより、新しい伝統を創出して都市を再構築している。近年の金沢も、観光資源として新たな伝統を発掘している。ツーリスト地区では、「モダンな街並み」として加賀百万石の伝統が動員されている。歴史の雰囲気を醸成し、旧い建造物を利用し

て、洒落た店が開店している。

2) 1897 (明治30) 年の金沢市会議員選挙の後、「開明的士族層」「新興ブルジョワ層」とは異なる、地域を担う有力商人や職人が当選している (松村 2001:26-29)。彼らは、〈状況牽引型〉の都市旧中間層の人びとである。その場合、森八、中屋、水野家、津田駒などを〈状況牽引型〉の旧中間層とみるか、資本家とみるかという問題が残る。彼らは、明治期に新興ブルジョワに移行することができた有力商人である。明治期の金沢には、近代的な資本家はほとんどいなかったと思われる。旧加賀藩八家のひとつ横山家は、明治中期に尾小屋鉱山開発に成功して、資本家になった、希少な例である。

3) 金沢全域において旧中間層が中心であったわけではなく、新中間層が地域の中心的な担い手となった例もある (玉野 1993: 169-170)。相対請地など、明治期までは田畑であった地域では、藩政期の伝統を継承することはなく、商人や職人の「地の者」もいなかったため、新中間層が、中心的な担い手となることができた。

4) 金沢では、地域が七つの連区に分けられ、そのなかに複数の小学校が配置された。玉井敬泉は、小学校の校下よりも広い中学校区の代表者であると考えられる。弘安は、玉井の意向を受けて、中学校区の取りまとめ役を行なった。

5) ここで「地の者」とは、近世以来、金沢で持ち家に住んだ人とみなす。金沢の方言では、現在も、外からの新参者を「エンジョモン」と呼び、「地の者」と区別する。金沢に移住して3世代が過ぎても、エンジョモンと呼ばれるという。

6) 玉野和志 (玉野 1993) や郷土史家による町会史を参照した。

7) 大正・昭和期の職人のエートスについて考察することが、ここでの課題である。エートスを抽出する方法として、まず、先行の文献を参照して予備的図式を作成し、その図式からエートスの構成要素を抽出する。その構成要素に日記の内容が適合するかどうかを、尺度を構成して検証する。内藤莞爾 (1941)、R・Bellah (1957=1996)、中嶋航一 (1995)、富永健一 (1998) らは、西洋近代のエートス (M・ウェーバー) と対比させて、日本人や東アジアのエートスについて論じた。ここでは、彼らの論議を参考に、予備的図式を構成する (近藤 2001、2002)。

8) 研究者は、日記を分析し、解釈する際に、そのテクストを現在の視点から再構成する。この段階の分析・解釈は、研究者による二次的意味構成になる。その際、書き手のパースペクティヴにより再構成される事実が、現在にとって客観的リアリティをもつと仮定する。すなわち、書き手のパースペクティヴを超えたところに、客観的な過去の事実 (真の過去) の存在を想定することはない。

9) 再コード化のために、先行研究の概念図式の参照や米澤日記研究会での討論、学会での討論などが行なわれた。コードは、同研究会と学会での討論を参考にして修正した。コード化には、研究者による意味づけが介在するため、それを日記の書き手の主観とみなしていいか、という問題が生じる。解釈学的循環が不可避な場合、分析や解釈の過程でコードを再構成していくことが必要になる。

10) 「重要な他者 (significant other)」という表現はミード理論を受容・発展させた相互行為論の用語であり、ミード自身の表現ではない。

11)　金沢の町会の成立には、さまざまな経緯があった。町会は、地域をまとめるためにできたが、その成立の経緯は、自発的というより、行政の要請に応えたものであった。また、旧来の講や座の集団が、規約をもつ町会になったともいわれる（金沢市史編さん委員会 2001: 49-64）。弘安の町内では、「親交團」がなくとも、従来のやり方で各種の出来事に対応できたと思われる。

12)　金沢では、近隣関係の基盤として、近世から続く寺院の講があった。廃仏毀釈の影響は小さく、寺（浄土真宗）の影響は強かった。真宗教団は、廃仏毀釈に反対し、越前では農民一揆もあったため、明治政府は、政策を強行しなかった。頼母子講、大師講など、さまざまな講があり、近隣の人びとがそれらに参加した。弘安の家族も、父母を中心に、神社仏閣への参詣は、月に10回を超えた。弘安が参詣したときの記述も、大正期に、月10回前後に及んだ。太子講は、北陸の真宗では、聖徳太子が仏教の発展に貢献したということで、2月22日か3月22日（忌日）に開かれる（金沢市史編さん委員会 2001: 389）。

13)　1933（昭和8）年に発足した正式な町会である「宗三會」には、43世帯が加入している。ただし、家屋の増加による世帯数の増加ではないだろう。同番地の世帯数が17世帯もあるため、宗三會には間借り人も加入していたと推測される。会員名簿には弘安の日記に登場しない人名が多く記載されていることからも、行政サイドから組織化が要請された町内会には当該地域に住む全世帯が加入することになっていたと推測される。ちなみに、『稿本金澤市史　市街篇　第二』には、1916（大正5）年に、宗寂町三番丁の戸数は「八十三」とある。これは戸数ではなく、人数の可能性がある。

＊本章は、論文（近藤 2006a、2006b）を修正のうえ、転載するものである。

第6章　国民弘安の政治意識

第1節　デモクラシー運動と米澤弘安

1．本節の課題

　本節では、米澤弘安（以下、弘安）の昂揚した意識がもっとも顕著にみられる大正デモクラシー期に焦点を当て[1]、この時期のデモクラシー運動と弘安の政治意識についてみていく。この時期は、日本帝国主義がその内実を伴って形成、確立する時期である一方、それと密接に関連しながら、民衆がデモクラシーへの志向を高めていき、さまざまな運動が展開されていく時期でもある。この時期の政治過程は、帝国主義とデモクラシーを対抗軸として展開されたところにその特徴があり、大正デモクラシーという表現は、主としてこの時期のデモクラシー的側面をさして概念づけされたものである。

　したがって、従来の大正デモクラシー研究は、おもにデモクラシー的側面に焦点が当てられ、戦後民主主義とも関連して、実践的な課題と結びつき豊富な研究が積み重ねられてきた[2]。だが、その性格上、デモクラシー自体に重点がおかれ、天皇制や帝国主義といった日本近代の重要な側面とデモクラシーとの関連については、十分な関心が払われてきたとはいえない。80年代後半にA・ゴードンによって、imperial democracyという概念が提示され、帝国主義や天皇（制）から切り離して議論されていた大正デモクラシー論に新たな分析視角が加えられるようになる[3]。

　大正デモクラシーの議論においては、大正デモクラシーの諸運動に参加した民衆の客観的な実態分析に比し、主体面が十分にとり上げられてきたとはいえず、主体の意識がとり上げられるさいにも、運動を啓蒙し、じかに牽引した人びと、または、運動や騒擾にじかに参加した人びとの意識が中心となり、直接参加することのなかった多数派の人びとに関しては、十分な関心が払われてきたとはいえない。多数派の動向は、いつの時代も、権力や運動の最大の関心事であったが、多数派に属する人びとの意識や認識に関して、とり上げられることはほとんどなかった。

　少数派の分析をとおして多数派が照射されるという側面はあるものの、多数派の動向をみることなくして事柄や歴史、時代が語れないのも事実である。本節では、米澤弘安という一人の人間の主体的側面（政治意識）を分析することをとおして、弘安によって経験された大正デモクラシーの現実態にせまっていくことを目的とする。本節の課題はつぎの三つである。一つは、大正デモクラシーにかかわる弘安の行動様式を、価値レベルの志向性と行動レベルのタイプという二つのベクトルを分析枠組みとして分析することである。二つは、その行動様式を動機づける弘安の政治意識を、大正デモクラ

シーの主要な構成要素である「デモクラシー・帝国主義・天皇(制)」をキー概念として分析することである。三つは、弘安の到達したデモクラシー的な到達点を明らかにし、その進展が阻まれた内的要因について考察することである。

2. 米澤弘安の行動様式

弘安の行動様式を分析するにさいし「日記年間記述量」(表1-1)との関係から、1920年代前半頃までが中心となる。相対的に自由でデモクラティックであった大正デモクラシーの時代、弘安は、どのように、近代という時代に把促され、同時に時代を把促して生きていたのであろうか。

(1) 近代受容の行動類型

弘安が大正デモクラシーをいかに受容したかに関して、弘安の行動様式を規定する行動類型をみていくことにする。まず、近代受容の二つの志向性として、近代的な価値を基盤とした近代の受容を上端に、伝統的な価値を基盤とした近代の受容を下端におく縦軸を想定し、「何に基づいて」近代を受容したかをみる。縦軸は、現状を打破しようとする近代的な革新のエネルギーと、現状を固守しようとする保守のエネルギーに支えられており、「近代」と「伝統」というベクトルと言いかえることができる。

つぎに、近代受容の二つの行動のタイプとして、啓蒙し牽引、あるいは主導することを主たる特徴とする行動様式を右端に、それと対照的に、牽引的な政治主体に対して順応・依存的、あるいは従順で追随的な行動様式を左端におく横軸を想定し、「どのように」近代を受容したかをみる。横軸は、日本人の典型的な行動様式として知られる世間のなかでの相反する二つの行動様式としてもとらえられる。近代受容の志向性を表す縦軸と、行動のタイプを表す横軸を交差させると、図6-1のように四つの象限ができあがる。

象限Aは、近代的で革新的な価値をとり入れ、かつ状況に順応しながら近代を受容する行動類型を表している。それを、ここでは、「近代に価値をおく〈状況順応型〉」と呼ぶこととする。

象限Bは、家族や地域を維持しようとする伝統的な価値を基盤とし、かつ状況に順応しながら近代を受容する行動類型を表しており、「伝統に価値をおく〈状況順応型〉」と呼ぶこととする。

象限Cは、近代的で革新的な価値をとり入れ、かつ牽引する政治主体として近代を受容する行動類型を表しており、「近代に価値をおく〈状況牽引型〉」と呼ぶこととする。

象限Dは、伝統的な価値を基盤とし、かつ牽引する政治主体として近代を受容する行

動類型を表しており、「伝統に価値をおく〈状況牽引型〉」と呼ぶこととする[4]。

　AとBは、近代重視か伝統重視かの違いはあるが、行動のタイプとしては、ともに、状況に順応する〈状況順応型〉である。それに対しCとDは、ともに状況を牽引する〈状況牽引型〉である。弘安の行動の大半は、〈状況順応型〉のAかBに属しており、これらが分析の対象となる。

　Cの代表的なものには、たとえば、権利獲得のデモクラシー運動や労働運動を牽引する主体となる人びとの行動があげられる。〈状況順応型〉をその特色とする弘安にはほとんどみられないが、つぎの日記記述はCに該当するといえる。「今日は市会議員の第二級の選挙日なり（中略）僕は午前八時打つと同時ニ出掛けた（中略）宅ヘ清二も来て居たからすゝめて投票ニ行かした」［大10.12.4］。これは、弘安たち兄弟が、はじめて市会議員選挙の有権者となって投票した日の日記である[5]。当時、弘安は34歳で、2歳年下の弟清二に投票をうながしている。ここでは、弘安は弟に対して牽引する主体となっている。

　Dの代表的なものには、たとえば、旧中間層上層の行動様式のなかの伝統的、保守的な秩序を牽引する行動があげられる。弘安にはほとんどみられないが、つぎの日記記述はDに該当するといえる。「昨夜清二は帰つて来な可つた（中略）十二時少し前ニ帰って来た　怪しげなる言譯をして　一つ二つ言つて聞した」［大2.5.8］。当時、弘安は26歳、清二は24歳で一緒に住んでおり、父、弘安、弟の三人で象嵌の仕事に携わっていた。弟が夜遊びをして帰宅しなかったので、弘安が兄として弟の行動をたしなめており、牽引する主体となっている。

　これらから、弘安にCとDのような〈状況牽引型〉がみられるのは、弟に対する兄という強者の位置に立ったときであるということがいえる。つぎにこれら近代受容の志向性と行動のタイプを分析軸として、弘安の行動類型をみていくことにする。

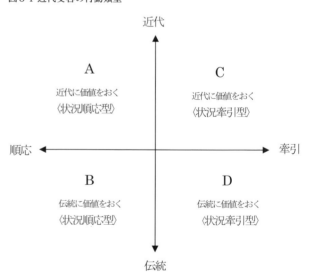

図6-1 近代受容の行動類型

（2）近代に価値をおく〈状況順応型〉A

　この型は、弘安の行動のなかではデモクラシー運動や、帝国主義的な行動においてみられる。デモクラシーも帝国主義も、ともに近代に固有の価値をもつ近代に特有の産物であり、弘安にとって両者はともに摂取すべき近代としてあった。

1）デモクラシー運動

　大正初年は、広範な民衆が立憲政治を求めて、デモクラシー運動にさまざまなかたちで関与しはじめた一つの画期をなす。なお、本節および次節の日記引用文における〔　〕、および傍点は、筆者による。

民衆の力による政権の崩壊

　　　　本日、國會開催日なるか國民一□は解散と覚悟して居る　然ルに本夕の号外を見れは又もや、十日より十二日迄停會の詔書下ル　十数万の半弥次馬は御用新聞なる都新聞社を攻撃し瓦石を投し放火せんとせしか、警官の為はたさず　次で國民新聞社の攻撃となり　火を放し黒煙立上ル　次で又「やまと」新聞社を攻撃せんとすと　〔大 2.2.10〕。

　これは、議院を取り囲んでいた民衆が、「解散」ではなく三度目の「停会」と聞き、激怒して日比谷方面に溢れだし、政府系の新聞社を襲い、交番を焼討ちするという騒擾にまで発展した日の日記である[6]。文体は、弘安の意見というより事実経過に重きをおく書き方になっている。

　この日は、日本の近代史上はじめて民衆の力によって、ときの政権が倒された日である。日記に、政治への関心が克明に記されるようになるのは、このときからである。弘安が自分の言葉で政治を語りはじめた画期をなす日である。

　弘安は、日記をみるだけでその経過がわかるほど、大正政変の経過を記していく。それは、政治の動向に対する弘安の関心の高まりの現れでもあったが、同時に、「時代閉塞の現状」を脱し、政治的関心を表出することのできる自由、政府を批判しても許されるという時代の雰囲気を、感じとってのことでもあった。つぎは、一年後に山本内閣を倒閣に追い込んだときの日記である。

　　　　十日午前十時、日比谷公園松本楼ニ於て國民大會開かれ、左の如き決議案を決議せり　決議　國民は衆議院ニ向って現内閣の彈劾を要望す　大正三年二月十日　國民大會　斯くて此決議を齎して衆議院政友會代議士を訪問すべく委員を選抜し、午前十一時半、一先づ大會を閉ぢたり　群衆二萬と註せらる　衆議院にては、海軍収賄問題を提けで民軍政府ニ肉薄せんとす　（中略）　外には熱狂せる群衆の援聲夫

を揺がす　反對黨の議員は、撲られ腕車顛覆する等命辛々の躰なりと　午后三時討論終結し直ニ記名投票ニ移る　其結果百六十三票ニ對する二百〇五票の差にて遂ニ民軍の敗ニ歸す [大3.2.11]。

　傍点のように、弘安があたかもその場にいるかのごとく臨場感あふれる書き方になっている。たんに事実経過だけでなく、弘安の立場や感情移入がより鮮明になっている。一年前の、外から経過を眺めて事実を描写するという傍観者的なかかわり方とは異なり、中央での経緯を自分のこととして、政局に一喜一憂するかかわり方に変わっている。量的にも大幅に字数が増え、関心の高さを窺わせる[7]。興味深いのは、騒擾の当事者ないし検挙者に対する呼称である。一年前は「犯罪者」であったのが、「無実の良民」へと変化している[8]。とらえ方のこの変化は、事件をみる視角が180度転換したことを窺わせる。

　一年前の大正政変のときは、日記に自己を少しだけ表明し、中央での事件にまだ恐る恐る関わっていた。それが一年後には、自分の立場をデモクラシー運動の側におくようになるまでに変化している。弘安の変化の一つは、自分自身を、デモクラシー運動を担い、政府を批判し、要望する側に位置づけ、「国民」という認識が深まっていることである。二つは、その国民による政治への意志表示がなされていることである。すなわち、国民が、国民の大会を開いて、政府の「彈劾を要望す」る決議を行い、国民の代表を選び、その決議を衆議院へ届ける、という民主主義的な手続きが記されている。

　そこには、デモクラシーへの萌芽があり、弘安もまた、その知的営為を共有しており、デモクラシーを求める国民の一人であった。弘安の場合、それは状況を牽引する主体としてではなく、状況に順応する主体としてであったが。

金沢総選挙 —— 選挙違反（干渉）

　いまだラジオのなかった時代、地方に住む人びとは、桂内閣や山本内閣を倒閣へと追いこんだ東京でのデモクラシー運動の昂揚を、一日遅れの新聞——ときには号外であったが——という活字媒体を介して知るのがつねであった。弘安もまた、新聞によって[9]騒擾にまで発展した現状打破へのエネルギーに一日遅れという時間差と、地方都市金沢と東京という空間差とをこえて共鳴していた。情報媒体を介さないで、日常の生活空間でじかに行われたのが、第12回衆議院議員金沢地区総選挙（以下、金沢総選挙）であった。

　金沢でのデモクラシー運動は、大正政変後の山本内閣組閣にさいし内閣支持にまわった政友会に代わって、非政友の実業協会や商工業団体などの経済界が運動の基盤となっていた。これら経済界は、市民の生活に直接覆いかぶさる巨額の軍事費の圧力をはね返すべく、増税を阻止するための営業税廃止運動を護憲運動にからめて展開していた[10]。

弘安は、実業界の末端を支える位置におり、仕事柄、また生活の必要性からも営業税に多大の関心を示していた。

このときの総選挙は、大正政変以来はじめての総選挙で、政友会が全国的に多年培ってきた地盤が一挙に覆された選挙であった。また、それまでの国政選挙と異なり、大隈首相や閣僚が地方に赴いて選挙演説をするなど、「すこぶる立憲的ニテ評判よし」[大4.3.12]とされる選挙であった。それは、それまでになかった選挙運動の方法であり、政府の方から国民の側に接近していったともいわれる選挙であった。それだけに、デモクラシー気分の高まった国民の多大な関心を集めていた。

だが、当時の有権者は、直接国税10円以上の者に限られており、国民の2パーセント強にしか選挙権がなかった[11]。大隈首相は、遊説に赴く各地の主要な停車場にあらかじめ当地の人びとを集めて、車窓から乗りだして車上（窓）演説を行ったり、蓄音機から演説を流したりするなど[12]、従来にない斬新な方法を駆使して選挙運動をおこなった。大隈首相の個人的な人気や興行的効果もあって大隈首相の行くところ、溢れんばかりの人びとで埋まり、総選挙はそれまでにない盛り上がりをみせた。その盛り上がりは、選挙権のない大多数の国民に、自分たち国民に向かって訴えていると実感させ、選挙をそれまでとはちがう身近なものと感じさせ、「立憲的」ととらえさせた。

そのような特色をもつ金沢総選挙では、候補者が、金沢きっての大物同士の対決——横山章（非政友・同志会）と中橋徳五郎（政友会）[13]——であり、金沢は、全国屈指の激戦区として、全国的にもその帰趨が注目されていた。金沢総選挙は、「氣候も暖く、梅花も満開、例年ならば探梅する人も多かるべきに、大激戦は二三日後ニハ勝負決まるなれは、中々遊ぶ譯ニハ行かない」と記すほど[大4.3.22]、弘安のように有権者ではない多くの国民の関心を集めていた。

非政友で「実業家」の弘安は[14]、金沢の経済界がおした横山章を応援しており、両サイドの演説会に精力的に参加しながら選挙運動を支えていた。投票後は、全国の当選者を政友と非政友に分けて、その名前を逐一記すなど、政友会が大敗したその結果にも、並々ならぬ関心を示していた[15]。

本節では、選挙違反（干渉）をとり上げる。激戦であったため両サイドとも「買収・供応などひどい選挙戦」で、選挙違反（干渉）に明け暮れた金沢総選挙であった（金沢市史編さん審議委員会 1969: 143）。「投票の翌日、石川県高等警察課長原本潮氏および横山派に属する数名の町村長が拘引され、こえて4月1日には、熊谷知事も辞表を提出するの余儀なきに至った」ほど、横山派の大がかりな逮捕があり、知事も交代を余儀なくされた（牧野 1995: 272）。

中橋候補の応援にきていた大阪商船会社の弁護士牧野良三は、選挙違反（干渉）の調査を行い、「石川県選挙全部無効」の訴訟を起こした。翌1916（大正5）年11月、石川県衆議院議員選挙無効の大審院判決、同年12月に再選挙となり、金沢の政治史に汚点を

残したとされる選挙でもあった。弘安にとっては応援していた横山章の側が訴追されたことになる。

選挙後は、公然と選挙違反（干渉）の論議が巻き起こり、知事まで辞表を提出しているが、日記には、「古田様御出あり。（中略）最後ニ選挙の話出で、中橋派の運動者とて干渉の話があった」[大4.4.7] というかたちで記されるだけである。「違反」という観点からではなく、他陣営の「中橋派の運動者」だから問題にするという姿勢である。

選挙中、中橋派による横山候補への攻撃については、「此頃の石川新聞は横山氏候補の害せんとて氣狂じみた事を書いて居る」[大4.3.5]、「正々堂々でないらしい」[大4.3.21]、「競争激烈なるに随って、陋策行はる」[大4.3.23] と、批判していた。

もし弘安が逆の立場であったなら、他陣営の訴追に対して批判が記されたであろう。しかし、自陣営の違反については口を閉ざす。一方では、「立憲的な」選挙の応援に懸命に動きまわり立憲的な政治を求めて「立憲的」な大隈政権を応援しながら、他方では、「立憲的」な自陣営の側が犯した違反については口を閉ざす[16]。

横山章は、弘安が応援する「立憲的」な側であり、そのうえ義父の大切な顧客であった[17]。そのような関係性の中では、「違反」という見地からではなく、別の判断基準が作用し、批判は、弘安にとって考えも及ばないことであった。そこには、弘安が関係する集団における人間関係が作用しており、その集団を取り巻く環境状況（以下、世間）のなかで、状況に応じた行動をとることは、地域に根ざして生きる人びとにとっては、当然で自然であった。弘安にとってデモクラシーとも矛盾するものではなかった。

弘安は、デモクラシーを牽引する主体ではなく、目前に展開する状況に順応する主体であった。弘安は、状況を観察しながら徐々にではあったが、批判をおおやけにする自由を得、政治に参加する国民の権利にめざめていった。弘安にとって大正デモクラシー運動は、個人に与えられた生来の権利にめざめる昂揚した体験としてあった。その一方で、状況に順応する主体であるということは、デモクラシーという新しい価値意識にめざめ、それが時代を牽引する状況のときはコミットするが、同時に、選挙違反にみられるように、世間に左右される側面をも有していた。

2）帝国主義

帝国主義の側面は、従来の大正デモクラシーの議論のなかでは、デモクラシー的達成における負の遺産、あるいはデモクラシーの限界として扱われることが多かったが、本節では、デモクラシー的な要素と同じく、大正デモクラシーを構成する一つの要素とする。ここでは、帝国主義を、啓蒙し、牽引・主導する主体としてではなく、近代に価値をおき、かつ追随し、順応する主体としてあった弘安をみていく。

啓蒙の語りと日常の語り

　つぎは、前述の金沢総選挙で弘安が応援した大隈陣営・横山章サイドの応援演説である。

　　午后七時より大手館ニ於て、東京記者團の横山章君の應援演説ありとの事で、清二と共ニ夕飯後行く　相変らすの大入　数名の演説ありし中ニ萬朝報主筆石川半山氏の演説ニハ感服した　今聞いた中で一番ニうまい演説と思ふ「政局現状」なる題にて歐州諸國を動物ニたとへ、支那、朝鮮は豚、雉ニたとへて各、猛獸か支那ニ手を出しするを云い、今回の歐州戦争は猛獸のかみ合にて、其内ニ於て日本は支那豚を料理せねばならぬ好時期にて、其要求の三ケ條を述べて現大隈内閣を援助するは國民の義務なるを説き、最後ニ隈伯を援助する代議士を多数議場ニ出す理由より、横山章を選出する事の市民の義務を述らる［大4.3.22］。

　対外的には、袁世凱政府に対する「21ヵ条要求」の交渉中であり、大国日本の自負のなかに膨張意識が前面におし出された演説である。中国への侵略と「立憲的」な大隈内閣とをつなげて、帝国主義的要求のためにデモクラシーを求める「國民の義務」が説かれ、帝国主義とデモクラシーとの緊密なつながりが示された演説である[18]。日本の帝国主義的な野望が、差別的なたとえを用いてあからさまに示されている。日露戦争に勝利したことで大国化した日本のさらなる膨張のために「立憲的な」大隈内閣を支援すること、そして、その帝国主義的な内容に「感服」したことが記されている。

　帝国主義の野望や差別的なたとえに疑問を感じることのない認識、中国への帝国主義的膨張と中国（人）に対する差別意識が一般に広く浸透していたことを窺わせる。ここで注目したいのは、露骨な帝国主義が演者の啓蒙的な言葉として語られ、啓蒙的な意味をもつものとして弘安にとらえられている点である。

　他方、啓蒙的な演者の話としてではなく、身のまわりで日常的に交わされる話についてはどうあろうか。1910（明治43）年、日本が韓国を「併合」して植民地化すると、弘安のまわりでも仕事や軍隊で韓国へ行く人びとが増えていく。弘安の叔父である藤掛嘉作は警察関係の仕事で、友人の横地雅一は郵便局勤務で、また、少なからぬ同窓生や親族が兵役で、韓国へわたっている。

　彼らが帰国したさいには、「嘉作様、（中略）朝鮮の話やら何やらかやらして八時半帰られた」［大5.8.9］、「横地雅一君、朝鮮より帰宅してより始めて訪ねて呉れた。（中略）朝鮮の話をして一時間餘居た」［大8.1.25］のように、たんに「朝鮮の話」とのみ記され、その具体的な内容は記されない。日常の語りの場合は、植民地朝鮮についてその内容が具体的に記されることはなかった。

　啓蒙的な他者の場合は、内容そのものが弘安にとって学びの対象であり、受け入れる

べきもの、とり入れるべきものとしてあった。その一方で、日常の語りの場合は、叔父や友人といった親しい者が、現実の体験をとおして気軽に語る。親しい関係であるだけ、また、じかに体験した事実であるだけに、植民地朝鮮の具体的な現実が、宗主国の日本人の蔑視観や差別意識をとおして語られたことであろう。

　記すことを躊躇させるのは、「一番ニうまい演説」として、啓蒙の語りの差別的な内容に納得のいった弘安のなかに形成されていた帝国主義に親和的な心性であったかもしれない。あるいは、語られた現実が露わにしているような露骨な帝国主義者でなかった弘安の知性がそうさせたのかもしれない。または、好ましくないと思うことから距離をおくという弘安の状況判断のあらわれであったのかもしれない。

　しかしながら、このように直接経験が伝えられることを介して、対外膨張を当然とし、蔑視観をとおして使命感を強調するという、さきの演者の話を疑うことなく受け入れるような素地がつくられ、帝国主義が下支えされるような意識がつくられていく。

税

　営業税は、日清戦争後の戦後経営、とくに軍備拡張のための大増税政策の一環として 1896 (明治 29) 年に新設された。軍備拡張のために、賠償金を投入し、公債を発行したが、さらに大規模な増税が必要とされたためである (江口 1976: 23)。商工業一般を対象として新設され、営業しているかぎり収益のいかんに関わらず課税される国税で、「禁業税」との悪名も高かった。日露戦争中は軍費を賄うため三倍近くに跳ね上がり、日露戦争後は慢性的不況に喘ぐ商工業者を苦しめていた。明治末期から大正初期にかけての滞納者は、10 万人をこえ、滞納の人員比率・額比率とも、国税平均のそれを大幅に上回っていた (鹿野 1976: 93) (江口 1969: 59)。

　1913 (大正 2) 年に桂内閣を崩壊させた民衆のエネルギーは、1914 (大正 3) 年には、廃税運動に向かった。憲政擁護会は、減税宣言をし、営業税・織物消費税・通行税の三悪税廃止を決議する。全国三税廃止大会が開かれ、廃減税運動は全国的に広がり、営業税廃止運動は、もっとも中心的な課題であった。この時期の営業税反対運動は、上は大資本家から下は地方の小商人に至るまでブルジョアジーをほとんど全階層的に巻き込んだ (江口 1969: 53)。弘安も職業柄、廃税運動には、多大な関心をよせており[19]、営業税はじめ各種の税の納入がしばしば記される。

　弘安は、納税は国民の義務として、国家の要請に模範的に応える「よき国民」たろうとする態度を備えていた。よき国民であろうとすることは、税の二重払いという不合理をも甘受する。

　　　四月五日異動届を出して職工より本職ニ直しし處、以前の職工の税配布が来た故二重出しの様ニ思ひし故市役 (所) へ問ニ行きし處三月届ならばよきが四月届で

は出さねばならぬと云ふ　無理なやうだ [大 2.5.27]。

重税と物価高騰は、民衆にとって二つの重要な経済問題であり、経済問題は、直接的、間接的に民衆騒擾の要因となっており、デモクラシー運動のひきがねとなってきた[20]。営業税を中心とするさまざまな売上税に焦点をあてた廃減税運動が実業家や中小商工業者にとって切実な経済問題である一方、物価はそれよりも下層の人びとにとって、より切実な死活問題であった。弘安は、その両方から直接に影響をこうむる階層的な位置にあったため、廃減税運動だけでなく、米価や象嵌の材料である銀などの高騰もしばしば日記に記された。

そのような弘安にとって、税の二重払いが問題とならないはずがないが、「無理なようだ」と甘受する。ここには、「お上」に逆らわないで言われるとおりに受けいれる従順な、お上にとってよき国民としての弘安がいる。

弘安は、帝国主義を牽引する主体ではなく、状況に順応する主体であった。帝国主義において状況に順応するということは、それを実践する国家にとって望ましい主体が形成されるということに他ならない。かくして、摂取すべき近代の一つとして、帝国主義が膨大な国民から下支えされる土壌がつくられ、他民族を差別し、他国を侵略・植民地支配することに疑問を抱くことのない精神が育まれていく。

(3) 伝統に価値をおく〈状況順応型〉B

この型は、「家族や地域を保持する伝統的な価値を基盤としつつ、かつ状況に順応しながら、近代を受容する行動類型」である。弘安の行動のなかでは、大正デモクラシーの新段階での運動や、天皇に関してみられる。近代天皇制は、近代に特有の新たな構築物としてあるが、さまざまな要素によって構築されており、「万世一系」や「皇統連綿」といった表現にみられるように古くから続く伝統的なものとして観念されていた。

1) 新段階のデモクラシー運動

米騒動や労働争議に代表される大正デモクラシーの新段階において、急激な変化が、弘安の存在基盤を揺るがすと意識され、さきの「近代に重点をおいた〈状況順応型〉A」でみた行動的な面がみられなくなる。弘安は、変化に対して防御的で、既存の秩序、調和、平和を守るといった伝統的な価値を固守する行動をとるようになる。

米騒動は、既成の政治勢力にかかわりのない「民衆自身による生活擁護闘争」（松尾 1994: 178）であり、社会運動を刺激し、「労働争議はこの年からそれまでの数倍となり、たんに量的に多くなったのみなく、組織的計画的になっていく（井上 1966=73: 40）。このように、「労働者階級を中心として組織化された民衆が独自の政治勢力として進出してきたところに、大正デモクラシーの新段階の最大の特徴がある（松尾 1994: 182）。

米騒動

　金沢の米騒動は、8月12 〜 13日を中心におこる[21]。12日には2千人を越える民衆が米穀商や富豪を歴訪し、米の廉売を要求する直接行動を起こした。多数の集団が困窮した状況を打破するために直接行動に出たのは、金沢では明治以来はじめてのことであった。その行動は「大声を発するとか、電燈を消すとか、またガラス戸の一部が破られるということはあったにしても、全体としては不穏な挙動はほとんどなかった」とされるが、「二千人からの集団が市内をデモンストレーションしたことは驚天動地の出来ごとであった」（金沢市史編さん審議委員会 1969: 145-6）（坪田 2006: 61）。

　金沢の米価小売価格は、8月までは小幅の値動きであったものが、8月に入ると毎日のように値上がりして、米騒動のあった12日は、4月の米価の50パーセント近くも値上がりした。しかも、4、5月における金沢市内の正米相場は、前年同期に比べるとすでに石当り10円以上も値上がりしていた[22]。小売価格の相対的な値上がり幅はさらに大きく、米澤家においても米価暴騰による打撃は大きく、高騰のたびにその価格が記されるようになる。米価の推移は、弘安の生活のなかで、つねに重要な関心事であった。米価だけでなく、米騒動後の対応もくり返し記され、弘安の関心の高さが窺える。

　　　　天皇陛下より國民へ三百萬円下附さる [大7.8.14]。

　　　　金沢市細民キウ濟寄附金は十萬円ニ達す　本日より市役所にて希望者ニ通帳を
　　　渡さる　明十六日より一舛二十八銭にて販賣さる [大7.8.15]。

　　　　恩賜金三百萬円ハ石川縣へ三萬九千円の配當となり　金沢市へは一萬二千円分
　　　配さる　義捐金は昨十七日迄二十二萬餘円となる　市の白米ハ一昨日、購求者ハ
　　　千餘名ニ達す　販賣高ハ二百十八石餘　供給票交附を受たる者、昨日迄の三日間
　　　合して一萬五千七百人内外なりと [大7.8.18]。

　日記には、米騒動後の救済金や廉売などの対応が金額や受給者数にいたるまで記されている。米価高騰や米騒動、その対応への関心は、弘安が米価高騰に無関心ではいられない層であったことを示している。米価暴騰とそれによる生活の打撃は、死活問題へといたるかもしれず、米騒動の運動者の身の上は、他人ごとではなかった。

　金沢で米騒動の起こった日、弘安は、「米價は四十五銭ニ騰り、下級民は堪えられなくなった」[大7.8.12]と「下級民」への同情を示す一方で、「世の中か米價の爲物騒となり、鼠賊も又多くなる」、「戸締を厳重ニ」と、米騒動による「不穏の景勢」を憂慮する [大7.8.13、26]。

　かつて弘安は、経済問題（物価高騰や増税）による生活難が、閥族政治と密接につな

がっていることに目を開き[23]、政治への憤りを、デモクラシーを求める政治的昂揚に昇華させ、デモクラシー運動に熱い支援をよせた。だが、今回は対応が異なっている。米騒動は、心情的には同情をよせるが、生存権と尊厳にかかわる運動としては他人ごとで、弘安にとってはかかわりのない運動、あるいはかかわらない運動として一線を引く。また、米価の高騰が、政治の問題として解決されるという方向ではなく、解決が、救済の論理で、また当事者が救済の対象として、観念されている[24]。

金沢専売局ストライキ

　米騒動以降、全国的に労働運動が昂揚し、労働組合の組織化や労働争議の増加となって現れたが、金沢では、近代産業の伸展と旧来の産業の資本主義的な転回とが不徹底であったため、労働争議自体への関心は他地域に比べ低迷であった。そのうえ、金沢には、保守的退嬰的で現状維持を美徳とする風潮もあり、経営者と労働者の意識には、家族主義的というよりもむしろ封建的な主従関係にもとづく意識が濃厚で、労使ともに前近代的な意識が強く、大正期の金沢の労働者はまだ労働者意識が低迷であったとされる（金沢市史編さん審議委員会 1969: 203）。

　その金沢においても、1919（大正8）年7月末には、金沢初の産業別労働組合が結成される。同年8月には、注目度は低かったものの、金沢で初めての組織的なストライキがおこなわれる（金沢市史編さん審議委員会 1969: 203）。

　金沢専売局のストライキ（以下、専売局ストライキ）は、1920（大正9）年4月に起こり、近代的な労働争議が低調であった金沢にあって大正期における本格的な労働争議の代表的なものとされている。争議は完敗しているが、場所が官営工場であり、4月10日から9日間におよび、参加人員が900人と多数に上り当時としては大規模な争議であったこと、戦術がサボタージュ、ピケライン、団交、街頭進出など多彩をきわめたことなどにより、衝撃が大きかったとされる。争議の原因は、賃上げや労働条件の改善だけでなく、前近代的な人権無視にあった[25]。

　ストライキのあった金沢専売局は、弘安の居宅から至近距離の場所にあり、専売局ストライキが、金沢でそれまでみられないほど大規模なものであったにもかかわらず、日記には一言も記されていない。ストライキ自体が記されないのではなく、日記には15件のストライキが記されている。ここでしばし専売局ストライキから離れ、弘安がストライキを記述するさいの特色をみておこう。そこには3点の特色がみられる。

　一つは、ストライキによって迷惑をこうむるという観点からのものであり[26]、ストライキは好ましくない行為とされている。二つは、ストライキが終わって復業へといたる状態を秩序回復とする観点からのものであり[27]、秩序回復が望ましい状態とされている。すなわち、ストライキは、既存の秩序を壊すものであり、それゆえ、好ましくないものとされている。これら二つはストライキに対するマイナスの価値判断である。

三つは、外国でのストライキで、価値判断から自由に記されているのが特徴である[28]。これは、ストライキに対する弘安の矛盾した対応を表しており、ストライキが、つねに好ましくないものとしてとらえられているわけではないことが示されている。しかしながら、日本、なかでも身近な生活圏で起こる場合は、価値判断から自由ではいられないということが示唆されている。

専売局ストライキは、価値判断が働くがゆえに、また金沢専売局と弘安との間に一定の関係性があるがゆえに[29]、日記に書けなかった。ここにみられる矛盾は、〈状況順応型〉の行動の典型的なものとしてあり、そこには、権力の代行観念として働く世間を垣間みることができる。

米騒動の場合と同様、弘安にとってストライキは、人間（労働者）としての権利を要求するデモクラシー運動としてではなく、労働者に固有の、つまり自分とは別個で無関係のものとして、少なくとも外面的には、とらえられていた。専売局ストライキは、米騒動のときのように心情的な共感が表明されることもなく、弘安の価値判断に支配されている。

ストライキは、大衆運動に訴える点、金銭を問題にする点、またそれらによって既存の調和が壊れると観念される点が、米騒動のときよりも、さらに強固に一線が画されていた。救済の範疇に入るとみなされる人びと、あるいは弱者とみなされる人びとが、みずからの権利を求めて闘うとき、しばしば強固な拒絶にあうように、専売局ストライキもまた、既存の秩序と調和を破壊するものとして、弘安に観念されていたことが示唆される。

弘安は、新段階のデモクラシーを牽引する主体ではなく、状況に順応する主体であった。その状況は、当事者や運動に与する側ではなく、傍観者の側に、したがって国家（の利益）にコミットする立場からのそれであった。そのような立場から状況に順応するということは、新段階のデモクラシーの担い手を限定し、孤立化させ、デモクラシーの発展が阻害されることでもあった。

2) 天皇（制）

米騒動やストライキへの態度としてあらわれていた救済の論理と、調和への志向の交差する地点に、天皇が存在する。ここでは、天皇にみられる、言い換えるなら、弘安が天皇にみるところの救済の論理と、争いを警戒して避けるという志向をもつ調和（秩序回復＝平和）の論理という二つの性質が、ともにみられる大逆事件をとりあげる。もう一つは、天皇の祝祭日としての性格が、もっともよく体現されている紀元節をとりあげ、調和・平和の論理をみていく。

大逆事件

　　　減刑ノ恩命　至尊ノ御思召ニヨリ、無政府主義者中死刑囚十二名ノ死一等ヲ減
　　ズベキ恩命ヲ下シ賜ハル　逆徒ハ感泣ス [明44.1.21]。

「恐レ多クモ我皇室ニ對シテ弑逆ヲ敢テシ」[明44.1.18] たとされた幸徳秋水ら24名
に死刑判決が下された。その翌日には、天皇が「弑逆」を企てた者に対してさえ「御思召」
を示し「恩命」を下し、その結果、半数の12名の死刑判決が一挙に覆される[30]。減刑さ
れなかった幸徳秋水ら12名は処刑されるが、天皇によって秩序が回復したことが強調
されるとともに、24名という多数の「逆徒」を死刑にする畏父を補って余りある慈父の
面が強調される。

　半数も死刑免除となるという天皇の「御思召」が、それに「感泣」する「逆徒」との対
比で強調される。天皇の「御思召」は救済の論理の中核にある。それは、米騒動の「下級
民」に対する救済の「恩賜金」として示されたり、第一次世界大戦時の青島攻撃におけ
る「聖旨優渥」として示されたりする [大3.10.13] (『北國新聞』、1914.10.14)。

　大逆事件については、死刑執行のときに要した死亡までの時間が記されるなど [明
44.1.25、26]、事件の主旨から外れた描写がなされる。「大逆事件」を注視する一方で、
主旨から外れたところで些末な描写がなされるのは、説明できないままに感じている
得体のしれない恐怖感・不安感が根底にあるからではないか。その恐怖感・不安感は、
相反する二つの方向からきていると思われる。

　一つは、天皇の暗殺を企てたとされる恐れ多い行為に対するものである。日記は、新
聞記事がそのまま転載されることが多かったが、数ある記事のなかからどの記事を選
択するかは、弘安の選択による。その意味で、新聞からの書き写しもまた弘安の意識と
深く関係している。

　弘安にとって、大逆事件は、天皇に対して「弑逆ヲ敢テシ」た驚くべき恐るべき犯罪
であり、秩序の頂点に立つ天皇が脅かされる事件であった。だが、驚くべき「犯罪」自体
への恐怖を感じる一方で、無政府主義者を一挙に死刑にするという天皇制権力に対す
る畏怖や不気味さが含まれていることを、日記の描写 (新聞記事) は物語っている。

　その不気味さは、弘安自身から、あるいは弘安がそこに帰属して生きる世間自体から
出たものでもある。この時期、すでに天皇制の支配原理が、民衆の生きる世界 (共同体)
の原理を模して、民衆になじみ深いものとして仕立て上げられており、秩序と調和が重
視される世間のなかで、天皇を中心とした「正統」幻想ができあがっていた[31]。その正
統への異端の存在として、あるいは、秩序への反逆者として、幸徳秋水らが殺戮された。
言い換えるなら、世間みずからが、異端としてはじき出していた分だけ、幸徳秋水らの
弾圧を、より不気味なものにしていたのではないだろうか。

　そのような重圧を感じ「時代閉塞の現状」を生きてきたからこそ、第一次護憲運動を

皮切りに、デモクラシーを求める運動が、燎原の火のごとく燃え広がったときに、弘安は、最初は恐る恐る、のちには大胆とも思えるほど、コミットして（日記に記して）いった。それは、たんに生活難や閥族政治への憤りからだけでなく、自由にものが言えて行動できる（政府批判）という、自由と解放を感じることのできる精神の昂揚があったからである。弘安はみずから「演説好き」[大4.3.4]と主張するが、それは、そこに自由と解放を感じさせる何ものかがあったからであり、みずからの行動を裏づけ、その「正しさ」を証明してくれるより所であったからでもある。演説は、許される行動の範囲をみきわめる機能をも果たしていた。

天皇の祝祭日 —— 紀元節

　大逆事件は、事件そのものに対してだけでなく、天皇に対してもある種の怖れ多いものを抱かせられる契機となった。慈父ではあるが怖れ多い天皇のハレの行事として、日常にくみこまれた紀元節、春季・秋季皇霊祭や天長節、神武天皇祭など、皇室祭祀中心の国家の祝祭日が、ほぼそのつど日記に記され、天皇への近接が示される。

　ここでは、「国家の祝日という性格をもっとも強く体現した紀元節」（有泉 1968: 64）についてみていく。紀元節の2月11日は、日記書きはじめの1906（明治39）年から、1925（大正14）年までの20年間で一度をのぞき毎年、記されている[32]。これは、紀元節が意識してとらえられ、重要な祝日として受け入れようとしていたことをうかがわせる。

> 　　今日ハ紀元ノ佳節ニシテ、皇祖國礎ヲ橿原ニ定メ給ヒテヨリ百二十一代二千五百七十餘年皇統連綿トシテ天壤ニ窮マリナク、加フルニ朝鮮ハ領土トナル大ニ祝スベキナリ　　正午、出羽町練兵場ニテ百一発ノ祝砲ヲ放タル　轟々ト市内ニ鳴リ渡ル　壮快　[明44.2.11]。

　大逆事件で不気味さを感じた直後の紀元節の日記である。植民地化を領土拡大として祝し、天皇への意識的な近接がみられる。時代が下り、1929（昭和4）年になると、紀元節は、ただの「佳節」としてだけでなく、「六日立の祝ニ赤飯を焚き、鯛を買って来て貰って、出産無事の祝をする」[昭4.2.11]と、6日前の2月6日に生まれた三女の誕生祝いをこの日に当てて祝っている。ここでは、天皇の祝祭日である紀元節が、同時に弘安ら家族の吉日と重ねてとらえられている[33]。

　1891（明治24）年から、紀元節には、小学校で御真影に対する最敬礼と万歳奉祝、校長による教育勅語奉読などからなる儀式が行われるようになっている[34]。1894（明治27）年の日清戦争の年に尋常小学校へ入学した弘安は、そのような儀式を小学生のときから体験し、天皇制の思想的基盤が幼少の頃から築かれていたことになる。

弘安は、状況に順応する主体であった。天皇・天皇制において状況に順応するということは、天皇制国家にとって望ましい主体が形成されるということに他ならない。かくして、摂取すべき近代の価値として構築された天皇制は、ゆるぎないものとなる。同時に、そこに与しないもの、そこからはみ出るものを、異端者とし徹底的に排除する制度として機能するようになる。

3．米澤弘安の政治意識 ── 結語にかえて

弘安の行動様式は、基盤とするものが近代的価値にせよ伝統的価値にせよ、状況に順応しながら近代を受容する〈状況順応型〉という面では共通していた。それは、弘安が日常生活を生きている世間と密接に関係している。つまり、〈状況順応型〉の行動様式は、家族、仕事、地域、国家といった同心円状に拡大していくそれぞれの準拠集団において、人間関係が規定されるものとしてある。各準拠集団に帰属すると観念されるそのときどきで、それぞれの準拠集団が世間として機能するため[35]、行動が、そのときどきで矛盾していたり、どっちつかずになったりと、日和見的な様相を呈することもあった。

だが、それこそが〈状況順応型〉を特徴づけているものである。弘安は、デモクラシー運動に精力的にコミットしている時期において[36]、政治的昂揚が前面におしだされているときでさえも、政治的な事件を私的な日記に書きとめるまでに一定の時間を要していた。そこには状況をにらみながら日記を書くという判断が働いており、抑制が働いていた。日記に記すのが好ましくないと思えるときは、より慎重な配慮がなされていた。そのようなときは、米騒動でみられたように心情的に共感を記す方法をとったり、また、選挙違反においてみられたように反対陣営であるがゆえに問題にするという書き方をしたり、専売局ストライキにおいてみられたように口を閉ざしたりした。

弘安の政治意識は、その行動様式に規定されて状況に順応するものとしてあり、これまでみてきたように天皇制国家を、そしてそのもとでの帝国主義を、下支えするものとしてあった。デモクラシー運動においても状況に順応するものとしてあり、時によってコミットの仕方やその対象が異なっていた。

ここでは、キー概念である「デモクラシー、帝国主義、天皇（制）」の相互連関をつぎの二点に注目して分析する。一つは、デモクラシー的側面における弘安の思想の峰である到達点についてである。二つは、そのデモクラシー的到達点が、なぜそれ以上の進展をみなかったのか、その進展を阻んだ阻害要因についてみていく。

（1）デモクラシーの峰

大正デモクラシー期に弘安が到達し得た思想の到達点についてみると、それは、二種

類確認できる。一つは、民衆の力の結集によってはじめてときの桂内閣を倒閣させた第一次護憲運動の半年後に開かれた演説会においてみられる。

　　　夜清二と共ニ第四福助座の政談演説を聞ニ行く　會費十銭徴集　水谷憲風とて東京毎日新聞社の地方遊説に出掛けたのだ　肩書が前科五犯とか注意人物とか焼打事件の張本人とか其他色々と恐ろしい事が書いてある　國賊政治と生活難、閥族打破の根本とか云ふ題でやり出した　桂公の攻撃、國民の困苦、議員の腐敗等を八ツあたりに厳しく攻撃し通快であった　要は閥族の為ニ現今の状態となつた二十五才以上の國民ニ選擧権を与へてよい議員を出せば改良できると云ふのだ［大2.9.5］。

　このとき、弘安のなかで、「生活難」が「国賊政治」によってもたらされたものとして、経済問題と政治とが一本の線でつながった。そして、「国賊政治」の状態を「改良」するには、「二十五才以上の国民ニ選挙権を与えて」民意にかなった「よい議員を出」して議会におくれば、「改良できる」という民主主義の代表権の理念にめざめていく。

　そこには、演者の政府攻撃に「痛快」を感じるだけでなく、デモクラシーの基本理念への萌芽がみられる。それは、国民を無視し、民意からかけ離れた政治をおこなう政府（藩閥政治）に対して、異議を唱える自由が自分たち国民の側にあるという、一人一人の国民が有している基本的な権利（女性は除外されていたが）への覚醒であった。それは、その時代に弘安が到達しえたデモクラシーの一つの峰であった。そのことが、立憲政治を求めるデモクラシー運動への弘安の関与をうながし、普選への関心をもち続けていく原動力となっていた。

　二つは、国民大会のようすが記された日記にみられる［大3.2.11］ 37)（「民衆の力による政権の崩壊」参照）。そこでは、政治を行う主体に集合的な国民が立ちあげられ、「現内閣の弾劾を要望す」る決議案を衆議院に届けるにさいして代表者が選ばれており、国民の政治参加が企図されていた。大正デモクラシーの時期、「国民のための政治」にとどまらず、国民が、民意の代表者を選出し、みずからの権力の行使を代表者に信託して、国民みずからが政治を行使しようとする一連の行為のなかに、「国民による政治」が企図されていた 38)。ここには、第一の峰から発展したもう一つの峰があった。

　弘安のデモクラシー運動へのかかわりは、牽引的な役割を担った政治主体に追随する大衆の側からの声援・賛同というかたちであり、みずからが運動を牽引する政治主体としてではなかった。だが、日記に記すという行為の中に、主体的・能動的に政治に参加していこうとする国民弘安の意志があった。そのようなかたちで、運動をささえた広範な人びとの存在こそが、桂内閣や山本内閣を倒閣に導いたのであった。

（2）進展が阻まれた要因

　では、なぜデモクラシー的に重要な覚醒や萌芽がそれ以上進展しなかったのだろうか。一つには、大正デモクラシー自体の内部に胚胎し、デモクラシーがその内側から侵食されていったという側面、二つには、大正デモクラシーがその外側から侵食されていったという側面が考えられる。後者は治安維持法に代表されるように政策的に圧殺されていったという評価が定着しており、本稿で問題にするのは前者である。

　大正デモクラシーがその内側からみずからを穿っていった点については、日本近代においてデモクラシーが手段・道具としてあったという点[39]、および世間に強く規定される人びとの在り方、すなわち個人が成立しにくい社会の在り方と深く関わっている。

　デモクラシーを求める立憲政治や政党政治の主張のなかで、帝国主義的要求のためにデモクラシーを求める国民の義務が説かれたり［大4.3.22］、天皇（制）のなかでデモクラシーが賛美されたり［大2.7.18］する。日本近代においてデモクラシーは、帝国主義やナショナリズム、天皇制の手段・道具、すなわち、大日本帝国が発展するための道具としてあった。

　それは、日本近代のデモクラシーの特徴でもあるが、そのことは、つぎの二点において重要な意味をもつ。一つは、他に譲りわたすことのできない個人の尊厳・権利という民主主義の基本的な理念を、国民一人一人がみずからのものとして内在化させていくことを阻んでいった。

　もう一つは、デモクラシーと帝国主義、天皇制という一見相矛盾したものが、矛盾なくとらえられ、帝国主義的要求のためのデモクラシーや、他国民の抑圧・犠牲の上に築かれる自国の繁栄が疑問視されることなく内在化されていった。このことは、出口を失ったデモクラシーの要求が、その代償行為として、排他的・愛国主義的な帝国主義の欲望に転化することを容易にした。2節でみる「対中国強硬論」［大2.9.6］は、デモクラシーの要求が出兵という露骨な帝国主義的要求として噴出した例である[40]。

　このような日本近代のデモクラシーのありようは、他と明確に区別される個人の析出を許さない世間と親和的であり、「選挙違反（干渉）」では、自分の属する集団の利害が優先される。世間のなかで暮らしている人間にとって、非難されないよう、疎外されないよう、あるいは、はみ出さないようにしようとする行動をとるよう、世間が機能するからである。言い換えるならば、観念の世界で世間が権力の代行観念として働くために、好ましくないこと、都合の悪いことと観念されると、それに関わらないようにしようとする意識が働くのである。

　これが、米騒動やストライキにさいして、弘安がとった基本認識であり、線引きという行動をうながした背後にある意識である。みずからの生活の安全が脅かされることに関与することはできなかった。デモクラシー運動における弘安の矛盾とみえる行動も、基本的には、時代の激動のなかで、すでにある既存の生活を固守しようとする生活

防衛の意識がその根底にあった。

　このようなデモクラシーのありようもまた、大正デモクラシーの進展を阻み、崩壊さ
せていった内部からの要因であった。これらは、当時としてはもっとも民主的であった
時代における日本近代の民主主義の脆弱性——権力者の意志に追随しやすく、個人の
権利意識と個々人の理性で判断する意思の脆弱性——を示している。このようなデモ
クラシーありようは、デモクラシーの進展を阻み、崩壊させていった内部からの要因で
あった。

［注］

1)　本節では大正デモクラシーの時期を、1905（明治38）年の講和反対運動から政党政治の終
　　焉となる1932（昭和7）年ととらえることとする。

2)　（松尾尊兊1974）、（鹿野政直1973）、（金原左門1973）、（宮地正人1973）、（三谷太一郎
　　1974）、（由井正臣編1977）など多数。

3)　imperialという語のもつ意味から「天皇・帝国」およびデモクラシーといった独特の混合体
　　として概念化される。近年における大正デモクラシー論の再考については、（歴史科学協議会
　　編2014）、（有馬2006）、（有馬2011）などを参照されたい。

4)　本節では、「状況」という概念は、弘安をとりまく「世間」といいかえることができる概念と
　　しても使用している。その場合は、他者との関係性が前提とされており、主体（弘安）によって
　　観念された世界（準拠集団）で、観念されるそのときどきで異なる環境として構成されるとい
　　う特色をもっている。その意味で、本節では「状況」「世間」「環境状況」という語を類似の意味
　　で使用している。

5)　当時、弟清二は、独立して住んでおり、弘安のところへ通って象嵌の仕事に従事していた。
　　弘安がはじめて投票した1921（大正10）年の市政選挙は、市制・町村制の一部改正により、
　　地租ないし直接国税の納入要件がなくなり、2年以上の居住で市町村の直接税を納入していれ
　　ば有権者資格が得られるようになり、有権者数が増大した。等級も3級制から2級別選挙に変
　　更された。なお、弘安の父米澤清左衛門は1913（大正2）年の市会議員選挙で投票している［大
　　2.12.4］。この時期の有権者資格は、地租ないし直接国税2円以上の納入が義務づけられてお
　　り、金沢市の対人口比率は約7.7パーセントであった（大石2003: 29）。

6)　政友会の原敬は、桂首相が辞職しなければ、「革命的騒動」が起こったであろうと記してい
　　る（『原敬日記』1913.2.10）（原1965a: 288）。ほかにこの日の状況につては次を参照された
　　い。（田中貢太郎1926: 171-5）。

7)　騒擾事件当日の日記の字数は、桂内閣時は149字［大2.2.10］、山本内閣時は517字で［大
　　3.2.11］、約3.5倍増である。

8)　一年前の日記である。「東京の十日騒動の跡は、十一日朝までの犯罪者の官憲の手に捕へら
　　れたる者二百六十五名」［大2.2.10］。一年後の日記である。「十三日午后五時より演説あり　聴

衆一万四五千十二日夜、東京日本橋、京橋、浅草等にて三百五十の無実の良民を拉致したり」
　　[大3.2.14]。

9)　ラジオ放送の開始は1925（大正14）年からである。新聞は二紙を購読していた。新聞の詳
　　細は2節の注20)を参照されたい。

10)　金沢商業会議所は、営業税廃止運動に関して財政上の見地から慎重な態度をとったとさ
　　れ、全国の猛烈な気勢に比して、金沢は閑寂であったとされる（金沢市史編さん委員会 2006:
　　304-305)。

11)　帝国憲法発布後の1890（明治23）年第1回総選挙では、有権者は、直接国税15円以上で全
　　国民の1パーセント強であった。1900（明治33）年の制限選挙法改正で10円以上となり、有
　　権者は2パーセント強となる。その後、普選要求の声におされ、1919（大正8）年、直接国税3
　　円以上に改正され、有権者数が倍増するが、それでも全国民の5.4パーセントであった。

12)　レコード演説は、当時の新しい機器であるレコードに演説を録音して流すものであった。
　　「憲政における輿論の勢力」という題で、憲法によって与えられた国民の権利と義務を説き、
　　国民と天皇との間にある障壁のために民意にかなった政治が行われていないので、「國民が自
　　覺して、自己の貴重なる國家に對する義務を充分に自覺すれば、この選擧の効は、實に大なり」、
　　「日本帝國の地位は、この一歩を誤まれば、國の運命、國の安危榮辱の係る大切なる時機であ
　　る」と演説した（大隈侯八十五年史編纂会編 1970: 236)。

13)　横山章（同志会）は、加賀藩老臣の横山家出身で、当時の横山家は北陸の鉱山王といわれ名
　　門で、財力は金沢では並ぶものがいなかった。商業会議所会頭で、長年、実業・教育・社会事
　　業など各方面で功績をあげていた。選挙には、若槻礼次郎、浮田和民や大隈首相みずから応援
　　にかけつけた。他方、中橋徳五郎は金沢生まれで、東京帝大卒業後官界に入ったのち実業界へ
　　転身し、資本金半減の危機に陥った大阪商船会社をたてなおし日本郵船と並ぶ大会社にし、宇
　　治川電鉄、東洋拓殖、日本窒素肥料などの社長や重役を兼ねる関西財界の巨頭であった。高橋
　　是清、三宅雪嶺らが応援にかけつけた（金沢市史編さん審議委員会 1969: 140-1)。

14)　実業家弘安の自負はつぎの記述にもみられる。「歐州戦乱も終結して平和の新年を迎ふる
　　事となつた　我日本は幸にも幸福の位置ニ立つて戦争のお陰で産業、貿易の発展を来したし
　　が休戦と同時ニ諸外国は一勢ニ殖産工業ニ従事するが故ニ今後の戦争は商工業であるから實
　　業家たる者褌を〆て掛らねばならぬ」[大8.1.1]。

15)　「横山氏千八百四十一票、中橋徳五郎氏千六十六票ニて其差七百七十五票　僕は其差の大な
　　るニ驚いた。勿論横山氏当選せらるるも其差二百票位ならんと想像せし」という結果であった
　　[大4.3.26]。なお『金沢市史』は「横山氏千八百四十票」となっている（金沢市史編さん審議委
　　員会 1969：143)。政友会は、全国的にも惨敗に帰し、議会で過半を失う大敗北となった（『原
　　敬日記』大4.3.28)（原 1965b: 92)。対する大隈内閣の与党は絶対多数となる（岡本・藤馬
　　1960: 57-8)。

16)　当時は「選挙干渉」という表現にみられるように、違反だとする認識に乏しかったという側
　　面もある。選挙前の第35議会で増師案に賛成させるためになされた買収について、元老山形
　　有朋が、「それは国家のためと思ってやったことだからよいことで、悪いことではない」と言っ

たと伝えられている。藩閥政治のもとでは特別なことではなく不問に付されていたことが、デモクラシー運動の中で問題にされるようになっていた（「大浦事件に對する世論」『法律新聞』1029号：182）（鶴見 1962a: 72-4）。

17) 妻芳野の実家の土方家は、初代が加賀藩士で、七代目から表具師となり、義父・土方松平は八代目であった。松平は茶や謡、仕舞なども習得し、技にも優れ、経済的にも豊かであった。弘安にとって、松平は、義父であると同時に仕事の良き理解者であった。出品のための旅行・材料費の捻出に困っているときは、妻芳野を介して、しばしば資金援助におよんだ（田中 1974: 46-8）。名表具師であった義父は横山の本家をはじめ支家の仕事を請け負っており、横山章家の襖はすべて義父の手になるものであった。

18) デモクラシーの道具的性格に関しては、講和問題同志連合会が日露講和条約発布後に解散して国民倶楽部の発会式をおこなったさいの設立趣意書にもみられる。日本の発展には、武力だけでなく政治への国民参加の必要性が説かれ、帝国主義イデオロギーのなかで立憲政治がとらえられていた（宮地 1973: 250-4）。

19) 「営業廃止案の運動、猛烈となる」[大3.2.10]、「十一日大坂にて廃税演説後、群衆は官衛等を要撃す」[大3.2.12]、「十四日衆議院にて廃税案本議ニ上ル　大紛糾あり　夜十二時迄やる議會を開てより未曾有の事なり」[大3.2.15]。

20) 1914（大正3）年は営業税が、1918（大正7）年は米価が、騒擾を引き起こしたことはよく知られている。

21) 金沢の米騒動では、「一舛二十五銭の廉賣」[大7.8.12] が要求されている。廉売の要求については、他地域と共通していたが、「米穀商や富豪にのみ要求を突き付けたのではなく、街頭行動を通じて金沢市の行政をも動かそうとして」おり、「市当局が内地米の廉売を米穀商に実施させることを求め」ていた（能川 2006: 192-3）。また、県下の各新聞や金沢立憲青年会などによる「県会や市会の議員ならびに内閣に対する政治批判」もみられた（金沢市史編さん審議委員会 1969: 151-2）。

22) 正米相場は、前年比で、石当り10円以上高い26円50銭（4月）、5月は27円50銭であった（金沢市史編さん審議委員会 1969: 153）。米騒動の直前の米価については、3章第2節を参照されたい。

23) 本節3.(1)「デモクラシーの峰」の日記引用 [大2.9.5] を参照されたい。

24) 注23) の日記 [大2.9.5] の時点では、弘安は、政治的昂揚を体験し、弘安自身が憤る当事者であった。そこでは、権利への覚醒があり、問題の政治的解決がデモクラシー運動へと連動していた。だが、米騒動では、弘安は、以前のように憤る当事者としてともに政治的解決へ向かうという方向ではなく、一線を画した傍観者となっている。一方、当事者は米騒動の運動者に限定され、救済される人びととされる。弘安と異なり、国民の権利とする意識もみられ、天皇が救恤金を下賜する慈恵政策に対する批判もみられた（井上 1966=73: 139）。

25) 「給料・工賃を他支局と同率に引上げること。毎週一回の定休日の制定。作業中の過失負傷を公傷とし、薬代はすべて無料とすること。緊急の場合の作業中の面会、休憩中の面会の許可ならびに電信・局前ポストへの投函の自由。この請願についての責任者を問責しないこと」な

ど9項目の要求が提出された (金沢市史編さん審議委員会 1969: 203)。

26)　「東京デハ大晦日ノ朝ヨリ市内全区ノ電車運轉ガ突如トシテ休止サレ一日モ休ンダ。全市民ハ非常ノ迷惑ヲ蒙ル」[明45.1.2]、「八幡製鉄所職工二万罷工なし五百の煙筒ニハ煙見ず、厳戒を布れ不穏の景勢なり。一日の損害三十万円なりと」[大9.2.8] など。

27)　「東京各新聞社職工復帰し本日より発刊と決す」[大8.8.5]、「尾小屋鑛山六百名の罷業も解決なり。今一日より業こつくと云ふ」[大9.12.1] など。

28)　「英國には鉄道従業者の大罷業行はる」[大8.9.30]、「英国鉄道従業員の罷業ハ百万人二及ふと」[同10.1] など。

29)　金沢専売局は、1913 (大正2) 年11月に落成され、「連瓦造の立派なもの。今の處金沢一の建築物」[大2.11.16] と注目されていた。弘沢宅から2、3分という至近距離にあり、落成式の祝典では、専売局から依頼を受け [大4.12.14]、弘安の町内も、弘安の案で出し物をつくって参加しており [大4.12.15]、弘安は専売局との連絡役を務めていた。

30)　当初「大陰謀事件」として報じられた事件は、フレームアップによって、「その非道なる思想抑圧手段を国民および観察者の耳目を聳動することなくして行い得る機会」(石川 1978: 165) とし、刑法第73条の「大逆罪」を適用した。1910 (明治43) 年12月25日、26名全員に死刑判決。その報が海外に伝わると、パリ、ロンドン、ニューヨークなど各地の日本大使館や日本公館にデモや抗議書が送られるなど、国際的な抗議運動が起る。「天皇の思召による」減刑は、このような列強の反応を考慮したものでもあった。

31)　天皇制の支配体制が成立することの意味は、「支配の態勢なり装置なりが、制度面ばかりでなく精神面までふくめて、その社会に正統なものとしてつよい安定度をもってつらぬかれ」ることにある (鹿野 1976: 31)。正統とは、その中核は天皇であった。

32)　この期間で紀元節が記されていないのは1913 (大正2) 年の一回のみで、代わりに、桂内閣総辞職が記されている。1926 (大正15) 年以降は、日記を書くこと自体が少なくなっており、紀元節の日の日記自体がないこと、日記はあっても紀元節の記述がないことも多い。紀元節に関しては、日記書きはじめの日露戦争後から大正のはじめ頃までは、まだその重要性を自己規律的に努力して意識しようとする態度であるが、紀元節が身体化されていくにつれ、しだいに紀元節とのみ記されるようになる。

33)　有泉は、多摩の典型的な豪農であった相沢菊太郎の『相沢日記』における紀元節の日の日記を分析している。相沢にとって紀元節は、明治20年代ではまったくの無関心であったのが、日露戦争を境に一変し、明治44年には、相沢総本家から稲荷大明神の分祀の日とするまでになっている。有泉は、それを紀元節が「吉日という感覚でうけとめられ」、相沢の「生活意識のなかへ完全に定着したことを示す指標」としている (有泉 1968: 64)。弘安が紀元節を意識するのは、そのような時代背景があったことと無関係ではない。有泉の「指標」にしたがうと、1929 (昭和4) 年の時点では、紀元節が、すでに吉日という感覚で、弘安の生活意識のなかに定着していたといえる。このとき生まれた三女が米澤信子さんで、米澤家の話をうかがった方である。

34)　1914 (大正3) 年からは全国の神社で紀元節祭が施行されるようになり、1926 (大正15) 年

からは青年団や在郷軍人会などを中心とした建国祭の式典が各地で開催されるようになる。

35) 準拠集団が世間として機能するのは〈状況順応型〉にのみ見られることではなく、世間のもつ特色である。だが、この型の行動様式は、政治主体として活動する名望家的な層や下層のそれと比較した場合、順応・依存する行動様式が、特徴的である。

36) 弘安は、実際に運動に関与するわけではない。本節で、コミットとは、気持ちの上でのかかわりで、演説会への参加や気持の上での声援、日記に記すことなどを意味している。

37) 国民の政治参加への企図については、それ以前にも、「対中国強硬論」の際の国民大会において同様の手続きが記されている [大 2.9.8]。こちらは帝国主義的要求と表裏をなしていた（2節の「対中国強硬論」参照）。

38) デモクラシーの政治原理のうち、「人民の、という権利の由来」（国民主権）に関しては、「一君万民」論によって曖昧に付されたままであった。つぎの大日本青年党発会式の宣言書（大 2.1.28）にはその主張が明白に表れている。「立憲政治ハ多数ノ政治ナリ。憲法ノ精神ハ天皇ノ御信任ガ直接多数ノ決ニ下ルニアリ。故ニ立憲政治ハ即チ君民一体ノ政治ナリ。（中略）現時ノ時局ヲ見ルニ天皇ト臣民トノ間ニ一ノ障壁ノ在リテ　天皇ノ御信任ハ直ニ多数ノ決ニ下ラズ。憲法ノ精神ハ今ヤ全ク蹂躙セラレタラン。吾人ハ天皇ト臣民トノ中間ニ介在シテ聖天子ノ聡明ヲ覆セ奉ル閥族不逞ノ徒ヲ討滅セサルヘカラス」。（宮地 1973: 303）。注12) の大隈首相のレコード演説においても同様である。

39) 日本近代のデモクラシーの手段的・道具的性格の指摘は、A・ゴードンによる（ゴードン 1996: 92-3）。

40) しかしながらそれゆえに、自由民権運動のように弾圧されることなく、反政府の運動として一定のデモクラシー的な成果をあげたということもできる。このような手段的・道具的なデモクラシーのあり方は、はたして近代にのみ特有で、現代には無縁のものだろうか。

＊本節は、論文（坪田 2006）を修正・加筆のうえ、転載するものである。

第2節　帝国植民地意識

1．本節の課題

　本節では、帝国主義下において形成され、帝国や植民地がなくなったのちにおいても、なお、人びとの意識に顕在・潜在し続けている意識——侵略した側、宗主国の側の人びとがもつことになった、差別にもとづく支配‐被支配の意識——を、帝国植民地意識として、とり上げる。

　帝国主義の支配の内実は、軍事力や物質的な力だけでなく精神的な力がその根底にあり、それがもっとも大きな支配の要素として作用するがゆえにその支配が可能となる。しかも、帝国が崩壊し物理的な支配が終わったのちにも、人びとの意識の根底に残るのは精神的な要素の方である。戦後70年をへた今日にあっても、なお、脱構築されないまま現在にいたっているものである。帝国主義の時代を生きるとは、意識面においてどのような経験であったのか。日本近代を生きた弘安の政治意識を、帝国植民地意識をキー概念として見ていこうとするのが、本節の目的である。

　帝国植民地意識に関する議論には、帝国の基盤となる空間的条件が失われたのちにいたっても存在し続けている、帝国主義の支配・従属関係にもとづく差別と支配の意識に焦点をあてた議論がある[1]。そこでは、帝国植民地意識が顕現された帝国主義の時代のさまざまな制度やイデオロギー、言説や言語といった広義の文化がとり上げられ、それらが帝国植民地意識の観点から分析される。しかしながら、そこでは、帝国主義国の国民の側が内在化していた意識、思考枠組みに関しては、所与のものとされており、帝国主義の時代の残滓としてとらえられている。日本が欧米先進列強の仲間いりをして植民地を擁する後進帝国主義国となっていったことが、当の国民の側にどのような意識と認識の変化をもたらしたのか、その帝国植民地意識がどのように内在化され、なぜ解体されないままであるのかといった観点から、帝国植民地意識の問題に十分な関心が払われてきたとはいえない。

　本節では、日本近代に形成された帝国植民地意識をとり上げるが、まず、それに先行して形成された国民意識をとりあげる。ここで国民意識とは、国家に属する「たみ」（以下、たみ）としての集合的な自意識、自覚的な国民としての集合心性、ナショナル・アイデンティティをさすこととする。本節の課題はつぎの三つである。一つは、弘安の国民意識を、「国民化の回路」に基づいて明らかにすることである。二つは、弘安の帝国植民地意識の析出過程を、国民意識の析出過程の分析をとおして、明らかにすることであ

240 第6章 国民弘安の政治意識

る。三つは、日本近代の帝国植民地意識について考察することである。

2. 国民意識の形成

　前節でみたように、日本近代を生きた弘安にとって、デモクラシーも帝国主義も天皇（制）も、それぞれが、摂取すべき輝かしい近代であり、相互に関連しあい、そのどれもが欠かせない重要性をもってとらえられていた。本節では、まず、日本近代において、帝国植民地意識に先行して形成された、ナショナル・アイデンティティとしての国民意識をとりあげる。

(1) 米澤弘安の個人史

　弘安は、日本近代が天皇制国家としての法的体制をととのえて船出をしたのとほぼときを同じくして、1887（明治20）年に生をうける。弘安の生まれた1880年代半ば以降は、近代化（西欧化）にむけての改革をめざす、それまでの実践の背後に滞留していた問題や混乱が噴出し、恐怖や不安が表面化していく時期でもあった。

　弘安が生れた2年後の1889（明治22）年には大日本帝国憲法発布、翌1890（明治23）年には第1回の帝国議会が開催、教育勅語、治安警察法が制定される。天皇は、大日本帝国憲法発布の勅令にみられるように政治秩序の最終的なよりどころとして位置づけられる[2]。天皇に、政治的、文化的、軍事的な権威とよりどころを求めることで問題や混乱の対処がはかられた。国家としての制度的な確立とともに、国民の道徳面での陶冶がめざされ、学校教育制度がととのえられていき、制度面・精神面ともに天皇制国家としての形式がととのえられていく。

　まさにそのようなときに弘安は初等教育をうける。弘安は、日清戦争がはじまった1894（明治27）年に金沢市立西町尋常小学校に入学する。1895（明治28）年2月、清国の北洋艦隊を全滅させた威海衛陥落の報に日本中が沸きかえり、金沢市内の小学校ではいっせいに祝賀式が行われ、講和時には祝賀運動会が催される[3]。弘安は日清戦争の勝利を小学一年生で体験している。

　学業に優れていた弘安は、尋常小学校を2位で、高等小学校を首席で卒業している。同級生のなかには中学校へ進学する者もいたが、弘安は家庭の事情で進学できず、のちに通信教育の帝国中学会に入会する。帝国中学会の中学講義録による勉学を続け、1905（明治38）年5月に第1学年の講義を終了している（田中 1974: 42）。

　日記を書きはじめたのはこの翌1906（明治39）年1月からである。弘安は、県立図書館が開館すると[4]、時間をみつけては熱心に通い読書をする。仕事関係の講習会や政治演説、各種演会などに積極的に参加し、みずから「演説好き」[大4.3.4]と称すほ

ど知的好奇心が旺盛で、積極的に学び人一倍、励む人であった。

　弘安の学びへの意欲は、高等教育を受けることができなかったという家庭の事情とも関連しているが、欲望（自己の可能性）を外にむかって開いていくという気宇壮大な国民の育成がめざされた時代背景とも関連している[5]。弘安の知的営為で忘れてならないのは、新聞が回覧されて読まれていた時代に二つの新聞を毎日、購読していたことである。新聞は、情報手段のかぎられていた時代にあって、日々の事件・出来事を知る重要な情報源であるとともに、それらを解釈する学びの媒体でもあった。日記には、しばしば記事がそのまま記され、お気に入りの論者の記事は切りとってスクラップされた[6]。

　弘安は、少年時代から国家の対外戦争（天皇の戦争）とその勝利を目の当たりにし、軍都となった金沢で軍隊と日常的に接触しながら[7]、また、同窓生や親族が徴兵や仕事で植民地朝鮮にわたるのを身近に経験しながら、帝国の外部に対する他者認識を形成していく。

（2）国民化の回路

　国民化の回路とは、ナショナル・アイデンティティとしての国民意識が形成される回路を意味し、それは（表6）のように整理できる。

表6　国民化の回路

国民意識	日記の事例	帝国植民地意識
1) 被害の回路	アメリカ「排日案」	弱者の回路
2) 加害の回路	日露戦争凱旋兵士出迎え／第一次世界大戦勝利の祝祭「韓国併合」／三・一独立運動／対中国強硬論	強者の回路
3) 反政府の回路	デモクラシー運動／対中国強硬論	デモクラシーの回路
4) 天皇の回路	明治天皇奉頌唱歌／大正天皇寄国祝	天皇の回路

1）被害意識を媒介とした回路

　被害意識を媒介とした回路とは、欧米列強という帝国主義的強者によって日本が客体とされ、被害者とされる国民化の回路のことである。被害者であるがゆえに被らなければならなかった犠牲や屈辱に対する非憤や怨恨にもとづく強者への対抗意識が生じる回路で、抵抗の回路ともいえる。

アメリカ「排日案」

　　七月一日を記せよ、「米禍」か「國難」かと絶叫する声が高まって、東京始め全國ニ排日問題を國辱記念日として今日各種の宣傳ビラを撒き、演説会を開いて米国の横暴を鳴らし、国民の覚醒をうながした　　［大13.7.1］。

「排日案」は、これより10年前にも記されている[8]。7月1日は、米議会で成立した日本人移民を完全に禁止する新移民法案が実施される日であった[9]。同日、貴族院および衆議院では、対米非難決議が可決され、「正義に悖る差別待遇」「移民法案成立に依り、激成された我國民の憤怒は時日の経過と共に毫も減退しない」(『大阪朝日新聞』1924.7.1)と、アメリカに対する憤怒が発せられる。弘安は、アメリカの日本への差別と不合理を感知しその「横暴」に対して日記に記す。ここには、被害意識を介した集合的な国民意識がみられる。

排日移民問題によって引き起こされた日本人の憤慨は、幕末に不平等条約を余儀なくされて以来、後進国としての屈辱と悲哀を被らざるをえなかった、あまたの不平等で不条理な国民的体験に連なっている。「かつて駐日外交団の首席として、明治政府を使用人のように叱咤したウィリアム・パークスの印象」(生方 1978: 17-8)にみられるような屈辱的な体験が、日本人の意識のなかに刻みこまれていた。世界史の舞台に投げ出されたころの日本はアジアの後進の一小国にすぎず、欧米列強にとって資本主義の新たな市場であり侵略の対象であり、差別的な外交や日本(人)に対する偏見や蔑視は当然のごとくなされた。

先進欧米諸国による侮蔑的なあつかいは、日本人の欧米に対する憤りや怨恨、復讐の感情を引き起こし、被害を媒介とした抵抗の意識が形成されていく。憤激や怨恨を介した民族的な被害意識は、日清戦争後の三国干渉による遼東半島還付においても表面化した。日露戦争後に不平等条約が解消され、アジアの帝国主義国として第一次世界大戦に参戦した理由づけにも、その記憶が用いられるほど[10]、被害体験は日本人の意識の底に、屈折して滞留し続けた。

欧米列強の圧力下におかれた被圧迫民族としての被害意識を媒介として呼び覚まされた集合的な自意識は、日本近代史上、もっとも早くに形成された国民意識であった。それは、列強の圧力に対する圧迫される側からの抵抗への回路を開いた。だが、明治体制の確立、日清・日露の両戦争をへて、被圧迫民族から欧米列強の仲間いりをし、アジアの隣人に対する圧迫民族へと方向を転轍していくにつれ、アジアのほかの国ぐにがもち続けたような抵抗への回路は閉ざされていく。それにもかかわらず、あるいはそれゆえに、初発で形成された欧米に対する被害意識は、日本人の意識の底に滞留し続けていく。

同時に、強者の一員となって膨張をもとめ、栄光を維持しようとする帝国日本は、一方で近代西欧文明の熱心な摂取者であっただけでなく、他方で近代文明そのものと観念された西欧に対する根深い後進・劣等意識を醸成していった。「排日案」に対する憤激は、その屈折した感情の発露であり、すでに大国となり近隣への圧迫民族となっていたにもかかわらず、依然として被圧迫民族であることへのアンビバレントな感情の発露でもあった。

2）加害意識を媒介とした回路

　加害意識を媒介とした回路とは、帝国主義的強者という加害者の立場からのもので、この回路の国民意識は帝国植民地意識の典型としてある。

　日本は、日清戦争で台湾を中国から分割して植民地化し、日露戦争で南樺太を領有し、遼東半島の租借権をひきつぎ、韓国を植民地化することにより、本国の76パーセントをこえる広大な植民地を有し、それに10数倍する南満洲を半植民地的勢力範囲とする一大帝国となった（井上 1966=73: 83）。くわえて第一次大戦後、ドイツ領植民地であった南洋諸島を委任統治領の名のもとに植民地化し、植民地面積は78.5パーセントに、植民地の人口は1920（大正9）年末で本国の36.8パーセントをしめた（中塚 1970: 246）（内閣統計局 1926: 3）。

　日本の植民地支配は軍事的性格の濃い武断統治として知られ、その統治機構にみられるように天皇制の領土的基盤の拡張という意味をもっていた。朝鮮と関東州は中国東北地方（「満洲」）と華北への、台湾は中国南部とフィリピン、南洋方面への、南樺太はロシア領樺太とシベリアへの、侵略をさらに拡張するための前進基地とされ[11]、さらなる"栄光"が煽られ、大国のたみとしての膨張意識が形成されていく。

　つぎの3事例では"栄えある"帝国日本につながろうとする意識を、最後の事例では植民地朝鮮への意識をみていく。

日露戦争 ── 凱旋兵士出迎え

　　煙火ノ音ニ目覚テ、耳ヲスマセバ微ニ聞ユル音楽ノ調べ　次デ起ル歓呼ノ聲、時ニ時計ハ五点ヲ打ツ（中略）十一時半ヨリ軍隊ヲ迎フベク家ヲ出デ、停車場ニ行ク　十二時頃列車ハ着ク　此凱旋軍隊ハ第一野戰病院ト砲兵ナリ　野戰病院中、小森庄作君アリ　萬歳ノ声天地ヲ動カス　夜、又停車場ニ行ク　凱旋門ハ「イルミネーション」ハ美觀ヲ呈ス［明39.1.20］。

　『米澤弘安日記』は、日露戦争後の1906（明治39）年1月から書き始められている。書きはじめの1月は、金沢駐留第九師団[12]からの出征兵士帰還のようすが大半を占める。弘安は、「萬歳ノ声天地ヲ動カス」ような「歓呼」のなか、第九師団からの出征兵士を出迎えた。文中の「小森庄作君」は父方の親戚にあたる。書きはじめの1月は、全部で11日分の日記が書かれているが、そのうち10日分が凱旋の帰還兵士を中心とした日露戦争関連である。一日に何度も、家族で入れ替わり立ち替わり出迎えることもあった[13]。

　帰還兵士の出迎えには、「万歳」がつきものであった。万歳には、その場の一体感を瞬時に醸成する機能があり[14]、万歳を介して、帰還兵士と出迎えの銃後の人びととの間に共属感覚が引き起こされ、日露戦争を戦った兵士と、銃後の市民とが一体となった空間がつくられる。兵士と市民とが一体となった空間のなかで日露戦争の勝利の感慨が共

有され、勝利した国家につながる自己が観念され、集合的な一体感が生成される。

大国ロシアに勝利したという充足感と誇りは、"栄えある"日本人としての一体感と、国家への帰属意識を育んでいくとともに、強者の一員となったという安堵感と奢り、排外的な優越感をもたらしていく。同時に、天皇の恩沢に浴するたみとしての自覚を強めていく[15]。総力戦的な戦いという危機的状況のなかで、大国ロシアに勝利した日露戦争の強烈な印象は、個人レベルで戦争の記憶をよびさますとともに、国家レベルで制度化されることにより、くりかえし呼びさまされていく。『日露戦史』をくりかえし読み、語りあうなかで、また「國民ノ最モ記憶スベキ日」[明45.3.10]として陸軍記念日を迎えるなかで、日露戦争の記憶がたえず刻まれ、つぎなる戦争への前哨戦的な役割を果たしていく[16]。

第一次世界大戦 —— 勝利の祝祭

日露戦争後の帰還兵士の出迎えでは弘安の昂揚した一体感をみたが、ここでは、一大帝国となった日本が、さらにその版図を拡大していく第一次世界大戦参戦で、最初に戦果が鼓吹された青島陥落の勝利の祝祭をみていく。

青島が陥落した1914(大正3)年11月7日は、「青嶋陥落の号外が勇ましく馳せ廻る◎青嶋陥落す」[大3.11.7]と記される。だが翌8日は戦勝の記述はなく、近隣の温泉で開催された所属の会の秋季謡會の記述に終始しており、まったくの日常が展開されている。

青島陥落は、日露戦争のような国運をかけた戦いではなく、すでに大国となった日本が、帝国主義的野望のもとで参戦した戦争での勝利であった。それゆえ、戦争への危機感や銃後を戦うといった緊迫感がまったく異なっていた。また、金沢の師団が動員されていなかったこともあり、日露戦争のときのように、勝利を祝わずにはおれないといった、自然にわき上がる感情で祝賀するという気持ちとは、かけはなれたものであった[17]。

祝祭は、陥落当日の7日夜から、祝賀の提灯行列が、各団体によって催され、二日後の9日には、全市あげて祝祭が催される。その後も引き続き、民間の諸団体による提灯行列が何日も続いていく。市の祝祭当日は、「午砲を相図ニ一声たゝき出した　半鐘、太鼓、金たらい、石油鑵等耳を聾する計り　宅でも皆で石油鑵をたゝき萬歳を唱」え[大3.11.9]、夜は、「一萬に餘る大行列」であった(『北國新聞』1914.11.9)。弘安は「夕食後、父を留守ニ四人にて官民合同の大提灯行列を見ニ行く」。が、「見ても盡きないので群衆を掻き分けて、福助座ニ来る」と、祝祭からはなれて日常にもどり演芸観賞している[18]。

全市あげての祝祭の翌日も「陥落祝いの提灯行列は今夜も出た」[大3.11.10]、その翌日も[大3.11.11]、またその翌日も[大3.11.12]、結局、弘安は9日から12日までの4日連続、提灯行列見物に出かけて祝祭を楽しんでいる。そして、13日には一転して、みる側からする側になる。弘安は、提灯を注文したり出し物を作ったり仮装の準備に奔

走したり、忙しさのため日記をつけることができなくなる[19]。

　　合同にて催す事、大行燈、大砲等を造る事ニ決す（中略）大混雑して漸く四時前
　ニ出来上った　それより提灯各戸ニ配る　各々は変装の準備ニ掛かる　僕は、急敷
　くて中々やって居れないから母ニ頼んで洋服の胸、肩、背ニ菊花を着けて貰ふ　父
　にはシルクハットを作って貰ふ（中略）散髪店は変装者の宿で、大勢大混雑で変装
　やって居る　僕は帰るや飯を食ふ　長田屋姉と清二［弟］は大急きでやって来た　飯
　も充分食べないで女装ニ掛った　僕は服を着、髭をつけて飛び出す（中略）各変装
　者は一寸知れない　よく見れは知って大笑する　大工連の藤田君、京谷、辰巳才一、
　能口多作の四名は、大噴発して頭ニオカサをつけて、赤ん坊となってピッピ、ガラ
　／＼を持つ［大3.11.13］。

　する側になった弘安たちは、出し物に趣向をこらし、仮装に歓喜し、家族総出で祭り
を楽しむ。勝利の祝祭の提灯行列は、出し物や仮装を競う非日常の祭りへと変わる。「七
聯隊ニて万歳を唱へ」、最後に「川岸にて一同万歳を三唱して散す」と、万歳が、本来の
趣旨から逸脱した祝祭空間の喧騒のなかにおいても、天皇や軍へとつながる機能を果
たしている。祝祭は、非日常の解放感に浸るなかで、国家につながっていること、帝国
のみであることを、確認する回路を提供している。
　青島陥落から一週間以上も、延々と続く提灯行列に対し、「熱狂せる市民の祝捷騒
ぎは遂に底止する所を知らず」。「何時止むべくもあらず斯て放置せば際限なく遂には
各々其の業務を捨ててお祭り騒ぎを競ふに至るべしとて（中略）一両日を限りとなし其
後は断じて禁止すべし」（『北國新聞』1914.11.14）と、禁止のお達しがでる。提灯行列が、
惰性で何日も続き、民衆自身では止められない状態となる。
　提灯行列は、青島陥落の祝捷というよりも、行列自体が自己目的化しており、出し物
や仮装を楽しむことに主眼がおかれている。勝利の興奮というよりも、むしろ、逸脱の
興奮であり、「提灯行列に立遅れ」た人びとが、"栄えある"国家につながろうとするこ
とへの、また、国家へ忠誠を示すことへの、とらわれ感がある。
　祝祭の雰囲気に浸り、日常から逸脱する興奮のなかで、解放感を味わいながら、同時
に、強者の一員であるという充足感と自尊心に浸りながら、確実に、国民的一体感が培
われていく。そこには、市や国側の意図との間にズレがあるようにみえるが、その「ズ
レが生み出す祝祭空間は、政治的意味の無化をもたらすようにみえながら、実は民衆意
識の深層に確実な痕跡をのこ」していく（牧原 1998: 152）。

「韓国併合」
　韓国の植民地化は、1910（明治43）年の「韓国併合」で成立するが、日記に記される

のは、「併合」が成立した時点ではなく、後日である。弘安の日記記述の特色の一つに、毎日読む新聞の記事を書き写すという行為がある。新聞を読むことは、時勢を判断したり、みずからの考えをつくりあげたり、確認したりすることであった[20]。

それゆえ、新聞の記事と日記とは密接につながっていた。すなわち、新聞を読み、気になる記事や重要だと思われる記事を選択し、日記に記すという一連の行為があった。新聞記事を日記に書き写すという行為は、弘安にとって、記事の示す重要性をとりこみ、その重要性をみずから確認していくという行為でもあった[21]。

その点を考慮すると、「韓国併合」という事実が一定の時間的経過ののちに記されるということは、その事実が成立した時点では重要性が認識されていなかった、あるいは、事実として記すのが躊躇された、ということが示唆される。言い換えれば、日記に記された時点ではじめてその事実をとりあげ、その事実の重要性を認識していこうとしていることが示唆される。

「韓国併合」については、同年の大晦日の日記のあとに「四三年史」として書かれている個所があり、そのなかで初めて記されている。「四三年史」には、その年に起こった事件や出来事が多数記されているが、その一つとして、「八月廿九日韓国併合ナル」[明43.12.31]と記されている。続いて新年の日記の初めに、「日韓合邦後第一回新年ヲ向フ」[明44.1.1]とあり、そのあとに1月1日の日記が続く。そして、同年の紀元節には、「加フルニ朝鮮ハ領土トナル。大ニ祝スベキナリ」[明44.2.11]と記される[22]。

これは、「韓国併合」の時点では十分に認識されていなかった植民地化という事実が、時間的経過ののちに、「朝鮮ハ領土トナル」と、とらえはじめたことを示している。「韓国併合」が初めて日記に記されてから約40日後の紀元節には、日本がその国名を変更した「朝鮮」という新しい呼び名が使われている。植民地化を、日本の新しい領土拡大として、また、天皇の国の「大ニ祝スベキ」こととして、とらえていこうとする姿勢がみられる。すなわち、この時点で植民地宗主国の人間としての意識を培っていこうとしていることが示唆される。

日記に初めて「韓国併合」が記された日、弘安が購読する新聞の一面にはつぎの内容の記事が掲載された。「朝鮮の併合は國史上の一大事實なり」。この「一大事實は國民として記念に値ひする」だけでなく、「東洋禍源の一を除き得た」とするなら、「世界列國にとりても」また「記念」と、「併合」が正当化される。そして、「併合」は、「朝鮮人としては堪へ難き悲劇」とする一方、各種の税金など過酷なとりたてに苦しむ日本人にとって、「悲劇」の朝鮮民衆とともに天皇の「徳澤に浴する」なら、それは「此上もなき幸福」とされる（『北國新聞』1910.12.31）。

天皇制の下で、朝鮮民族が日本人の上げ底にされ、その上げ底の上に日本人の生活が享受され「幸福」があると、識者によって述べられている。天皇の「徳沢」が前面に出されることで朝鮮民族の「悲劇」がカムフラージュされ、日本人に朝鮮民族の「悲劇」を感

じさせないような機制を働かせている。天皇制という装置により、「朝鮮人の悲劇」は、上げ底に乗った日本人の意識の底にたたみ込まれて、みえなくさせられていく。宗主国日本のたみの側も、あえて、それをみようとはしなかった。

帝国主義に与していくということは、一方で、植民地化された側の「朝鮮人の悲劇」を知悉しながら、他方で、その「悲劇」の上に築かれる日本人の生活の向上という物質的恩恵を享受するという非人間性、非人道を、日本人自身の内面にとり込むことでもあった。

では、弘安の日常はどのように変化したのであろうか。弘安のまわりでも、植民地朝鮮 [23] へわたる人びとが一挙に増加する。母の弟である叔父の藤掛嘉作や同年代の親戚、友人たちが、新たに仕事や徴兵で、植民地朝鮮へわたっている [24]。

弘安にとって居住地である金沢以外の場所とのかかわりは、東京 [25] や、姉・兄が居住する横須賀・名古屋などが主であったが、なん人もの身近な人びとが、ほぼときを同じくして朝鮮という同一場所へわたるという出来事は、初めてのことであった。それは、それまでの居住地金沢をあとにして植民地朝鮮へわたった人びとにとっても、そのような人びとを身近にもつことになった弘安のような人びとにとっても、まったく新しい経験としてあった。

双方にとっての新しい経験が、それぞれの日常にくみ込まれることで、植民地朝鮮での生活や当地でのようすが、手紙や帰国したときの語りなど、さまざまなかたちで弘安に伝えられたであろう。その経験は、東京や名古屋や横須賀という日本国内への移住経験とはまったく異なり、他民族を支配する民族の経験としてあった [26]。しかし、日記には「朝鮮の話をした」と記される以外、具体的な植民地朝鮮像はまったくと言っていいほど記されなかった。

三・一独立運動

「韓国併合」から9年目にあたる1919（大正8）年の三・一独立運動をみてみよう。三・一独立運動は2回記されている。「朝鮮京城ニ暴徒起る」[大8.3.6] と、朝鮮の叔父藤掛嘉作からのつぎの手紙である。「朝鮮今回の暴動にて入獄せしもの八千ニ及び公州監獄でさえ四百名も入り大多忙なりと」[大8.5.24] [27]。これは、日記に記された唯一の具体的な植民地朝鮮像であった。しかも一般では知りえない、統治機構に属する者のみが知りえた情報である [28]。

三・一独立運動は、検挙者の出なかったのは12府332郡2島のうち5郡1島とされ、日本の植民地支配に抗して独立をもとめる全朝鮮的な運動として展開された [29]。当時、日本人の間では「朝鮮や中国を征服し支配することが、自己の幸せと繁栄に結びついているかのような意識がひろく瀰漫して」（中塚 1993: 119）おり、独立の示威運動や朝鮮人は、「暴動」「暴挙」「暴徒」「不逞鮮人」などと呼称された。独立運動は日本帝国主義

の根幹を揺るがす事態となるため、運動や朝鮮人への敵対が助長され、呼称はそれを表していた。

朝鮮の植民地支配のために金沢の第九師団が派遣されたことにみられるように[30]、朝鮮支配は、「武断統治」「憲兵政治」と形容される軍事的支配の最たるものであった。朝鮮へ移住した弘安の身近な在朝日本人たちも、警察関係や軍隊という統治機構の末端で統治する側から植民地朝鮮と接する人びとであり、職業を得ていった横地雅一も圧倒的な特権のもとで植民地朝鮮と接していた[31]。

在朝日本人は、「韓国併合」の1910（明治43）年の統計では、約17万人、三・一独立運動の1919（大正8）年には、二倍以上に増加している[32]。職業構成は、「公務及自由業」が異常に多く、各時期を通じて20～40パーセントを占めていた。「公務及自由業」が多いのは、大陸兵站基地化（軍需工業化）政策のためであり、「在朝日本人社会が、まぎれもなく、朝鮮総督府を頂点として、全体として朝鮮人社会の上に君臨する植民者社会であったことを物語っている」（梶村 1992: 227）。

そのような存在形態が在朝日本人の意識を規定し、朝鮮人に対する侮蔑や差別意識が、植民者である在朝日本人社会の底辺にまで及んでいた。植民地朝鮮の情報が日記に記されなかったのは、このような事実と関係しているであろう。かつて生方敏郎は、欧米諸国によって「侮辱し苦しめ」られ、弱肉強食が露骨に示される弱小国日本の悲哀を嘆いた[33]。だが、大国となった日本が行う弱肉強食に慟哭する朝鮮人に対して日本人は無関心であった。植民地朝鮮の情報が日記に記されないというところに、日常レベルにおける植民地支配の実相が浮き彫りにされており、日記に記さないという判断が下せるほど帝国植民地意識が浸透していたともいえる。

3) 反政府の回路

反政府の回路とは、政府と国家とが切り離され、切り離された政府に対して、反政府感情をバネとして対抗・攻撃することで形成される国民化の回路のことである。

デモクラシー運動

大正期のデモクラシー運動は、日露戦争後、すでに国民としての自覚にめざめた民衆が、租税や徴兵の義務に見合うにたる国民としての権利を、みずから要求していく運動としてあった。二個師団増設問題を直接的な契機としてひき起こされた大正政変がきっかけである。二個師団増設問題は、日本帝国主義の朝鮮植民地支配そのものに起因した経済的・政治的矛盾が表面化したものであった。

民衆の力によってはじめて、ときの政権をたおした第一次護憲運動を経験した弘安が、閥族政治を批判した演説に共鳴し、刺激をうけて書いた日記があった（1節の「デモクラシーの峰」参照）。

國賊政治と生活難、閥族打破の根本とか云ふ題でやり出した　桂公の攻撃、國民の困苦、議員の腐敗等を八ツあたりに厳しく攻撃し通快であった　二十五才以上の國民ニ選擧権を与へてよい議員を出せば改良できると云ふのだ [大2.9.5]。

　この時期の演説は、人びとが「痛快」を感じるような政府批判から成り立っており、人びとはそこに共振し、解放感を感じ、溜飲の下がる思いを共有していた。人びとは、「國賊政治」「生活難」「國民の困苦」「議員の腐敗等」に、不満と憤りをもち、鬱屈したエネルギーを蓄積していた。演者は、国家と政府とを切り離し、国家から切り離された政府を批判して攻撃することで、国家と国民の側から、人びとの鬱屈したエネルギーを、デモクラシー運動へととり込んでいった。

　人びとは、鬱屈したエネルギーを解放するなかで、国民のもつ権利にめざめ、デモクラシーにめざめていった。政府への批判は、運動が、政府との対面を余儀なくさせる以上、批判が痛烈であればあるほど、一定の反抗に向かう集合心性が、国民意識として形成されていった。デモクラシー運動との関連で国民という語が使われるときは、政府に対立するかたちで、つまり、藩閥政府、閥族政治を攻撃する主体、デモクラシーを担う主体として、国民が立ち上げられていた[34]。

　デモクラシー運動の昂揚には、明治以降、近代化がおし進められる過程のなかで蓄積されていった政府への不満、それは、直接的には重税や物価高による「生活難」「國民の困苦」として民衆の生活を脅かしていたが、その不満を反政府と結びつけることで、ときの政府を転覆させるほどのエネルギーを生みだしていった。民衆の鬱積したエネルギーが、不満をバネにして、重圧からの自由と解放へ向かって一挙に噴きだし、現状打破のエネルギーとして、国民の権利への要求となっていった。

対中国強硬論

　反政府を回路とした国民意識は、外交面、すなわち、帝国主義的な要求において、より鮮明にあらわれる。その意識がもっとも露骨にみられるのは、中国大陸へ侵出する帝国主義的強者の論理のなかで、強者であると観念された日本人の側が犠牲になった場合である。さきの閥族政治を批判した翌日の日記には排外的ナショナリズムを燃え上がらせ、その翌々日にはデモクラシー的実践である国民大会で中国への出兵要求が決議されるなど、デモクラシーと結びついて対中国強硬論が沸騰する。

　我國威を奈何　北軍の帳勲南京を陥落した　一日より二日朝に亘る帳勲軍の入城兵は掠奪虐殺強姦等惨酷を極め三日夜に入るも各所に行われた　此戦争ニ日本人三名日章旗を手ニし避難の途中虐殺せられた　又退去するに際して家具財寶を

（中略）其住宅に留め而して軒頭に日章旗を掲げて次て我帝國民の所有財産たる事を明示したり　然るに乱暴狼藉にも全部略奪せられ我國旗蹂躙せらる　是より先、西村少尉侮辱事件あり、（中略）　如斯く度々の侮辱、帝國の威厳を傷く　今ニ於テ彼を解決せずんば益々増長せん　此際強硬手段ニ出づ可き必要を認す [大2.9.6]。

　　昨日東京日比谷の松本楼にて國民大會あり　決議は「出兵を要求する事」（中略）次ニ群集は外務ニ集まる　中より十名の委員を出し談判せしむ [大2.9.8]。

　最初の引用にみられるように、自分たちの側が中国領土を侵略していることには無自覚なまま、強者と観念する日本人の側が、弱者と観念する中国人の側から「侮辱」されたという意識をバネに、中国（人）に対するそれまでの蔑視に加えて敵対意識が煽られ、政府に対し「強硬手段ニ出づ可き必要」を迫っていく。
　この被害意識に媒介された国民意識は、実際に犠牲となった個々の日本人を悼むのではなく、個別の犠牲者をこえて、傷つけられ「蹂躙」されたのは、「我國威」「我國旗」であり「帝國の威厳」であると、国（天皇の国）のレベルにまで一挙に飛躍し、国および天皇との強烈な一体感が形成され、排外主義に転じている。
　世論は沸騰し、その興奮のなかで、「彼我折衝の重任を負へる外務省政務局長阿部守太郎氏」の暗殺にまでいたり [大2.9.7]、政府批判と結びついて、中国強硬論が煽られていく[35]。デモクラシー的営為である国民大会で「出兵を要求する事」が決議されるほどの、激昂した興奮をひき起こし、帝国主義が前面におし出された露骨なナショナリズムを生じさせている[36]。

4) 天皇の回路
　天皇の回路とは、天皇を媒介として形成される国民意識の回路のことである。

明治天皇 ── 奉頌唱歌
　明治天皇の一周忌にさいして『報知新聞』が募集し新聞紙上に掲載された歌である。

　　一、大政維新の光さして　　　　　眼は覺めたり奮（フル）き日本
　　　　明治の帝の御手によりて　　　世界にかゞやく國は成りぬ
　　二、東の都を捌（ハジ）めたまひ　榮は彌増す天つ日嗣（ヒツギ）
　　　　み國の基をさだめまし、　　　憲法は千引の磐と重し
　　三、織り出でましつる大和錦　　　妙なる御製は人の鑑
　　　　教育は普く業は進み　　　　　御恵千壽の海と深し
　　四、正義のみ軍捷を重ね　　　　　境域はひろがる皇御國

皇化の及はぬ隅もあらす　　　　御稜威は雲ひる山と高し
　　五、永久の平和をこころとして　　　交はり給ひつ四方の國と
　　　天地月日のあらん極み　　　　　　明治の帝の御名は朽ちじ　[大2.7.18]。

　天皇の名によって戦われた戦争が「正義」とされ、侵略・植民地化の結果もたらされた領土拡大が「皇御国」としてたたえられている。日本帝国主義の植民地支配の結果、日本を「世界にかゞやく國」とした明治天皇の「御稜威」や天皇の国の栄光、「御恵」をほめたたえる天皇讃歌となっている。

　これは、明治天皇の偉業や威徳、慈愛をたたえる立場から歌われたものであり、天皇と天皇によって治められる日本という国に対する共同幻想のもとで、たみが「皇御国」のたみとなることの「御恵」が歌われている。歌を記した弘安もまたこのような天皇像に共鳴しやすい心性を抱いていたことが窺える[37]。

大正天皇 ―― 寄国祝

　　　としとしに　わかひのもとの　さかゆくも　いそしむたみの　あればなりけり
　　　[大5.1.19]。

　第一次世界大戦に参戦勝利し、日本が年ごとに栄光を増すのは、日々勤しむたみのおかげと歌う、天皇の「いそしむたみ」を想う心にふれたたみがいかに感銘し、みずから主体的に天皇に近接していったことであろう。天皇制システムのなかでは、支配の頂点にある天皇とそのたみとの関係は、支配のカリスマとしての天皇のなかに、たみの不安や願望や祈念がじかに投影されるものとしてある。

　だが、天皇制は、天皇がたみを一視同仁に無限抱擁して天皇のもとに包摂するだけでなく、その幻想のもとで包摂したのちには、その内部でたがいに相殺させて支配するという差別の支配の装置でもあった。この差別の支配の構造のもとでは、過酷な被支配をカムフラージュするために、いったん包摂された天皇のたみたちは、それと気づかず、たがいに反発・相殺させられていく[38]。

　新たに天皇の国の版図にくみ込まれ、天皇のたみとされることになった朝鮮民族の場合もまたその支配の構造にくみ込まれていった。天皇制の支配構造のなかで、いったん包摂された朝鮮民族は、日本人の上げ底とされるべく最底辺の位置に編入させられ「日本の一般民衆の『共同体』生活秩序を保持するための不可欠な媒体であるよう」、日本人に「意識させつづけ」ることとなる（色川 1995: 321）[39]。関東大震災における朝鮮人虐殺は、この差別の支配の構造からくる上げ底に乗った日本のたみの根源的な不安に脅える感情が増幅されたことも要因の一つである[40]。

3. 日本の帝国植民地意識——結語にかえて

(1) 帝国植民地意識の成立

　国民としての集合的な一体感であるわれわれ意識、ナショナル・アイデンティティとしての国民意識は、他者を介したときに、もっとも鮮明に自覚されるという性格をもっている。日本近代の場合、それは、どのような他者をどのように介したのかという他者との関係の回路によってつぎのように分けられる。

　1) 欧米列強という他者から日本が客体とされる契機、つまり被害と抵抗の回路。
　2) 日本が主体として朝鮮・中国という他者を客体とする契機、つまり加害の回路。
　3) 政府から切離された国民が主体となり政府に対抗する契機、つまり反政府の回路。
　4) 主体的に天皇に近接し包摂されようとする契機、つまり天皇の回路。

　日本近代の場合、上記1)～4)や(表6)にみるように、国民化の回路を経て形成された国民意識が、帝国植民地意識に連動していくところにその特色がある。日本近代において、国民意識が帝国植民地意識に特化されるかたちで形成されたという性格を考えるさいには、当時、日本がおかれていた世界史的な条件、およびその条件下で日本が選択した方向を視野にいれる必要がある。なぜなら、帝国植民地意識の構造は、その発生と形成のされ方にかかわっているからである。

　ここで世界史的な条件とは、日本が世界史の舞台に投げ出され国民国家として成立した時期が世界史的な帝国主義の形成期とほぼ時を同じくしていたという点である。このことは、先進列強の帝国主義が模範にされただけでなく、国民意識と帝国植民地意識とが明確に区別されることなく未分化のまま観念されることに寄与した。

　この世界史的な布置のなかで1)にみるように、後進国日本が直面したのが、欧米列強という他者から客体とされ、人間的に遇されないという民族的な悲憤慷慨、屈辱、怨恨を媒介とする契機であった。それゆえ、他者から客体とされる契機にもとづく国民意識は、その初発においては欧米列強に対抗するかたちで、自国の生存をかけた独立と自由のシンボルという意味をもち、本来は帝国植民地意識の対極に位置する性格を有するものであった。

　だが、そのなかで日本近代が選択したのが民権より国権の路線であり、国権の確立（独立）のために選択したのが、欧米を手本とする帝国主義路線であった。欧米列強にならい、アジアの隣人を侵略・植民地化する帝国主義の道を選択するようになると、一方で欧米列強に対する対抗を内攻させながら、他方で朝鮮や中国に対して圧迫し強権を行使していくようになる。

　その過程で独立と自由のシンボルという意味をもっていた国民意識は後退を余儀な

くされ、2) にみるように、新たな国権の確立（対外侵略）がめざされるなかで、朝鮮や中国を侵略・植民地化する帝国植民地意識が、国民意識の主流としてたち現われてくる。

くわえて3) にみるように、国家から切り離された政府を攻撃することで、国民的一体感の醸成に寄与することになったデモクラシー運動において形成された国民意識が、帝国植民地意識と密接に関連していたことがあげられる。それは、日本近代において、デモクラシーがもつその手段的・道具的性格により、帝国主義的要求のためのデモクラシーとしてあったことによる（1節「啓蒙の語りと日常の語り」参照）。

さらにくわえて4) にみるように、天皇制は"栄えある"帝国主義の欲望でもあった。天皇制のもとで天皇のたみは、みずから主体的に天皇に包摂されようと近接し、国民的な集合意識を形成していく。天皇への近接をひき起こす膨大なエネルギーをもつ国民意識は、天皇を思想と情緒の核とすることで国民的一体感をつくり上げながら、他方で帝国植民地意識へと収斂されていくことになる。

(2) 帝国植民地意識の構造

　欧米先進列強からうけた圧迫とそれへの対抗・抵抗という点と、日本が侵略・植民地化した朝鮮や中国からの対抗・抵抗をあわせもつという点が、欧米列強にみられない日本近代の帝国植民地意識を特徴づける。日本帝国主義は、欧米への対抗意識ゆえに、観念の上で相殺され、日本が欧米列強に対抗すればするほど帝国主義のさらなる増幅をきたすという構造の中で、帝国主義が合理化され、正当化され[41]、国民意識が帝国植民地意識に特化するかたちで形成されるようになる。

　その過程で、強権の行使や残虐行為を、意識と行為のレベルで容易にするとともに、加害性や罪悪感をカムフラージュしたり感じさせないようにしたりするメカニズムを機能させ、帝国植民地意識が形成されていく。くわえて、天皇制が矛盾の吸収装置として機能し、帝国主義の内包する矛盾や宗主国日本人の抱く葛藤が吸収されることで、「明治天皇奉頌唱歌」にみるように、侵略・植民地化を「正義」とする帝国植民地意識が浸透していく。

　(図6-2) は上部が下部に支えられるという関係を図示したものである。すなわち、欧米帝国主義列

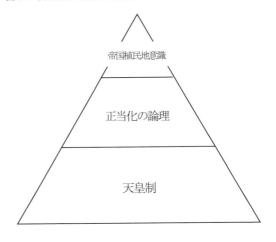

図6-2 帝国植民地意識の関係図

強への対抗ゆえに、日本帝国主義（帝国植民地意識）が正当化されるという「正当化の論理」は、その矛盾や葛藤、ほころびをも含めて、矛盾の吸収装置として機能する「天皇制」によって支えられている。そして、頂点に位置する帝国主義（帝国植民地意識）は、それら両者によって支えられるという関係図である。

　侵略する側、植民地宗主国の側である日本人がもつようになった帝国植民地意識は、欧米列強によってもたらされた危機意識に端を発していた。日本近代において、他国民・民族（以下、他者）を差別し、みずからを優者の側におき、他者を劣者として差別する意識が、そして「韓国併合」でみた新聞記事のように、日本人の上げ底とされた他者の犠牲を疑問視することのない意識が、瀰漫していく。

　だが、他者を支配し軍事力で圧し抑圧することの、そして他者の犠牲の上に乗っかることの、必然的な結果として、みずからが抑圧する他者への内的不安と恐怖を内在化していかざるをえない。「三・一独立運動」において弘安が「暴徒」と認識し、「朝鮮の話」（暴動）がはじめて日記に記されたのも［大8.5.24］、関東大震災時に朝鮮人が「不逞鮮人」として表象されたのも［大12.9.4］、内在化された不安と恐怖にかかわっている。

　朝鮮人表象がコンテクストなしで「暴徒」・「暴動」、「不逞鮮人」とされるとき、朝鮮民族の対抗・抵抗の原因である日本帝国主義が隠蔽され、宗主国日本人が抱く不安や恐怖とのつながりが認識されないままにおかれる。のみならず、コンテクストを欠いた朝鮮人の表象がなされるとき、「暴徒」・「暴動」、「不逞鮮人」に対する宗主国日本人の恐怖が、過酷な植民地支配や帝国主義暴力の責任を、その犠牲者に転化していくようになる。

［注］

1)　先行文献にはつぎの諸論文がある。（木畑 1987＝89）、（木畑 1998＝2000）、（川村 1999）、（MacKenzie 1984）等々。

2)　大日本帝国憲法発布勅令には「…朕力祖宗ニ承クルノ大権ニ依リ現在及将来ノ臣民ニ対シ此ノ不磨ノ大典ヲ宣布ス…」とある。

3)　1895（明治28）年4月の講和時には祝意を表して午後の授業が休みになり、5月には市内各学校合同の日清講和祝賀運動会が行われ、その後3日間の休校となる。7月の金沢出征軍隊（歩兵第七連隊）の凱旋時には3日間の歓迎行事と休校といったかたちで勝利が体験されている（金沢市史編さん委員会 2006: 239）。

4)　石川県立図書館は、兼六公園跡地に1912（明治45）年1月に独立開館し、3月には夜間開館も行われるようになる（能川 2008: 192）。

5)　日清戦争に勝利し日本の大国化にともない、高山樗牛の日本主義、徳富蘇峰の大日本膨張論、山路愛山の国家社会主義、浮田和民の倫理的帝国主義などさまざまな帝国主義論が唱えら

れ、「気宇壮大」な国民の育成が求められるという時代の雰囲気があった。この時期、弘安もひそかに東京行きを「欲望」していたことが、後年、日記に吐露される [大6.3.19]。

6) 弘安お気に入りの論者は、金沢第四高等学校教授八波則其と『学生』主筆の大町桂月であった。弘安は『学生』の読者であり、大町桂月は当時、若者に絶大な人気があった。大町桂月は「大国民」の育成を説く「権力イデオローグの一人」であった (大町 1923: 299-300) (鹿野 1970: 229)。

7) 七連隊の軍旗祭等の催しが定期的に開かれ、当日は敷地内が開放され、催し物や多数の市民で賑わい、弘安たち家族も出かけて楽しんでいた。また日露戦争の帰還兵士の出迎えや、第九師団の朝鮮派遣のさいにはその送迎に金沢駅まで出向いたり、新兵入営や兵士出沢のさいには見送ったりと、日常生活が軍隊との濃密なかかわりのなかで営まれていた。駐留師団をかかえる軍都金沢で、軍隊は日常の生活のなかに入りこむ身近な存在であった。

8) 「米國加州議會には没人道の排日案、顕はれた」[大2.4.15]、「加州の排日問題ニ付國論沸騰せり」[大2.4.20]。

9) 正確には「排日案」という名称ではないが、日本人にとってはアメリカによる「排日案」であった。1913 (大正2) 年にカリフォルニア州で外国人土地法が成立し、「帰化不能外国人」の土地所有が禁止された。1924 (大正13) 年の「移民・帰化法改正」は、「帰化不能外国人」でありながら移民を行っていた大半が日本人という現実から、日本人をターゲットにしたものであった。このときにうけた日本人の衝撃の大きさの一端は、昭和の戦争へと至った遠因を昭和天皇が述べたつぎの箇所にもみられる。「かの加州移民拒否の如きは (中略) 日本國民をして憤慨せしむるに充分なものであった」(寺崎ほか 1995: 259)。この法案が廃止されたのは戦後の1951 (昭和26) 年である。

10) 参戦にさいしては、「日英同盟による義戦であり、三国干渉による遼東半島還付にたいする復讐戦でもある」として決定された (加藤高明伯伝編纂委員会編 1970: 79) (鶴見 1962: 78)。

11) 植民地の統治には、朝鮮同様、台湾と関東州では、現役大将を総督・都督とし、駐屯軍司令官を兼ねさせ、天皇直属で本国政府に拘束されることなく徹底した軍事支配がなされた。樺太庁だけは内務省の管轄だったが必要のさいには軍事独裁に移行可能であった (井上 1966=73: 83)。

12) 日清戦争後の1898 (明治31) 年、金沢に新設された第九師団は、日露戦争で乃木希典陸軍大将の第三軍管下に入り、日露戦争最大の山場であった軍港旅順をめぐる攻防や、大激戦の「奉天」会戦でその主力として戦った。第九師団が、日露戦争最大の損害率を示した主要な戦場での主力となって戦ったため、北陸出身とりわけ石川県、金沢市出身者の犠牲が甚だしかった (金沢市史編さん委員会 2006: 154-5, 240) (金沢市史編さん審議委員会 1969: 291)。

13) 「朝雪降ル 母ハ朝三時ノ凱旋軍隊ヲ迎ヘテ家ニ帰テ我等ハ起テ雪ヲ除ケ、七時六分ノ凱旋軍隊ヲ迎フ、(中略) 晝飯後供ニ凱旋軍隊ヲ迎フ」[明39.1.14]。同じ帰還兵士でも、捕虜になった兵士は凱旋兵士として扱われなかった。「我同胞ノ武運ツタナク、敵國ノ俘虜ノ第九師團ニ属スル歩兵少尉津田留次郎氏外下士卒九十三名ノ帰還スル處ナリ 顔青サメ [余白]」[明

39.2.17]。

14) 牧原は、万歳の効能として「一瞬にして共通の感情がうまれ、その共有された空間のなかで一人一人の"祝意"がまっすぐ天皇にむすびつく」という共属感覚の瞬時の創出をあげている（牧原 1998: 164-6）（牧原 1994: 123）。

15) 天皇は、日露戦争の「国難」を救ったという「偉業」とともに、「平和」や「富」「国運」とつなげられ、「皇恩」が讃えられる。「歳、新ニ大正六年丁巳の春を迎ふ、惟に我帝國の伸長ハ長足の発達を遂げ、國威惟上り富益々加わらんとす」[大6.1.1]、「飜って我國を見れば、國運隆盛にして皇恩愈々厚く、安穏に生活し得るは誠ニ喜ばさるべからず」[大7.1.1]。

16) 『日露戦史』については、「夜ハ、又々戦史ヲ讀ム」[明39.1.26]、「片町宇都宮へ日露戦史ヲ買ヒニ行ケリ」[明39.3.7] など。「奉天」会戦に勝利した3月10日は、「陸軍記念日」の催し物や観兵式など、軍都金沢の日常的な風景となっていた。後年の柳条湖事件（「満洲事変」）前年1930（昭和5）年の陸軍記念日には「午前九時より大砲小銃の音聞え、十時終る　金沢城を奉天城と見て攻撃せるものなり」[昭5.3.10]。翌「満洲事変」の年には「陸軍記念日にて、練兵場ニ小砲ノ一斎射撃あり　市内行軍の催物あり」[昭6.3.10]。「攻撃」や「行軍」まで行われ、「満洲事変」（1931.9.18）の一年以上も前から戦争が想定されていた。

17) 戦争の性格自体が日清・日露と異なっており、それは祝勝気分にも反映する。祝祭の気分の違いだけでなく、日露戦争とは比較にならないくらい軍隊内の士気や秩序の低下がみられたことを、両戦争の従軍記者であった渋川玄耳が報告している（鶴見 1962a: 80-4）。

18) 姉が来て、「今晩福助座にて結核豫防會の演藝あり、其入場券を貰ったから皆々行かないかと」[大3.11.9]、実家の家族を誘ったからである。父が留守をあずかっているという記述があるので、出かけた4人は、母、姉、弟と弘安である。

19) 「町内の提灯行列を催せるニ世話方となりし爲、二三日間日記ハ後より思ひ出して記しぬ」[大3.11.12] と、後日まとめ書きをするほどであった。

20) 地元の地方紙『北國新聞』と全国紙の『報知新聞』を購読していた。新聞を読んだあとは、近隣に回覧していた。『報知新聞』は、1872（明治5）年創刊の『郵便報知新聞』が1895（明治28）年に改題されたもので、明治末期から大正期を通じて東京で第一位の部数を誇っていた（佐藤 2002: 289）。

21) 新聞は、弘安にとって学ぶべき知の媒体であった。類似の機能を果たしたものに演説会や講演会があった。「演説好き」の弘安は、頻繁にさまざまな演説会に参加した。ほかには、毎月購読していた何種類かの雑誌や図書館での読書、顧客の話に耳を傾けることなども、その役目を果たしていた。

22) 1節の「天皇の祝祭日——紀元節」を参照されたい。

23) 韓国は、日本による植民地化が成立した1910（明治43）年8月29日、「韓国の国号はこれを改め、爾今朝鮮と称す」（勅令）により、一方的に「朝鮮」とされた。「朝鮮という表現は、政策的に創出され流布されたもので、日本人の蔑視や賤視がこめられており、日本の植民地支配の歴史性と深くつながる差別表現である」（大正ニュース事典編纂委員会 1987: 439-40）。本稿では、朝鮮民族の国という意味で朝鮮または植民地朝鮮、朝鮮民族という意味で朝鮮人また

は朝鮮民族を使用する。

24) 「韓国併合」後、最初に植民地朝鮮へわたったのは同窓生の横地雅一である。日記に「併合」の事実が記されるよりはやく、横地雅一の朝鮮行きが記されている [明43.12.12]。続いて叔父藤掛嘉作が、それまでの北海道での仕事をやめて、家族とともに朝鮮へわたっている。

25) 東京へは、弘安のまわりでも知人や遠縁の親戚など数多く移住している。弘安の親友であり、金沢の 白山を描くことで有名な日本画家の玉井敬泉は東京へ遊学していたことがある（金沢こども読書研究会編 2002: 68）。弘安も東京へ行く夢をひそかに抱くなど [大6.3.19]、東京は若者のあこがれの地であった。

26) 弘安が、友人の横地雅一に、植民地朝鮮で日本人はよい思いをするという意味のメタファーを用いて手紙を書いたことが、横地からの返事で窺い知ることができる。「僕が秋高く馬肥る時、君も益々肥てるだらうと云つた答に（中略）人は馬より肥ないと見へると書いてある」[大1.11.3]。

27) 「京城」は植民地統治下における現首都ソウルの呼称。「公州」はソウル南方に位置する百済の古都。

28) 叔父は、弘安の母の実家である藤掛家の戸主であり、朝鮮忠清南道の公州で警察関係の仕事（弘安の三女の話 2007.9.8）をしていたので、植民地支配の統治機構の末端で、独立運動の弾圧に直接関与していたことになる。叔父の職業に関してはつぎの記述がある。「藤掛喜作様へ看守長昇進の祝辞…」[大9.12.13]、「看守長の服や剣がピカピカする」[大10.10.24]。

29) 独立運動の検挙者数は、46,948人、死者7,509人、負傷者15,961人にのぼる（朴1972=93: 183）。検挙の理由はつぎのごとくであった。「単に最近の示威運動に於て行列に加はりし」（『北京デーリー・ニュース』1919.3.27）、「単に『万歳』を叫びしがためなり」（『ジャパン・クロニクル』919.4.20）（姜 1967=1976: 677、687）。

30) 金沢の第九師団は、朝鮮守備のため1914（大正3）年2月に、4月からの2年間の朝鮮駐屯命令をうけ、3月15日に観兵式を挙行。日露戦争以来の郷土部隊の出動のため、盛大な壮行の会が催され、弘安も弟と出かけている [大3.3.15]。（金沢市史編さん審議委員会 1969: 295）。

31) 横地雅一は郵便局勤務であった。「郵便・電信は総督府の直轄で全員日本人採用、切手、収入印紙などを売るとか日付印を押す下級役夫に若干の朝鮮人がいた。朝鮮人官吏の場合でも給与ははなはだしい差別待遇が当たり前であった」（朴 1972=93: 94-5）。

32) 「韓国併合」の1910（明治43）年末の在朝日本人人口は、171,543人。独立運動があった1919（大正20）年末には、346,619人で、2倍強に増加している（朝鮮総督府 1913: 25）、（朝鮮總督府 1927: 24）。「併合」の前年の1909（明治42）年7月6日には、「多数ノ本邦人ヲ韓国内ニ移植シ」と、日本人の移民は重要課題であった。

33) 弘安より5才年長の生方敏郎は、外務省での臨時雇いのときに、幕末から明治初年にかけての外交文書と通商関連の文書を整理する仕事に従事していた。後年、つぎのように記す。「私は踏みにじられた弱い日本のために泣いたり惜しがったりした。（中略）その文書に現れたところで見ると何しろ実にみじめなものであった。スウェーデン、ノルウェーだのデンマーク、イタリー、ベルギー、オランダ等小国の商人までもがずいぶん日本人を侮辱し苦しめたものだ。

どんなけんかをしても必ず彼らが勝つと決まっていた」（生方 1978: 12-3、19）。

34）　同様のつかわれ方にはつぎの例がある。「本日、國會開催日なるか國民一□は解散と覚悟して居る」[2.2.10]、「國民は衆議院ニ向って現内閣の弾劾を要望す」[大3.2.11]、「早稲田教授〔永井柳太郎〕の政黨政治か國民政治かと題し、…」[大4.3.14]。

35）　中国第一革命（辛亥革命）後、1913（大正2）年7月、孫文が反袁世凱の第二革命をおこしたが、国民党の敗北となり孫文らは日本に亡命する。その渦中にあった8月、袁世凱側の北軍による事件である。袁世凱側を勝利に導いた軍費は列強からの借款であった。英独仏露伊の五ヵ国との間に成立した2500万ポンドの借款は、ときの山本内閣の外交方針で日本の全権公使伊集院彦吉や阿部守太郎政務局長がとりまとめたとされる。そのことが民衆の怒りを買い阿部守太郎氏が暗殺された（川合 1958: 188-202）、（鶴見 1962a: 56-7）。

36）　対中国強硬論の背後には、中国問題を中心として国内の民党勢力、および孫文ら中国の革命勢力という両国のデモクラシー勢力の進出を阻もうとする山本内閣（薩摩閥と政友会内閣）に対する批判があり、孫文らの革命軍を助けることが、日本のためでもあり、アジアのためでもあるという意識にも支えられていた。それは、反政府とアジア解放の夢が、ナルシシズム的に自己投影された意識であった。それはまた、デモクラシーと帝国主義とが未分化のまま渾然一体となって形成された意識でもあった。

37）　能川泰治は、当時あいついで刊行された「明治天皇ニ関スル本」のうち、弘安が利用した石川県立図書館所蔵の3冊をとりあげ、それらに共通する特色をとりだして、弘安の歴史認識を考察している（能川 2008: 194-97）。

38）　第1節「新段階のデモクラシー運動」のところで、弘安が運動に一線を画し、とりわけ労働者の牽引するストライキにかかわろうとしなかった背景にも、この差別の支配の構造による作用があったと思われる。

39）　本節の「韓国併合」のところで紹介した『北國新聞』の記事は、まさにこの点をついていた。

40）　朝鮮人が表象された日記である。「向の泉屋様へ四高生二名、東京を逃て帰って来られ其話を聞く　横濱のグランドニ数万のヒ難民あり、猛火の為、千名計助かったが残りはザン死せりと　其学生ハ隅田川へ飛込み、折よくボートを見付て乗り、手でカイをつかひ、向島付近へ来ると（其間八時間かかったと）不逞鮮人が出て、陸の方ニ軍隊や青年團、在郷軍人團等と衝突したと　学生君の舟へもやって来たが、二人殺して漸く上陸し（中略）散髪をして停車場へ行くと、東京より避難民か来るのを見ニ出る人か、停車場前ニ充満して居る　又東都へ出発の軍隊か溜って居る　其中ニ鮮人を引捕へたと、交番前ハ山のやうな人だ　殺してしまへと騒ぐ多くのマッチを持って居て、貨車ニ隠れて来たとか噂して居た」[大12.9.4]。

41）　三・一独立運動の直後に刊行された『デモクラシー』2号に赤松克麿が書いたとされる文章がある。「一国が自国の利益の為めに他国の意思に反して是れを支配する如きは断じて不可…其人民を強圧して是れに差別的待遇を与へ威力と制度とを以て人民の声を圧伏するが如きは非人道の極である」。朝鮮人に同情し日本の帝国主義を非難する一方、同じ文章の後半でつぎのように述べる。「敬愛する我友等よ。顧みれば五十年の我等が国の生活も亦強国の威嚇と略奪に対して自己を守らんが為めの悲痛なる悪戦苦闘であった」（中塚 1993: 123-5）。日本の

列強への対抗を引きあいに出すことで、朝鮮人の被害を相対化し、日本帝国主義を正当化している。ここにみる自国の生存のための帝国主義という合理化は、現在でも正当化の論理として流布しているものである。

＊　本節は、論文（坪田2009、坪田2017）を修正・加筆のうえ、転載するものである。

参照文献

A

阿部謹也, 1978,『中世を旅する人びと──ヨーロッパ庶民生活点描』平凡社.

阿部謹也, 1981,『中世の窓から』朝日新聞社.

阿部謹也, 1999,『「世間」論序説』朝日新聞社.

阿部謹也, 2001,『学問と世間』岩波書店.

青木秀男, 2006,「近代民衆における自立の構造──加賀象嵌職人の場合」『社会学評論』52 (1) 日本社会学会, pp.174-189.

青木秀男, 2010a,「職人の労働のエートス──象嵌職人の日記から」『ソシオロジ』54 (3) 社会学研究会, pp.55-70.

青木秀男, 2010b,「排除する近代──大正期広島の乞食世界」青木秀男編『ホームレス・スタディーズ──排除と包摂のリアリティ』ミネルヴァ書房, pp.33-62.

青木秀男, 2012,「ホームレスの国際比較のための方法序説──フィリピン、日本、アメリカを事例として」『理論と動態』5, 特定非営利活動法人社会理論・動態研究所, pp.128-148.

Anderson, Benedict R.O' G., 1987=1991, Imagined communities: reflections on the origin and spread of nationalism , London ; New York : Verso. (＝白石さや・白石隆訳, 1997,『想像の共同体──ナショナリズムの起源と流行』NTT出版).

荒川惣兵衛, 1970,『角川外来語辞典』角川書店.

有泉貞夫, 1968,「明治国家と祝祭日」『歴史学研究』341 号, 歴史学研究会, pp.61-70, 88.

B

Bellah, Robert N., 1957, *Tokugawa Religion: The Values of Pre-Industrial Japan*, New York: Free Press. (＝堀一郎・池田昭訳, 1966,『日本近代化と宗教倫理──日本近世宗教論』未來社).

Bellah, Robert N., 1961, "Values and Social Change in Modern Japan", *lectures at International Christian University in Tokyo, in Beyond Belief,* 1970, University of California Press, Reprint. Originally published: New York: Harper & Row.

Bellah, Robert N., 1985, "Preface" in *Tokugawa Religion: The Culture Roots of Modern Japan,* Free Press. (＝池田昭訳, 1996,「まえがき」『徳川時代の宗教』岩波書店, pp.13-32).

Braudel, Fernand 1966, *La Méditerrané et la monde méditerranéen ä l'epoque de Pilippe II* , Armand Colic, Deuxiéme edition revue et corrigée. (＝浜名優実訳, 1991,『地中海 I ──環境の役割』藤原書店).

C

Castellani, Brian, John Castellani and S. Lee Spray, 2003, "Grounded Neural Networking: Modeling Complex Quantitative Data", *Symbolic Interaction,* 26(4), pp.578-589.

Clausen, Sten-Erik, 1998, *Applied Correspondence Analysis: An Introduction,* Sage Publications Inc. (＝藤本一男訳, 2015,『対応分析入門──原理から応用まで』オーム社).

鄭賢淑, 2000,「自営業層の戦前と戦後」原純輔編『日本の階層システム I ──近代化と社会階層』東京大学出版会, pp.65-87.

鄭賢淑, 2002,『日本の自営業層──階層的独自性の形成と変容』東京大学出版会.

朝鮮總督府編, 1913,『朝鮮総督府統計年表──明治四十四年』朝鮮總督府.

朝鮮總督府編, 1927,『大正十四年 朝鮮總督府統計年報』朝鮮總督府.

D

大門正克, 2001, 「解説・民衆世界への問いかけ」大門正克・小野沢あかね編『民衆世界への問いかけ』東京堂出版, pp.1-14.

E

江口圭一, 1969, 「一九一四年の廃税運動——大正デモクラシーと旧中間層」井上清編『大正期の政治と社会』岩波書店, pp.53-115.

江口圭一, 1976, 『都市小ブルジョア運動史の研究』未来社.

遠藤元男, 1985a, 『職人と生活文化』雄山閣出版.

遠藤元男, 1985b, 『日本職人史の研究　Ⅳ』雄山閣出版社.

F

Flick, Uwe and Steinke, Ines (ed.) , 2004 , *A Companion to Qualitative Research,* Sage Publications.

Flick, Uwe, 2009, *An Introduciton to Qualitative Research,* Sage Publications. (＝小田博志他訳, 2002, 『質的研究入門——＜人間の科学＞のための方法論』春秋社).

Foucault, Michel, 1975, *SURVEILLER ET PUNIR: NAISSANCE DE LA PRISON,* Tokyo: Gallimard. (＝田村俶訳, 1977, 『監獄の誕生——監視と処罰』新潮社).

Foucault, Michel, 1976, *La Volonté de Savoir,* Tokyo: Gallimard. (＝渡辺守章訳, 1986, 『性の歴史Ⅰ 知への意志』新潮社).

深井甚三, 1995, 『近世の地方都市と町人』吉川弘文館.

布川清司, 1975, 「書評　安丸良夫著『日本の近代化と民衆思想』」『日本史研究』149, 創元社, pp.56-61.

藤田省三, 2012, 『天皇制国家の支配原理』みすず書房.

Fujitani, Takashi, 1996, *Splendid Monarchy: Power and Pagentry in Modern Japan,* University of California Press. (＝米山リサ訳, 1994, 『天皇のページェント』日本放送出版協会).

福武直, 1987, 『日本社会の構造』(第二版) 東京大学出版会.

福沢諭吉著, 慶応義塾大学編, 1958, 『福沢諭吉全集』1巻, 岩波書店.

G

「激動の地方史」制作委員会, 1992, 『激動の地方史 ドキュメント石川——維新・デモクラシー・大戦』北陸放送株式会社.

現小将町中学校編　「本校母体の沿革」http://cms.kanazawa-city.ed.jp/kosyoumachi-j/view_popup. php?pageId=1032&revision=0&blockId=3761&mode=0

ゴードン・アンドリュー, 1996, 「日本近代史におけるインペリアル・デモクラシー」『年報 日本現代史』, pp.61-98.

ゴードン・アンドリュー, 2001, 「戦前日本の大衆政治行動と意識を探って 東京における民衆騒擾の研究 (1905～1918年)」大門正克・小野沢あかね編『展望日本歴史二一——民衆世界への問いかけ』東京堂出版, pp.276-296.

H

原奎一郎, 1965a, 『原敬日記』3巻, 福村出版.

原奎一郎, 1965b, 『原敬日記』4巻, 福村出版.

原田敬一, 1997, 『日本近代都市史研究』思文閣出版.

長谷川公一, 1989, 「政治社会とジェンダー」江原由美子・長谷川公一他編『ジェンダーの社会学——女たち

／男たちの世界』新曜社, pp.55-94.

橋本和幸, 1997,「金沢市の校下と限定的コミュニティ──コミュニティ・ロスト？」『金沢大学文学部論集 行動科学・哲学編』17号, pp.15-39.

橋本和佳, 2010,『現代日本語における外来語の量的推移に関する研究』ひつじ書房.

橋本満, 1992,「『近代日本における伝統の発明』シンポジウム」『ソシオロジ』37（1）社会学研究会, pp.61-66.

橋本哲哉, 1986,『近代石川県地域の研究』金沢大学経済学部.

橋本哲哉・林宥一, 1987,『石川県の百年県民百年史』17, 山川出版社.

橋本哲哉, 1995,「地方都市下層社会と民衆運動」林武・古屋野正伍編『都市と技術』国連大学出版会・国際書院, pp.179-222.

橋本哲哉編, 2006,『近代日本の地方都市──金沢／城下町から近代都市へ』日本経済評論社.

橋本努, 2000,「社会科学と主体──ウェーバー研究の根本問題」橋本努・橋本直人・矢野善郎編『マックス・ヴェーバーの新世紀──変容する日本社会と認識の転回』未來社, pp.122-139.

速水融, 1979,「近世日本の経済発展と Industrious Revolution」新保博・安場保吉編『近代移行期の日本経済』日本経済新聞社, pp.3-14.

間宏, 1987,「日本人の仕事意識の歴史」三隅二不二編『働くことの意味』有斐閣, pp.145-198.

日置謙, 1956,『改訂増補　加能郷土辞彙』北国新聞社.

平田哲雄, 1968,「米騒動研究の現段階」歴史科学協議会『歴史評論』16, 校倉書房, pp.1-10.

広島大学図書館編　広島大学図書館教科書コレクション画像データベース解題一覧 http://dc.lib.hiroshima-u.ac.jp/textAnnot/

平山朝治, 1995,『イエ社会と個人主義──日本型組織原理の再検討』日本経済新聞社.

ひろた・まさき, 1975,「啓蒙思想と文明開化」『岩波講座日本歴史　一四　近代 I』岩波書店, pp.311-364.

ひろた・まさき, 1978,「日本の近代化と地域・民衆・文化」『現代と思想』33, 青木書店, pp.20-37.

ひろた・まさき, 1985,「対外政策と脱亜意識」歴史学研究会・日本史学研究会編『講座日本歴史七　近代 I』東京大学出版会, pp.301-344.

北国新聞社出版局, 1993,『石川県大百科事典』北国新聞社.

北陸専売事業六〇年の歩み編集委員会, 1982,『北陸専売事業六〇年の歩み』日本専売公社金沢地方局.

Horkheimer, Max und Theodor Adorno, 1947, *Dialektik der Aufklärung: hilosophische Fragmente,* Amsterdam: Querido Verlag. (＝徳永恂訳, 2007,『啓蒙の弁証法──哲学的断想』岩波書店).

I

飯豊毅一, 1984,「北陸方言の敬語と表現─述部動詞の尊敬表現法と謙譲表現法を中心に─」『金沢大学教育開放センター紀要』第4号, 金沢大学教育開放センター, pp.43-60.

家永三郎, 1960,『植木枝盛研究』岩波書店.

石川県姓氏歴史人物大辞典編纂委員会, 1998,『石川県姓氏歴史人物大辞典』角川書店.

石川啄木, 1978,『時代閉塞の現状　食うべき詩　他十編』岩波書店.

今村仁司, 1998,『近代の労働観』岩波書店.

井上史雄, 1999,『敬語はこわくない』講談社現代新書.

井上史雄, 2017,『新・敬語論─なぜ「乱れる」のか─』NHK出版新書.

井上清, 1966=73,『日本の歴史』下, 岩波書店.

井上清, 1968,『日本帝国主義の形成』岩波書店.

井上好人, 2003,「金沢一中卒業生からみた旧加賀藩士族の社会移動」『教育社会学研究』73集, pp.5-24.

色川大吉, 1970=75,『明治の文化』岩波書店.

色川大吉, 1973=76,『新編 明治精神史』中央公論社.

色川大吉, 1991,『民衆史——その一〇〇年』講談社.

色川大吉, 1995,『色川大吉著作集 近代の思想』2巻, 筑摩書房.

石剛, 1999,「日本語・植民地・帝国意識」北川勝彦・平田雅博編『帝国意識の解剖学』世界思想社, pp.195-226.

石原邦雄, 1991,「研究目的・概念枠組・研究方法」森岡清美・青井和夫編『現代日本人のライフコース』日本学術振興会, pp.17-28.

板谷茂・李健泳他, 1994,『アジア発展のダイナミクス』勁草書房.

板谷茂・中嶋航一, 1995,『アジア発展のエートス』勁草書房.

岩崎信彦編, 1989,『町内会の研究』御茶の水書房.

J

寿里茂, 1961,「杜会運動の心理と論理」『早稲田商学』150, 早稲田商学同好会, pp.47-79.

寿里茂, 1962,「日本の旧中間層—その社会的性格」早稲田商學同好会『早稲田商学』164-165号, pp.1197-1220.

K

甲斐睦朗, 2008,「『敬語の指針』を読む」『日本語学』27 (7) 明治書院,pp.10-17.

甲斐睦朗, 2010,「学校教育における漢字指導」『日本語学』29 (8) 明治書院, pp.20-31.

加地伸行, 1990,『儒教とは何か』中央公論社.

梶村秀樹, 1992,『梶村秀樹著作集 第一巻 朝鮮史と日本人』明石書店.

上子武次, 1997,『家族役割の研究』ミネルヴァ書房.

神島二郎, 1961,『近代日本の精神構造』岩波書店.

金沢こども読書研究会, 2002,『かなざわ偉人物語四——美術工芸の分野に活躍した人びと』金沢市立泉野図書館.

金沢市議会, 1997,『金沢市議会史 資料編Ⅱ』金沢市議会.

金沢市議会, 1998,『金沢市議会史 上』金沢市議会.

金沢市史編さん審議委員会, 1969,『金沢市史 (現代篇)』上, 金沢市.

金沢市史編さん審議委員会, 2001,『金沢市史 資料編 一四 民俗』金沢市.

金沢市史編さん審議委員会, 二2006,『金沢市史 通史編 三 近代』金沢市.

金沢市役所編, 1973a,『稿本金澤市史市街篇 第二』(大正五年刊の複製版) 名著出版.

金沢市役所編, 1973b,『稿本金澤市史学事編 第四』(大正五年刊の複製版) 名著出版.

金子幸子・黒田弘子他編, 2007,『日本女性史大辞典』吉川弘文館.

鹿野政直, 1968,「"近代"批判の成立——民衆思想における」歴史学研究会『歴史学研究』341, 青木書店, pp.46-60.

鹿野政直, 1970,「国民文化と民衆文化」歴史学研究会, 日本史研究会編『講座日本史6 日本帝国主義の形成』東京大学出版会, pp.211-240.

鹿野政直, 1973=77,『大正デモクラシーの底流——"土俗"的精神への回帰』日本放送出版協会.

鹿野政直, 1976,『日本の歴史 二七 大正デモクラシー』小学館.

鹿野政直, 1986,『日本近代化の思想』講談社.

片桐慶子, 1995,『石川県人名事典』(現代編四巻) 石川出版社.

片桐慶子編, 2005,『石川県人名事典』石川出版社.

加藤伯伝記編纂委員会, 1929,『加藤高明』下巻, 加藤伯伝記編纂委員会.

加藤正信, 1973,「全国方言の敬語概観」林四郎・南不二男編『敬語講座6』明治書院, pp.25-84.

川合貞吉, 1958,『女将——自由の嵐に立つ女』現代社.

川村湊, 1999,「近代日本における帝国意識」北川勝彦・平田雅博編『帝国意識の解剖学』世界思想社, pp.167-194.

川島武宜, 1951,「義理」『思想』327, 岩波書店, pp.21-28.

川島武宜, 1957,『イデオロギーとしての家族制度』岩波書店.

姜徳相・琴秉洞編, 1963=1976,『現代史資料6 関東大震災と朝鮮人』みすず書房.

姜徳相編, 1966,『現代史資料25 朝鮮1』みすず書房.

姜徳相編, 1967=1976,『現代史資料26 朝鮮2』みすず書房.

姜徳相, 1977,「関東大震災における朝鮮人虐殺の実態」由井正臣編『論集 日本歴史12 大正デモクラシー』有精堂出版, 277-298.

Kelle, Udo, 2004, 'Computer-assisted Analysis of Qualitative Data' in A Companion to Qualitative Research, ed. by Uwe Flick, Ernst von Kardorff and Ines Steinke, Sage Publications, pp. 276-283.

木畑洋一, 1992,「英国と日本の植民地統治」『岩波講座 近代日本と植民地 I 植民地帝国日本』岩波書店, pp.273-295.

木畑洋一, 1987=89,『支配の代償——英帝国の崩壊と「帝国意識」』東京大学出版会.

木畑洋一編, 1998=2000,『大英帝国と帝国意識——支配の深層を探る』ミネルヴァ書房.

金原左門編, 1994,『近代日本の軌跡四 大正デモクラシー』吉川弘文館.

金明哲, 2009,『テキストデータの統計科学入門』岩波書店.

金明哲, 2010,『R によるデータサイエンス』森北出版.

北田暁大, 2001,「歴史の政治学」吉見俊哉編『知の教科書——カルチュラル・スタディーズ』講談社, pp.173-210.

小林忠雄, 1990,『都市民俗学——都市の FOLK SOCIETY』名著出版.

小林多寿子, 1992,「〈親密さ〉と〈深さ〉——コミュニケーション論からみたライフヒストリー」『社会学評論』42 (4) 日本社会学会, pp.89-104.

小阪大, 2004,「白山を愛した画家 玉井敬泉・国立公園化の提唱者」『北國文華』19号, 北國新聞社, pp.31-40.

近藤敏夫, 1997,「ミードの時間論」船津衛編著『G・H・ミードの世界』恒星社厚生閣, pp.173-190.

近藤敏夫, 2001,「日韓中における青年の集団主義的態度——家族と親族集団における相対的態度を中心にして——」『日・韓・中における社会意識の比較調査』佛教大学総合研究所, pp.23-40.

近藤敏夫, 2002,「生活倫理と職業倫理の持続と変容」谷富夫編著『民族関係における結合と分離』ミネルヴァ書房, pp.541-558.

近藤敏夫, 2005,「質的研究における分析と解釈（I）——日記のデータベース化とコーディング」『社会学部論集』41号, 佛教大学, pp.89-103.

近藤敏夫, 2006a,「質的研究における分析と解釈（II）——日記の書き手からみた社会的世界」『社会学部論集』42 佛教大学, pp.77-94.

近藤敏夫, 2006b,「質的研究における分析と解釈（III）——日記にみる生活構造」『社会学部論集』43, 佛教大学, pp.91-102.

近藤敏夫, 2016,「地方都市の近代化——明治大正期の金沢の歴史にみる伝統工芸職人の役割」『社会学部論集』62, 佛教大学, pp.93-101.

河野信次郎, 1966,『金澤箔の沿革と現況』河野金属箔株式会社.

厚生労働省（大臣官房統計情報部）ホームページ, (2011年2月14日) http://www.mhlw.go.jp/toukei/

saikin/hw/life/19th/sanko-2.html

小山昌宏, 2008, 「1920 (大正9) 年から1930 (昭和5) 年の大衆社会状況――昭和初期の都市大衆と農村民衆の生活状況について」『留学生日本語教育センター論集』34号, 東京外国語大学, pp.105-121.

小山隆, 1967,『現代家族の薬理構造』培風館.

古屋野正伍, 1995,「技術と都市社会」林武・古屋野正伍編『都市と技術』国際書院, pp.11-23.

古屋野正伍・青木秀男, 1995, 「日記分析における『個人対歴史』の問題」『人間科学論究』3号, 常磐大学大学院, pp.65-76.

子安宣邦, 2003,『日本近代思想批判――一国知の成立』岩波書店.

黒崎征佑, 2005,『日本資本主義の精神――真宗倫理との関連で』文献出版.

L

Levi=Strauss, Claude, 大橋保夫編, 1978,『構造・神話・労働――レヴィ=ストロース日本講演集』みすず書房.

M

MacKenzie, John M., 1984, *PROPAGANDA AND EMPIRE,* Manchester University Press.

牧原憲夫, 1994,「万歳の誕生」『思想』845, 岩波書店, pp.118-136.

牧原憲夫, 1998,『客分と国民の間――近代民衆の政治意識』吉川弘文館.

牧野良三編, 1995,『中橋徳五郎』上巻, 大空社.

眞鍋知子, 2008,「金沢市のコミュニティ――校下と町会」『金沢法学』50 (2), pp.29-55.

Mann, Peter H. 1968, *Methods of Sociological Inquiry,* Oxford, Basil Blackwell. (=中野正大訳, 1982,『社会調査を学ぶ人のために』世界思想社).

Mannheim, Karl 1928, 'Das Problem der Generation.' (=鈴木廣訳, 樺俊雄監修, 1976,「世代の問題」『マンハイム全集』3巻, 潮出版社, pp.147-232.

丸山敦, 1992,「近代職人の遊楽――明治期北陸の場合」『地方史研究』240号, 地方史研究協議会, pp.33-54.

丸山敦, 2004,「近代伝統工芸職人の地位確立と情報環境――加賀象嵌・米沢弘安の苦闘」『情報化社会・メディア研究』1巻, 放送大学情報化社会研究会, pp.90-100.

丸山敦, 2013,「伝統工芸職人の文化的背景――近代におけるメディア環境」『情報化社会・メディア研究』10号, 放送大学, pp.26-36.

丸山眞男, 1946=95a,「超国家主義の論理と心理」『丸山眞男集』3巻, 岩波書店, pp.17-36.

丸山眞男, 1948=95b,「日本ファシズムの思想と運動」『丸山眞男集』3巻, 岩波書店, pp.259-322.

丸山眞男, 1949=95c,「軍国支配者の精神形態」『丸山眞男集』4巻, 岩波書店, pp.97-142.

丸山眞男, 1951=95d,「日本におけるナショナリズム」『丸山眞男集』5巻, 岩波書店, pp.57-78.

丸山眞男, 1957=96,「日本の思想」『丸山眞男集』7巻, 岩波書店, pp.191-244.

正木恒夫, 1995,『植民地幻想』みすず書房.

松尾尊兊, 1990,『大正デモクラシーの群像』岩波書店.

松尾尊兊, 1994,『大正デモクラシー』岩波書店.

松下孝昭, 2013,『軍隊を誘致せよ――陸海軍と都市形成』吉川弘文館.

Merton, Robert K., 1949, *Social Theory and Social Structure: Toward the Codification of Theory and Research,* Free Press. (=森東吾・森好夫・金沢実・中島龍太郎訳, 1961,『社会理論と社会構造』みすず書房).

Millett, Kate, 1970, *Sexual Politics,* New York: Doubleday. (=藤枝澪子訳, 1973,『性の政治学』自由

国民社).

三成美保・姫岡とし子・小浜正子編, 2014, 『歴史を読み替えるジェンダーからみた世界史』大月書店.

見田宗介, 1978, 『近代日本の心情の歴史』講談社.

見田宗介, 1979, 「まなざしの地獄――現代社会の実存構造」『現代社会の社会意識』弘文堂, pp.1-57.

三谷太一郎, 1997, 『近代日本の戦争と政治』岩波書店.

三戸公, 1994, 『「家」としての日本社会』有斐閣.

宮地正人, 1973, 『日露戦後政治史の研究――帝国主義形成期の都市と農村』東京大学出版会.

宮元又久編, 1982, 『明治・大正・昭和の郷土史 一九 石川県』昌平社出版.

溝口雄三・中嶋嶺雄, 1991, 『儒教ルネッサンスを考える』大修館書店.

水越紀子, 2002, 「日記分析における「書き手と＜他者＞の関係」――夫の日記に描かれた妻の生活史構成を事例として」『ソシオロジ』47 (1) 社会学研究会, pp.37-53.

水越紀子, 2007, 「近代の職人家族における夫と妻――夫の日記に書かれた『妻の行為』の分析を通して」『人権問題研究』7号, 大阪市立大学人権問題研究センター, pp.23-38.

水田珠枝, 1995, 「女性史は成立するか」井上輝子・上野千鶴子他編『フェミニズム理論』岩波書店, pp.139-154.

文部省, 1900, 「小學校令施行規則第3号表」国立国会図書館デジタルコレクション
　　　http://dl.ndl.go.jp/info:ndljp/pid/992598　pp.1-79.

文部省学制百年史編集委員会, 「学制百年史」
　　　http://www.mext.go.jp/b_menu/hakusho/html/others/detail/1317552.htm

森岡清美・望月嵩, 1999, 『新しい家族社会』培風館.

Mosse, George L., 1975, *The nationalization of the masses: political symbolism and mass movements in Germany from the Napoleonic wars through the Third Reich,* New York: Howard Fertig. (＝佐藤卓己・佐藤八寿子訳, 1994, 『大衆の国民化――ナチズムに至る政治シンボルと大衆文化』柏書房).

本康宏史, 2006, 「『軍都』金沢と地域社会――軍縮期衛戍地問題を中心に」橋本哲哉編『近代日本の地方都市』日本経済評論社, pp.305-347.

村上泰亮・公文俊平・佐藤誠三郎, 1979, 『文明としてのイエ社会』中央公論社.

N

永原和子, 1982, 「良妻賢母主義教育における「家」と職業」女性史総合研究会『日本女性史 四近代』東京大学出版会, pp.149-184.

永原和子, 2003, 『稼業と役割』吉川弘文館.

永井柳太郎編纂会, 1959, 『永井柳太郎』勁草書房.

内閣統計局, 1926, 『第45回日本帝国統計年鑑 略説』内閣統計局.

内藤莞爾, 1941=64, 「宗教と経済倫理――浄土真宗と近江商人」『社会学』日本社会学会年報, 八輯, pp.243-286.

中江兆民著, 桑原武夫・島田虔次訳, 校注, 1965, 『三酔人経綸問答』岩波書店.

中野卓, 1981, 「個人史の社会学的研究について (一)」『社会学評論』32 (1) 日本社会学会, 2-12.

中野卓・松島静雄, 1958, 『日本社会要論』東京大学出版会.

中村元, 1965, 『近世日本の批判的精神』春秋社.

中村政則, 1977, 「日本近代と民衆」歴史科学協議会『歴史評論』330号, 校倉書房, pp.1-10.

中村則弘, 2005, 『脱オリエンタリズムと日本における内発的発展――東アジアの視点から』東京経済情報出版.

中野正大・宝月誠編, 2003,『シカゴ学派の社会学』世界思想社.

中塚明, 1970,「日本帝国主義と植民地支配」歴史学研究会, 日本史研究会編『講座日本史6　日本帝国主義の形成』東京大学出版会, pp.241-275.

中塚明, 1977,「朝鮮の民族解放運動と大正デモクラシー」由井正臣編『論集　日本歴史12　大正デモクラシー』有精堂出版, pp.265-275.

中塚明, 1993,『近代日本の朝鮮認識』研文出版.

成田龍一, 2001,『〈歴史〉はいかに語られるか──一九三〇年代の「国民の物語」批判』日本放送協会.

成田龍一.2007,『大正デモクラシー　シリーズ日本近現代史四』, 岩波書店.

Neuman, W. Lawrence, 2003, *Social Research Methods: Qualitative and Quantitative Approaches,* Fifth Ed., Allyn and Bacon.

西田直敏, 1998,『日本人の敬語生活史』翰林書房.

西川佑子, 2009,『日記をつづるということ──国民教育装置とその逸脱』吉川弘文館.

西本郁子, 2006,『時間意識の近代──「時は金なり」の社会史』法政大学出版会.

西野理子, 2015,「性別役割分業意識の規定要因の推移」『東洋大学社会学部紀要』53 (1) 東洋大学社会学部, pp.139-147.

西田直敏, 1998,『日本人の敬語生活史』翰林書房.

能川泰治, 2006,「地方都市金沢における米騒動と社会政策　一九一一〜一九二三年」橋本哲哉編『近代日本の地方都市──金沢／城下町から近代都市へ』日本経済評論社, pp.177-212.

能川泰治, 2008,「加賀象嵌職人・米澤弘安の読書と歴史認識」加能地域史研究会編『地域社会の歴史と人物』北国新聞社, pp.189-201.

野呂栄太郎・服部之総・羽仁五郎・平野義太郎・山田盛太郎編, 1932〜33,『日本資本主義発達史講座』岩波書店.

O

尾高煌之助, 1993,『職人の世界・工場の世界』リプロポート.

小笠原真, 1994,『近代化と宗教──マックス・ウェーバーと日本』世界思想社.

小倉充夫, 1974,「『資本主義の精神』論と社会主義の精神──社会変革と民衆の生活態度に関する比較社会学的一考察」『社会学評論』25 (1) 日本社会学会, pp.2-17.

岡本清一・藤馬龍太郎, 1960,『年表 議会政治史』至誠堂.

奥田道大, 1964,「旧中間層を主体とする都市町内会──その問題点の提示」『社会学評論』14 (2) 日本社会学会, pp.9-14.

大石初太郎, 1983,『現代敬語研究』筑摩書房.

大石嘉一郎・金澤史男編, 2003,『近代日本都市史研究』日本経済評論社.

大隈侯八十五年史編纂会編, 1970,『大隈侯八十五年史』三, 原書房

大町桂月, 1923,『桂月全集　第11巻』桂月全集刊行会.

大町芳章監修ウェブサイト, http://keigetsu1869.la.coocan.jp/syoukai/syoukai.html

折原浩, 2005,『ヴェーバー学の未来──「倫理」論文の読解から歴史・社会科学の方法を得へ』精興社.. 尾崎行雄著, 尾崎咢堂全集編纂委員会編, 1955,『尾崎咢堂全集』五巻, 公論社.

小関智弘, 2003,『職人学』講談社.

小関智弘, 2005,『職人力』講談社.

P

朴殷植, 1972=1993,『朝鮮独立運動の血史　一』平凡社.

朴殷植，1972＝1990，『朝鮮独立運動の血史　二』平凡社．

Park, R. E., 1925, "The Urban Community as a Spacial Pattern and a Moral Order", in E.W. Burgess (ed.), *The Urban Community: Selected Papers from the Proceedings of the American Sociological Society*: 3-18.

Plummer, Ken, 1983, Documents of Life: An Introduction to the Problems and Literature of a Humanistic Method, George Allen & Unwin Ltd. (＝原田勝弘・下田平裕身他訳，1991，『生活記録の社会学──方法としての生活史研究案内』光生館）．

Punch, Keith F., 2005, *Introduciton to Social Research: Quantitative and Qualitative Appraoches* 2nd ed., Sage Publications.

Pyle, Kenneth B., 1969, *The New Generation In Meiji Japan,* The Board of Trustees of the Leland, Stanford Junior University (＝1 松本三之介監修，1986，『新世代の国家像──明治における欧化と国粋』社会思想社）．

S

櫻井庄太郎，1938，『日本封建社會意識論』刀江書院．

櫻井庄太郎，1961，『恩と義理──社会学的研究－』アサヒ社．

桜井厚，2002，『インタビューの社会学──ライフヒストリーの聞き方』せりか書房．

真田信治，1993，『地域言語の社会言語学的研究』和泉書院．

真田信治・渋谷勝己・陣内正敬・杉戸清樹著，2005，『社会言語学』おうふう．

真田信治編，2008，『社会言語学の展望』くろしお出版．

佐藤郁哉，2002，『フィールドワークの技法──問を育てる，仮説をきたえる』新曜社．

佐藤卓己，2002，『「キング」の時代──国民大衆雑誌の公共性』岩波書店．

佐藤卓己，2004＝2005，『言論統制』中央公論社．

Schwentker, Wolfgang, 1998, Max Weber in Japan: Eine Untersuchung zur Wirkungsgeschichte, Tubingen: Mohr Siebeck GmbH & Co. KG. (＝野口雅弘・鈴木直・細井保・木村裕之訳，2013，『マックス・ウェーバーの日本──受容史の研究　一九〇五～一九九五』みすず書房）．

Schütz, Alfred 2004＝1932, *Der sinnhafte Aufbau der sozialen Welt: Eine Einleitung in die verstehende Soziologie,* UVK Verlagsgesellschaft mbH. (＝佐藤嘉一訳，2006，『社会的世界の意味構成──理解社会学入門　[改訳版]』木鐸社）．

瀬川清子，1988，「嫁の里帰り」大島建彦編『嫁と里方』岩崎美術社，pp.7-57.

瀬地山角，1990，「家父長制をめぐって」江原由美子編『フェミニズム論争──七〇年代から九〇年代へ』勁草書房，pp.47-85.

渋谷望，2003，『魂の労働──ネオリベラリズムの権力論』青土社．

島田昌彦，1998，『加賀城下町の言葉』能登印刷出版部．

塩田紀和，1973，『日本の言語政策』くろしお出版．

Clausen, Sten-Erik 藤本一男訳，2015，『対応分析入門──原理から応用まで』オーム社（＝ 1998, *Applied Correspondence Analysis: An Introduction* Sage Publications Inc.）．

Strauss, Anselm L. 1987, *Qualitative Analysis for Social Scientists,* Cambridge University Press.

Strauss, Anselm L. and Corbin, Juliet, 1998, *Basics of Qualitative Research, 2nd ed.,* SAGE Publications.

末吉守人，1987，「日本画家──玉井敬泉」『紀要』4号，石川県立美術館，pp.89-93.

隅谷三喜男，1955，『日本賃労働史論──明治前期における労働者階級の形成』東京大学出版会．

鈴木広，1986，『都市化の研究──社会移動とコミュニティ』恒星社厚生閣．

鈴木鉄心, 1962,『鈴木正三道人全集』山喜房仏書.

T
田口正己, 1971,「日本の近代化と民衆──民衆意識研究ノート」『立正大学人文科学研究所年報』9号, 立正
　　大学人文科学研究所, pp.79-86.
大正ニュース事典編纂委員会, 1987,『大正ニュース事典』毎日コミュニケーションズ.
高木博志編, 2013,『近代日本の歴史都市──古都と城下町』思文閣出版.
高木八尺・末延三次・宮沢俊義編, 1957＝1990,『人権宣言集』岩波書店.
多木浩二, 2002,『天皇の肖像』岩波書店.
高澤裕一・河村好光・東四柳史明・本康宏史・橋本哲哉, 2000,『石川県の歴史　県史一七』山川出版社.
田中貢太郎, 1926,『貢太郎見聞録』大阪毎日新聞社.
田中喜男, 1968,『百万石の職人──現代に生きるその精神』北國書林.
田中喜男, 1974,『加賀象嵌職人──米沢弘安の人と作品』北国出版社.
田中喜男, 1992a,『伝統工芸──職人の世界』雄山閣.
田中喜男, 1992b,「金沢の職人像」黒川威人編『ホワットイズ・金沢──職人・作家・商人のルーツを探る』
　　前田印刷株式会社, pp.147-211.
谷富夫編, 2002,『民族関係における結合と分離』ミネルヴァ書房.
谷本宗生, 2006,「『学都』金沢形成の端緒──第四高等中学校の誘致獲得を中心に」橋本哲哉編『近代日本の
　　地方都市』日本経済評論社, pp.349-384.
寺崎英成, マリコ・テラサキ・ミラー, 1995,『昭和天皇独白録』文藝春秋社.
Thomas, William I. and Florian Znaniecki 1918-20, *The Polish Peasant in Europe and America:
　　Monograph of an Immigrant Group,* Boston: Richard G. Badger, The Gorham Press.
Thompson, Paul 1978, *The Voice of the Past: Oral History,* Third Edition, Oxford University Press. (＝
　　酒井順子訳, 2002,『記憶から歴史へ──オーラル・ヒストリーの世界』青木書店).
富永健一, 1990,『日本の近代化と社会変動──テュービンゲン講義』, 講談社.
富永健一, 1998,『マックス・ヴェーバーとアジアの近代化』講談社.
戸谷敏之, 1948,「中斎の『太虚』について──近畿農民の儒教思想」小野武夫博士還暦記念論文集刊行会編
　　『日本農業経済史研究』上巻, 日本評論社, pp.139-174.
坪田典子・水越紀子, 1999,「近代都市職人の生活世界」『日本都市社会学会年報』17号, 日本都市社会学会,
　　pp.127-143.
坪田典子, 2006,「加賀象嵌職人の近代──日記に見る政治意識」『文教大学国際学部紀要』16（2）, 文教大
　　学国際学部, pp.53-67.
坪田典子, 2009,「帝国の形成と帝国意識──『米澤日記』を事例として」『文教大学国際学部紀要』20（1）,
　　文教大学国際学部, pp.85-97.
坪田典子, 2017,「日本近代の遺産──帝国植民地意識」『文教大学国際学部紀要』28（1）, 文教大学国際学部,
　　pp.67-81.
辻加代子, 2017,「方言敬語への新視点──第三者敬語の用法に注目して−」『日本語学』36（6）, 明治書院,
　　pp.38-51.
辻村敏樹, 1974,「明治大正時代の敬語概観」林四郎・南不二男編『明治大正時代の敬語』明治書院, pp.7-
　　26.
鶴見俊輔代表, 1962a,『日本の百年　六　成金天下』筑摩書房.
鶴見俊輔代表, 1962b,『日本の百年　七　明治の栄光』筑摩書房.
筒井正夫, 2004,「城下町における近代都市の成立──金沢市を事例として」『歴史と経済』183号, 政治経済

学・経済史学会, pp.10-19.

U

生方敏郎, 1978, 『明治大正見聞史』中央公論社.

内田芳明, 1968, 『ヴェーバー社会科学の基礎研究』岩波書店.

楳垣實, 1943, 『日本外來語の研究』青年通信社.

碓田のぼる, 1990, 『石川啄木と「大逆事件」』新日本出版社.

W

若林喜三郎監修, 1992, 『激動の地方史』北陸放送株式会社.

若槻禮次郎, 1983=2000, 『明治・大正・昭和政界秘史——古風庵回顧録』講談社.

渡辺拓也, 2010, 「労働の中の『怠け』の役割——飯場労働における労使間の相互行為と意味づけをもとに」『理論と動態』3号, 特定非営利活動法人社会理論・動態研究所, pp.55-70.

渡邊益男, 1996, 『生活の構造的把握の理論』川島書店.

Weber, Max, 1920, *Die Protestantische Ethik und Der 》Geist《 Des Kapitalismus* (＝大塚久雄訳, 1989, 『プロテスタンティズムの倫理と資本主義の精神[改訳版]』岩波書店).

Weber, Max, 1921a, "Konfuzianismus und Taoismus," in *Gesammelte Aufzätze zur Religionssoziologie.* (＝木全徳雄訳, 1971, 『儒教と道教』創文社).

Weber, Max, 1921b, "Hinduismus und Buddhismus," in *Gesammelte Aufsätze zur Religionssozioligie.* (＝深沢宏訳, 1983, 『ヒンドゥー教と仏教』日貿出版社).

Y

八木正, 1989, 「金沢の社会風土」『金沢学①　フォーラム・金沢——伝統と近代化のはざま(改訂版)』金沢学研究会, pp.241-291.

八木正, 1991, 「『保守王国』金沢の社会機構と変革への模索——解明のための方法試論」『金沢学③　講座金沢学事始め』金沢学研究会, pp.3-30.

山田二郎編, 2002, 『かなざわ偉人物語④』金沢市立泉野図書館.

山田雄一郎, 2005, 『外来語の社会学』春風社.

山本七平, 1979, 『日本資本主義の精神——なぜ, 一生懸命働くのか』光文社.

山本正和, 1991, 「職人の『家』の変化と家族」『社会科学』47号, 同志社大学人文科学研究所, pp.307-325.

山本眞功, 2005, 『商家の家訓——商いの知恵と掟』青春出版社.

山崎正和, 1990, 『日本文化と個人主義』中央公論社.

安田三郎, 1974, 「義理について——日本社会論ノート(一)」『現代社会学』1(1), 講談社, pp.179-197.

安田常雄, 1979, 『日本ファシズムと民衆運動』れんが書房新社.

安田常雄, 2004, 「民衆史研究の現在——＜帝国＞との接点で」安田常雄編『歴史研究の最前線——新しい近現代史研究へ』吉川弘文堂, pp.48-85.

安丸良夫, 1965a, 「日本の近代化と民衆思想(上)」日本史研究会『日本史研究』78号, 創元社, pp.1-19.

安丸良夫, 1965b, 「日本の近代化と民衆思想(下)」日本史研究会『日本史研究』79号, 創元社, pp.40-58.

安丸良夫, 1968, 「近代化過程における民衆道徳とイデオロギー編成」歴史学研究会『歴史学研究』341号, 青木書店, pp.32-45.

安丸良夫, 1974, 『日本の近代化と民衆思想』青木書店.

安丸良夫, 1977, 『日本ナショナリズムの前夜』朝日新聞社.

安丸良夫, 2001, 「民衆的規範の行方」『現代思想』26(16), 青土社, pp.57-73.

安丸良夫, 2007, 『近代天皇像の形成』岩波書店.

横江勝美, 1939, 「藩士社會に於ける身分と婚姻――加賀藩士の身分的内婚に就いて」戸田貞三・鈴木栄三郎監修『家族と村落』1輯, 日光書院, pp.141-255.

横山源之助, 1899, 『日本之下層社會』教文館, (＝1949『日本の下層社会』岩波書店).

米川明彦, 2012, 「言葉の西洋化―近代化の中で―」陣内正敬・田中牧郎・相澤正夫編『外来語研究の新展開』おうふう.

米村千代, 1999, 『「家」の存続戦略――歴史社会学的考察』勁草書房.

米山俊直, 1986, 「家から家庭へ――家族から家庭へ」加藤秀俊編『家庭の本質』放送大学教育振興会, pp.68-78.

米澤弘安日記編纂委員会編, 『米澤弘安日記』上巻 (2001), 中巻 (2002), 下巻 (2000), 別巻 (2003), 金沢市教育委員会, 大学教育出版.

吉沢典男・石綿敏雄, 1979, 『外来語の語源』角川書店.

Young, Jock, 1999, *The Exclusive Society: Social Exclusion, Crime and Difference in Late Modernity*, Jock Young, London: Sage Publications. (＝青木秀男監訳, 2007, 『排除型社会――後期近代における社会的排除、犯罪、差異』洛北出版).

由井正臣, 1970, 「二箇師団増設問題と軍部」『駒沢史学』17号, 駒沢史学会編, pp.1-19.

由井正臣編, 1977, 『論集 日本歴史 12 大正デモクラシー』有精堂出版.

尹健次, 2011, 『民族幻想の蹉跌――日本人の自己像』岩波書店.

Z

Zimmerman, Don H. and D. Lawrence Wieder, 1977, "The diary-interview method," *in Urban Life,* 5(4), pp.479-497.

米澤弘安略年表

西暦・元号	歳	米澤弘安の個人史	日本史・地域 (金沢) 史
1873 明治 6		父清左衛門 (22歳)、ウイーン万国博出展。	徴兵令。名古屋鎮台分営所設置。
1876 明治 9			金沢博物館開館、明治13年、石川県勧業博物館と改称。
1877 明治 10		父清左衛門 (26歳)、銅器会社職工監となる。	長谷川準也、銅器会社設立。
1879 明治 12		父清左衛門 (27歳)、銅器会社職工棟取に。	金沢博物館館内に図書室付設。
1885 明治 18			第六旅団司令部設置。
1887 明治 20		弘安、10月10日、二男として誕生。	義務教育実施。金沢区で第一次小学校令施行。第四高等中学校創設。金沢工業学校設立。
1888 明治 21	1		市制町村制広布。「君が代」国歌に。
1889 明治 22	2	米澤家、下新町から宗叔町 (現玉川町) に転居。	大日本帝国憲法発布。東海道線全通。市制施行により金沢市誕生。第1回市議選。
1890 明治 23	3		帝国議会開設。第一回総選挙 (金沢市・石川郡合同選挙区)。教育勅語発布。
1891 明治 24	4		犀川新橋完成。金沢商業会議所発足。
1893 明治 26	6		金沢に初めて電灯。北國新聞創刊。
1894 明治 27	7	弘安、尋常小学校入学。	日清戦争 (〜1895)。第7連隊出兵。銅器会社廃止。
1895 明治 28	8		下関条約。
1896 明治 29	9		営業税新設。第九師団司令部設置。
1897 明治 30			福助座初の活動写真。金沢実業会設立。
1898 明治 31	11	尋常小学校卒業。高等小学校入学。父清左衛門から金工技術を習い始める。	金沢駅開業。金沢城二ノ丸跡に第九師団司令部開庁。北陸線小松-金沢、金沢-高岡間開通。
1899 明治 32	12		治外法権撤廃。第九師団初の観兵式。
1900 明治 33	13		治安警察法制定・公布。立憲政友会石川県支部発会。金沢市立商業学校創立。金沢市独立選挙区に。
1902 明治 35	15	金沢市長町高等小学校首席卒業。	日英同盟締結。
1904 明治 37	17	帝國中学会 (通信教育) 入会	日露戦争 (〜1905)、第九師団出征。
1905 明治 38	18	帝國中学会第一学年終了。	ポーツマス条約。非講和運動 (日比谷焼討事件)。

西暦・元号	歳	米澤弘安の個人史	日本史・地域 (金沢) 史
1906 明治 39	19	日記。凱旋記念石川県製産品品評会「銅花生」三等賞。	韓国統監府 (統監伊藤博文) 開庁。
1907 明治 40	20		洋画・日本画・彫刻の三部で文展開催。 石川県勧業博物館出品人共励会発足。
1909 明治 42	22		勧業博物館、石川県物産陳列館と改称開館。
1910 明治 43	23		韓国併合。大逆事件。帝国在郷軍人会発足。金沢市、明治初年の人口規模を回復。
1911 明治 44	24		関税自主権回復。南北朝正閏問題。 百間堀道路開通 6/1。
1912 明治 45 大正 1	25	父清左衛門、市会議員三級選挙 (三級別選挙)。	明治天皇死去。石川県立図書館が独立開館。石川県物産陳列館出品人共励会発足。 藩政期の人口を上回る (123,893 人)。
1913 大正 2	26		排日法設立。大正政変 (第一次護憲運動)。北陸線全通。憲政擁護県民大会。国民大会、対中国強硬策要求。
1914 大正 3	27	東京大正博覧会出展、上京。 石川県物産陳列館主宰第二回重要物産展覧会、二等賞。	海軍収賄事件で山本内閣倒閣。第九師団朝鮮派遣。第一次世界大戦参戦。青島陥落。金石電鉄開通。市長排斥市民大会 9/6。
1915 大正 4	28	石川県大隈伯後援会発会式に参加。 金沢専売支局落成式に参加。	対華 21 ヵ条要求。第 12 回衆議院議員金沢地区総選挙。立憲同志会石川県支部発会。
1916 大正 5	29	中越錠三の石碑建設実行委員。美術工芸品展「釣香爐」三等賞、「鹿寿置物」。皇太子に「銅器白山爐」台覧。	松金電鉄開通 3/13。陸軍特別大演習に皇太子来県。
1917 大正 6	30	土方芳野と結婚。家督相続。 師梅沢儀三郎墓碑建設発起人となる。	
1918 大正 7	31	茶 (小習) の免状取得。	シベリア出兵開始。米騒動
1919 大正 8	32	長女喜代誕生。 石川県物産陳列館主催金属品展「舞楽象嵌香爐」優等賞。	朝鮮三・一独立運動。中国五・四運動。 パリ講和会議。 友愛会が大日本労働総同盟友愛会に変更。 金沢街鉄第一期線開通 2/1。犀川大橋架け替完成 3/30。金沢初の産業別労働組合結成。
1920 大正 9	33	宮内省から大量の銀盃注文、才田工房にて 26 日間従事 (兄への財産分与金醸出に)。弟清二、分家。 「向獅子肉上水入」制作。	第一回国勢調査。国際連盟。尼港事件。反動恐慌はじまる。 金沢専売局スト。友愛会金沢支部発足。石川県物産陳列館、石川県商品陳列所と改称。

西暦・元号	歳	米澤弘安の個人史	日本史・地域(金沢)史
1921 大正10	34	弘安、弟清二、市会議員二級選挙(二級別選挙)有権者。 石川県工芸奨励会通常会員に認定。 美術工芸品展三等賞。「岩ニ波図水入」「四分一肉取象嵌とりかぶとニ紅葉」制作。	第九師団、シベリアに出兵(尼港事件が契機)。 石川県工芸奨励会(石川県における帝展)発足し、石川県において金属・陶器・漆器等が物産品から美術工芸品へ。
1922 大正11	35	長男弘正誕生。弟清二分家。石川県商品陳列所出品人共励会評議員嘱託。第1回石川県工芸奨励会会員作品展「金銀象嵌鴛鴦香爐」三等賞。玉井敬泉らと洸々社を結成。	山東還付協定調印。シベリアからの撤兵終了(国際非難高まり)。 浅野川大橋完成。
1923 大正12	36	父清左衛門死去。 第2回石川県工芸奨励会会員作品展「霊峰意匠象嵌銅器博山爐」二等賞。他に作品二点。7月、石川県依頼、皇太子御成婚奉祝に書棚と置物の金具制作。第1回金沢市意匠図案講習会、修了。島田佳矣依頼皇太子御成婚記念小屏風金具、制作。	関東大震災。以後、慢性的不況。 震災時の治安維持のため第九出動命令。
1924 大正13	37	第2回金沢市意匠図案講習会、修了。第11回農商務省工芸展「鉄打出葡萄唐草文合盒」入選。東宮殿下御成婚奉祝万国博覧会参加50年記念博覧会、出品。前田侯爵家の画帳金具、制作。皇太子来県に際し、出品。	米、日本人移民を完全禁止の新移民法案施行。清浦内閣組閣後、第二次護憲運動。関東大震災後の恐慌。金沢の政友会党員は普選反対の態度。犀川大橋完成。
1925 大正14	38	二女登代誕生。 第四回石川県工芸奨励会展「睡蓮打出額面」二等賞。金沢市意匠図案研究会発足、弘安、弟清二と会員に。パリ万国現代装飾美術工芸展覧会「金銀象嵌鴛鴦香爐」最高の名誉賞。第三回洸々社同人展、二点出品。第四回洸々社同人展、二点出品。第三回金沢市意匠図案講習会参加。	普通選挙法(5月)、治安維持法成立(5月)。 ラジオ放送開始。 金沢、等級別市会議員選挙(12月)。
1926 大正15	39	金沢市金属工芸同業組合設立、美術工芸部長。 米国独立150周年記念フィラデルフィア万国博覧会、大賞。聖徳太子奉讃美術展「鉄打出御来迎額面」出品。 金属工芸品展に多数出品で感謝状授与。	浜松市が普選法で市会議員選挙(9月)。 金沢は等級別の市会議員選挙(12月)
1927 昭和2	40	愛知県商品陳列所主催第四回工芸品展「鉄打出枝栗図香盒」「鉄打出さいかちいばら図香盒」出品。 金属工芸品展「枝栗香盒」二等賞。「衣笠草図銅器花瓶」制作。金沢市意匠図案講習会、参加。	帝展内に第四部(工芸部)設置。普選初の県会議員選挙(9月)。金融恐慌(商工業者の被害大、不況深刻化)。
1928 昭和3	41	母きく死去。御大典全国文武官から献上二曲屏風装飾金具依頼制作。第9回帝展、「氈鹿文打出菓子器」初出品初入選(図案玉井敬泉)。皇太子御成婚記念二曲屏風金具制作。御大典石川県献上手筥「雞頭花紋金銀象嵌丸紋」制作。金沢市金属工芸同業組合、副組長。	最初の普選。
1929 昭和4	42	三女信子誕生2/6。パリ日本展「鉄打出睡蓮図額面」出品。出征軍人遺族慰問金集金(4/1,2)。第10回帝展連続入選「鉄打出小鳥に栗図銀象嵌手筥」他二点制作。「鉄打出金銀四分一さいかちいばらに四十雀図額」「檜扇に冠のし押え」制作。	世界恐慌。普選法後初の金沢市会議員選挙(4月)

西暦・元号	歳	米澤弘安の個人史	日本史・地域(金沢)史
1930 昭和 5	43	2月、弘安ら帝展入選者が中心に親睦と作品販売のため虹陽社結成。3.1～6、東京三越にて虹陽会第一回展覧会「鉄象嵌火箸」。金沢市金属工芸同業組合副組長。金属余香会発会(前身金沢市金属工業同業組合)、庶務担当役員。「金銀象嵌四分一謡本に鼓」「銀象嵌四分一鶴のし押え」。	JOJK金沢放送局初放送。
1931 昭和 6	44	第10回美術工芸品展「美男蔓唐草文様透花瓶」三等賞。余香会出品。	九・一八事件(「満洲事変」)。重要産業統制法。
1932 昭和 7	45	金沢市から「満州事変」出征軍人遺族慰問金募集協力感謝状。凱旋記念として出征軍人へ銅器象嵌花瓶30個制作。第11回美術工芸品展など「鉄打出獅々額皿」「花瓶」出品。	「上海事変」(1月)。第九に動員命令(2月)、上海へ。五・一五事件(政党政治終焉)。
1933 昭和 8	46	虹陽会東京三越展覧会出品。2.11、宗三会(町会)発会式(弘安、会長)。満洲大博覧会(大連)、出品。9.15を最後に日記中断。	国際連盟脱退。第七連隊にて武装農業移民の選抜試験。
1934 昭和 9	47	義父土方松平死去。第三回商工省輸出工芸品展「美男蔓唐草図透花瓶」出品。長崎市国際産業観光博覧会、出品。	
1935 昭和 10	48	大正11年の借用金完済。	全師団の満洲駐屯命令。第九師団全部隊満州へ(6月)、12月、全部隊帰還。
1936 昭和 11	49	閑院宮戴仁親王県に際し「象嵌鴛鴦紋香爐」「鐘埴蘭鉄鎚彫色紙莒」制作。	二・二六事件。
1937 昭和 12	50	石川県工芸奨励会名誉会員。この頃以降、妻芳野の裁縫が家計を支える(昼は弟子に裁縫を教授、夜は仕立物等裁縫仕事に従事)。	七・七事件(盧溝橋事件)、日中戦争本格化。金沢に第百九師団編成の動員令(8月)、北支へ(2.3ヵ月)。第九師団、中支派遣軍の中核として(1.8ヵ月)。
1939 昭和 14	52	加賀象嵌等三工芸品が、銅、鉄使用制限の枠外となる。	第二次世界大戦開始。国民徴用令施行。第九師団全部隊帰還(7月)。
1940 昭和 15	53	奢侈品等製造販売制限規則(七・七禁止令)。作品一点制作。	
1941 昭和 16	54		「金属回収令公布」
1942 昭和 17	55	金沢市から企業許可の指導に尽力で感謝状。石川県により「認定芸術家」に認定。	真珠湾攻撃、第二次世界大戦。
1943 昭和 18	56	長男弘正、軍隊召集。石川県により「芸術保存資格認定作家」に指定、資材割当を受ける。皇太子誕生奉祝名古屋市から献上鎖太刀の飾金具に彫刻、象嵌を依頼。	「美術及工芸統制協会」設立。
1944 昭和 19	57	長男弘正、ビルマにて戦病死。(戦病死の報は昭和21年)	「金属回収令」貴金属へと拡大。

西暦・元号	歳	米澤弘安の個人史	日本史・地域（金沢）史
1945 昭和20	58	「銅象嵌打出海豚香盒」制作。	敗戦、占領。
1946 昭和21	59	長男、戦病死の報に衝撃をうける。	
1947 昭和22	60	天皇来県時「四分一象嵌向獅子香盒」上覧。	
1948 昭和23	61	三女信子結婚、米澤姓呼称。	
1949 昭和24	62	第五回現代美術展「鉄金象嵌香箸」金沢商工会議所会頭賞。	
1950 昭和25	63	第6回現代美術展「衣笠草文打出鉄盒」。淡交会石川支部会「灰匙雪輪象嵌」。	
1951 昭和26	64	第9回金沢市工芸展「牡丹唐草象嵌砂張花入」進歩賞。	
1952 昭和27	65	第10回金沢市工芸展「煙管」進歩賞。	
1953 昭和28	66	第9回現代美術展出品中の「金銀象嵌鴛鴦香爐」盗難。石川県美術館建設基金として1万円寄付。加賀一の宮敬神茶道会に「灰匙」7箇寄付。	
1955 昭和30	68	米澤信子夫妻、米穀店を開く。第10回現代展「蟻付豆形火箸」。	
1957 昭和32	69	白山方位盤完成。石川県立工業高等学校70周年記念に「蜀紅象嵌赤銅赤匙」寄付。日本工芸会へ「雷鳥頭六角真鍮火箸」寄付。	
1958 昭和33	71	日記再開。	
1961 昭和36	74	石川県産業工芸展「象嵌雷鳥図帯留」「象嵌鶴図バックル」。第8回日本伝統工芸展「象嵌木根図鉄火鉢」入選。	
1962 昭和37	75	弟清二死去。第三回伝統工芸新作展「金象嵌千鳥図渦形鉄釜鈍」奨励賞、「茶の実頭枝橘象嵌鉄火箸」出品。第九回日本伝統工芸展「霊峰頭筋入火箸」入選、「鉄打出黒百合図硯莒」出品。	
1963 昭和38	76	第3回石川県産業工芸展「筋入真鍮火箸」「金象嵌千鳥図渦形鉄釜鈍」。第10回日本伝統工芸展「金象嵌六角鉄火箸」入選。加賀金工振興会発足、会長に選任。日本工芸会の正会員となる。	
1964 昭和39	77	第20回金沢市創作工芸展「四分一五輪象嵌バックル」「四分一黒百合象嵌バックル」。第1回石川の伝統工芸展「菊模様象嵌四分一火箸」奨励賞、「四分一製渦巻象嵌灰匙」「金銀象嵌赤銅火箸」出品。日本工芸会正会員。	東京オリンピック
1965 昭和40	78	第21回金沢市創作工芸展「瓢形鉄火箸」。第6回石川の伝統工芸展「金銀象嵌六角鉄火箸」「蘭形銀線香立」。第12回日本伝統工芸展「金銀象嵌四分一銅火箸」出品。「てんとう虫付豆形鉄火箸」制作。	
1966 昭和41	79	第7回石川の伝統工芸展「宝珠形銀香盒」北国新聞社賞、「金銀象嵌捻形鉄火箸」。第13回日本伝統工芸展「追羽子蓋置」。	

西暦・元号	歳	米澤弘安の個人史	日本史・地域（金沢）史
1967 昭和42	80	第8回石川の伝統工芸展「長芋形鉄火箸」「金銀象嵌蝋燭立」。第14回日本伝統工芸展「長芋形鉄火箸」入選、「宝珠頭金銀象嵌鉄火箸」。美の生活工芸展「黄金虫付豆形火箸」「蟹頭目高象嵌火箸」「大判形銀灰匙」出店。「風呂ニ渦巻象嵌」制作。	
1968 昭和43	81	金沢市文化賞受賞。金沢市と加賀象嵌の試作について「委託契約書」交換。第9回石川の伝統工芸展「宝珠頭金銀象嵌鉄火箸」「木の根鉄火箸」。美の生活工芸展「蟹頭菊花象嵌六角鉄火箸」「金象嵌蝋燭立」「象嵌鉄火箸」出品。「追羽根蓋置」「蓮葉に鶯の銅製置物」制作。	
1969 昭和44	82	石川県指定無形文化財保持者に認定。第10回石川の伝統工芸展「象嵌銅器鴛鴦香炉」「宝珠頭福寿金象嵌鉄火箸」。第16回日本伝統工芸展「蔦模様金銀象嵌鉄火箸」出品。「金銀象嵌黒百合図額」制作。	
1970 昭和45	83	「金銀銅象嵌菊図三足香炉」制作。	
1971 昭和46	84	第18回日本伝統工芸展「金象嵌銀赤銅火箸」出品。「寿字象嵌四角花王」「目尽水滴」「蘭形茶の湯釜座」制作。	
1972 昭和47	85	文化庁「加賀象嵌無形文化財」選定。勲五等瑞宝章受章。第13回石川の伝統工芸展「鉄打出雪景図額」。第19回日本伝統工芸展「鉄打込模様金象嵌香盒」弘安、10月21日、死去。金沢から「景仰の証」贈。	沖縄返還 日中国交回復
1973 昭和48		四十九日を記念し遺作「金銀象嵌鴛鴦香炉」石川県へ寄贈（石川美術館収蔵）。弘安使用の象嵌鏨、鑢など製作用道具を百万石文化園へ寄贈。第20回日本伝統工芸展に「四分一金銀象嵌六角壺」遺作出品で話題をよぶ。	

索引項目 ― 人名 ―

あ行

[あ]
アドルノ、テオドール (Teodor Adorno) 9

[い]
色川大吉 (イロカワ ダイキチ) 262, 263

[う]
ウィーダー、ローレンス (Laurence Weder) 171
ウェーバー、マックス (Max Weber) 8, 9, 92, 262, 267, 268, 269
生方敏郎 (ウブカタ トシオ) 248, 257, 270

[え]
遠藤元男 (エンドウ モトオ) 92, 261

[お]
大隈首相 (オオクマ シュショウ) 221, 235, 238
大塚久雄 (オオツカ ヒサオ) 8, 27
大町桂月 (オオマチ ケイゲツ) 52, 70, 71, 255, 267
小笠原真 (オガサワラ シン) 11, 112, 267
小倉充夫 (オグラ ミツオ) 112, 130, 267
小関智弘 (オゼキ トモヒロ) 92, 267
尾高煌之助 (オダカ コウノスケ) 92, 267
折原浩 (オリハラ ヒロシ) 14, 267

か行

[か]
鹿野政直 (カノ マサナオ) 117, 234, 263
神島二郎 (カミシマ ジロウ) 11, 263
川島武宣 (カワシマ タケヨシ) 11, 210, 264, 270

[く]
クラウセン、ステン＝エリク (Sten-Erik Clausen) 54
倉沢進 (クラサワ ススム) 4
黒崎征佑 (クロサキ セイスケ) 12, 265

[こ]
幸徳秋水 (コウトク シュウスイ) 132, 229
ゴードン、アンドリュー (Andrew Gordon) 238, 261, 278
古屋野正伍 (コヤノ ショウゴ) 4, 5, 262, 265

さ行

[さ]
才田幸三 (サイタ コウゾウ) 150
桜井厚 (サクライ アツシ) 41, 268

[し]
四十万かの (シジマ カノ) 34
シュッツ、アルフレッド (Alfred Schutz) 191, 193, 194, 210
シュベントカー、ウォルフガング (Wolfgang Schwentker) 13
寿里茂 (ジュリ シゲル) 263
昭和天皇 (ショウワ テンノウ) 255, 269
白山忠次 (シロヤマ タダジ) 53, 95, 154
ジンマーマン、ドン (Don Zimmerman) 171

[す]
鈴木嘉平 (スズキ カヘイ) 93
鈴木正三 (スズキ ショウザン) 269
鈴木広 (スズキ ヒロシ) 204, 268
ズナニエッキ、フローリアン (Florian Znaniecki) 26

[せ]
瀬川清子 (セガワ キヨコ) 173, 268

た行

[た]
大正天皇 (タイショウ テンノウ) 99, 205,

209, 251

高桑宗一（タカクワ　ソウイチ）83, 150

辰巳新一郎（タツミ　シンイチロウ）14

田中正造（タナカ　ショウゾウ）130

田中喜男（タナカ　ヨシオ）4, 27, 49, 71,
　130, 173, 176, 269

玉井敬泉（タマイ　ケイセン）53, 62, 63, 64,
　65, 66, 67, 68, 71, 95, 111, 168, 174,
　197, 199, 213, 257, 264, 268, 274

タマス、ウィリアム（William Thomas）26

[て]

デュルケーム、エミール（Émile Durkheim）
　107

[と]

富永健一（トミナガ　ケンイチ）13, 210, 213,
　269

戸谷敏之（トヤ　トシユキ）12, 269

な行

[な]

内藤莞爾（ナイトウ　カンジ）12, 210, 213,
　266

中橋徳五郎（ナカハシ　トクゴロウ）221, 235,
　265

中村則弘（ナカムラ　ノリヒロ）14, 266

中村元（ナカムラ　ハジメ）12, 266

中村政則（ナカムラ　マサノリ）117, 266

[の]

能川泰治（ノガワ　ヤスハル）258, 267

は行

[は]

パーソンズ、タルコット（Talcott Parsons）
　13

橋本哲也（ハシモト　テツヤ）130, 184

長谷川準也（ハセガワ　ジュンヤ）272

林知己夫（ハヤシ　チキオ）54

速水融（ハヤミ　アキラ）13, 262

原敬（ハラ　タカシ）13, 262

[ひ]

土方公一（ヒジカタ　コウイチ）163

土方通治（ヒジカタ　ツウジ）38, 125, 163,
　173

土方松平（ヒジカタ　マツヘイ）52, 64, 96,
　145, 172, 178, 236, 275

ひろた・まさき（ヒロタ　マサキ）116, 262

[ふ]

深井甚三（フカイ　ジンゾウ）164, 261

布川清司（フカワ　キヨシ）164, 261

藤掛嘉作（喜作）（フジカケ　キサク）223,
　247, 257

藤掛外喜（フジカケ　トキ）73, 145, 146, 161

プラマー、ケン（Ken Plammer）171

[へ]

ベラー、ロバート（Robert Bellah）12, 128

ホルクハイマー、マックス（Max Horkheimer）9

ま行

[ま]

正岡子規（マサオカ　シキ）41

丸山敦（マルヤマ　アツシ）111, 123, 265

丸山眞男（マルヤマ　マサオ）3, 8, 16, 116,
　130, 265

マン、ピーター（Peter Man）40

[み]

ミード、ジョージ・ハーバード（George
　Herbert Mead）191, 200, 201

水野源六（ミズノ　ゲンロク）93, 103, 111,
　179, 184

見田宗介（ミタ　ムネスケ）41, 266

ミッチェル、ジュリエット（Juliet Mitchell）
　152

宮崎寒雉（ミヤザキ　カンジ）73, 95
ミレット、ケート（Kate Millett）152

［め］

明治天皇（メイジ　テンノウ）126, 131, 250, 251, 253, 258, 273

や行

［や］

安丸良夫（ヤスマル　ヨシオ）12, 92, 105, 107, 114, 116, 261, 270, 271
山本七平（ヤマモト　シチヘイ）12, 270

［よ］

横江勝美（ヨコエ　カツミ）172, 271
横山源之助（ヨコヤマ　ゲンノスケ）110, 271
横山章（ヨコヤマ　アキラ）221, 222, 223, 235, 236
吉本隆明（ヨシモト　タカアキ）116
米澤きく（ヨネザワ　キク）72, 86, 88, 120, 121, 139, 164, 165

米澤喜代（喜代子）（ヨネザワ　キヨ）52, 59, 74, 82, 86, 91, 121, 157, 161, 163, 168
米澤佐吉（光雪）（ヨネザワ　サキチ）53, 76, 92, 94, 121, 138, 140, 141, 151
米澤清右衛門（ヨネザワ　セイウエモン）93
米澤清左衛門（ヨネザワ　セイザエモン）3, 50, 92, 93, 94, 121, 138, 140, 179, 188-190
米澤清二（ヨネザワ　セイジ）50, 52, 56, 63, 66, 72, 74, 84, 85, 88, 92, 95-98, 100-103, 115, 121-123, 137-142, 147-151, 156, 157, 161, 163, 164, 170, 193-196, 218, 232, 245
米澤登代（ヨネザワ　トヨ）27, 62
米澤信子（ヨネザワ　ノブコ）5, 27, 53, 62, 75
米澤弘正（ヨネザワ　ヒロマサ）3, 52, 62, 73, 97, 138, 163, 168
米澤芳野（ヨネザワ　ヨシノ）27, 32, 52, 72-75, 81, 88, 96, 115, 120, 121, 123, 134, 136, 137, 143, 145, 148, 155-171

索引項目 ── 事項 ──

あ行

[あ]

〜てもらう（〜テモラウ）70, 72, 88, 154

相対請地（アイタイウケチ）130, 180, 213

アイデンティティ（アイデンティティ）40, 44, 48, 69, 239, 240, 241, 252

亜インテリゲンチャ（アインテリゲンシャ）17

アノミー（アノミー）107, 132

[い]

石川県勧業試験場（イシカワケンカンギョウシケンジョウ）179

石川県無形文化財（イシカワケンムケブンカザイ）45, 95

石川県立図書館（イシカワケンリツトショカン）51, 254, 258, 273

異質な他者（イシツナタシャ）200, 201, 212

居職（イジョク）29, 109, 149, 207

一君万民（イックンバンミン）238

一視同仁（イッシドウジン）251

一般化された他者（イッパンカサレタタシャ）191, 200, 201, 211, 212

インペリアル・デモクラシー（imperial democracy）261

[う]

上からの近代化（ウエカラ ノ キンダイカ）21, 34

[え]

営業税（エイギョウゼイ）220, 221, 224, 225, 236, 272

エートス（エートス）10, 12, 15, 20, 22, 92, 102, 104, 105, 106, 107, 108, 109, 110, 112, 128, 129, 191, 201, 210, 212, 213, 260, 263, 289

[お]

お・御（オ・ゴ）49, 80, 88

奥田式裁縫（オクダシキサイホウ）157, 172

御細工所（オサイクショ）178, 179

恩師の建碑（オンシノケンピ）42, 194, 195, 197, 200, 210

か行

[か]

階級（カイキュウ）11, 17, 18, 44, 56, 57, 69, 111, 135, 177, 178, 180, 201, 202, 203, 225, 268

外来語（ガイライゴ）72, 77, 80, 81, 82, 83, 85, 87, 88, 89, 260, 262, 270, 271

加害の回路（カガイ ノ カイロ）252

加賀象嵌（カガゾウガン）3, 4, 49, 65, 71, 99, 100, 110, 111, 112, 173, 179, 193, 195, 260, 265, 267, 269, 275, 277

加賀藩（カガハン）110, 111, 172, 176, 177, 178, 179, 180, 181, 183, 186, 189, 190, 210, 213, 235, 236, 262, 271

家族制度イデオロギー（カゾクセイドイデオロギー）11

カタカナ漢字交じり文（カタカナカンジマジリブン）77

家督相続（カトクソウゾク）65, 121, 137, 138, 140, 142, 147, 151, 153, 156, 157, 191, 273

金沢（カナザワ）1, 3, 4, 8, 20, 23, 35, 36, 44, 45, 48, 52, 53, 58, 59, 60, 62, 63, 64, 65, 67, 68, 69, 71, 72, 76, 77, 78, 81, 83, 84, 85, 86, 87, 88, 89, 93, 94, 95, 98, 100, 101, 103, 110, 111, 114, 115, 118, 119, 120, 124, 130, 132, 137, 138, 139, 140, 142, 149, 150, 151, 153, 154, 155, 157, 161, 164, 166, 172, 173, 176, 177, 178, 179, 180, 181, 182, 183, 184, 186, 187, 188, 189, 190, 191, 193, 195, 200, 201, 202, 203, 204, 205, 206, 209, 210, 212, 213, 214, 220, 221, 223, 226, 227, 228, 234, 236,

237, 240, 241, 243, 244, 247, 248,
254, 255, 256, 257, 262, 263, 264,
265, 266, 267, 269, 270, 271, 272,
273, 274, 275, 276, 277, 290
金沢勧業博物館（カナザワカンギョウハクブツ
カン）179
金沢専売局ストライキ（カナザワセンバイキョ
クストライキ）227
金沢総選挙（カナザワソウセンキョ）220,
220, 221, 223
金沢銅器会社（カナザワドウキカイシャ）93,
94, 179, 189
家父長制（カフチョウセイ）6, 11, 134, 135,
136, 137, 138, 139, 141, 143, 145, 147,
149, 151, 152, 153, 157, 159, 161, 163,
165, 167, 169, 170, 171, 172, 173, 268,
288
漢語（カンゴ）55, 57, 77, 80, 81
「韓国併合」（カンコクヘイゴウ）245, 246,
247, 248, 254, 257, 258
関東大震災（カントウダイシンサイ）34, 251,
254, 264, 274

[き]

気宇壮大（キウソウダイ）241, 255
危機階層意識（キキカイソウイシキ）16
紀元節（キゲンセツ）228, 230, 237, 246,
256
擬似インテリゲンチャ（ギジインテリゲンチャ）
17, 18
機能的な等価物（キノウテキナトウカブツ）12,
14, 112
キノホルム薬害（キノホルムヤクガイ）165,
173
規範意識（キハンイシキ）44, 46, 47, 48, 49,
53, 55, 59, 60, 69, 70, 71, 75, 77, 79,
89
救済の論理（キュウサイ　ノ　ロンリ）227, 228,
229
旧民法（キュウミンポウ）121, 140, 153
教科書（キョウカショ）28, 45, 71, 76, 77, 89,

262, 264
共通語化（キョウツウゴカ）52
共勵（キョウレイ）38, 51, 94, 190
共勵會（共励会）（キョウレイカイ）93, 190,
205, 273, 274, 283
金属業組合（キンゾクギョウクミアイ）99, 190
近代史観（キンダイシカン）118
近代主義（キンダイシュギ）8-15
近代文明（キンダイブンメイ）72, 80, 83, 242
勤勉（キンベン）10, 12, 13, 16, 19, 20, 67,
92, 102, 103, 106, 107, 108, 109, 110,
114, 116, 117, 122, 123, 124, 126, 127,
128, 200

[く]

軍都（グント）241, 255, 256, 266

[け]

敬語の分類（ケイゴ　ノ　ブンルイ）49
権威主義（ケンイシュギ）9, 21, 22, 23, 202,
203, 206, 210, 211, 212, 283
権威主義的集団主義（ケンイシュギテキシュウ
ダンシュギ）9, 23
言語行動（ゲンゴコウドウ）47, 48, 53, 60,
62, 71, 75, 79, 88, 283
言語使用（ゲンゴシヨウ）6, 43, 44, 45, 46,
47, 48, 49, 50, 51, 52, 53, 54, 55, 57,
58, 59, 60, 61, 63, 64, 65, 67, 69, 70,
71, 77, 79, 80, 87, 88
謙譲語（ケンジョウゴ）22, 44, 49, 60, 61,
62, 69, 70, 72, 73, 74, 88
現状認識（ゲンジョウニンシキ）47, 69, 71, 79
倹約（ケンヤク）107, 110, 116, 117, 122,
149, 152
権力の代行観念（ケンリョク　ノ　ダイコウカン
ネン）228, 233

[こ]

「公」の領域（コウ　ノ　リョウイキ）22
校下（コウカ）181, 182, 183, 187, 213, 262,

265

工芸奨励会（コウゲイショウレイカイ）64, 65, 69, 147, 168, 274, 275

口語文（コウゴブン）76

工賃稼ぎ（コウチンカセギ）150

高等小学校（コウトウショウガッコウ）3, 28, 40, 45, 63, 64, 66, 70, 71, 76, 77, 78, 85, 111, 125, 152, 153, 178, 187, 193, 195, 197, 200, 240, 272

高等讀本（コウトウトクホン）76

国語審議会（コクゴシンギカイ）57, 58

国民意識（コクミンイシキ）239, 240, 241, 242, 243, 249, 250, 252, 253

国民による政治（コクミンニヨルセイジ）220, 232

呼称（コショウ）15, 22, 44, 55, 62, 63, 67, 68, 69, 70, 71, 88, 220, 247, 248, 257, 276

御大典（ゴタイテン）168, 173, 182, 205, 206, 209, 274

米騒動（コメソウドウ）3, 114, 115, 116, 117, 118, 119, 130, 137, 149, 153, 193, 200, 201, 225, 226, 227, 228, 229, 231, 233, 236, 262, 267, 273

御用職人（ゴヨウショクニン）15, 23

混種語（コンシュゴ）81

さ行

[さ]

在朝日本人（ザイチョウニホンジン）248, 257

差別分断的構造（サベツブンダンテキコウゾウ）117

左右関係（サユウカンケイ）55, 62, 68

三・一独立運動（サンイチドクリツウンドウ）34, 247, 248, 254, 258

[し]

志向意識（シコウイシキ）47, 60, 71, 79

地子町（ジシマチ）180, 181

時代閉塞の現状（ジダイヘイソク　ノ　ゲンジョウ）219, 229, 262

下からの近代化（シタカラ　ノ　キンダイ）21, 35

質素（シッソ）10, 12, 20, 106, 122, 153

地の者（ジノモノ）179, 180, 183, 187, 188, 189, 202, 204, 205, 206, 207, 210, 213

四分一（シブイチ）98, 100, 274, 275, 276, 277

資本主義の〈精神〉（シホンシュギ　ノ　セイシン）10, 11, 12, 13, 14, 15, 20, 21, 23, 109, 112, 113

社会合理的集団主義（シャカイゴウリテキシュウダンシュギ）23

社会的合理性（シャカイテキゴウリセイ）22, 23, 210, 211, 212

社会的性格（シャカイテキセイカク）17, 18, 19, 20, 263

社会的立場（シャカイテキタチバ）55, 57, 156

社会的背景（シャカイテキハイケイ）72, 88

弱肉強食（ジャクニクキョウショク）248

奢侈品等製造販売制限規則（シャシヒントウセイゾウハンバイセイゲンキソク）93, 166, 275

修行・成長期（シュギョウ・セイチョウキ）55, 57, 75, 80, 88

集団主義（シュウダンシュギ）9, 21, 22, 23, 24, 112, 128, 132, 176, 188, 202, 210, 211, 212, 264, 283, 284

重要な他者（ジュウヨウナタシャ）31, 32, 200, 201, 213

熟年期（ジュクネンキ）83, 56, 57

小學國文讀本（ショウガクコクブントクホン）76

小学校令（ショウガッコウレイ）45, 272

城下町（ジョウカマチ）3, 59, 93, 130, 176, 177, 179, 183, 184, 186, 189, 262, 267, 268, 269

状況牽引型（ジョウキョウケンインカタ）16, 17, 18, 19, 20, 114, 118, 129, 177, 178, 180, 183, 184, 186, 187, 190, 213, 217, 218

状況順応型（ジョウキョウジュンノウカタ）18,
　19, 20, 23, 70, 114, 118, 129, 177, 178,
　180, 183, 186, 187, 190, 217, 218, 219,
　225, 228, 231, 238
上下関係（ジョウゲカンケイ）55, 56, 57, 60,
　62, 63, 69, 75
職商人（ショクアキンド）16, 20, 95, 153,
　156, 159, 172
職業倫理（ショクギョウリンリ）12, 20, 108,
　110, 264
職人（ショクニン）1, 3, 4, 6, 8, 9, 10, 15,
　16, 20, 21, 22, 23, 27, 29, 35, 49, 51,
　52, 56, 69, 71, 91, 92, 93, 94, 95, 96,
　97, 98, 100, 102, 103, 104, 105, 106,
　108, 109, 110, 111, 112, 114, 115, 116,
　118, 119, 120, 122, 123, 124, 126, 128,
　130, 131, 132, 134, 135, 136, 137, 139,
　141, 142, 143, 145, 147, 148, 149, 150,
　151, 153, 154, 156, 157, 159, 161, 163,
　164, 165, 166, 167, 169, 170, 171, 172,
　173, 175, 176, 177, 178, 179, 180, 182,
　183, 184, 186, 187, 188, 189, 190, 191,
　192, 193, 194, 195, 196, 198, 200,
　201, 202, 204, 206, 207, 208, 210,
　212, 213, 214, 260, 261, 264, 265,
　266, 267, 269, 270, 290
職人気質（ショクニンキシツ）92, 105, 108,
　108, 109, 112, 119, 124
職人気質論（ショクニンキシツロン）92, 105,
　108, 109, 112
植民地朝鮮（ショクミンチチョウセン）223,
　224, 241, 243, 247, 248, 256, 257
初等教育（ショトウキョウイク）45, 240
自立・壮年期（ジリツ・ソウネンキ）57, 80, 88
親交團（親交団）（シンコウダン）204, 205,
　206, 209, 210, 214（131, 205, 207）
尋常小学校（ジンジョウショウガッコウ）28, 40,
　44, 45, 63, 64, 77, 78, 230, 240, 272
新撰帝國讀本（シンセンテイコクトクホン）76
親疎関係（シンソカンケイ）55, 56, 69
信念・期待（シンネン・キタイ）47, 69, 71

[す]
数量化Ⅲ類（スウリョウカサンルイ）54

[せ]
西欧的オリエンタリズム（セイオウテキオリエ
　ンタリズム）14
生活構造（セイカツコウゾウ）187, 204, 205,
　207, 210, 264
生活史法（セイカツシホウ）4, 26, 187
生活世界（セイカツセカイ）1, 22, 23, 26, 30,
　31, 119, 136, 191, 192, 194, 195, 200,
　269, 290
精神構造（セイシンコウゾウ）3, 8, 9, 11, 20,
　105, 263
正当化の論理（セイトウカ　ノ　ロンリ）254,
　259
青年・見習い期（セイネン・ミナライキ）50,
　55, 56, 57, 60, 75
責任（セキニン）11, 17, 19, 20, 35, 73, 92,
　96, 99, 103, 107, 112, 114, 116, 120,
　121, 127, 128, 129, 132, 138, 139, 140,
　141, 142, 152, 156, 157, 181, 194, 202,
　236, 254
世間（セケン）37, 112, 121, 141, 165, 171,
　173, 188, 210, 212, 217, 222, 228, 229,
　231, 233, 234, 238, 260
絶対敬語（ゼッタイケイゴ）59
選挙違反（干渉）（センキョイハン（カンショ
　ウ））193, 201, 220, 221, 222, 231, 233,
　235

[そ]
象嵌の技法（ゾウガンノギホウ）99, 100
相対敬語（ソウタイケイゴ）59
尊敬語（ソンケイゴ）23, 44, 49, 55, 56, 57,
　58, 59, 60, 69, 70, 72

た行

[た]
第一次世界大戦（ダイイチジセカイタイセン）

31, 34, 166, 170, 193, 194, 229, 242, 244, 251, 273

対応分析（タイオウブンセキ）54, 55, 56, 58, 60, 61, 260, 268

大逆事件（タイギャクジケン）132, 228, 229, 230, 270, 273

第九師団（ダイクシダン）243, 248, 255, 257, 272, 273, 274, 275

大衆免（ダイジメ）119, 120, 125, 130, 131

大正政変（タイショウセイヘン）193, 201, 219, 220, 221, 248, 273

大正デモクラシー（タイショウデモクラシー）129, 201, 216, 217, 222, 225, 231, 232, 233, 234, 261, 263, 264, 265, 267, 271

大正デモクラシーの新段階（タイショウデモクラシー　ノ　シンダンカイ）225

対人配慮（タイジンハイリョ）44, 61, 62, 69

代表権（ダイヒョウケン）232

対話的構築主義（タイワテキコウチクシュギ）41

闘う民衆（タタカウミンシュウ）117

闘わない民衆（タタカワナイミンシュウ）130

[ち]

中勘（チュウカン）148, 149

町会（チョウカイ）181, 182, 183, 186, 204, 205, 206, 209, 210, 213, 214, 265, 275

朝鮮人虐殺（チョウセンジンギャクサツ）251, 264

町内会（チョウナイカイ）17, 18, 24, 122, 131, 181, 182, 183, 186, 188, 202, 204, 205, 206, 209, 210, 214, 263, 267

調和の論理（チョウワノロンリ）17-19

陳列館（チンレツカン）51, 101, 104, 147, 190, 191, 273

[つ]

通俗道徳（ツウゾクドウトク）12, 92, 105, 107, 108, 109, 110, 112, 114, 116, 117, 128, 129

抵抗の回路（テイコウ　ノ　カイロ）241, 252

[て]

帝國習字速成會（テイコクシュウジソクセイカイ）40

帝国植民地意識（テイコクショクミンチイシキ）6, 239, 240, 241, 243, 245, 247, 248, 249, 251, 252, 253, 254, 255, 257, 259, 269

帝国中学会（テイコクチュウガクカイ）28, 46, 50, 64, 240

帝国美術院展覧会（テイコクビジュツインテンランカイ）95

出職（デショク）109

です・ます体（デス・マスタイ）49, 72

デモクラシーの手段的・道具的性格（デモクラシー　ノ　シュダンテキ・ドウグテキセイカク）238

デモクラシー運動（デモクラシーウンドウ）6, 216, 217, 218, 219, 220, 221, 222, 223, 225, 227, 228, 229, 231, 232, 233, 235, 236, 237, 248, 249, 253, 258

デモクラシー的到達点（デモクラシーテキトウタツテン）238

伝統工芸（デントウコウゲイ）6, 65, 69, 101, 138, 166, 175, 176, 177, 178, 179, 180, 182, 183, 184, 186, 188, 189, 190, 191, 192, 194, 196, 198, 200, 202, 204, 206, 208, 210, 212, 214, 264, 265, 269, 276, 277

伝統都市（デントウトシ）186, 188, 189, 191, 204, 209, 210, 212

天皇（テンノウ）30, 34, 44, 59, 96, 99, 126, 127, 131, 132, 169, 177, 182, 205, 206, 209, 210, 211, 212, 216, 217, 225, 226, 228, 229, 230, 231, 233, 234, 235, 236, 237, 238, 240, 241, 243, 244, 245, 246, 247, 250, 251, 252, 253, 254, 255, 256, 258, 261, 269, 271, 273, 276, 279, 281

天皇の回路（テンノウ　ノ　カイロ）250, 252

天皇制の支配構造（テンノウセイ　ノ　シハイコ
　　ウゾウ）251

[と]
道具的理性（ドウグテキリセイ）9
同窓生（ドウソウセイ）42, 66, 191, 193,
　　194, 195, 196, 197, 199, 200, 201, 202,
　　203, 204, 210, 212, 223, 241, 257
銅・鉄使用制限令（ドウ・テツシヨウセイゲン
　　レイ）93
時の記念日（トキ　ノ　キネンビ）102, 103
都市旧中間層（トシキュウチュウカンソウ）1,
　　8, 10, 15, 16, 17, 18, 19, 20, 22, 176,
　　177, 178, 179, 180, 182, 183, 184, 186,
　　187, 190, 213, 290
都市祝祭（トシシュクサイ）182, 205, 206,
　　209
トライアンギュレーション（トライアンギュ
　　レーション）39
とらわれ感（トラワレカン）245

な行

[な]
内国勧業博覧会（ナイコクカンギョウハクラン
　　カイ）111, 189

[に]
日露戦争（ニチロセンソウ）223, 224, 237,
　　242, 243, 244, 248, 255, 256, 257,
　　272
日記の事実（ニッキ　ノ　ジジツ）30-33
日記面接（ニッキメンセツ）26, 31, 32, 37,
　　151, 155, 164, 171, 172
日清戦争（ニッシンセンソウ）45, 224, 230,
　　240, 242, 243, 254, 255, 272
日本型経営（ニホンガタケイエイ）23
日本資本主義（ニホンシホンシュギ）10, 11,
　　12, 13, 14, 15, 20, 23, 109, 113, 169,
　　265, 267, 270
日本人の上げ底（ニホンジン　ノ　アゲゾコ）

246, 251, 254
日本的オリエンタリズム（ニホンテキオリエン
　　タリズム）14
人間関係（ニンゲンカンケイ）6, 22, 30, 47,
　　49, 54, 55, 56, 60, 62, 69, 72, 75, 102,
　　124, 152, 159, 173, 176, 177, 179, 181,
　　182, 183, 185, 186, 187, 188, 191, 193,
　　195, 197, 199, 201, 202, 203, 206,
　　207, 208, 209, 210, 211, 212, 222, 231
人間文書（ニンゲンブンショ）26

は行

[は]
排日案（ハイニチアン）241, 242, 255
箔打職人（ハクウチショクニン）114, 115, 118,
　　119, 120, 130, 210
箔同業組合（ハクドウギョウクミアイ）119
閥族政治（バツゾクセイジ）226, 230, 248,
　　249
パリ博覧会（パリハクランカイ）168
万歳（バンザイ）230, 243, 245, 256, 257,
　　265
反政府の回路（ハンセイフ　ノ　カイロ）248, 252

[ひ]
比較類型論（ヒカクルイケイロン）110
評価・感覚（ヒョウカ・カンカク）47, 60, 71
ひらがな漢字交じり文（ヒラガナカンジマジリ
　　ブン）78, 79

[ふ]
ファシズムの社会的担い手（ファシズム　ノ
　　シャカイテキニナイテ）18, 19
フイゴ祭り（フイゴマツリ）95
夫婦掛向い（フウフカケムカイ）135, 152
不逞鮮人（フテイセンジン）247, 254, 258
フレキシブルな家父長制（フレキシブルナカフ
　　チョウセイ）136, 170, 171
プロテスタンティズム（プロテステンティズム）
　　12, 14, 270

［ほ］

防疫線（ボウエキセン）118, 127
封建遺制（ホウケンイセイ）9, 12
膨張意識（ボウチョウイシキ）223, 243
方法的類型論（ホウホウテキルイケイロン）14
本町（ホンマチ）125, 180, 181

ま行

［ま］

マルクス主義フェミニスト（マルクスシュギフェミニスト）135
「満洲事変」（マンシュウジヘン）256, 275

［み］

身内敬語（ミウチケイゴ）48, 55, 59, 60
民衆的近代（ミンシュウテキキンダイ）1, 6, 8, 10, 20, 21, 22, 23, 26, 33, 34, 35, 36, 290
民衆的自立（ミンシュウテキジリツ）6, 114, 115, 117, 119, 121, 123, 125, 127, 129, 131
民主化（ミンシュカ）55, 56, 57, 74, 75

［む］

矛盾の吸収装置（ムジュン　ノ　キュウシュウソウチ）253, 254
無責任の体系（ムセキニン　ノ　タイケイ）11

［め］

名望家層（メイボウカソウ）177, 183, 186, 187

［も］

モダン都市（モダントシ）177, 178, 186, 188, 203

や行

［や］

やりもらい表現（ヤリモライヒョウゲン）72,

73, 75, 88, 89

［よ］

抑圧の委譲（ヨクアツ　ノ　イジョウ）11
米澤弘安日記編纂委員会（ヨネザワニッキヘンサンイインカイ）4, 50, 71, 271

ら行

［ら］

ラディカル・フェミニズム（ラディカル・フェミニズム）152

［り］

良妻賢母観（リョウサイケンボカン）169

［る］

る・らる（ル・ラル）57

［れ］

歴史的仮名遣い（レキシテキカナヅカイ）77, 78, 88
れる・られる（レル・ラレル）57, 58
連区制（レンクセイ）181, 182
蓮如忌（レンニョキ）123, 131
憐憫（レンビン）114, 126, 127, 128, 129

［ろ］

労働のエートス（ロウドウ　ノ　エートス）10, 20, 22, 92, 102, 104, 105, 106, 108, 109, 110, 260

わ行

［わ］

和語（ワゴ）80, 81, 82, 88
和合（ワゴウ）107, 110, 114, 116, 118, 124, 125, 126, 127, 128, 129
「私」の領域（ワタシ　ノ　リョウイキ）22
われわれ感情（ワレワレカンジョウ）159

著者紹介 　（執筆担当章）

青木秀男／特定非営利活動法人社会理論・動態研究所研究員（序章、第1章1-5、第3章）
近藤敏夫／佛教大学社会学部教授（第1章6、第5章）

坪田典子／文教大学国際学部非常勤講師（第6章）
山下暁美／福島大学非常勤講師・元明海大学外国語学部教授（第2章）
水越紀子／元特定非営利活動法人社会理論・動態研究所研究員（第4章）

金沢象嵌職人の生活世界
─都市旧中間層にみる〈民衆的近代〉─

2018年12月20日　初版第一刷発行

編著者　青木秀男・近藤敏夫
発行者　特定非営利活動法人社会理論・動態研究所
　　　　〒732-0026 広島県広島市東区中山中町15-33
　　　　電話：082-289-6385
　　　　URL: https://www.istdjapan.org/

発売者　株式会社 大学教育出版
　　　　〒700-0953 岡山県岡山市南区西市855-4
　　　　電話：086-244-1268（代表）
　　　　URL: https://www.kyoiku.co.jp/

印刷所　二葉印刷有限会社
　　　　〒720-0092 広島県福山市山手町5-29-19
　　　　電話：084-951-2124

ⒸHideo Aoki, Toshio Kondo 2018, Printed in Japan

本書の無断複写・複製・転載は法律によって禁じられています。
落丁・乱丁本はお取替えいたします。
価格はカバーに表示してあります。

ISBN978-4-86429-997-8